高等学校法学系列教材
Gaodeng Xuexiao Faxue Xilie Jiaocai

本书系上海市教委重点学科（第五期）民法与知识产权（项目号J51104）建设成果

Contract Law (2nd edition)

# 合同法教程

（第二版）

沈幼伦／著

北京大学出版社
PEKING UNIVERSITY PRESS

**图书在版编目(CIP)数据**

合同法教程/沈幼伦著.—2版.—北京:北京大学出版社,2013.7
(高等学校法学教系列教材)
ISBN 978-7-301-22682-7

Ⅰ.①合… Ⅱ.①沈… Ⅲ.①合同法-中国-高等学校-教材 Ⅳ.①D923.6

中国版本图书馆CIP数据核字(2013)第136818号

**书　　名:合同法教程(第二版)**
著作责任者:沈幼伦　著
责 任 编 辑:尹　璐　朱梅全　王业龙
标 准 书 号:ISBN 978-7-301-22682-7/D·3359
出 版 发 行:北京大学出版社
地　　址:北京市海淀区成府路205号　100871
网　　址:http://www.pup.cn
新 浪 微 博:@北京大学出版社
电 子 信 箱:law@pup.pku.edu.cn
电　　话:邮购部62752015　发行部62750672　编辑部62752027
　　　　出版部62754962
印　刷　者:**三河市博文印刷有限公司**
经　销　者:新华书店
　　　　730毫米×980毫米　16开本　21.75印张　418千字
　　　　2008年1月第1版
　　　　2013年7月第2版　2014年9月第2次印刷
定　　价:40.00元

---

生的侵权并列，而债权则是救济权的外延之一。(2) 将原第十章“合同变更”和新设合同解除提前，即本版第八章“合同变更”、第九章“合同解3) 将原第八章“合同的履行”改为本版第十章“合同的履行及法律后果，将原第十一章“合同关系的消灭”中属于合同履行部分的内容，单独成立第十一章“合同的履行与法律后果(下)”。(上)主要介绍合同履行的原)主要介绍合同关系因履行而消灭的事由及后果。(4) 将原第九章“合行的形态及违约责任”延至合同履行之后，为本版第十二章“合同不履行及法律后果”，着重突出合同义务人违反义务将产生合同之债，以求整个论在起始问题上的统一。(5) 根据债产生后，首先由债务人承担，在一定，债权人可依法律规定或合同约定而涉及第三人，本版设立第十三章“合的保全与承担”。细观这些内容，实际上都是指在符合一定的条件下，债对债务人具有强制力，而且对一定范围的第三人也具有强制力。(6) 本第十四章“合同之债的消灭”，主要介绍有哪些事由可引起债关系的消7) 第十五章以后的合同各论，与原作没有变化，只是顺序后延而已。

书将合同成立与合同违约予以分类，认为合同成立产生的是合同权利，合产生的是债权。在原不区分的情况下，在面对促进社会发展时，我们不知能称债越多越好。因为，债如指合同，当然就能说越多越好，但当债是针义务而言时，我们能说债越多越好吗？如果说越多越好，不是暗指违反义越好吗？如今，认为合同成立产生合同权利，我们可以说合同越多越好，于社会互通有无，互相协作；认为合同违约产生合同之债，我们就可以说，越好，因为债越少，意味着人们都自觉履行了自己的义务，社会成员间的会越来越和睦。如果上述关系各自向相反方向运行，这便提示我们，一定环节出问题了，可帮助我们及时发现问题，并提出科学、有效的解决方案。科学、合理的分类，有助于我们更清晰地认识社会现象。

沈幼伦

2012 年 11 月于华政园

# 写在再版之前

在完成了《合同法教程》一书的写作之后，2010 年
致出版社的邀请，参与了他们策划的高等院校法学精
工作，并负责《债法原理》一书。接受此项任务后，我沂
学领域，思考着如何完成这项任务。在制订写作提纲
又无法说透的问题困扰着我，那就是债究竟应不应该
教科书，翻开名家学著，包括立法文献，几乎都千篇一
同成立，而对于侵权之债，却又无一列外地认为，它始
术现象，过去也就在课堂上发发评论而已。然现在要写
这个问题呢？就我的内心而言，我是不认可这种现象
观察，任何一种同类物种，它们起始的时间都是一致的
脱离母体，植物的生长都是从突破胚芽开始，在自然界
律，在这大千世界中似乎找不到例外。然为什么在债法
呢？它究竟是一个例外现象，还是一个错误的认识？怀
的情怀，我对这一问题展开了细致的研究，并终于找到
于违反义务，或违反法定义务，或违反约定义务。合同
没有违反义务，合同权利人是没有请求权的。他有的只
受或不接受合同义务人依约交付的标的物、智力成果或
转让享有的合同权利，有权决定在具备了法定或约定的
除合同，但唯独没有请求合同义务人必须为一定行为的
在合同义务人违反义务之后，合同权利人的权利受到侵
务者或继续履行合同义务，或在不能履行、履行没有必要
务者承担违约责任，或按违约金支付或按实际损失赔偿
过程已呈现在《债法原理》一书中。

此次，借《合同法教程》一书的再版，我想将债统一
见解贡献给本书读者，让本书读者有机会在学习、研读合
时了解在债起始问题上的最新学术动态，以便推动合同法

本书在坚持原书所作的思考外，增加和调整了以下内
法律关系的叙述中，增加了对合同作合同成立和合同违约
产生的权利不是请求权，而应称其为合同权利，该权利属
它和物权、人身权、知识产权是并列的权利；合同违约产生

# 目　录

# 第一章 合同概述

## 第一节 合同的概念与特征

### 一、合同的概念

现代意义上的合同是商品经济的产物，它伴随着社会分工而得到了广泛的发展。合同在现代社会中具有非常重要的地位，是人们用于交换，实现各取所需的重要手段之一。这种自由的、动态的、富有流动性的法律关系，给静态的所有权、知识产权关系以生命和活力，同时也有效地促进了生产的发展和市场经济的发达与完善。合同是如此重要，但要自由地运用合同，就必须先认识合同，而合同概念的准确界定，则是认识合同的前提和基础。

"合同"一词具有多重意义，它不仅是一个法律上的用语，有时在法律所不及的琐事上，也每每谈及，如宴请之约；即便在法律的层面上，合同也有多重的用法，譬如行政合同、劳动合同以及民法意义上的合同。本书仅在合同法意义上探讨合同。

合同也称为契约，是反映商品交换活动的法律形式。在大陆法系中，学理上认为合同是一种合意或协议，德国学者汉斯·哈腾保尔指出：一个合同的成立至少需要两个协商一致的意思和法律目的必须同一的行为，这种观念从"合同"一词的词义上就可以看出来。"合同"一词如果作为动词，其意思是相互之间在某种事情上协商一致，合同的内容就是两个以上当事人的"意思表示一致"，即"合意"。古代日耳曼法、古罗马法和教会法中都曾经广泛使用过"合意"一词。"全体人所要做的事情，必须有全体人的同意"，这句话是一条著名的教会规则，也就是说，只有全体当事人的意思一致，即合意，才能缔结合同，才能产生新的法律关系。①

在英美法系中，则大都认为合同是一种允诺，美国《合同法重述》（第二版）第 1 条规定："合同是一种允诺或一组允诺，对于该允诺的违反，将由法律给予救济；履行该允诺，被法律以某种方式确认为一种义务。"

在我国，西周时期就有了关于契约方面的规定，契约形式有质剂和傅别两种，分别适用于买卖关系和借贷关系，它们就是现代合同的前身。

---

① 参见〔德〕汉斯·哈腾保尔：《法律行为的概念——产生以及发展》，孙宪忠译，载杨立新主编：《民商法前沿》第 1、2 辑，吉林人民出版社 2002 年版，第 142 页。

当今学界通说认为，合同是平等主体间设定民事权利、义务的合意或协议。例如，我国《民法通则》第 85 条规定："合同是当事人之间设立、变更、终止民事关系的协议。依法成立的合同，受法律保护。"我国《合同法》第 2 条则规定，合同是平等主体的自然人、法人、其他组织之间设立、变更、终止民事权利义务关系的意思表示一致的协议。

### 二、合同的特征

合同具有以下法律特征：

1．合同是一种民事法律行为

民事法律行为作为一种能引起民事法律关系产生、变更或消灭的法律事实，是民事主体实施的，能够引起民事权利和民事义务产生、变更或终止的自然人和法人的行为。在法律行为的层面上，它与非法律事实中的行为相区别。所谓非法律事实中的行为，是指在人们日常生活中经常会发生的，但与社会发展关联度较弱，对社会秩序的稳定影响不大，法律不介入其中，也不对这些行为所引起的后果作出规定的人与人间的合意或协议，如前面谈及的宴请之约、打赌之类的合意。

2．合同是以设立、变更或终止民事权利义务关系为目的和宗旨的双方民事法律行为

民事法律行为，可以根据法律行为的成立是否需要双方的意思表示一致分为双方法律行为和单方法律行为。

合同是合意的结果，是双方民事法律行为。它包括以下要素：第一，要有两个以上的当事人。第二，各方当事人相对作出意思表示，当事人作出的意思表示是交互的。第三，意思表示达成一致，也就是说，当事人达成了一致的协议。"协议"一词，在民法中有时作为合同的同义语，也可以指当事人之间形成的合意。合同的这一特征使其与单方法律行为相区别，如订立遗嘱、对无权代理的追认、债务的免除等，上述种种，都是单方意思表示的结果，属于单方法律行为。

3．合同是平等主体间意思表示一致的产物

合同是两个或两个以上平等主体意思表示一致的产物。因此，当事人只有在平等、自愿基础上进行协商，意思表示一致，才构成合同法意义上的合同。它强调订立合同的主体在法律地位上应是平等的，任何一方都不得将自己的意志强加给另一方。合同的这一特征，将其与行政合同与劳动合同区分开来。

行政合同也称行政契约，指行政机关为达到维护与增进公共利益，实现行政管理目标之目的，由行政方单方制定，然后由相对人自愿加入，共同履行权利、义务的协议。在行政合同之中，行政主体并非以民事法人的身份与行政相对人通过协商来订立协议，而是通过合同的方式，来达到维护与增进公共利益的目的，

如土地有偿使用合同、国债合同等。由于行政合同所具有的这一特点,这类合同便从合同法中分离出去,不受合同法的调整。

劳动合同是确立用人单位与劳动者之间的劳动关系,明确双方权利和义务的协议。劳动者与用人单位之间力量极不对等,需专门立法加强对劳动者合法权益的保护,所以,它也不受合同法的调整。

4. 合同是就财产流转关系达成的协议

民事法律关系被分为财产关系和人身关系,其中财产关系是指基于财产利益而产生的当事人间的权利义务关系,这种权利义务可以与权利义务人的人格、身份相分离,如物权、知识产权等。我们现在所说的合同,就是平等主体就财产利益意思表示一致的产物,也就是合同法意义上的合同。

在现实生活中,平等主体还会就人身关系达成一致的协议,如婚姻关系、收养关系、父母对未成年子女的抚养关系、成年子女对丧失劳动能力的父母的赡养关系,相关人员就这些问题的处理,也可以达成协议。这类协议,由于涉及人身关系,它们不受合同法的调整。

综上所述,合同法调整的合同具有以上这些特征。因此,把握好这些特征,对深入学习合同法及合同法理论是非常有益的。

## 第二节　合同的分类

合同的分类,是指基于一定的标准,将合同划分为不同的类型。社会经济生活中,交易的方式纷繁复杂,作为交易手段的合同的类型也是多种多样的。按照一定的标准以及合同间的内在联系,将它们分门别类,有助于合同立法的科学化,也有助于司法部门正确地适用合同法,妥善地解决各类合同纠纷。

在对合同的分类过程中,通过对合同的共性、特性以及相互间联系的研究,可帮助人们正确认识各类合同的特征,成立要件、生效要件以及法律效力,有助于完善和推进合同法学理论发展。用科学、正确的理论指导实践,可预防和减少合同纠纷。

一般来说,合同可作如下分类:

### 一、有名合同和无名合同

以法律是否设有规范并赋予一个特定的名称为标准,可以将合同分为有名合同与无名合同。

有名合同,又称为典型合同,是指法律设有规范,并赋予特定名称的合同。我国《合同法》所规定的15类合同,包括买卖合同,供用电、水、气热力合同,赠予合同,借款合同,租赁合同,融资租赁合同,承揽合同,建设工程合同,运输合同，技术合同，保管合同，仓储合同，委托合同，行纪合同和居间合同，都属于有名合同。除合同法规定的之外，一些单行法律也规定了一些合同关系，如《担保法》中规定的保证合同、抵押合同和质押合同，《保险法》中规定的保险合同等。对于有名合同，法律通常设有一些规定，这些规定大多为任意性规范。对于任意性规范，德国法学家卡尔·拉伦茨如是说："合同的当事人通常可以通过合意，就履行合同有关的所有问题都可自行作出规定。不过，合同当事人一般只规定那些他们能想到的事项。如果履行合同还需要另外一些规定，或者发生了阻碍合同执行的情况，那该怎么办呢？为解决这类问题，法律制定有补充当事人之间合同约定的规定，它们只在当事人没有作出约定的范围内才适用。由于这些补充规范的效力不及当事人约定的效力强，因此我们称之为任意规范，或可以通过约定予以排除或变更的规范。"①也就是说，法律对于有名合同内容的规定，主要是为了规范合同的内容，而并非要代替当事人订立合同。从合同法的发展趋势看，为了规范合同关系，保护合同当事人权益，各国合同立法都扩大了有名合同的范围，但这种发展趋势并非意味着加大对当事人合同自由的干预，而是为了进一步规范合同关系，使当事人正确运用合同工具，提高订约效率，减少法律纠纷，加快经济流转。

无名合同，又称非典型合同，是指法律上尚未确定一定的名称与内容的合同。社会在不断地发展，合同法不可能穷尽所有的合同名称，因此，根据合同自由原则，合同当事人可以自由决定合同的名称和内容，即使当事人订立的合同不属于合同法有名合同的范围内，只要不违背法律的禁止性规定和社会公共利益，其仍然是合同。可见，当事人订立无名合同，同样对当事人具有拘束力。

区分有名合同与无名合同的意义，主要在于两者适用的法律规则不同。对于有名合同，在当事人没有约定的情况下，可直接适用《合同法》关于该类合同的规定。对于无名合同，首先，应根据合同当事人的意思及合同的经济目的等，对无名合同进行处理；其次，可考虑适用《合同法》的一般规则；最后，根据无名合同的内容，如有近似某类有名合同的，也可以比照类似的有名合同的规则。《合同法》第 124 条规定："本法分则或者其他法律没有明文规定的合同，适用本法总则的规定，并可以参照本法分则或者其他法律最相类似的规定。"该条规定就是无名合同法律适用的原则性规定。

### 二、有偿合同与无偿合同

以当事人取得权益是否须付相应代价为标准，可以将合同分为有偿合同与无偿合同。

---

① 〔德〕卡尔·拉伦茨：《德国民法通论》（上），王晓晔等译，法律出版社 2003 年版，第 42 页。

有偿合同,是指当事人一方享有合同规定的利益,须向对方当事人支付相应代价的合同,如买卖合同、租赁合同、加工承揽合同等。

无偿合同,是指当事人一方享有合同规定的权益,不必向对方当事人支付相应代价的合同,如赠与合同。

值得一提的是,有些合同既可以有偿,也可以无偿,如保管合同、委托合同等。这类合同究竟有偿还是无偿,取决于合同当事人的约定。当事人对是否有偿没有作出约定的,则推定为无偿,如生活用品的借用,为他人提供劳务,解答疑难问题等。没有约定报酬,推定为无偿的理念是人类社会助人为乐的高尚品德在合同领域的体现。

区分有偿合同和无偿合同的意义在于:(1) 义务方的主观过错对违约责任的构成不同。在无偿合同中,负有义务的一方,通常只在重大过失的状态下才承担违约赔偿责任;而在有偿合同中,负有义务的一方,除有免责事由外,都要承担违约赔偿责任。《合同法》第 374 条规定:“保管期间,因保管人保管不善造成保管物毁损、灭失的,保管人应当承担损害赔偿责任,但保管是无偿的,保管人证明自己没有重大过失的,不承担损害赔偿责任。”(2) 引起合同之债保全中撤销权的条件不同。如果合同义务人不履行义务,又将其财产无偿赠与给第三人,损及合同债权人债权的实现,债权人可以直接请求撤销该无偿的赠与行为。(3) 所有权追及效力的不同,无处分权人处分他人之物,如受让人善意,并基于有偿合同取得的,无处分权合同中的有偿受让方,可对抗物的所有人,原所有人不得要求善意有偿受让人返还该物;如无处分权合同中的受让人虽善意,但合同是无偿的,他则不得对抗物的所有人,原所有人可要求善意无偿受让人返还该物。

### 三、双务合同和单务合同

根据合同当事人是否互负对待给付义务,可以将合同分为双务合同和单务合同。须予以说明的是,此处的“对待给付”,并非指双方的给付,在客观上具有相同的价值,而是指各自应当作出的给付,相互之间具有依存关系。①

双务合同,是指当事人双方互负对待给付义务的合同,即一方当事人愿意负担履行义务,旨在使他方当事人因此负有对待给付的义务。双方当事人互享权利,互负义务,一方的权利正好是对方的义务,彼此形成对价关系。例如,在买卖合同中,卖方有获得价款的权利,但又负有交付出卖物的义务,而买方则有支付价款的义务和接受买受物的权利。

单务合同,是指合同双方当事人中仅有一方负担义务而另一方只享有权利的合同,如在赠与合同中,赠与人负担交付赠与物的义务,而受赠人只享有接受

---

① 参见〔日〕松坂佐一:《民法提要·债法各论》,有斐阁 1993 年版,第 7 页。

赠与物的权利，不负担任何义务。在实践中，大多数的合同是双务合同，单务合同比较少见。

双务合同和单务合同的区别在于：(1) 在是否适用同时履行抗辩权问题上不同。合同成立以后，对于双务合同，在谁先履行约定不明的情况下，当事人可享有同时履行抗辩权；而在单务合同中，由于只有一方负担义务或者另一方虽然负有义务，但其所负的义务是不真正义务，因此，单务合同中的当事人不享有同时履行抗辩权。(2) 风险负担不同。所谓风险，主要在于当权利不能实现时，不利后果由谁承担。基于双务合同权利义务关系的相互关联性，如果双务合同因不可归责于双方当事人的事由导致合同履行不能，则该方当事人的义务应被免除，其享有的合同权利也相应地归于消灭。如果对方当事人已经作出履行的，则受领方应将依合同所受领之物返还给对方。我国台湾地区"民法典"第266条规定："因不可归责于双方当事人之事由，致一方之给付全部不能者，他方免为对待给付之义务；如仅一部不能者，应按其比例减少对待给付。前项情形，已为全部或一部之对待给付者，得依关于不当得利之规定，请求返还。"而在单务合同中，由于不存在对待给付的问题，所以在因不可归责于双方当事人之事由而造成履行不能的情况下，风险则由权利人承担。(3) 承担违约责任的形式不同。在双务合同中，一方当事人违约时，若另一方当事人已履行了合同义务，其可要求违约方继续履行合同或解除合同，并请求承担违约责任；若是单务合同，一方当事人违约，另一方只能要求违约方承担违约责任。

## 四、束己合同和涉他合同

根据双务合同中权利、义务是同一主体享有、承担，还是分别有不同主体享有和承担，可以将合同分为束己合同和涉他合同。

束己合同，也称为本人利益订立的合同，是指双务合同中的权利与义务由同一个主体享有和承担，换句话说，该合同中的义务由定约人承担，该合同中的权利也由定约人享有。

涉他合同，也称为第三人利益订立的合同，是指双务合同中的义务由订约人承担，而权利则由第三人享有，如为他人订立的人寿保险合同；也可指在征得第三人同意的情况下，双务合同中的权利由订约人享有，而义务由第三人承担。换句话说，合同的订约人与相对人约定，其所承担的义务由第三人履行，如A委托快递公司送快件，并与快递公司约定，快递费由收件人支付。

涉他合同具有以下特征：(1) 第三人不是缔约人，不需要在合同上签字或盖章，也不需要通过其代理人参与缔约。(2) 合同如给第三人设定权利，无须征得第三人同意。如对第三人设定义务，则必须征得第三人的同意。未经第三人同意，该义务仍由签约人承担。该特征在之后发展起来的票据理论中的汇票承兑制度中得到了充分的运用。(3) 合同成立后,享有权利的第三人,可以接受该合同的权利,也可以拒绝接受权利。在第三人拒绝接受该权利时,该权利仍归签约人享有。[①] 承担义务的第三人,不履行义务或履行义务有瑕疵的,仍由签约人承担法律责任。

## 五、诺成合同和实践合同

根据合同的成立与生效的关系,可将合同分为诺成合同和实践合同。

诺成合同,又称不要物合同,是指合同自当事人双方意思表示一致时成立并生效的合同。

实践合同,又称要物合同,是指合同除当事人双方意思表示一致以外,尚需另一个事实的发生才能生效的合同。这一除当事人意思表示一致以外的事实,通常是指法律规定的事实。如《合同法》第 210 条规定:“自然人之间的借款合同,自贷款人提供借款时生效。”依该条规定看,双方当事人的意思表示一致以外的事实,表现为出借方实际交付借款的行为。

诺成合同与实践合同的区别在于:(1) 合同成立、生效的时间不同,诺成合同仅以当事人合意为成立并同时生效,而实践合同以合意和另一个法律规定的事实发生时才生效。(2) 承担责任的性质不同,当事人不履行诺成合同,应承担违约责任,而当事人不履行实践合同中法律所规定的另一事实,如法律规定的事实没有发生,不属于违约责任,应纳入缔约过失责任。

## 六、不附条件、期限的合同与附条件、期限的合同

根据合同成立与生效的关系这一标准,合同还可分为不附条件或期限的合同与附条件或附期限的合同。

不附条件或期限的合同,也称确定的合同,指合同自当事人意思表示一致时成立并生效。换句话说,合同的权利、义务自双方意思表示一致时便产生拘束力。

附条件或附期限的合同,指合同的权利、义务虽经双方当事人达成一致,但此时尚不能对当事人产生拘束力,还需等待约定的条件的发生或期限的届满。附条件、期限合同的理论,在保险合同中得到了充分的运用。

区分不附条件、期限的合同与附条件、期限的合同的意义在于:(1) 不附条件、期限的合同的当事人取得的是既得权而附条件、期限的合同,在条件未发生和期限未届满前,当事人取得的只是期待权;(2) 当事人违反不附条件、期限合同的义务,构成违约责任,而在附条件、期限的合同中,当事人只有恶意阻止条件

---

① 参见崔建远主编:《合同法》,法律出版社 2001 年版,第 30 页。

的发生或恶意促成条件的发生时,才承担违约责任。

## 七、要式合同和不要式合同

根据法律对合同的形式是否有特定要求,可将合同分为要式合同和不要式合同。

要式合同,是指根据法律规定必须采取特定形式的合同。对于一些重要的交易,法律要求当事人必须采取特定的形式订立合同。

不要式合同,是指法律对合同的形式没有特别的规定,当事人可以采取口头方式,也可以采取书面形式或其他形式。民法自近代以来,推崇意志自由,只要意思表示一致,契约即可成立,方式为何,并不重要,故契约云者,多为不要式契约。①

区分要式合同与不要式合同的意义在于:确认合同是否有效,对要式合同而言,不符合法律规定的形式,合同无效;而不要式合同则不能单凭合同形式确认合同无效。

## 八、格式合同与非格式合同

在非要式合同中,根据合同是否事先拟定和重复使用,可将合同分为格式合同与非格式合同。格式合同,又称格式条款、标准合同、附合合同,是指合同条款由一方当事人预先拟定,并能重复使用,对方当事人通常只能全部接受,方能成立合同的缔约方式。由于格式合同具有节省时间、降低成本的特点,符合商品生产的内在要求,因而得到了迅速的发展。格式合同虽然具有以上优点,但它破坏了合同的意思自治原则,因此,为了平衡订约双方的利益,法律对提供格式条款的一方施加了诸多限制。

非格式合同,是指合同条款由双方当事人协商,共同拟定而形成的合同。

格式合同与非格式合同的区别在于:(1) 合同歧义的解释规则不同,非格式合同发生歧义,按合同解释规则处理;格式合同发生歧义,合同的含义按有利于接受格式合同一方的解释确定。(2) 合同中的免责条款的效力不同,非格式合同当事人在合同中约定的免责条款,只要不违反法律的规定,为有效条款;而格式合同中,免除格式合同提供人义务的条款,即使没有违反法律规定,也是无效的。(3) 非格式合同当事人对合同条款无向对方的说明义务,而格式合同提供者对相对方负有说明义务,未说明的,对相对人不产生拘束力。

---

① 参见邱聪智:《新订民法债编通则》(上册),中国人民大学出版社 2003 年版,第 25 页。

### 九、主合同和从合同

根据两个合同间的相互联系，可将合同分为主合同与从合同。

主合同是指不以其他合同的存在为前提，能够独立存在的合同，如买卖合同、借贷合同等。

从合同是指以一个已存在的但还未履行完毕的合同作为其存在前提的合同，如在借贷合同与保证合同的关系上，就可以说借贷合同是主合同，保证合同是从合同。由于从合同要依赖于主合同的存在而存在，所以从合同又被称做附属合同。

区分主合同和从合同的意义在于：从合同以主合同的存在为自己存在的前提，没有主合同，从合同就失去存在的意义。例如，没有借贷合同的存在，保证合同的存在就没有任何意义。

### 十、要因合同与不要因合同

根据从合同成立后，是否受主合同效力的影响，或者说是否与主合同的效力分离，可将合同分为要因合同和不要因合同。

要因合同，也称有因合同，是指从合同成立后，受到主合同效力的影响。换句话说，主合同无效，从合同无效；主合同消灭，从合同消灭。

不要因合同，也称无因合同，是指从合同成立后，其不受主合同效力的影响。也就是说，主合同无效，不导致从合同的无效；主合同消灭，也不导致从合同的消灭。从合同是否无效、消灭，取决于其自身的构成要件。

## 第三节 合同法律关系

合同订立后产生合同关系，该关系中的权利义务的性质究竟为何一直困扰着理智的读者和学者。翻看学著和论文，每每映入你眼帘的，几乎都是合同权利是债权、合同义务是债务的述说。

然当你仔细、深入思考时，却又无法解决这一严峻的逻辑矛盾。例如，债法理论中所讲的债，都是以义务人违反义务，侵犯了他人的原权利为引起债的事实，为何唯独合同订立后，合同一方尚未违反义务时，就称其为债？又如，债的最主要特征是请求权，即要求他人必须为一定行为。合同订立后，在合同相对方尚未违反合同义务时，合同权利人何来请求权？如果合同订立后，在相对人未违反合同义务前，合同权利人没有请求权的分析成立，试问，将一个没有请求权的合同权利称为债权，何以符合债概念之内涵？可见，将合同订立后的合同权利称之为债权，实在是名不符实，至少在逻辑层面是不严谨的。

为了解决这一长期被虚像遮掩着的、困扰人们的合同订立所生合同权利的性质问题，本书引入逻辑分类理论，将合同订立与合同违约一分为二，分别研究合同订立所生权利的性质和合同违约所生权利的性质，以求得上述疑问的解决。

根据民法原权利和救济权分类理论的指引，本书提出合同订立所产生的权利可称为合同权利，其性质为原权利；合同违约所产生的权利可称为合同债权，其性质为救济权。上述见解分述如下：

## 一、合同法律关系的概念与特征

合同法律关系，是指两个或两个以上的自然人、法人基于合同而在彼此之间产生的具有权利义务的社会关系。该关系属于基础法律关系，其权利性质为原权利。合同法律关系具有以下特征：

1. 意定的财产流转关系

财产关系依其形态分为财产的归属利用关系和财产流转关系。前者为静态的财产关系，后者为动态的财产关系。物权关系、知识产权关系反映的是财产的归属和利用关系，其目的是保护财产的静态安全；而财产流转关系反映的是财产利益从一个主体转移到另一主体间的关系。虽然债关系也是财产流转关系，但它是被动流转、法定流转，而合同关系则是主动流转、意定流转。所以，由合同引起的财产流转与债所引起的流转有质的区别。合同关系反映的财产流转关系，是增加静态财产的使用效率，而债所反映的财产流转，其目的是保护财产的静态和动态主动流转的安全。

财产的静态和动态中的主动流转，不仅是社会经济发展的基本要素，也是社会发展不可缺失的，两者相互依存，互相促进。因此，不论是法定的物权、知识产权还是意定的合同权利，都具有同样重要的作用，虽然它们在外观上有所区别，但它们所具有的本质是相同的，都符合原权利概念的内涵，是同一种性质的权利。

2. 合同关系的主体双方都是特定的

合同关系的主体，不论是权利主体还是义务主体，都是特定的自然人或法人。也就是说，合同权利人的权利只约束着特定的合同义务人。而物权关系、知识产权关系中，权利主体是特定的，义务主体则是不特定的，即任何人都负有不侵犯权利人权利的义务。换句话说，物权、知识产权权利人的权利约束着不特定的义务人。

长期以来，人们正是基于合同关系的这一特征，将合同权利的性质从物权和知识产权的原权利性质中排除出去。其实，义务人特定与否，并不是原权利和救济权即物权和债权的分界线。义务人特定与否，只是绝对权与相对权分类的界限，而相对权不能简单推理出它就是债权。因为，债权除有相对权特征外，还须具备请求权。仅是相对权，不具有请求权，仍不能称其为债权。

对于合同订立后的权利，义务人特定是事实，犹如父母子女关系中，子女对父母的受抚养权一样，在父母自觉履行抚养义务时，我们能称子女对父母的受抚养权是债权吗？子女有受父母抚养的权利，这种权利公认的是身份权，而非债权，只有当其父母违反了他们的抚养义务时，此时，原先的身份权，才转化为债权。可见，对于合同权利，在合同义务人没有违反义务前，只是义务人特定而已，其权利性质尚不具备债权资格。

合同关系中义务人特定和物权、知识产权关系中义务人不特定的区别，是在具有原权利共性基础上所表现出来的个性差异，而不是质的区别。

3．合同关系的客体是当事人约定的权利与义务所指向的对象

合同关系的客体是当事人约定的权利与义务所指向的对象，它可能是物、智力成果，也可能是劳务。合同关系客体与其他法律关系客体的单一性特点相比，表现出多样性特点。而合同关系客体多样性特点使一些人误认为合同关系中的权利在性质上有别于物权、知识产权关系中的权利特征，他们把多样性作为判别支配权和请求权的依据。其实不然，物权、知识产权法律关系的客体形式相对单一，而合同关系的客体形式的表现较为丰富，我们不能以客体表现形式的丰富来认定权利的性质，这样的思维是欠缺理性的。合同客体的多样性是合同当事人自由意思的结果，而权利的性质则是由权利的实现是否可以要求、强制他人所为来区分的。合同关系客体虽然多样，但在合同义务一方未违反义务前，合同关系的权利人与其他法律关系的权利人一样，是无权要求、强制该关系中的义务人为行为的。只有在义务人违反义务时，权利人才具有这一权利，无论他是物权人、知识产权人，还是合同权利人。

债关系客体虽然也表现为多样性，但它不是由合同关系当事人主动意定的，而是由法律明文规定的，即能恢复被破坏的原权利状态的，恢复；不能恢复原状或恢复原状没有意义时，赔偿损失。可见，合同关系客体的多样性与物权、知识产权关系客体的单一性间的区别，是同质权利下表现形式的区别。而合同关系客体多样性与债关系客体多样性之间虽然形式相同，但权利性质却是不同的：合同权利的实现，依靠权利人自主实施，只要义务人不违反义务即可；而债权的实现则依赖要求、强制违反义务人为一定行为。

4．合同关系中的权利须通过义务人的为或不为约定行为才能得以实现

合同关系中权利人的权利，大多需合同关系中义务人为一定行为方能实现，少量表现为不为一定行为得以实现。然物权、知识产权关系中权利人的权利，通常只需义务人不为干扰，其权利便可实现。传统理论也基于这一区别，将合同关系的权利视为与物权、知识产权异质，以至于成为合同权利是债权的理由之一。上述认识的错误在于：原权利关系中的义务，表现为为了他人权利的实现，义务

人必须为一定行为和不为一定行为。在以物权为代表的现有法律规定的原权利中，大多只要求义务人不为干扰行为即可，如不得伤害他人的生命和身体健康，不得破坏公共财产，不得侵害他人财产权等。但法定原权利也并不是清一色地要求义务人不为行为，也有要求义务人为一定行为的，如父母子女关系中，子女有受抚养的权利，便是一例。合同中的权利正好与物权、知识产权等相反，大多要求义务人为一定行为，以使合同权利人的权利得以实现，如买卖合同中出卖人交付出卖物，承揽合同中承揽人交付加工承揽物，租赁合同中出租人交付出租物等。同样，合同关系也不是清一色地为行为，也有不为行为的，如医疗、律师服务合同中约定的保密义务，便是一例。可见，合同关系中表现出来的义务形态，大多是为约定行为，少量是不为约定行为的情形，但这并不能得出，它和物权、知识产权关系以及人身关系中表现出来的大多是不为少量是为之间是一种质的区别。这种区别，反映的只是同质权利下的个性区别。

合同关系大量表现出来的为一定行为和少量不为一定行为的特征，与债关系中债务人必须为一定行为有着本质的区别。首先，义务人不论是履行法定义务，还是履行约定义务，法律都要求其自觉履行。义务由义务人自觉履行，自然就无债关系存在的余地。只有义务人违反义务，才导致债的产生。其次，义务表现为为行为和不为行为两种形态。而债务只表现为为一定行为的一种形态。这是区分义务与债务的唯一标准。说债务的表现形态只能是为一定行为，是因为债制度是为救济原权利而设，所有的原权利被侵犯，无外乎一是不应为的行为，当事人为了，如不应损坏他人财产的，某人损坏了。此时，债如何救济原权利？由法律强制债务人或为修理行为，或赔偿损失。这里的修理或赔偿表现出来的形态，就是强制债务人为一定行为。二是应为的行为，当事人不为，比如应抚养的不抚养，应交付出卖物的不交付等。此时，债如何救济原权利？由法律强制债务人或继续履行，或赔偿损失。这里的继续履行或赔偿损失表现出来的形态，依然是强制债务人为一定行为。

5. 合同关系的发生具有任意性

合同关系可由当事人在不违反法律的情况下自行任意设定。而物权、知识产权关系都只能依法律规定而取得，并且其类型具有法定性，当事人不能任意自行设定法律上没有规定的物权和知识产权，也包括人身权。

合同关系任意性的特点表现在合同中就是合同的相对性。所谓合同的相对性，是指合同的对方当事人，由订约人自己选择，即主体的相对性；合同的内容由当事人协商确定，即使是同一种类的合同，其内容也不会完全雷同，即合同内容的相对性；合同的违约责任由当事人自行约定，没有约定的，依法按违约所造成的实际损失予以赔偿。

合同关系的这一特征，同样与债关系存在着区别。首先，承担债务的主体，并不限定于违反义务之人，可依据法律规定涉及相关人。其次，债的客体是由债法规定的，即恢复原权利被侵犯前的原状，或赔偿损失。最后，赔偿的标准法定，或按实际损失赔偿，或惩罚性赔偿。

6. 合同关系具有相容性

如同前述，合同关系的设定具有任意性，因此，合同关系的当事人可以在同一标的上成立内容相同的数个合同关系，履行时按权利人的请求为先后排序，而物权关系则不同。首先，在同一物上不能成立内容不相容的数个物权关系；其次，在同一物上，如有数个物权关系存在时，其效力先后之分由法律明文规定。

合同关系这一特征虽与债相同，即一个权利上可承受多次被侵犯的现象，但我们仍无法以此就认为两者是相同的，因为，两者之间存在某点相同并不意味它们就一定是同类。本特征的相同，就如前点分析债法具有法定特征一样，我们同样不能因为债法具有法定的特征，而将合同关系与债法关系视为一类。这种异质，但表现出某些相同特征的现象，我们只能说是自然中的巧合罢了。

综上，合同关系作为与物权、知识产权、人身权具有同类性质的法律关系，虽然它们之间存在着种种区别，但这些差异只是同质下的个性差异，合同关系与债关系所表现出来的则是本质的区别。这一本质的区别主要表现为：权利是依靠自己得以实现，还是请求他人为一定行为以实现。

## 二、合同法律关系的要素

合同法律关系的要素，是指构成合同关系的成分，其包括主体、内容与客体三要素。

### （一）合同关系的主体

合同关系的主体即合同关系的当事人，包括权利人与义务人。权利人，是指在合同关系中享有权利的一方当事人；义务人，是指在合同关系中负担义务的一方当事人。

在合同关系中，大量的合同表现为当事人双方相互享有权利和负有义务，每一方当事人都既充任权利人，又充任义务人。例如，在买卖关系中，出卖人一方负有交付标的物并移转所有权的义务，买受人负有支付价款的义务。从标的物的交付与所有权移转上说，买受人是权利人，出卖人为义务人；而从价款支付上说，出卖人为权利人，买受人为义务人。此种双方互负为约定行为的合同关系，学理上称为双务合同。少部分合同则表现为，合同的一方当事人仅享受权利，充任权利人，另一方当事人仅负有义务，充任义务人。例如，在赠与合同中，受赠人为权利人，赠与人为义务人。对此类合同关系，学理上称为单务合同。

一般而言，凡民事主体均可为合同关系的主体。但有的合同关系，法律对其主体资格设有限制，民事主体只有具备了法律规定的资格，才可成为这类合同关系的主体。

（二）合同关系的内容

合同关系的内容，是指合同关系的当事人对合同标的所享有的权利和负担的义务。

1. 合同权利

原权利的本质属性是权利人为或不为一定行为的可能性。原权利的这一属性，体现在合同权利上，是指合同权利人享有的决定接受或不接受义务人按约定交付的物、智力成果或服务过程和成果；决定转让或不转让上述权利；决定在法定或约定条件具备的情况下，解除或不解除合同的权利。

尽管具体合同中约定的权利与义务千姿百态，就如具体的物的表现千姿百态一样，但它所抽象出来的权利无非是占有、使用、受益、处分，合同关系中的权利人所享有的合同权利则如上文所述，决定接受或不接受义务人按约定交付的物、智力成果或服务过程和成果等。

2. 合同义务

义务的本质属性是为了权利人权利的实现，而为一定行为或不为一定行为的必然性。合同义务也未超越这一属性，但其特性表现为大多是为约定的应为行为，少数是不为约定不为的行为。

（三）合同关系的客体

合同关系的客体，是指合同权利与义务共同指向的对象。没有客体，合同关系就会落空，也不能称其为合同关系。在何为合同关系的客体上，学界有种种的争议和见解。

首先，在合同关系的客体与标的有无区别上，有的学者认为，合同关系的客体与标的是不同的。有的学者认为，合同关系的客体与标的是没有区别的。我国合同法学通说认为，合同关系的客体与标的并无区别，它们实质上是一回事。其次，在合同关系的客体为何问题上，也有不同的见解。有的认为，合同关系的客体应统称为给付一定行为或不行为；但也有的认为，客体应是义务人积极的行为；还有的认为，客体可以是物，也可以是劳务，还可以是智力成果等。

我国原《经济合同法》在经济合同的条款中规定，标的指的是货物、劳务、工程项目等。新《合同法》对此未作说明。基于当事人设立合同关系的目的，是为满足自己的某种利益需要，但对于这种利益的载体（如货物、劳务等），合同权利人自己并不能直接支配，须通过义务人为特定行为，才能达到满足权利人利益需要的目的，因此，将合同权利、义务共同指向的客体解释为义务人应为或不为约定的特定行为较为妥当。也就是说，合同关系的客体，是指当事人在合同中约定，通过义务人为或不为的行为而实现的物或智力成果或劳务。

### 三、合同关系的发生原因

任何一个法律关系的发生、变更和终止都是以一定的法律事实为根据的,所以,探讨合同关系的发生原因,也就是探讨引起合同关系产生的法律事实。

法律事实,是指能够引起合同关系发生、变更和消灭的客观事实。能引起合同关系发生的法律事实是签订合同。合同是平等主体的自然人、法人、其他组织之间设立、变更、终止民事权利义务关系的协议。合同依法成立后,即在当事人间产生债权债务关系,因此,当事人间签订合同的事实是合同关系发生的原因,也可将签订合同的事实称为引起合同关系发生的法律事实。

## 第四节 违约之债

违约之债,也可称合同之债,是指合同义务人拒绝履行合同义务,或违反约定履行义务的事实,在原合同权利人与违反合同义务人之间产生的债关系。

本书认为,只有当合同义务人违反了合同义务,具有原权利性质的合同权利遭遇侵犯,合同权利人才对合同义务人产生合同上的请求权,即可以要求违反合同的义务人继续履行合同或赔偿损失,如同所有权、知识产权、人身权遭遇不特定义务人的侵犯,权利人对侵权人产生请求权,要求侵权人恢复原权利被侵犯前的原始状态,或赔偿损失。所以,在合同义务人违反义务后,合同之债、合同债权,才名符其实。

# 第二章　合同与合同法

合同是人类社会改造世界的产物，是人们在不断的社会生产实践中总结出来，用以实现劳动成果交换，实现各取所需，从而巩固社会化专业分工的手段。

合同是社会的，也是物质的，同时也是客观的。合同作为一个客观存在，其优劣之评判标准，取决于人类主体的价值选择，这种价值选择，按照马克思主义的唯物史观，表现为作为上层建筑的合同法对具有客观物质属性的合同的反作用。诚然，如果没有这种人类的理性自觉，合同也能自我修正，自我发展，但是，毫无疑问，这个过程十分缓慢，社会将为此付出巨大的代价。当然，上层建筑作用于经济基础，其作用或促进，或阻碍，如何发挥合同在社会发展中的积极作用，克服合同的消极作用，则是作为上层建筑的法律所要研究解决的问题。

法家慎到说："法非从天下，非从地出，发于人间，合乎人心而已。"[①]合同由来已久，合同法也随之走过了漫长的历史路程，在这中间，前人为我们留下的宝贵精神财富，为我们正确认识合同提供了良好的素材，同时，别国的法实践、法理论中闪烁着的理性之光，也为我们提供了比较法意义上的参照，但这些历史的、别国的经验是不能简单地拿来适用的。历史在发展，国情有不同，我们要按照我们的国情，我们的价值评判标准，对之加以选择适用，既要继承，又要发展。

## 第一节　合同法的概念与特征

合同法是一部有关合同问题的法律规范的总称，是确立平等主体之间因财产意定流转而形成的权利义务关系，以确保财产能公平、安全、迅速、高效流转的法律系统。它包括界定合同的法律制度、订立合同的法律制度、合同效力的法律制度、合同成立与生效的法律制度、合同无效或被撤销的法律制度、合同变更和转让的法律制度、合同履行的法律制度、合同关系消灭的法律制度以及各类合同的法律规范等。

综观各国合同法立法模式，合同法在解决上述问题之外，还涉及合同相对人违反约定义务的后果问题。确切地说，这部分问题应属于债法的一部分。由于传统立法模式的原因，这部分因违反约定义务而产生的债，被约定俗成地规定在合同法之内了。

---

① 参见《慎子·逸文》。

根据通说，我国合同法具有如下基本属性：

1. 合同法为私法

按照传统的法律分类理论，法律被分为公法与私法。两者有以下几点区别：第一，从利益保护的重心看，公法以维护公共利益即“公益”为主要目的，私法则以保护个人或私人利益即“私益”为依归；第二，从调整的社会关系即对象看，公法调整的是国家与公民之间、政府与社会之间的各种关系，主要体现为政治关系、行政关系及诉讼关系等，私法调整私人之间的民商事关系，即平等主体之间的财产关系和人身关系；第三，公法以权力为轴心，严守“权力法定”的定律，私法则以权利为核心，适用“权利推定”的逻辑；第四，公法奉行“国家或政府干预”的理念，私法遵循“意思自治”、“私法自治”的原则；第五，公法以政治国家为作用空间，私法以市民社会为功能范域。

二者区分的实益在于，易于确定法律关系的性质，应适用何种法律规定，应采用何种救济方法或制裁手段，以及案件应由何种性质的法院或审判庭受理，应适用何种诉讼程序。

合同法以市民社会的衣、食、住、行、柴、米、油、盐和生产、分配、交换、消费为功能范域，以权利为核心，以保护私人利益为依归，奉行意思自治、契约自由的原则，规范平等主体间与合同相关的法律问题，故为私法。

2. 合同法是关于平等主体间财产关系的法律

在私法中，有的涉及财产关系，如物权法；有的涉及人身关系，如亲属法。合同法主要关系到当事人之间的财产关系，通常并不涉及人身关系，故为财产法。

3. 合同法是关于平等主体间财产流转的法律

在财产法中，有的规范财产的归属关系，以物权法为典型；有的规范财产的流转关系。财产流动关系，又以意定和法定区分合同法和债法。意定财产流动，以合同法为典型，是财产流动关系的主要部分，它对促进商品流动至关重要。法定财产流动则以调整违反义务后，违反义务人应承担后果的债法为代表。

从世界上经济发达国家的经验看，合同法是规范商品交换关系的基本法律，是随着商品交换与商品经济的发展而发展起来的。在我国同样如此，新中国成立后的历史尤其可以说明这一点，在计划经济时代，并没有真正的合同法，所谓“经济合同”不过是落实国家经济计划的工具罢了。进入20世纪80年代以后，商品经济得到重视，为了适应发展商品经济的需要，我国先后制定了《经济合同法》、《技术合同法》与《涉外经济合同》。到了90年代，我国提出发展社会主义市场经济，市场经济对于合同法规范的要求更为高涨，于是在修订了《经济合同法》(1993年)之后便启动了起草统一合同法的工作，最后于1999年3月15日颁布了《合同法》。合同法是发展市场经济必不可少的基本法律，是规范交易行为的基本法。

4．合同法是任意法

合同法作为私法的一个重要组成部分，奉行合同自由原则，当事人自己的事情，应由其自己做主。具体而言，合同法的规范多为任意性规范，或为引导性规范，或为补充当事人意思的不足，仅在少数场合规定强制性规范，故被称为“任意法”。对于合同法的适用，原则上取决于当事人的援引，而不像刑法等由专门的国家机关负责执行和适用。

5．合同法是私法体系中一部采将如何创设权利、义务与违反义务后应如何承担法律后果写于一体的法律

在一般情况下，公民可享有哪些权利、需承担哪些义务，以及如何取得这些权利，通常有法律规定，如物权法，它规定自然人、法人如何取得物权和如何行使物权。但在商品交换领域，法律赋予自然人、法人可通过协商，在彼此之间创设权利和义务。从权利和义务角度而言，法律规定的权利、义务与当事人协商设定的权利、义务在本质上具有相同的效力，它们的区别仅仅是法律规定的义务人为不特定，合同约定的义务人特定。然立法模式上，凡有法律规定权利、义务的，自然人、法人可享有哪些权利，如何行使权利，这些都仅写于该部法律，有关自然人、法人违反义务，应承担何法律后果，则写在另一部法律之中。而合同法则不同，它采合两者于一体的立法模式。

## 第二节　合同法与民法及其他民事单行法的关系

### 一、合同法与民法

通说认为民法是调整平等主体间的财产关系、人身关系的法律规范的总称。合同法与民法的关系是特别与一般、部分与整体的关系。

首先，从民法与合同法使用的调整手段上分析，民法与合同法都是通过设定权利的方式，鼓励民事主体积极参与民事活动，在着重于设定权利的民事立法中，设定权利的方式，它既有法定方式，也有意定方式。而合同法则突出地表现为当事人通过意定方式，在特定当事人之间设定权利、义务。

其次，民法与合同法都作用于平等主体，民法除了作用于财产关系（包括财产的归属关系与财产的流转关系）外，还作用于人身关系，而合同法则主要作用于平等主体间的财产流转关系。

再次，从民法与合同法的内容上分析，民法总则中有关于民事主体、法人制度、代理制度、法律行为、民事责任、诉讼时效等规定，而合同法仅是更加突出、细化法律行为的内容，合同法围绕法律行为，尤其是双方法律行为，详细地规定了合同的订立、生效的法律制度，合同无效、被撤销、效力、履行、变更和转让及合同

关系消灭等一整套的法律制度。我们无法设想,合同可以没有民事主体,因为无主体的合同是不存在的;我们无法设想,合同法可以离开法律行为而存在,因为合同本身就是一种法律行为;我们无法设想,合同法可以没有代理制度,因为没有代理制度,合同的运用就会受限制,就得不到高效率的广泛运用;我们无法设想,合同法可以不需要民事责任、诉讼时效等规定,因为没有这些制度作保障,即使签订了合同也等于一纸空文,合同自身对社会的积极作用将荡然无存。

最后,从合同法与民法对违反义务处理的方法上分析,民法用来解决问题的方法是,当公民或法人的民事权利受到侵害时,被侵害人有请求排除妨碍的权利;当公民或法人的所有权受到侵害时,被侵害人有请求恢复原状的权利;当公民或法人的财产被他人非法占有时,被害人有请求非法占有者返还原物的权利;当公民或法人的民事权利因被侵害而受损失时,被侵害人有权请求赔偿损失;此外,还有赔礼道歉、消除影响等。《合同法》第 107 条规定:"当事人一方不履行合同义务或者履行合同义务不符合约定的,应当承担继续履行、采取补救措施或者赔偿损失等违约责任。"由此可见,合同法用以解决违反义务问题的方法,集中到一点就是继续履行或赔偿损失,赔偿损失的数额与对方所受损失的数额是相等的。同时,合同法还规定,倘若违约金约定过分高于或低于实际损失,当事人可请求法院调整违约约定。可见,合同法对违反义务处理方法的基本内容是赔偿,这种通过赔偿来使合同双方当事人恢复到原来双方所处的平等互利的地位上的做法是民法所独有的,是其他部门法所不具备的。合同法之所以使用民法的处理方法,是因为它是民法不可分离的重要组成部分。

### 二、合同法与物权法、知识产权法

通说认为,物权法是关于物的归属与利用的法律规范的总称。物权法上的物,不论是天然之物,还是人造之物,从其造福于人类的角度看,都是人类劳动的产物。没有人类的劳动,再丰富的资源也不可能自发地造福于人类。因此,物权法的首要功能就是,通过设定权利鼓励人们积极创造财富,并利用现有财富创造更多的财富,以不断满足人们日益增长的物质需求。物权法保护物权,其目的就是保护人们创造财富的积极性。而知识产权法是关于智力成果的归属和利用的法律规范的总称。两者的客体虽在表现形态上有所不同,但在作为人类劳动的成果上却是相同的。知识产权晚于物权而产生,它是人类社会生产劳动发展到一定阶段的产物,因此,知识产权法的首要功能也是通过设定权利鼓励人们积极地去发现未知,发明创造新技术,也包括鼓励人们积极参与科学、文化的创作,更高效地推进物质生产劳动。

然社会发展的现实,正如日本学者我妻荣所说:"人类在仅依物权形成财产关系,仅以物权作为财产客体时代,可以说只能生活在过去和现在。但是,承认了合同制度,就可以使将来的给付预约,变为现在的给付对价价值。”[①]当社会发展的客观事实向人们证明,分工协作的效率远远高于自给自足时,人们发现不论是人类的物质生产劳动、科学实验,还是创造发明都离不开合同。尤其在专业化社会分工日益发达的今天,社会生产劳动和科学实验的进行,如果没有合同这一手段介入其中,要想充分发挥物的作用,几乎是不可能的。“商品所有权如不与买卖契约相结合,不变为价金权利,其作用就不能产生。”[②]在人类改造自然方面,为了获得所需劳动力,雇佣合同、加工承揽合同、合伙合同应运而生。随着社会分工的深入,人们更多地依赖商品交换,各种物权、知识产权成了合同的客体,而合同的结果又产生了新的物权和知识产权,人类社会正是在这两类法的良性互动中不断地向前发展。合同法与物权法、知识产权法,虽同属于民法,都是作用于平等主体间财产关系的法律,但它们却有着如下的区别:

第一,调整的对象不同。物权法、知识产权法调整的是静态的财产归属与利用关系,权利的内容表现为物权、知识产权,合同法调整的则是动态的意定财产流转关系,权利的内容表现为合同权利。

第二,法律规范所设定的权利与义务的强度不同。物权法因所规定之物权有对世之效力,恒涉及第三人之利益,为求内容之统一,以确保物权之享有与交易之安全,其规定多具强行性质,非当事人所能任意变更,故原则上应属强行法之范畴,此与合同法尊重当事人之意思,以契约自由为原则,较具任意法之性质者大异其趣。[③] 知识产权法的法律规范亦多具强行法性质。

第三,权利、义务的来源不同。物权、知识产权的种类、权能均由法律统一规定,而由合同约定的权利、义务则由当事人自己协商。上述权利、义务来源虽有不同,但违反义务的后果则是统一的,即必须承担法律责任。

### 三、合同法与继承法

合同法与继承法都是关于财产流转的法律,在强化财产的流转方面是一致的。它们的区别如下:

第一,合同法规范的是纯粹的财产流转关系,继承法则兼具身份法与财产法的性质。继承法是以身份为基础来确定财产的流转,即使被继承人可以与合同当事人一样,可以意定的方式来确定财产的流转(遗嘱继承),但须在一定的亲等范围之内的亲属中确定遗嘱继承人,而合同当事人则没有这方面的限制。

第二,继承是财产权利人死后发生的财产流转关系,有人称之为死因行为。

① 〔日〕我妻荣:《债权在近代法中的优越地位》,王书江等译,中国大百科全书出版社 1999 年版,第 6 页。

② 同上书,第 13 页。

③ 参见谢在全:《民法物权论》(上册),中国政法大学出版社 1999 年版,第 2 页。

通过继承实现的财产的流转,只发生在被继承人死亡之后,而合同中的财产流转则在当事人生前实现。

第三,合同法的适用主体比继承法更广。合同法除了自然人外,还广泛适用于法人、其他组织,而继承法由于其较强的身份法的性质,只适用于自然人。

### 四、合同法与债法

合同法与债法虽同为民法所统帅,同受我国民法总则的统领,调整的都是财产的流转关系,但两者仍有如下区别:

首先,虽然两者具有财产流转的共同点,但就立法目的而言,合同法调整的财产流转是意定、主动流转。合同法是从正面引导人们如何行使权利,以加速经济流转,它是当事人追求社会积极效应的体现。债法调整的财产流转是法定、被动的流转。债法以督促人们自觉履行义务为宗旨,告诫人们避免违反义务行为的发生,以稳定社会秩序。它是制裁违法,恢复权利被侵犯前状态,保护权利人权利的体现。其次,合同当事人享有的合同权利属于原权利,债权人享有的则是救济权,两者权利属性不同。需要指出的是,当合同义务人违反义务时,合同权利人的权利,如同其他任何一项原权利遭到侵犯一样,便成为债权,合同权利人也即刻成为债权人。我国现行《合同法》中违约责任的规定,指的就是这一现象,它的内容与债法内容表现出一致性。将合同权利与合同违约之后产生的权利区分开来,有利于我们认识合同法与债法的区别。

## 第三节 我国合同法及其基本原则

### 一、《合同法》及相关司法解释

学习合同法,我们既要学习合同法理论,也要学习现行《合同法》及相关司法解释。本书在此将《合同法》及其司法解释的名称,按颁发时间的先后编辑如下,以供读者查阅:

1999 年 3 月 15 日,我国颁布了《合同法》。之后,最高人民法院于 1999 年 12 月 1 日,经最高人民法院审判委员会第 1090 次会议通过《最高人民法院关于适用〈中华人民共和国合同法〉若干问题的解释(一)》。2009 年 2 月 9 日,经最高人民法院审判委员会第 1462 次会议通过《最高人民法院关于适用〈中华人民共和国合同法〉若干问题的解释(二)》。除此之外,最高人民法院还就单项合同作出了司法解释。2002 年 6 月 11 日,经最高人民法院审判委员会第 1225 次会议通过《最高人民法院关于建设工程价款优先受偿权问题的批复》。2003 年 3 月 24 日,经最高人民法院审判委员会第 1267 次会议通过《最高人民法院关于审理商品房买卖合同纠纷案件适用法律若干问题的解释》。2004 年 9 月 29 日，经最高人民法院审判委员会第 1327 次会议通过《最高人民法院关于审理建设工程施工合同纠纷案件适用法律问题的解释》。2004 年 11 月 23 日，经最高人民法院审判委员会第 1334 次会议通过《最高人民法院关于审理涉及国有土地使用权合同纠纷案件适用法律问题的解释》。2004 年 11 月 30 日，经最高人民法院审判委员会第 1335 次会议通过《最高人民法院关于审理技术合同纠纷案件适用法律若干问题的解释》。2009 年 6 月 22 日，经最高人民法院审判委员会第 1469 次会议通过《最高人民法院关于审理城镇房屋租赁合同纠纷案件具体应用法律若干问题的解释》。2012 年 1 月 9 日，经最高人民法院审判委员会第 1538 次会议通过《最高人民法院关于审理海上货运代理纠纷案件若干问题的规定》。2012 年 3 月 31 日，经最高人民法院审判委员会第 1545 次会议通过《最高人民法院关于审理买卖合同纠纷案件适用法律问题的解释》。

## 二、合同法基本原则

### （一）概述

在探讨合同法的基本原则时，基于合同法与民法是特别与一般、部分与整体的关系，合同法的基本原则与民法的基本原则会出现相同或类似的情形，这是由逻辑上的包容与被包容关系所决定的。

探讨合同法的基本原则，主要是用来和同属于民法的其他特别法的基本原则加以区别。合同法的原则，是适用于合同法的特定领域或者全部领域，对合同法规范起着指导、统领作用的准则。又基于合同有一般与具体之分，合同原则又可以区分为“合同法的基本原则”与“合同法的具体原则”。前者如合同自由原则；后者如仅适用于合同履行中的完全履行原则，适用于违约赔偿责任中的完全赔偿原则等。本节探讨的是合同法的基本原则。

近代民法有著名的所有权神圣不可侵犯、意思自治和过错责任三大原则，其中意思自治即合同法立法的指导思想，我国民法及合同法的学术研究和立法实践，在近代民法向现代民法发展过程中吸收了传统民法理论的合理内核，将意思自治原则发展为自由原则、平等原则、公平原则、诚信原则和公序良俗原则的合同法基本原则体系。

在这一原则体系中，合同自由原则直接反映了市场经济的本质，如果说没有合同自由，就没有市场经济。市场经济内在规律决定着主体必须具有平等的、自由的、独立的性质。只有经过当事人平等协商，然后达成一个协议，来安排双方的权利和义务关系，这才与合同的内涵相符。因此，合同自由是合同法的本质，是市场经济的本质，合同法只有坚持和捍卫合同自由，才能适应市场经济的内在规律，才能有效促进社会资源的积极流动，实现物力和人力的最有效的利用，以达到鼓励交易的目的。

平等是现代法律的基础，任何一方当事人在订立、履行合同时，法律地位是平等的，任何一方不得享有特权，将自己的意志强加给对方，合同自由的基础是平等，如果没有平等，何来自由？宪法所确立的法律面前，人人平等原则，不仅是民法的基础，也是合同法的基础，是私法自治的内在要求，是合同自由原则的保障。

公平原则则表明合同是社会分工的产物，合同的实质是人们劳动的交换，为了能使社会分工得以不断发展，不至于倒退至自给自足的小农经济社会，公平则成了合同自由行使的最佳标准，缔约当事人在合作中的所得，应相对公平合理。如果合同的结果，在缔约当事人之间造成实质上的不公平，那无疑是对合同自由的一个极大讽刺，因此，公平原则是合同自由行使的指导。

诚实信用是人们在长期的物质生产劳动和科学实验活动中培养起来的良好的行为习惯，因为任何弄虚作假的行为，行为人最终将为此付出代价。诚实信用被用于合同，是因为交换活动不同于人们的生产劳动和科学实验活动，这种弄虚作假会受到自然的报复，相反在交换活动中，弄虚作假者甚至还可能获得巨大的经济利益，且人们受知识、经验的限制，往往会对文字的理解产生差异，或意思表示有遗漏。如何维护当事人在合同中的意思，则成为实践中一个复杂及棘手的难题。诚实信用原则则为人们解决这一矛盾提供了极佳的方法，可以说诚实信用原则是合同自由的补充。

公序良俗即公共秩序与善良风俗，它所代表的是社会的整体利益。《宪法》第 51 条规定："中华人民共和国公民在行使自由和权利的时候，不得损害国家的、社会的、集体的利益和其他公民的合法的自由和权利。"具体到合同中，就表现为合同自由，应自觉遵守公序良俗，对它的侵害也有违合同自由之真意。因此，公序良俗是合同自由行使的限制。

（二）合同法的基本原则各论

1. 合同自由原则

《合同法》第 4 条规定："当事人依法享有自愿订立合同的权利，任何单位和个人不得非法干预。"该条虽然没有直接使用"合同自由"一词，但通常认为"自愿"实际上就是合同自由。《合同法》之所以专列一条规定"自愿原则"，意即排除第三人对他人订立合同的非法干预。

合同自由的理论基础是意思自治。意思自治理论认为：人的意志可以依其自身的法则去创设自己的权利义务，当事人的意志不仅是权利义务的渊源，而且是其发生根据。在民法体系中，合同是民事法律关系的核心部分，而个人意志则是合同的核心，亦即在合同的范围内，一切权利义务关系，只有依当事人的意志而成立时，才具有合理性，否则便是法律上的专横暴虐。

意思自治理论首先是建立于人“生而自由”的信念基础之上的：(1) 当事人不应当被他所不曾同意接受的义务所约束；(2) 当事人必须被他所愿意承担的义务所约束。[①] 契约自由原则反映了自然法的思想，故其中也应包括正义与公平之义。在古典契约理论家看来，契约即公正。因为平等、自由的人为自己的利益订立契约时，不可能同意被对其不利的契约条款所约束，故契约即公正。[②]

两百多年前发生在西欧的以“合同自由”反封建和防范国家过度介入市民社会的壮观景象，在今天的中国依然活生生地展现着。在信用意识和合同观念比较淡薄的情况下，仍然有必要高举“合同自由”的大旗，这应当说是《合同法》第4条的用意所在。

《合同法》与过去的三部合同法相比，任意性规范增多以及强制性规范减缩，表明合同自由原则在立法过程中实际上已经发挥了积极的作用。

合同自由原则的具体表现是：(1) 决定是否缔结合同的自由；(2) 选择相对人的自由；(3) 确定合同内容的自由；(4) 选择合同形式的自由；(5) 选择违约责任的自由；(6) 选择适用法律的自由。

2. 公平原则

《合同法》第5条规定：“当事人应当遵循公平原则确定各方的权利和义务。”

公平原则，是法律以公平理念来确定民事主体的民事权利、民事义务乃至民事责任的基本原则。它是社会正义在合同法中的具体体现。该理念被学说概括为“给付的均衡”法理，它被很多国家的立法所采纳。在法国有所谓 lésion 制度，即如果由于给付的不均衡，所引发的损害超过了一定的比例，依据该制度就可以承认该合同的撤销(réscision)；在德国法上，有所谓“暴力”(wucher)制度，该制度与英美法系合同规定类似，即如有经济的胁迫(economic duress)、不当威压、非良心性的交易等，该类合同不具约束力。

合同正义系属于平均正义，以双务合同为其主要适用对象，强调一方给付与他方的对待给付之间应具等值性。给付与对待给付客观上是否相当，如对特定劳务应当支付多少工资、对特定商品应当支付多少价金始称公平合理，由于涉及的因素很多，欠缺明确的判断标准。因此，现代合同法基本上采取所谓的主观等值原则，即当事人主观上愿以此给付换取对待给付，即为已足。客观上是否相当，在所不问。法官不能扮演“监护”的角色，以自己的价值判断，变更合同的内容。

① 参见尹田：《契约自由与社会公正的冲突与平衡——法国合同法中意思自治原则的衰落》，载梁慧星主编：《民商法论丛》第2卷，法律出版社1994年版，第251—258页。转引自柯庆华：《合同法基本原则的博弈分析》，中国法制出版社2006年版，第135页。

② 参见李永军：《合同法》，法律出版社2005年版，“序言”。

合同正义的另一重要内容为风险的合理分配。在买卖合同场合，买卖标的物有毁损灭失的风险，我国实务与理论原来多采所有人主义，现行《合同法》改采交付主义，比之前更显合理。在承揽、保管、仓储、运输、行纪等许多合同类型中，过去的合同法对风险负担比较漠视，即使在个别合同中规定了风险负担规则，也不尽合理。现行《合同法》则给予了关注，并设计了更为合理的风险负担规则。

合同公平正义的表现，还包括附随义务的合理配置、损害赔偿的合理归责、免责条款的法律规制等。合同自由与合同公平是合同法的基本原则，必须互相作用，彼此协力，才能实践合同法的机能。因此，国家不再是中立的旁观者，必须扮演积极的角色，透过立法及法院的解释适用，使合同自由与合同公平正义这两项原则互相调和，使合同更具效率与价值。

3. 诚实信用原则

《合同法》第 6 条规定："当事人行使权利、履行义务应当遵循诚实信用原则。"诚实信用原则要求人们在市场活动中讲究信用，恪守诺言、诚实不欺，在不损害他人利益和社会利益的前提下追求自己的利益。

诚实信用原则最初在《德国民法典》中就被作为履行合同的基本原则加以规定。随着社会的发展、市场经济实践的丰富及理论研究的深化，人们越来越认识到，只有遵守诚实信用，才是维护当事人自身利益的最佳方式，才是交易成功的最好保障。由此，诚实信用原则的适用范围逐步扩大，不仅适用于合同的履行，而且扩及合同的订立、解释及所有与合同有关的权利的行使及义务的履行，成为整个合同法甚至民法的基本原则。诚实信用原则也被奉为合同法乃至民法的最高指导原则，被称为"帝王原则"或"帝王条款"。正因如此，《民法通则》第 4 条就规定了诚实信用原则，指导一切权利的行使和所有义务的履行，而《合同法》第 6 条又再次将其作为基本原则加以规定。

从诚实信用原则的沿革看，存在着两个发展趋势，一是适用的范围不断扩大，二是其效力不断增强。在我国，诚实信用原则作为民法的基本原则，适用范围及于整个民事领域，当然包括合同领域在内。诚实信用原则的效力，由补充当事人意思的任意性规范，转变为当事人不能以约定排除其适用，甚至不待当事人援引，法院便可直接依职权适用的强制性规定。

诚实信用原则在功能上可以用来协调当事人之间的利益平衡，以及当事人的私益与社会公共利益之间的平衡，而这一功能的发挥，恰恰又是借助于一个社会中最基本的道德伦理观念。应当说，诚实信用本质上属于市场经济活动的道德准则，是道德准则的法律化。当然，诚实信用原则作为被法律化了的市场道德，本身就为民事主体设定了行为的准则，将行为的标准定在了一个比较高的水准，我国《合同法》不但确立了诚实信用的基本原则地位，而且还在立法中进一步将它具体化,如规定了先合同义务(第 42 条、第 43 条)、附随义务(第 60 条第 2 款)、后合同义务(第 92 条)等等,这些义务理论的发展及其在实践中的运用,假以时日可起到以法律整合业已破碎了的道德环境的功能,并可以通过这种整合,促进整个社会的道德水准的提高。德国法学家斯塔姆勒说过:法律应以社会的理想,即以爱人如己之人类最高思想境界为人类行为之准则。诚实信用原则之应用,即是这种理想之表现。一语道破了诚实信用原则的伦理价值和社会理想使命。唯须注意的是,促进上述社会理想的实现,实为诚实信用原则间接功能,而非其本质。其本质还是确保合同自由与公平。

诚信原则在合同不同的阶段有着不同的功能。在合同的缔结阶段,虽尚未存在合同关系,但根据诚信原则,在进入磋商的当事人之间,应以诚信的态度对待对方当事人。例如,应向对方提供缔结合同必要的信息;为对方保守秘密;不随意撤销已发出的要约等等。在合同成立阶段,当事人应当遵循诚实信用原则,根据合同的性质、目的和交易习惯履行通知、协助、保密等义务。当事人对合同条款的理解有争议的,应当按照合同所使用的词句、合同的有关条款、合同的目的、交易习惯以及诚实信用原则,确定该条款的真实意思。在合同的终了阶段,根据诚实信用原则的要求,当事人在履行合同时至少应做到以下几点:(1) 债务人不得履行自己已知有害于权利人的合同,于此种情形,权利人可以请求撤销合同;(2) 在以给付特定物为义务的合同中,义务人于交付物之前,应以善良管理人的注意,妥善保存该物;(3) 在发生不可抗力或者其他原因致使合同不能履行或者不能按预定条件履行时,义务人应及时通知权利人,以便双方协商处理合同义务的履行;(4) 在合同就某一有关事项未规定明确时,义务人应依诚实信用原则合理履行。

4. 公序良俗原则

公序良俗,即公共秩序和善良风俗。公序良俗原则,是指一切民事活动应当遵守公共秩序及善良风俗。我国法律上并未直接使用“公序良俗”这一概念。《民法通则》第 7 条规定:“民事活动应当尊重社会公德,不得损害社会公共利益。”《合同法》第 7 条规定:“当事人订立、履行合同,应当遵守法律、行政法规,尊重社会公德,不得扰乱社会经济秩序,损害社会公共利益。”可见,《合同法》第 7 条的内容比《民法通则》第 7 条的内容更为具体化。从《合同法》第 7 条的文字表述可以看出有四点具体要求,即守法、公德、公序、公益。

公序良俗原则,是现代合同法的一项重要原则。在现代市场经济条件下,该原则有维护国家利益、社会公共利益及一般道德观念的功能。因立法不可能包罗万象,预见到一切损害国家利益、社会公共利益和道德秩序的行为,在缺乏相应的禁止性规定时,法院可直接适用公序良俗原则,判决当事人违反公序良俗的行为无效。

### （三）研究合同法基本原则的意义

第一，合同法的基本原则是合同立法的准则，合同法体系的构成、规范的设定，都以其基本原则为指导。

第二，合同法的基本原则是解释和补充合同法规范的准则。合同法规范抽象，适用于具体案件，经常须加以解释。解释不是随意的，它须受基本原则的统筹和支配，只有如此，才能维持合同法的公平正义。此外，合同法存在漏洞时，也要以基本原则为最高准则加以补充，才不会发生偏差。

第三，合同法的基本原则是解释、评价和补充合同条款意思的依据。合同条款及语句的含义如何，合同有效、无效、可撤销抑或效力未定，合同的漏洞如何补充等等，对此寻求其法律依据，固然得先找到具体的合同法规范，但是无具体规范或适用具体规范违反立法目的时，基本原则则可发挥作用。

第四，合同法的基本原则本身具有规范作用，能够指导人们正确行使权利，适当履行义务，兼顾个人利益与社会利益，不损害他人的合法权益。

第五，合同法的基本原则是强制性规范，当事人必须遵守，不得以约定排除其适用。当事人排除基本原则适用的，其约定不发生法律效力。

# 第三章　合同订立的一般规则

## 第一节　要　　约

### 一、要约的概念与要件

要约，在商业贸易中称为发盘、发价。发出要约的人称为要约人；受领要约的人或要约人对之发出要约之人，称为受要约人或要约相对人。

大陆法系普遍接受的要约的定义是：要约是一方当事人以缔结契约为目的，向相对人作出的意思表示。这个定义的实质，是将要约视为实质性交易的开始，也就是订立合同的开始。

我国《合同法》第14条规定："要约是希望和他人订立合同的意思表示"。从该规定中可以看出，要约的目的，是欲与相对人订立合同，是订立合同的必经阶段。作为一种订约的意思表示，它能够对要约人和受要约人产生法律上的约束力，尤其是要约人在要约的有效期限内，须受要约内容的拘束。

"合同作为双方法律行为，须要约与承诺相结合才能够成立。单纯要约本身并不构成一个独立的合同。不过，要约既属法律行为的要素，其所具有的瑕疵，亦得影响法律行为的效力，自不待言。"①

要约成立的要件：

1. 要约人具有缔约能力。要约旨在与他人订立合同，所以要约人必须是订立合同的一方当事人。《合同法》第9条规定："当事人订立合同，应当具有相应的民事权利能力和民事行为能力。"根据该条规定，要约人应当具有缔约能力，无民事行为能力人或依法不能独立实施某种行为的限制民事行为能力人所发出的要约是有瑕疵的，须加以补正才能产生法律意义的效力，否则不能产生行为人预期的效果。

2. 要约应当向特定的相对人发出。要约只有向要约人希望与其缔结合同的受要约人发出，才能够唤起受要约人的承诺。因此，要约原则上应向一个或数个特定人发出，如果受要约人不特定，则不便于相对人判断要约人的真实意思，不便于受要约人作出承诺。但是，有一种例外情形，即发布悬赏广告，发布悬赏广告是一种要约行为，它向不特定的社会公众发出，任何看到悬赏广告的人，只

---

① 〔日〕稻本洋之助、中井美雄等：《民法讲义5（契约）》，有斐阁1978年版，第20页。

要作出了广告中要求的行为或完成了广告中要求的事项，即为承诺，悬赏广告的发布人，必须履行其在广告中作出的给付报酬的允诺。

3. 要约具有明确的订立合同的意图。根据《合同法》第 14 条的规定，要约是希望和他人订立合同的意思表示，要约中必须表明要约经受要约人承诺，要约人即受该意思表示拘束。非缔结合同的意思表示，不构成要约，如甲对乙声称“我正在考虑卖掉家中祖传的一个手镯”，显然甲并没有决定订立合同，这样的意思表示不是要约，但是如果甲向乙提出“我愿意卖掉家中祖传的一个手镯，价格 3 万元”，该意思表示已表明甲已经决定订立合同，因此，在要约期内，甲受到其要约的拘束。

4. 要约的内容必须具体。《合同法》第 14 条规定，要约的内容必须具体确定。所谓“具体”，是指要约的内容必须具有足以使合同成立的主要条款，如标的、数量、履行期限（如果要约中具备了这三项内容，即可认为要约的内容是具体的）。

不具备上述条件之一的意思表示，是要约邀请。

所谓要约邀请，又称为要约引诱，是指希望他人向自己发出要约的意思表示。要约邀请是当事人订立合同的预备行为，在发出要约邀请时，当事人仍处于订约的准备阶段，其目的在于引诱他人向自己发出要约，其内容往往是不明确、不具体的，其相对人是不特定的，所以，要约邀请不具有要约的约束力，发出要约邀请的人，不受其所为的意思表示的约束。

根据《合同法》第 15 条的规定，下列行为属于要约邀请而不属于要约：寄送价目表、拍卖公告、招标公告、招股说明书、商业广告等。

在实践中，判断是要约还是要约邀请，根据我国立法、司法实践和理论，可从以下方面予以区分：

第一，根据法律规定予以区分。法律如果明确规定了某种行为为要约或要约邀请，即应按照法律的规定作出区分。

第二，根据当事人的意愿来作出区分。一方面，要约中应当含有当事人受要约拘束的意思，要约应具有明确的订约意图；另一方面，当事人在其行为或提议中特别声明是要约或是要约邀请，则可以据此作出区分。

第三，根据意思表示的内容是否包含了合同的主要条款来确定该意思表示是要约，还是要约邀请。意思表示的内容包含合同主要条款的为要约，这样才能因承诺人的承诺而成立合同；意思表示的内容不包含合同主要条款的为要约邀请。

## 二、要约的拘束力

要约的约束力，又称要约的法律效力。一个意思表示如果符合要约的构成要件,就会对要约人和受要约人产生一定的效力。

(一) 要约拘束力的开始时间

要约的拘束力,首先涉及要约从什么时间开始生效,这既关系到要约从什么时间对要约人产生约束力,也涉及承诺期限的问题。我国《合同法》第16条规定:"要约到达受要约人时生效"。对于要约的生效时间应注意:

1. 要约效力开始的时间

(1) 要约到达受要约人。所谓到达,并不一定实际送达到受要约人及其代理人手中,只要要约送达到受要约人所能够控制的范围内,即为到达。

(2) 用数据电文形式订立合同,收件人指定特定系统接受数据电文的,该数据电文进入该特定系统的一刻,即为到达;未指定特定系统的,该数据电文首次进入收件人的任何系统,视为到达。

2. 要约的存续期间

要约的生效时间还包括要约的存续期间,也就是指要约可在多长时间内发生法律效力。要约的期限,由要约人在要约中规定,如果要约人没有明确规定,则应以要约的具体情况来确定合理期限。具体可分为两种情况:

(1) 以口头形式发出的要约,如果要约中没有规定承诺期限,只有在受要约人立即作出承诺的时候,才能对要约人产生约束力,如果受要约人没有立即作出承诺,则要约失去效力。

(2) 以书面形式发出的要约,如果要约人在要约中具体规定了存续期限(如规定本要约有效期限为10天,或规定本要约于某年某月某日前答复有效),则该期限为要约的有效存续期限;如果要约中没有规定存续期限,则应当确定一段合理时间作为要约存续的期限。合理期限包括三项内容:要约到达受要约人的时间;作出承诺所必需的时间;承诺通知到达要约人所必需的时间。

(二) 要约拘束力的内容

要约的拘束力表现为对要约人的约束力和对受要约人的约束力两方面。

(1) 要约对要约人的约束力。此种约束力又称为要约的形式约束力,是指要约一经生效,要约人即受到要约的拘束,不得随意撤销要约或对要约内容随意加以限制、变更和扩张。

(2) 要约对受要约人的约束力。此种约束力又称为要约的实质约束力,是指要约一经受要约人承诺,合同即成立,这是要约的本体的效力,学说上称为要约的实质的效力或者承诺适格。[①] 即受要约人在要约生效时即取得依其承诺而成立合同的法律地位。具体表现在:首先,要约生效以后,只有受要约人才享有

① 参见〔日〕我妻荣:《债权各论》(上卷),岩波书店1954年版,第61页。转引自韩世远:《合同法总论》,法律出版社2004年版,第96页。

对要约人作出承诺的权利，具有人身性质，受要约人不能转让要约。其次，承诺权是受要约人享有的权利，是否行使这项权利应由受要约人自己决定。也就是说，受要约人可以行使也可以放弃该项权利。受要约人在收到要约以后，并不负有必须承诺的义务。一旦受要约人作出承诺的意思表示，合同即告成立，在要约人和承诺人之间形成合同关系。

### 三、要约的撤回和撤销

要约的撤回，是指要约人在发出要约以后，尚未达到受要约人之前，宣告取消要约的意思表示。根据要约的形式约束力，任何一项要约都是可以撤回的，只要撤回的通知先于或同时与要约到达受要约人，便能产生撤回的效力，视为要约人未发出要约。允许要约人撤回要约，是尊重要约人的意志和利益的体现。由于要约撤回的条件，是要约到达受要约人之前，撤回的通知已先行到达受要约人，因此，要约撤回在客观上不会影响受要约人的利益。所以，我国《合同法》第17条规定："要约可以撤回。撤回要约的通知应当在要约到达受要约人之前或者与要约同时到达受要约人。"我国台湾地区"民法"为保护要约人，于特殊情形规定："撤回要约之通知，其在要约到达之后到达，而按其传达方法，通常在相当时期内，应先时或同时到达，其情形为相对人可得而知者，相对人应向要约人即发迟到之通知。相对人怠于为前项之通知者，其要约撤回之通知，视为未迟到。"亦即于上述情形，虽要约效力业已发生，仍因本条规定而发生撤回要约之效力，其要约亦告消灭，相对人不得主张要约拘束力。①

要约的撤销，是指要约在生效之后，要约人欲使其丧失法律效力的意思表示。也就是说，要约到达受要约人后，在受要约人尚未作出承诺之前，要约人取消生效要约，从而使要约的效力归于消灭的意思表示。《合同法》第18条规定："要约可以撤销。撤销要约的通知应当在受要约人发出承诺通知之前到达受要约人。"同时，该法第19条规定，如果要约中规定了承诺期限或者以其他形式表明要约是不可撤销的，或者尽管没有明示要约不可撤销，但受要约人有理由信赖要约是不可撤销的，并且已经为履行合同做了准备工作，则不可撤销要约。可见，要约的撤销受到严格的限制。

### 四、要约的失效

要约失效，亦称要约的消灭，是指要约丧失了法律约束力，即不再对要约人和受要约人具有约束力。要约的消灭，系以要约曾经生效为前提，故要约的撤回

---

① 参见邱聪智：《新订民法债编通则》（上册），中国人民大学出版社2003年版，第35页。

非属要约的消灭原因。[1] 要约失效以后，受要约人丧失了其承诺的资格，即使其向要约人表示了承诺，也不能导致合同的成立，而只能视为其发出新的要约。根据《合同法》第 20 条的规定，要约失效的原因主要有：

1. 拒绝要约的通知到达要约人。拒绝要约，是指受要约人因不能接受要约所规定的条件而拒绝作出承诺。对要约的拒绝，既可以采取明示方式，也可以采取默示方式（不回复）。拒绝要约的通知可以撤回，但不可以撤销，因为，该通知一经到达要约人，即产生消灭要约的效力。

2. 承诺期限届满，受要约人未作出承诺。凡是在要约中明确规定了承诺期限的，则该期限是要约效力存在的必要条件，承诺必须在该期限内作出，超过了该期限，要约自动失效。

3. 受要约人对要约的内容作出实质性变更。受要约人对要约的实质内容作出限制、更改或扩张的，即表明受要约人已拒绝了要约，要约失效。同时，该意思表示将被视为是受要约人向要约人提出了一项新要约。

## 第二节 承 诺

### 一、承诺的概念与要件

承诺是指受要约人同意接受要约的条件，以缔结合同的意思表示。

承诺成立的要件：

1. 承诺必须由受要约人向要约人作出。由于要约是向特定人发出的，因此，只有接受要约的特定人即受要约人才有权作出承诺，受要约人以外的第三人无资格向要约人作出承诺。同时，承诺必须向要约人作出，如果受要约人向要约人以外的其他人作出承诺，则只能视为对他人发出新的要约，不能产生承诺效力。

2. 承诺必须在规定的期限内到达要约人。承诺只有到达要约人时才能生效。《合同法》第 23 条规定："承诺应当在要约确定的期限内到达要约人。"承诺的期限通常由要约人在发出的要约中规定，如果要约规定了承诺期限，承诺应当在规定的承诺期限内到达；要约中没有规定期限时，如果要约是以对话方式作出的，承诺人应当即时作出承诺；如果要约是以非对话方式作出的，承诺应当在合理的期限内到达要约人。合理的期限的长短应当根据具体情况来确定，一般应当包括受要约人在收到要约以后需要考虑和作出决定的时间，以及发出承诺并到达要约人的时间。未能在合理期限内作出承诺并到达要约人的，不能成为有

---

① 参见王泽鉴：《债法原理》（第一册），中国政法大学出版社 2001 年版，第 172 页。

效承诺。超过了规定的期限作出承诺，为承诺迟到，或称为逾期承诺。逾期的承诺实质上已不是承诺，而是一项新的要约，不能产生承诺的法律效力。如果要约已经失效，受要约人仍对失效的要约作出承诺，不产生承诺效力，应视为向要约人发出新的要约。

3. 承诺的内容必须与要约的内容一致。受要约人必须表明其愿意按照要约的全部内容与要约人订立合同。换句话说，承诺是对要约的同意，其同意内容须与要约的内容一致，才构成意思表示的一致，从而使合同成立。承诺的内容与要约的内容一致，意味着承诺不得限制、扩张或者变更要约的内容，换言之，承诺不得对要约的内容作出实质性的修改。但是，为了促进合同的成立，对要约内容所作的非实质性的更改，视要约人的态度，确定承诺是否有效。《合同法》第 31 条规定："承诺对要约的内容作出非实质性变更的，除要约人及时表示反对或者要约表明承诺不得对要约的内容作出任何变更的以外，该承诺有效，合同的内容以承诺的内容为准。"这就是说，如果承诺并未更改要约的实质性内容，而只是对一些细节问题的修改，要约中未声明不得作任何更改，要约人也未表示反对，则该承诺有效。

4. 承诺的方式必须符合要约的要求。《合同法》第 22 条规定，承诺应当以通知的方式作出。受要约人必须将承诺的内容通知要约人，但受要约人应采取何种通知方式，应根据要约的要求确定。如果要约规定承诺必须以某种方式作出，承诺就必须按这种方式作出，否则承诺无效；如果要约没有特别规定承诺的方式，承诺原则上应采取通知方式，但根据交易习惯或者要约表明可以通过行为作出承诺的除外。

### 二、承诺的生效

承诺的法律效力在于一经受要约人承诺，并送达于要约人，合同便告成立。《合同法》第 25 条规定："承诺生效时合同成立。"因此，承诺的效果在于使合同成立，即一旦承诺生效，合同便宣告成立。因此，判断承诺生效的时间具有重要意义。

承诺生效时间的确定，历史上有多种观点，如宣告主义、发信主义、到达主义、知悉主义等，其中比较有代表性的为发信主义和到达主义。发信主义认为，只有当承诺实际脱离承诺人的控制时，如将信件或电报发出，承诺即告完成，合同成立。而到达主义则认为，只有承诺到达要约人，并为其实际控制时，如收到信件或电报，合同才能成立。在承诺生效时间上采发信主义还是到达主义，对合同成立时间、合同风险的承担关系密切。

我国在这一问题上采到达主义，即承诺到达要约人时生效。所谓到达，指承诺的通知到达要约人可支配的范围内，如要约人的住所地、主要营业场所等。至于要约人是否实际阅读和了解承诺内容，不影响承诺的效力。承诺通知一旦到达要约人，合同即宣告成立。如果承诺不需要通知，则根据交易习惯或者要约的要求以行为作出，一旦受要约人实施了承诺的行为，即可使承诺生效。

承诺应在要约规定的有效期内或在要约无规定的情况下，在合理的期限内作出。《合同法》第 28 条规定："受要约人超过承诺期限发出承诺的，除要约人及时通知受要约人该承诺有效的以外，为新要约。"受要约人未在承诺期限内发出承诺的为承诺迟延，也称承诺迟到。超过承诺期限作出承诺，该承诺不产生效力。但是，对于迟到的承诺，如果要约人及时通知受要约人并承认其有效，该迟到的承诺为有效承诺；如果要约人不愿承认其效力，则该迟到的承诺为新要约。

## 三、承诺撤回

承诺撤回，是指受要约人在发出承诺通知以后，在承诺正式生效之前，撤回其承诺。《合同法》第 27 条规定："承诺可以撤回。撤回承诺的通知应当在承诺通知到达要约人之前或者与承诺通知同时到达要约人。"因此，撤回的通知必须在承诺生效之前到达要约人，或与承诺通知同时到达要约人，撤回才能生效。如果承诺通知已经到达要约人，合同已经成立，则受要约人不能再撤回承诺。承诺一旦被撤回，则视为没有承诺。

## 四、合同成立的时间与地点

### （一）合同成立的时间

合同的成立，是指订约当事人就合同的主要条款达成合意。所谓合意，终究言之，系指经由解释所认定的"表示内容的一致"，而非指内心意思的一致。[①] 当事人已进入签约程序，但最终未就合同的主要条款达成合意，为合同不成立。采用要约与承诺方式签订合同的，合同于承诺生效时成立；采用合同书形式订立合同的，自双方当事人签字或者盖章时合同成立。双方当事人签字或者盖章不在同一时间的，最后签字或者盖章时合同成立；当事人订立合同的，可以在合同成立之前要求签订确认书。签订确认书时，合同成立。法律、行政法规规定或者当事人约定采用书面形式订立合同，当事人未采用书面形式但一方已经履行主要义务，对方接受的，该合同成立。

### （二）合同的成立地点

合同成立的地点，应依承诺生效或承诺意思实现的处所而定。一般情况下，承诺生效的地点为合同成立的地点。采用数据电文形式订立合同的，收件人的主营业地为合同成立的地点；没有主营业地的，其经常居住地为合同成立的地

① 参见王泽鉴：《债法原理》（第一册），中国政法大学出版社 2001 年版，第 189 页。

点。在当事人采用书面合同书形式订立合同的,双方当事人签字或者盖章的地点为合同成立的地点。

## 第三节　合同不成立与缔约过失

合同是通过要约和承诺而成立的,实践中因种种原因,要约未能获得有效的承诺,即合同不成立。综观合同不成立现象,其中部分是因为双方未能合意所致,而部分则是因当事人一方的过错所导致。对后一种已进入要约、承诺阶段,但因一方过错,违反先合同义务,导致合同未能成立的情形,是否应施加法律责任?德国法学家耶林教授于 1861 年提出:法律所保护的,并非仅是一个业已存在的合同关系,正在发生中的合同关系亦应包括在内,否则合同交易诞生之前的利益不受保护,缔约一方当事人不免成为他方疏忽或不注意的牺牲品。耶林教授这一学术观点,形成了后来德国民法中的缔约过失责任制度。

### 一、缔约过失责任的概念与特征

缔约过失责任,是指在契约缔结过程中,一方当事人因过错,违反因诚实信用原则而生的各项义务(也称先合同义务),致使他方当事人遭受损害时,过错者应负担的赔偿责任。缔约当事人违反诚实信用原则的行为称为缔约过失行为,主观上的过错称为缔约过失,应承担的损害赔偿责任称为缔约过失责任。

在缔约阶段,双方当事人已由原来的一般关系进入到特殊的信赖关系。基于信赖关系,双方当事人都为成立乃至履行合同做了不同程度的准备工作。因此,任何一方的不谨慎行为,都容易给对方造成损害。为了使当事人都能审慎地缔约,避免可能给他人造成的损失,法律对其课以必要的注意要求。

缔约过失责任具有以下特点:

1. 缔约过失责任是缔结合同过程中产生的民事责任。缔约过失责任始于要约生效,止于合同成立。判断应否适用缔约过失责任,关键在于缔约方在此阶段有无违反先合同义务而致相对方信赖利益的损失,即是否在合同缔约过程中存在缔约上的瑕疵。此是评判缔约过失责任的一个重要标准。有学者认为,缔约过失也适用于合同成立后被法院确认无效和撤销的情形。我们认为缔约过失应只适用于合同成立之前,理由是:首先,从无效合同和可撤销合同与缔约过失责任发生的时间上看,无效合同与可撤销合同制度产生的时间先于缔约过失责任制度,因此,从逻辑上分析,缔约过失责任制度不可能包含无效合同和可撤销合同制度,缔约过失责任制度只可能是无效合同和可撤销合同制度的发展。如果这一假设成立,那么,缔约过失责任应是无效合同和可撤销合同内涵的一部分,而目前没有学说认为缔约过失责任是无效合同的一部分。因此,从缔约过失责任与无效合同和可撤销合同发生的时间上分析,它们是相互独立的概念。其次,从各自法律后果上看,缔约过失责任的法律后果,仅仅是有过错一方赔偿受害方的信赖利益的损失,无效和可撤销合同的法律后果,是尚未履行的停止履行、已经履行的恢复原状、造成损失的有过错方赔偿、有违法所得的由国家没收。如果将缔约过失视为既包括合同成立前阶段,也包括合同成立后被法院确定无效和撤销的情形,那么,势必造成法律执行的混乱,究竟是按缔约过失责任执行,还是按无效合同、可撤销合同制度执行呢?相反,如按区分说,合同成立前,按缔约过失责任执行;合同成立后,按无效和可撤销合同制度执行,便各司其职,简单明了。这种可将复杂势态简单化的结果,就可在事实上否定缔约过失既包括合同成立前阶段,也包括合同成立后被法院确定无效和可撤销的情形的学术观点。

2. 缔约过失责任是以民法的诚实信用原则为评判标准的民事责任。缔约过失责任是违反义务的法律后果。这种义务不是合同义务,而是先合同义务。所谓先合同义务,又称先契约义务,是当事人在缔约过程中依诚实信用原则所应承担的必要的注意义务。依诚实信用原则所产生的先合同义务,是缔约过失责任的本质所在。只有当缔约人一方违背了其应负有的这些义务,并破坏了缔约关系时,才能由其承担缔约过失责任。

3. 缔约过失责任保护的是一种信赖利益的损失。根据民法"无损失,无责任"的规定,缔约过失责任也必须有损失,此种损失以信赖利益损失为限。所以,该责任的确定应以受到信赖利益的损失为前提条件,只有因合同一方当事人的缔约过错行为给对方造成信赖利益损失的,才构成缔约过失责任。

## 二、缔约过失责任的构成要件

1. 缔约当事人违反先合同义务

缔约过失责任作为一种责任形态存在,必须以先合同义务的存在及违反该义务作为前提。先合同义务,是指合同成立之前,订立合同的当事人依据诚实信用原则所承担的告知义务、通知义务、照顾义务、协作义务、保护义务及忠诚义务等。先合同义务不同于合同义务,其产生的基础不是依法成立的合同,而是依诚实信用原则而确立的法定义务。民事主体一旦进入缔约过程中,就应当推定在双方之间形成一种合理的信赖,即一方当事人依据诚实信用原则,对待订约相对方负有不侵害、不妨碍对方财产、人身安全的义务。先合同义务的发生以双方进入订立合同过程为标志。如果民事主体之间没有形成缔约关系,则不发生缔约过失问题。

2. 缔约相对人受有损失

民事责任一般以损害事实的存在为条件,缔约过失责任也不例外,只有缔约方违反先合同义务造成相对人损害时,才能产生缔约过失责任。缔约过失责任中的损失主要是指信赖利益损失，学界对信赖利益的解释不尽相同，本书提出如下见解。根据民法“自己行为，自己负责”的谚语，法律所保护的当事人受到的损失，不论是直接损害还是间接损害都是由违反义务人造成的，而非受害人自己行为造成的。民法谚语“自己行为，自己负责”存在的基础是：通常情况下，行为人是凭借自己的学识和经验实施的行为，因此，由该行为导致的利益和损失，自然应由行为人自己享有和承担。但随着社会的发展，尤其是咨询业的发展，人们实施行为，不仅是出于自己的学识和经验，还可能是听取并根据他人的指点而实施行为。然而，由于所提供的资讯存在严重错误，从而导致行为人行为的失败的，此时，发生的损失行为，仍保留着自己行为的外貌，但其本质已不是凭借自己的学识和经验所为了，而是依据别人的错误指点。此时，如仍坚持民法谚语“自己行为，自己负责”，显然对行为人是不公的。同时，如不对提供错误资讯的人予以一定处罚，也不利于咨询行业的健康发展。于是，出现了虽表现为行为人自己行为导致的损失，但应由提供错误资讯的人来承担责任的法律规定。为了区别他人行为造成的损失与因听信了他人错误指点由自己行为导致的损失，便有了对后一现象的定义，即行为人信赖利益被侵犯一说，具体是指，根据有一定法律关系的一方的错误指点，因自己的行为所致损失，谓信赖利益损失。缔约过失中，一方因信赖对方所说，本着使合同成立而实施了一些行为，如派出人员研究要约，往返谈判，结果却发现对方有违诚信的事实，最终拒绝承诺；或已准备承诺，但因对方违反诚信，有使受要约人无法承诺等阻扰合同成立的行为，导致其已付出的差旅、通讯、住宿、餐饮、人工等损失。由于这种损失是行为人自己行为造成，但它又不是行为人凭自己的学识和经验而实施，而是基于对缔约另一方的错误指点的信赖而实施造成的，它完全符合本书所说的信赖利益定义的内涵。可见，缔约过失中的信赖利益损失是指因根据要约而产生的，对对方缔约合同的信赖而实施了系列行为，结果由于对方的违反诚信的事实，使合同无法成立，对信赖一方为缔约合同所实施的行为引起的财产减少，即本不应支出的现象。

3. 违反先合同义务的一方有过错

过错是民事责任的构成要件，缔约过失责任作为民事责任的一种，也不例外。过错具体表现为故意和过失两种基本形态。故意，是指缔约人预见到自己的行为会导致合同不成立，并给相对人造成损失的后果，但仍然实施这种行为，希望或放任这一后果的发生。过失，是指缔约人应当预见自己的行为可能导致合同不成立，并给相对人造成损失的后果，却因疏忽大意或虽然预见到，但轻信其不会发生，而结果终究发生。无论行为人主观上是故意或过失，都不影响缔约过失责任的构成。

4. 违反先合同义务的行为与损失之间有因果关系

因果关系，是指一方当事人违反先合同义务的行为与对方遭受的损失之间存在必然的联系。这就是损害结果的出现是由于缔约过错行为所引起,若对方遭受的损失非因一方的缔约过错行为,即使发生在缔约过程中,即使出现了损害,也不产生缔约过失责任。缔约过失责任的因果关系应适用民法关于因果关系的一般规则。

## 三、缔约过失责任的主要类型

根据《合同法》第42条、第43条的规定,缔约过失责任存在四种情形:(1)假借订立合同,恶意进行磋商;(2)故意隐瞒与订立合同有关的重要事实或者提供虚假情况;(3)泄露或不正当地使用商业秘密;(4)有其他违背诚实信用原则的行为。

1. 假借订立合同,恶意进行磋商

假借订立合同,恶意进行磋商,是指当事人根本没有订立合同的目的,却假借订立合同,而损害相对人利益的行为。《国际商事合同通则》对此也作了规定,其第2.15条规定:"如果一方当事人以恶意进行谈判或恶意终止谈判,则该方当事人应对此给另一方所造成的损失承担责任。所谓恶意,特别是指一方当事人在无意与对方达成协议的情况下,开始或继续进行谈判。"例如,故意与对方谈判使对方丧失与他人交易的机会,假借与对方谈判而取得非法利益等,都属于这类缔约过失责任。

2. 故意隐瞒与订立合同有关的重要事实或者提供虚假情况

在订立合同的过程中,当事人负有如实告知的义务。一方故意隐瞒其自身的财产状况、履行能力,故意隐瞒出卖的标的物的缺陷、性能和使用方法或者向对方提供不存在的虚假情况,从而给对方造成损失的,即产生缔约过失责任。

3. 泄露或不正当地使用商业秘密

一般认为这是违反忠实义务或保密义务之缔约过失责任。在合同订立过程中,一方当事人为了订立合同而向相对方提供其商业秘密的,对方当事人应当对此给予保密,也不得为自己利益而不当使用,否则应当承担缔约过失责任。该种责任的成立应当具备如下要件:(1)一方当事人在订立合同过程中获悉另一方的商业秘密,获悉的方式在所不问;(2)获悉商业秘密的一方泄露该商业秘密或者不正当使用该商业秘密,至于是故意还是过失、获利与否,在所不问;(3)因泄露或者不正当使用对方商业秘密而造成对方损失。

4. 有其他违背诚实信用原则的行为

在订立合同的过程中,当事人之间应依诚实信用原则履行协力、通知、保护、保密等义务,对此等先合同义务的违反,造成对方损失的,应承担缔约过失责任。

### 四、缔约过失责任的赔偿范围

《合同法》第42条、第43条仅规定缔约过失行为应承担损害赔偿责任，但对赔偿责任的具体范围未作明文规定。鉴于缔约过失责任不同于违约责任和侵权责任，其赔偿额的确定，不能简单地比照后二者，而必须从缔约过失责任的性质和侵害的权益来确定其赔偿范围。

信赖利益的损失为一方缔约过失行为，导致缔约相对方原本无须实施行为，现基于对过失方的信赖而实施了行为，这些行为导致了自己财产的减少。这一损害赔偿的范围，应具体涵盖以下方面：(1) 订立合同所支出的费用，包括交通费、通讯费、考察费、餐饮住宿费等；(2) 准备签订合同所支出的费用；(3) 上述费用的利息损失。

# 第四章　合同订立的几种特别形式

## 第一节　招投标形式

招投标，是指招标人向特定的、多个民事主体或者不特定的公众发出招标通知或公告，在合同的订立过程中引入竞争机制，在诸多投标者中，选择与标底最接近的投标人，进而订立合同的一种合同缔结方式。

招投标程序分为以下几个阶段：

（一）招标

招标，是指招标人通过采取符合法定要求的招标通知或公告，公开地向特定的数人或不特定的公众发出的投标邀请。

从法律性质上看，招标仅是要约邀请，其作用是邀请投标人投标，即诱使其发出要约。

（二）投标

投标，是指投标人按照招标人提供的招标文件的要求，向投标人提出报价的行为。从法律性质上看，它是订立合同的要约。

投标作为要约，不仅仅是一种简单的报价。投标人要在招标通知规定的期限内，按指定方式索取招标文件，依据招标文件的要求编制好投标文件，备齐有关的资料和证件，完成投标的各项准备工作。标书的内容必须具备足以使合同成立的必要条款。标书制好并密封后，还须按规定的方法、地点、期限来进行投标。

（三）开标和验标

开标，是指招标人在其召开的邀请所有投标人出席的会议上，当众启封标书，公开所有标书的内容。

验标，是指在开标后验证标书的效力。对其中不具备投标者资格的标书、不符合招标文件规定的标书以及超过截止日期送达的标书，招标人应宣布其无效。

招标人在开标前不得向他人透露已获取招标文件的潜在投标人的名称、数量以及可能影响公平竞争的有关投标的其他情况。凡是招标人设有标底的，标底应当保密。

（四）评标和定标

评标，是指招标人依法定程序对有效标书进行评审，按一定的标准，认定自己满意的投标人。定标则是指在此基础上，确定中标的投标人人选，让该中标的投标人作为与自己签订合同的当事人。对投标人而言,此即谓中标。中标人确定后,招标人应当向中标人发出中标通知书,并同时将中标结果通知所有未中标的投标人。中标通知书对招标人和中标人具有法律效力。如果定标时对标书的内容完全接受,在性质上就是承诺。

（五）签订合同

投标人在接到中标通知后,一般还要与招标人在法定的时间内,按照招标文件和中标人的投标文件签订书面合同书。

## 第二节　拍卖形式

拍卖,是指以公开竞价的形式,将特定物品或者财产权利转让给最高应价者的买卖方式。拍卖程序主要分为四个阶段:依次为拍卖委托、公告、拍卖、拍卖标的物的交付。

### 一、拍卖的委托阶段

在拍品所有人与拍卖人签订委托合同前,拍卖人需查验委托人身份,如果委托人是自然人的,委托人应当提供身份证;如果委托人是法人或者其他组织的,委托人应当提供企业法人营业执照、社团法人登记证明等。拍卖人还需审查委托人的权利,即拍卖标的物所有权证明或依法可以处分拍卖标的物的证明,及能够证明委托人对即将拍卖的物品或财产权利享有所有权或处分权的证明材料。拍卖人应了解委托人委托拍卖的标的物的性质。委托人应提供拍卖标的物的详细资料,包括拍卖标的物的名称、数量、质量、新旧程度及存放地点。由于拍卖标的物具有特定物和特定化的种类物的特点,对于不同标的物,拍卖人应争取获得尽可能详细的资料。经与委托人协商,确定拍卖标的物的保留价,佣金收取的比例及拍卖方式等,然后签订“委托拍卖协议书”。“拍卖合同”应包括以下内容:(1) 委托人、拍卖人的名称、住所、法定代表人、代理人;(2) 拍卖标的物的名称、数量、状况、存放地;(3) 拍卖标的物的保留价;(4) 拍卖的费用收取条款;(5) 拍卖的时间、地点、拍卖价款的结算期限、标的物的交付方式及期限;(6) 拍卖的方式及有关再拍卖的条款;(7) 拍卖程序的中止和终止的条件;(8) 拍卖当事人的违约责任;(9) 签约时间和合同的有效期限;(10) 其他需约定的条款。

### 二、拍卖的公告与展示

拍卖的公告过程包括:拍卖的公告、对拍卖标的的宣传、与竞买人的联络与咨询以及拍卖标的物的展示。

拍卖的公告是指拍卖人将拍卖的大概情况告知于社会公众。关于告知的时间,《拍卖法》中已有明确的规定,即必须于拍卖日 7 日前发布;告知的常用方式为在媒体上刊登广告等。公告本身并不是合同意义上的要约,只是邀请要约。拍卖公告一般应载明下列事项:(1) 拍卖的委托人;(2) 拍卖的性质;(3) 拍卖标的物的名称、种类、数量、品质;(4) 拍卖标的物展示的时间、地点;(5) 拍卖咨询的时间、地点;(6) 拍卖的时间、地点;(7) 联系人及联系方式;(8) 竞买人的资格和条件及拍卖保证金的金额及交付方式;(9) 其他应告知竞买人的事项。对拍卖标的物的宣传,《拍卖法》规定必须满 7 日,这是个最低期限的要求,为了使拍卖标的物有更多买主,公告、展示的时间可以更长一些。一般地讲,拍卖人并不承担对拍卖标的物的担保责任,但拍卖人应当告知竞买人标的物的瑕疵,这对于体现拍卖的公正及树立拍卖人良好的企业形象是十分重要的。在拍卖物的展示期间,拍卖人必须提供拍卖标的物的详细资料,如拍卖须知、拍卖特别规定、拍品目录,这些拍卖资料一般应包括下列内容:(1) 拍卖标的物的名称、数量、质量等;(2) 拍卖标的物价款的支付方式及期限;(3) 佣金和其他相关费用;(4) 拍卖方式和成交方式;(5) 拍卖标的物的转让应交的税费;(6) 其他应告知的事项。由于拍卖标的物的范围相当广泛,因此在制定拍卖特别规定和编制拍品目录时对于一些须经权属变更登记的费用都应尽可能地详细说明。

### 三、拍卖的竞买过程

竞买人经过咨询和看样后,为明确表示其参加竞买的意愿,就必须进行竞买登记,从而成为真正意义上的竞买人。经交付保证金和领取竞价号牌后,按照公告规定的时间和地点参加拍卖会,参与竞买,当拍卖师落槌表示成交后,在众多竞买人中就会产生出买受人。具体的竞买程序是:

1. 竞买登记是竞买人表明身份,提供证件并表示竞买意愿的行为。拍卖人有权审核竞买人的资格,并且有权决定是否接受其竞买意愿,竞买登记一般应包括:(1) 竞买人的名称、住所、证件号码;(2) 竞买人简要情况(如经营范围等);(3) 联系人、地址、电话;(4) 保证金交付情况;(5) 开户银行、财产或资信情况等;(6) 提供证件正本或复印件(存档)。如果拍品涉及特许经营行业如烟草、酒类等,竞买人还将被限定具有经营资质的范围内。

2. 为了保证拍卖的成功,防止竞买人不负责任地出价,维护委托人的利益,拍卖人要向竞买人收取一定数量的竞买保证金。竞买人必须按照拍卖公告中规定的期限和数额支付拍卖保证金,逾期或未付足额保证金的竞买人,都将被视为放弃竞买。拍卖结束后,竞买人的保证金可转作部分价款,未成交的竞买人的保证金则如数退还。只有一种情况保证金才能转作违约金,即竞买人经拍定已经成为买受人后，却不愿支付价款时，其预付的保证金则转为违约金，违约金一部分用于支付拍卖的费用，另一部分作为委托人的赔偿金。

3. 拍卖程序即拍卖人按拍卖公告规定的时间、地点组织拍卖会。具体步骤包括：登记接待、拍卖主持、拍卖师主拍，即先由拍卖人报出底价，并规定两次应价之间的最小时差，然后由竞买人竞相加价，直到无人再加价时，才由拍卖人落锤拍定、签单、财务结算等。

4. 当竞买人成为买受人后，应与拍卖人签署拍卖成交确认书，该确认书是买受人与拍卖人之间约定的再确认，也是确定拍卖人和买受人权利、义务的一种买卖合同，具有法律约束力。该确认书内容包括：（1）买受人的号牌编号；（2）买受标的的编号、名称、数量、成交价格；（3）成交手续费比例、金额及全部应付价款数额；（4）拍卖人和买受人的签名。该确认书必须经拍卖人和买受人签署后方能生效。

## 四、拍卖的结算和标的物的交付

拍卖的结算阶段应包括：买受人的结算；除买受人外，其他竞买人的结算；拍卖标的物的转移；委托人的结算；拍卖人的核算以及拍卖资料的整理归档。

1. 买受人在拍卖人规定的时间内支付全部的价款和拍卖手续费后，拍卖人才可将拍卖的标的物交给买受人，同时拍卖人应提供票据给买受人；依标的物的情况不同，拍卖人还应协助买受人办理某些权属变更的手续，为买受人提供必要的售后服务。

2. 拍卖人收到买受人的价款后，应及时与委托人进行结算，在扣除了委托手续费后，将剩余价款交付委托人。与委托人结算，使用结算凭证一般应包括以下内容：（1）委托合同、合同编号及日期；（2）成交标的物的名称、数量及成交价格；（3）成交标的物在拍卖操作过程中支出的费用；（4）拍卖佣金；（5）拍卖人必须给付的价款。

对于有些标的物，拍卖人还应该要求委托人提供相关文件手续等，以利于买受人办理权属变更。

3. 拍卖的结算，除了买受人和委托人的结算外，还有拍卖人自身的结算。拍卖人对于本次拍卖活动支出的费用，包括支出的税金，收入的手续费、佣金等。

4. 拍卖结束后，拍卖人应整理拍卖笔录，按规定保存委托拍卖合同、拍卖公告、拍卖须知、特别规定、拍品目录、成交确认书、拍卖笔录等拍卖资料，保存期限不得少于5年，同时将竞买人的资料存档备查。

## 第三节 格式合同缔约形式

### 一、格式合同的概念和特征

格式合同,也称定式合同、附合缔约、标准合同、一般合同条款,是指合同条款由当事人一方预先拟定,相对方只要附合该条款表示出来的意思,合同即告成立的一种缔约方式。

格式合同的法律特征是:(1) 格式合同是一种具有使用广泛性、时间持久性和内容细节性的要约。一般向广大公众发出,包含了合同的全部条款。在某一特定时间段,内容不变,可重复使用的合同文本。(2) 格式合同为一方事先拟就,实践中多为提供商品或者服务的一方制定并提出,对方当事人不直接参与合同的制定。(3) 格式合同具有不变性,所有的合同条款构成密不可分的统一整体,并已定型,他人只有完全同意才能成为缔约的一方当事人,一般不能就合同条款讨价还价加以改变。(4) 格式合同以书面明示为原则。格式合同多由提供商品或劳务的一方当事人印制成书面形式,原则上提出合同条款的当事人将合同条款明确印制于一定凭证,如车船票、保险单之上,以便对方当事人了解。

### 二、格式合同的社会经济基础与功能

对于普通合同的订立,当事人可通过要约、承诺的方式,对合同内容逐一协商,以确定双方的权利义务。自 19 世纪以来,不动产买卖合同、公司成立合同、出版合同、经营特许权合同等,多依一定格式订立,因为这些合同交易内容固定、交易发生频繁,通常只需就某项特殊情况,如相对人的姓名、地址等内容略加修改,便可重复使用。由于格式合同的便利性,这种缔约方式得到迅速发展,尤其在公用事业等领域,面向大众需求的合同的订立,如供水、供气、电信、保险等合同,更是日渐普遍。

格式合同的大量运用所带来的效益是明显的:(1) 节省大量的订约时间,加速了交易的进行,改变了传统条件下一个合同的订立必须经过反复要约和承诺方能成立的非经济方式。(2) 格式合同的出现消除了复杂的讨价还价过程,只需一方提出全部条款,另一方概括承受即可。(3) 格式合同极大地降低了交易成本,不难想象,邮政、电讯、供电部门如若与每位消费者逐一协商并根据不同的协商结果订立不同的合同的话,必然会费时费力,效力低下,巨额的订立合同的成本,最终必然会以各种形式转嫁到消费者身上。可见,格式合同能使企业预先计算成本、利息、风险负担、付款期限,对耗损、不可抗力所致损失亦能预先将其减少到最低限度。

格式合同虽有不少优点，但也有不少流弊，其主要的流弊在于提供商品或服务的一方，在拟定合同条款时，经常利用拟定格式合同的优越地位，制定有利于己、不利于消费者的条款，如免责条款、失权条款、法院管辖地条款等，对合同上的风险及负担作不合理的分配等等。而一般消费者对此类条款多不予注意，不知其存在；或虽知其存在，但因格式合同内容繁杂，不易阅读；或由于格式合同或接受或拒绝的特点，消费者只能无可奈何。更有甚者，是利用格式合同侵犯缔约相对方的合法权益。因此，如何在格式合同中维护合同的公平、正义，避免提供格式合同方利用拟定格式合同的优越地位，侵犯相对方的合法利益，是现代合同法所面临的艰巨任务之一。

合同的法理基础是契约自由，其本身也是契约自由的体现。正如有的学者所说的那样，契约当事人被认为是自己利益的最好裁判者，如果他们自愿地缔结契约，那么法律的唯一作用就是使之发生效力。至于当事人一方比另一方在经济上占有强大的讨价还价的地位，也是无关紧要的。如果一方对他的责任引进一些限制和免除，如所谓的免责条款，而他方又自愿接受它们，那么，对于双方所同意的，就应给予完全的效力。[①] 但是，格式合同提供方的强势地位，使格式合同有可能背离公平和正义。依照传统观念，合同是双方当事人意思表示一致的行为，而当事人的意思表示一致则包括两个基本点：一是当事人用明示或默示的方法表现其意念，并确定双方权利义务的具体细节内容。也就是说，当事人可以完全独立地使其意志达到一致。除了必须满足合同性质本身提出的基本要求之外，当事人对其他许多问题都享有决定权。二是当事人之间存在协商或至少可以进行协商。虽然在某些情况下，要约被受要约人从整体上予以接受，但这是基于受要约人同意要约的全部内容。在传统理论中，要约和反要约构成了订立合同的协商过程，而协商则是意思表示达到一致的基础。然而，法国学者指出，格式合同的出现，却使上述意思表示一致的两个基本点与现实的距离拉得更远。[②] 而这恰恰是与契约自由的精神不相符的，因此对格式合同有加以规制的必要。

### 三、格式合同的法律规制

目前，我国法律针对格式合同所表现出来的弊端，对其加以限制的具体规定有：

1.《合同法》第39—41条对格式合同作了详细规定：提供格式条款的一方应遵循公平原则确定权利义务；对于违反《合同法》第52、53条规定或提供格式条款一方免除其责任、加重对方责任、排除对方主要权利的，该条款无效；对格式

① 参见梁慧星主编：《民商法论丛》（第二卷），法律出版社1995年版，第457页。

② 参见尹田：《法国现代合同法》，法律出版社1995年版，第117—118页。

条款有两种以上解释的,应当作出不利于提供格式条款一方的解释;格式条款和非格式条款不一致的,应当采用非格式条款。

2.《消费者权益保护法》对免责条款的效力作出了限制。该法第24条规定,经营者不得以格式合同、通知、声明、店堂告示等方式作出对消费者不公平、不合理的规定,或者减轻、免除其损害消费者合法权益应当承担的民事责任,否则无效。

3.《海商法》第44条规定了海上货物运输合同和作为合同凭证的提单或者其他运输单证的条款,违反《海商法》第四章规定的无效。第126条第1款规定,海上旅客运输合同中含有免除承运人对旅客应当承担的法定责任的条款无效。

4.《保险法》也规定了有关免责条款的无效问题。第30条规定,对于保险合同的条款,保险人与投保人、被保险人或者收益人有争议时,人民法院或者仲裁机构应当作有利于被保险人和受益人的解释。

上述这些法律规定,发挥了格式合同的积极作用,有效地遏制了格式合同的消极作用,从而保证了格式合同的正确使用。

## 第四节 强制缔约形式

### 一、强制缔约的概念

强制缔约,是指个人或企业负有应相对人的请求,必须与其订立合同的义务。换言之,合同一方当事人对相对人的要约,非有正当理由不得拒绝。这就使得合同一方当事人对另一方当事人提出的要约负有必须承诺的义务,即强制缔约义务。这种义务需有法律明文规定。

按邱聪智先生的说法,强制缔约是契约社会化的表现,未经精密预防,滥用设计之契约自由原则,容易引起流弊。契约社会化者,旨在防止此类流弊,确保契约实质自由之实现而已。因之,契约社会化之于契约自由之关系,宜认为不过补充原理而已,非谓契约正义即可取代契约自由。亦即契约社会化,惟于契约自由被误用或有被误用之虞时,始基于补充原理之地位,扶正契约自由于不坠而已。①

在实际生活中,强制性缔结合同对契约自由进行了两种不同程度的限制。其一,使一方当事人订立合同的自由受到限制,即对他人提出订立合同的要约无权拒绝。例如,存在于公用事业的强制缔约,邮政、电信、电业、自来水、铁路等,

① 参见邱聪智:《新订民法债编通则》(上册),中国人民大学出版社2003年版,第45页。

非有正当理由,不得拒绝客户或用户的合理使用要求。其二,选择对方当事人的自由受到限制,即一旦当事人决定订立合同,他无权选择合同相对方。例如,房屋出租人出卖房屋,承租人凭借优先购买权向其发出购买要约。前者被称为绝对的强制合同,因为在此情况下,法律直接为一方当事人设定了对另一方提出的要约,必须予以承诺的义务。后者被称为相对的强制合同,因为此时法律规定只有在具备一定的条件下,一方当事人对另一方的要约,才负有必须承诺的义务。

## 二、我国法律中的强制缔约义务

在我国,强制缔约规则最早出现于《最高人民法院关于贯彻执行〈中华人民共和国民法通则〉若干问题的意见(试行)》第118条中,该条规定:"出租人出卖出租房屋,应提前三个月通知承租人,承租人在同等条件下,享有优先购买权。"承租人凭借债权物权化产生的优先权而享有在同等条件下要求出租人与之订立房屋买卖合同的权利。相应的,出租人负有在同等条件下,同承租人订约的义务。

1999年颁布的两部重要的民商事法律《合同法》和《证券法》同样规定了强制缔约义务。《合同法》第289条规定:"从事公共运输的承运人不得拒绝旅客、托运人的通常、合理的运输要求。"这里《合同法》对从事公共运输的承运人设定了强制缔约义务,主要是因为这些承运人往往具有自然垄断地位,以及所提供的服务具有公用事业的性质。旅客和托运人,除了这些承运人之外,无法找到别的合适的合同当事人,如果不强制这些承运人与旅客订立合同,就会导致整个社会秩序的紊乱和经济活动的非正常进行。《证券法》第97条规定:"收购期限届满,被收购公司股权分布不符合上市条件的,该上市公司的股票应当由证券交易所依法终止上市交易;其余仍持有被收购公司股票的股东,有权向收购人以收购要约的同等条件出售其股票,收购人应当收购。"这是在公司并购中,《证券法》为了保护中小股东的利益对公司收购者所设定的强制缔约义务。这一义务可以使目标公司的中小股东有机会脱离已落入收购人控制的目标公司。在这一强制缔约义务中,收购人的"同意"要素,也同样被绝对限制了。

此外,我国《合同法》还规定了一种更为极端的"强制合同"。《合同法》第38条规定:"国家根据需要下达指令性任务或国家订货任务的,有关法人、其他组织之间应当依照有关法律、行政法规规定的权利和义务订立合同。"在特殊情况下,国家为了抗洪救灾等需要,采取这种极端的"强制合同",对应对社会紧急事件,稳定秩序是非常必要的。所以,我国《合同法》在贯彻合同自由原则的同时,仍然规定了这种强制合同。在普通强制合同中,仅一方当事人有强制缔约义务,而在极端强制合同中,双方当事人连协商合同内容的自由也被限制了。因此,它是一种更为极端的强制合同。王泽鉴先生把它称为"命令契约",即以政府行为取代当事人意思,以示与必须具备要约与承诺的强制合同相区别。

## 三、违反强制缔约义务的民事责任

目前,我国大陆地区尚无法律明确规定违反强制缔约义务的责任性质及承担责任方式。在我国台湾地区,违反强制缔约义务的责任是适用"民法"第184条第2项的规定,即适用侵权责任的规定。

# 第五章　合同的基本条款、歧义与合同漏洞

## 第一节　合同的基本条款

当事人依要约与承诺的程序订立合同，其中经意思表示一致，作为法律行为的合同，其内容便是合同条款。合同条款固定了当事人各方的权利义务，成为合同关系意义上的内容。[①] 合同条款既是合同权利义务关系的表现形式，同时又反映了合同权利义务的具体内容。

现实生活中的合同种类繁多，功用不同。但是，合同关系的基本权利和义务却多有相同之处。合同通常由绝对必要条款、相对必要条款和任意条款所组成。

所谓绝对必要条款，是指合同不能没有这些条款，如果一个合同缺少绝对必要条款，尽管当事人在缺少这些条款的合同上签字，该合同仍然是一个不成立的合同。绝对必要条款包括合同主体、标的和标的数量。

所谓相对必要条款，是指合同中应当具备的，当事人如果遗漏了这些条款，当合同当事人不能就这些遗漏的条款重新达成一致时，可按交易习惯或法律推定这些遗漏条款的意思。这些条款包括质量、价款、期限、地点、方式、违约责任条款。

所谓任意条款，是指完全按照当事人意思产生，当事人将任意条款写入合同，就对当事人产生拘束力，如果没有写入，则不发生约束力。

我国《合同法》第 12 条规定了合同的基本条款，它包含了合同的绝对必要条款和相对必要条款，主要有：

（一）当事人的名称或者姓名和住所

当事人是合同权利和合同义务的承受者，没有当事人合同权利和合同义务就失去了存在的意义，给付和受领给付也无从谈起。因此，该条款是一切合同的必备条款，订立合同必须有当事人这一条款。各类合同都必须清楚地反映出当事人姓名或者名称及住所。

（二）标的

标的是合同权利义务指向的对象。合同不规定标的，就会失去合同成立的意义。所以，标的是一切合同的必备条款。标的条款必须清楚地写明标的的名称，以使标的特定化。如果标的不清的话，标的也就不能特定。

---

① 参见崔建远：《合同法》，法律出版社 2003 年版，第 57 页。

标的与标的物是两个不同的概念,标的物通常只指在合同关系中充当标的之一的物,而标的则是合同当事人围绕着物及物以外的,可以充当合同标的的一系列作为或不作为,如交付某一物品、交付某一工作成果、提供某一服务等等。由此可见,标的与标的物具有逻辑上的种属关系。

(三) 质量

标的的质量和数量是确定合同标的的具体条件,是某一标的区别于同类另一标的的依据。标的的质量须订得具体、详细、明确,如标的的型号、规格、技术指标、检验标准等。质量条款约定不明,属合同漏洞,不影响合同的成立。

(四) 数量

数量反映的是当事人对某一标的的实际需要或当事人提供某一标的实际的可能,当事人所需要和可能提供的数量,除了当事人达成一致外,是无法通过交易习惯或法律加以推定的。然一个合同如果没有数量的约定,那么,该合同就无法履行,因此,数量条款是一切合同的必备条款。没有数量条款,意味着合同不成立。

订立合同时,标的的数量约定应明了、确切。首先应选择双方共同接受的计量单位,其次要确定双方认可的计量方法,再次应规定所允许的合理的误差、磅差或尾差。

(五) 价款或酬金

价款或酬金,是指一方取得标的所应支付的代价,取得标的物交付的代价称为价款,取得服务行为提供的代价称为酬金。价款不仅指标的物本身的价款,还应包括可能产生的运费、装卸费、保险费、保管费、报关费等一系列额外费用,它们由哪一方支付,需在该条款中一一写明。价款或酬金条款约定不明,属合同漏洞,不影响合同的成立。

(六) 履行期限

履行期限直接关系到合同义务完成的时间,涉及当事人的期限利益,也是确定违约与否的因素之一。因此,履行期限应在合同中约定清楚。履行期限可以规定为即时履行,也可以规定为定时履行,还可以规定为在一定期限内履行。

履行期限非合同的必备条款,当事人对这一条款没有约定或约定不明的,属于合同漏洞,将依合同漏洞规则处理。

(七) 履行地点和方式

履行地点是确定验收地点的依据,有时还是确定标的物所有权是否移转、何时移转的依据,以及确定诉讼管辖的依据,对于涉外合同纠纷,它也是确定法律适用的一项依据。履行方式与合同权利义务的实现密切相关,涉及当事人的切身利益。例如,是一次交付还是分期分批交付;是铁路运输还是空运、水运;是经过包装的还是原形的等。因此,履行地点和方式应在合同中约定清楚。

履行地点和方式非合同的必备条款，当事人对这一条款没有约定或约定不明的，属于合同漏洞，将依合同漏洞规则处理。

（八）违约责任

违约责任是促使当事人履行债务，使守约方免受或少受损失的法律措施，对当事人的利益关系重大，合同对此应予以明确。例如，明确规定违约致损的计算方法、赔偿范围等，对将来及时地解决违约问题具有重要意义。当然，违约责任是法律责任，即使合同中没有违约责任条款，只要未依法免除违约方的违约责任，违约方仍应承担法定的违约责任。

（九）解决争议的方法

解决争议的方法，是指有关解决争议运用什么程序、适用何种法律、选择哪家检验或鉴定机构等的内容。当事人双方在合同中约定的仲裁条款、选择诉讼法院的条款、选择检验或鉴定机构的条款、涉外合同中的法律适用条款、协商解决争议的条款等，均属解决争议的方法的条款。解决争议的方法约定不明，则按法定的解决争议的方法寻求司法救济。

## 第二节　合同条款的歧义与解释

### 一、合同解释概述

“契约由当事人互相意思表示一致而成立，由多个条款组合而成，旨在约束彼此的所作所为，是当事人自创的具有法律性质的行为规范。此项规范源自当事人意思，在于满足不同的利益，分配各种可能危险，其藉以表达的，则为难臻精确的语言文字，故其意义、内容或适用范围，难免发生疑义，自有解释的必要。”① 王泽鉴先生的这段论述精辟地说明了合同解释的必要性。

合同乃是当事人为自己制定的法律，当事人的权利义务本应依之为尺度来确定。但由于作为合同内容载体的语言文字本身的问题、订约主体文化程度的差异、语言习惯的不同、交易成本的节省等因素的影响，合同条款往往存在歧义。

所谓歧义，是指同一语言文字可作出两种或两种以上的、符合语法的理解或解释。如果某一理解、解释不符语法，就不是歧义，而是强词夺理了。合同当事人对有歧义的合同条款各执一词，势必影响合同的履行，并引发纠纷。因此，必须对有歧义的合同条款作出“唯一”的解释，以便明确当事人的权利义务，实现合同的目的。

就合同解释的性质，法国学者指出，在当事人就合同内容的确定性发生分

---

① 王泽鉴：《债法原理》（第一册），中国政法大学出版社 2002 年版，第 210 页。

歧，且不能形成一致的意见时，法庭应对之作出判断，即对有争议的合同条款作出解释。对合同的解释，不同于对法律规则的解释，其任务是解决合同条款所反映的矛盾和冲突，并对晦涩、模糊的条款作出说明。[①] 在美国，从一般意义上说，合同的解释是指法官对合同中所使用词语的含义加以确定，从而决定其法律上的效果的过程。[②] 我国通说认为，合同解释的根本目的在于使不明确、不具体的合同内容归于明确、具体，以使当事人之间的纠纷能得到合理的解决。可见，真正法律意义上的合同解释，只能是对作为裁判依据的合同条款所作出的权威性说明。

由于学界通说对合同解释定义过于抽象，在叙述时，时常不加区分，甚至将合同条款歧义和合同漏洞混为一谈。本书认为，这两种现象是不同的，应当严格地加以区别。

我们认为合同条款歧义是指双方当事人对合同的某一内容已经有明示的条款，由于使用文字关系，原以为明确的内容，当付诸实施时，便有了歧义，不确定了，以至于双方对该条款作出不同的理解和解释，从而影响合同的履行，且又不能达成新的一致的理解，此时，需要法官根据歧义解释规则，作出或支持这方当事人的理解、解释，或支持那方当事人的理解、解释，或请语言学专家根据合同条款歧义解释的规则，对有歧义的合同条款作出具有鉴定性质的解释，以便使有歧义的合同条款变为无歧义的合同条款。

在法律适用的层面上，合同解释的意义尤为重大。一般而言，法律的适用是指将法律规范适用于具体案件，以求得对纠纷的合法公正的解决。首先，在法律的适用中，需寻找一个对于待决案件可适用的法律规定，这项工作称为“找法”。法律适用的第二个步骤是形成小前提，即明确系争事实的内容并审查其真实性，以便把该事实置于对应的法律规范之下，从而形成三段论法则中的小前提。最后，将案件事实摄入到获得的对于待决案件具有适用性的法律规定的构架之内，法院或仲裁庭便可按照三段论方法，将法律规范的效果归属案件事实上去，从而作出判决。

合同条款歧义解释，是指对合同及相关附件中的具有歧义并客观地影响或阻碍了合同履行的条款所作的分析与说明。由此可见，合同条款歧义解释是针对法律适用层面而言的，而非指文学意义上的解释，是因为合同条款的歧义将客观地影响和阻碍合同的履行，需要通过解释，以确定该条款所代表的意思。所以，它在法学理论和司法实践方面具有研究的意义。

---

① 参见尹田：《法国现代合同法》，法律出版社 1995 年版，第 256 页。
② 参见王军：《美国合同法》，中国政法大学出版社 1996 年版，第 232 页。

## 二、合同条款歧义解释的基本问题

（一）合同解释的主体

关于合同解释的主体，学界意见不一。有人认为，它既包括受理案件的法庭或仲裁庭，也包括合同当事人乃至其他和合同无关的人；另有观点认为，它仅指受理案件的法庭或仲裁庭。

各种说法角度不一，结论自然不同。然欲对此分歧作出正确论断，须首先认识合同解释的意义，如果不能正确认识合同解释的意义，那么，就可能对此问题泛泛而谈，而不能做到有的放矢。正如前述，对合同进行解释之所以成为必要，乃因其内容不够确定，而致当事人之间的权利义务难以确定。对此，各方当事人应都有权对有歧义的条款作出解释，或委托专家予以解释，然后交由法官或仲裁员，并由他们根据合同法规定的解释规则，决定采用哪一方的解释为合同条款的含义，而不应将法官或仲裁员作为解释的主体，法官和仲裁员始终是裁判的主体。

各方当事人的解释是合同解释的基础，而法官和仲裁员应做的则是依合同法规定的歧义解释规则，决定何方解释为可采信的、有歧义条款的确定含义。

（二）合同解释的对象

合同解释的对象就是合同的歧义条款，具体言之，就是用以表达合同内容的存在晦涩、多义且多种解释在语法上都能成立的语言文字。

合同解释的目的在于透过符号，通过对社会生活中使用的语言、文字予以检视，并按照一定的规则，探求当事人的真意。因此，合同解释之抽象意义上的对象，是“当事人双方达成一致，并表示于外部的意思的真意”。合同解释所针对的意思，不是隐藏于当事人内心的意思，而是当事人表示于外部的意思。表示于外部的意思，应作广义的理解，它不仅包括明示的意思（如以语言、文字等符号形式表现），而且也包括默示的意思（如以行为、特定的沉默而推定的意思）。由于合同条款是当事人双方的合意，所以合同解释的对象不能是表示于外部的当事人一方的意思，而应为表示于外部的当事人的共同意思。

## 三、合同解释的方法

大陆法系和英美法系对合同解释的态度迥然相异。在大陆法上，探求当事人的真实意思表示是合同解释的基本目标，法官必须采用一切可能的方法，去寻找当事人的此种意思表示。首先，法院应依文义解释和历史解释的方法划定解释的范围，然后主要依目的解释的方法在可能的文义范围内确定合同条款的含义，必要时在可能的文义范围外对歧义条款进行补充。相反，传统的英美法则过于迷信语言的界定功能，采用普通词义规则和口头证据规则等限制性解释规则，限制法官解释合同的自由度。然而,在现代英美法中,对这些限制性解释规则已有了很大的改进,出现了允许大量例外情形的判例,美国法甚至着意否定这些规则,并明确允许采用履约过程、交易过程以及贸易惯例等证据阐释或补充解释歧义条款。

我国《合同法》第125条的规定顺应了当代的立法潮流,一方面沿袭大陆法传统,另一方面兼采英美法上关于合同解释的新规定,确定了文义解释、体系解释、目的解释、习惯解释和诚信解释等解释方法。但应注意的是,这些方法在解释过程中并不是孤立的,而是分工合作地承担不同的任务,发挥不同的功能,从而在共同协力下完成发现歧义条款真实含义的任务。

《合同法》第125条第1款规定:"当事人对合同条款的理解有争议的,应当按照合同所使用的词句、合同的有关条款、合同的目的、交易习惯以及诚实信用原则,确定该条款的真实意思。"合同的一般解释方法已由《合同法》第125条作了明确的规定,学界结合传统理论,将其整合为:

1. 文义解释

所谓文义解释,是指依据合同条款语句的含义进行解释。文义,是指合同用语或用词在一般的语言习惯上被理解的含义。合同条款是通过语言文字表述的,由于语言文字本身的多义性以及当事人对文字理解的不同,合同难免有词不达意情形的出现,因此,在对合同进行解释时,基于私法自治的精神,解释者必须首先从合同语句的可能文义出发。否则,如果所作的解释已超出该语句的可能文义范围,那它就溢出了解释的范畴。由此可见,着手解释合同时,对词语含义的解释是合同解释的开始,首先应确定文义涵盖的范围。一般情况下,须按照词句的通常意义解释。因为合同当事人乃社会活动之一员,其语言习惯难以脱离日常生活用语的规范。但又不能拘泥于此,还应当探求当事人共同的真实意思。如果当事人双方已经明确、同意合同条款所表达的是某一种意思,应当按照当事人双方共同接受的含义来进行解释。如果双方对歧义条款的文字含义理解各不相同,应当按照与当事人具有相当文化程度的理性之人,处于缔约环境中,对合同用语的理解为准,以此来确定合同用语的含义。

文义解释中注重按照具有相当文化程度的理性之人的标准来解释用语的含义。但是,由于合同解释本身极富个性化色彩,因此进行通常文义解释也非绝对规则。在某些情况下,当事人生活习惯不同,可能赋予词句以特别含义,此时就须以当事人在缔约时采用的含义为准,这种习惯外的特别含义,应以证据加以证明。

2. 整体解释

所谓整体解释,是指将合同各个条款作为一个整体,以确定歧义条款的含义在整个合同中所应具有的意思。[①] 解释学认为，对一个文本的理解，都是从理解文本的词句开始，才能理解文本的全体，每一个合同上的词句都紧密交织在合同的体系中，构成一个有意义的整体。

解释者要理解合同的每个用语、条款，必须以对整个合同体系的理解为前提；离开对合同用语、条款的理解，则不可能理解整个合同体系。美国法学家科宾在其论著《科宾论合同》中指出：确定一个协议的意思和法律净效果，应当把交易作为一个整体考虑。这一要求不仅适用于书面文件，也适用于口头协议，绝不能脱离上下文来赋予单词、短语、句子或者段落以某种意思。[②]同样，要理解合同中的单个词语，也必须以对文本整体的理解为前提。

整体解释实际上是一种螺旋形的解释循环，每循环一周均能获得对文本更新的认识和更深的理解。合同作为一个法律行为，是由很多条款组成的一个整体，各个组成条款应符合体系化的要求，应能相互印证，而不相互矛盾。故在对合同进行解释时，也应遵循一般解释学上的理论，从各个条款间的相互联系、条款与整个合同的联系，来确定所争议的歧义条款的含义。我国《合同法》第 125 条第 1 款规定的所谓“合同的有关条款”，也正是对体系解释的印证。

3. 目的解释

所谓目的解释，是指根据合同的目的，对有歧义的条款予以解释。换句话说，当对合同条款可作两种或两种以上的解释时，应以最适合于合同目的的解释为歧义条款的含义。[③]《法国民法典》第 1157 条规定：“如一个条款可能作两种解释时，宁舍弃使该条款不能产生任何效果的解释，而采取使之可能产生某些效果的解释。”

在意思自治原则下，目的因素是合同的灵魂，被奉为合同解释的最高准则。它常常在解释者依其他解释方法不能获得结果时被用做最后的解释手段，并且它还可被用来检验依其他解释方法获得的结果是否正确。

合同目的可分为抽象目的和具体目的。前者是当事人订立合同时有使合同有效的目的，它指定了合同解释的粗略方向。因此，在合同内容矛盾有使合同违法和合法两种解释时，应作使合同合法的解释。具体目的，是指合同本身所欲追求的具体的经济或社会的效果，这是合同目的意思的内容。具体目的应为当事人双方表示于外部的共同目的，或者至少是为对方当事人已知或应知的一方当事人的目的。如果属于对方不可能得知的一方当事人的具体目的，则不得作为解释的依据。

---

① 参见梁慧星：《民法总论》，法律出版社 2001 年版，第 189 页。

② 参见〔美〕A. L. 科宾：《科宾论合同》（上），王卫国等译，中国大百科全书出版社 1998 年版，第 659 页。

③ 参见李永军：《合同法》，法律出版社 2005 年版，第 626 页。

当事人订立合同是为了实现其一定的目的,合同不过是当事人实现其目的的手段。因此,合同的解释应当考虑当事人的订约目的。采用目的解释法时,应当注意以下几点:第一,如果某一合同既可以被解释为有效,也可以被解释为不能生效,应当按照有效来解释。因为当事人订立合同,目的上都是使交易成立,使合同有效。当事人不可能为了使合同不生效而订立合同。第二,如果合同条款中所使用的文字的含义与合同目的相违背,而当事人所实际履行的却与合同目的相一致,当事人双方对该条款发生了争议,在此情况下,不必完全拘泥于文字,而应当以与该合同目的相一致的解释为该歧义条款的含义。

4. 习惯解释

所谓习惯解释,也称历史解释,是指在按当事人之前就歧义条款发生过的相同事实来确定眼前歧义条款的含义。合同条款的含义发生歧义时,按照当事人之前的交易习惯来确定歧义条款的含义,是一行之有效的合同解释方法。

合同解释的目标,在于探究订立合同时当事人的真实意思。先前的行为中会留下一些当事人曾达成一致意思的痕迹,这些痕迹往往能反映出当事人对某些文字的共同的理解。因此,它们对歧义条款真实含义的确定具有一定帮助。

习惯解释法强调的是当事人之间存在的某种交易习惯,而非指地区性的、行业性的交易习惯。因为,当事人也可能另起炉灶、独辟蹊径地确定合同条款。因此,当条款发生歧义时,如用地区、行业习惯来解释当事人间的歧义条款,则未必科学、公平。但当事人之间先前发生过的交易习惯,用于确定眼前歧义条款的含义,则是科学、公平的。因为,相同的条款,之前已由当事人付诸实施了。现在同样条款却有了不同的理解,用曾经的一致,作为今天有歧义条款的含义,这对双方来说都是公平的。不过,通过采用习惯对歧义条款作解释的,主张者应对习惯负举证责任。

5. 诚实信用解释

所谓诚实信用解释,是指当事人在对歧义条款予以解释时,应遵循诚实信用的原则。它要求解释者应作为一个诚实守信的当事人,来判断、理解合同的内容和条款的含义。例如,在解释时不能弄虚作假,陈述应保持一致,不能出尔反尔。一旦发现解释者有类似违反诚信原则的行为,便可认定该方解释不可信,从而终结解释程序。

在这种解释合同的过程中,商业道德和公共道德被综合运用到合同的解释之中,并对合同自由施加了必要的限制,以确保合同解释的健康运行。从这个意义上也可以说,诚实信用作为一种解释方法,体现了现代合同法从形式正义逐步向兼顾实质正义的转变。

## 第三节　合同的漏洞及处理规则

### 一、合同漏洞的概念

合同漏洞,是指合同的某一事项应由当事人约定,而当事人未约定或约定不明的现象。所谓未约定,是指应该约定的内容,如那些属于相对必要条款,而由于种种原因,当事人未在合同中约定。所谓约定不明,是指只说了前半句,没有后半句的语言现象。约定不明即可发生在相对必要条款中,也可发生在任意条款中。

约定不明与合同条款歧义的区别在于,前者是不完整的语句,任何人无法依据语法推断出它的完整意思;后者则是有完整的语句,但由于使用的文字原因,可作出两种或两种以上的解释,且都符合语法。

合同之所以产生漏洞,有由于当事人未能预见未来情事的发生;也有由于当事人相信虽未约定,终可通过磋商处理,或法律必有合理解决之道;还有由于当事人欠缺必要的法律知识,遗漏了某些事项,以致合同不周全。[①] 合同的漏洞具体表现为:一是合同的内容存在遗漏,即对一些合同的条款,在合同中并没有作出约定;二是合同中对某些内容虽有约定,但约定不明确。

合同是当事人通过合意,对其未来事务所作的安排。然而,由于当事人在订立合同时,不可能对未来发生的各种情况都作出充分的、完全的预见,当事人即使具有丰富的交易经验和法律知识,也难以达到对合同所涉事项考虑得滴水不漏、面面俱到的程度。所以,合同漏洞的出现是司法实践中的常态。《合同法》第61条、第62条等条款明确了解决合同漏洞的规则和顺序。这些条款既维护了合同当事人订立合同的真实意思,也有效地提高了合同履行的效率,促进了社会资源的良性流转。

### 二、合同漏洞的处理规则

在处理合同漏洞时,首先,必须正确判断合同是否成立,是否对当事人已经产生了约束力。判断合同的成立,实际上就是要判断当事人双方是否就合同的必要条款达成了合意,也就是说对必要条款双方已经经过了要约和承诺过程,并达成了合意,合同已告成立。我们在判断合同是否成立时,应当做到以下几点:第一,必须判断当事人是否已经完成了要约和承诺过程,还是仍然处于缔约阶段。第二,当事人是否就主要条款达成了合意,如果仅仅就相对必要条款达成了

① 参见王泽鉴:《债法原理》(第一册),中国政法大学出版社2002年版,第217页。

合意，但欠缺必要条款，则不能认定合同成立。第三，当事人虽然没有对主要条款形成最后一致，但出现了当事人一方已经就主要义务作出了实际的履行，另一方当事人也已受领的情形，可视为合同成立。只有在合同确已成立的情况下，才可能发生合同漏洞填补问题。其次，正确适用合同漏洞的处理规则。根据我国合同法的有关规定，处理合同漏洞的规则有：

1．当事人协议补充法。按照合同自由原则，合同的内容应当由当事人自由约定，在当事人就合同的条款没有约定或约定不明确的情况下，可由当事人继续协商，达成补充协议，来填补合同的漏洞，这是合同自由原则在合同漏洞上的具体运用。同时，它也是解决当事人之争议的最有效的填补漏洞的方式。《合同法》第61条规定："合同生效后，当事人就质量、价款或者报酬、履行地点等内容没有约定或者约定不明确的，可以协议补充"。协议补充需通过要约、承诺的方式予以实现。

2．交易习惯补充法。《合同法》第61条规定："合同生效后，当事人就质量、价款或者报酬、履行地点等内容没有约定或者约定不明确的，可以协议补充；不能达成补充协议的，按照合同有关条款或者交易习惯确定。"

解决合同漏洞中的交易习惯，主要是指国内的交易习惯，它不完全等同于国际惯例。一般来说，交易习惯具有如下特点：首先，交易习惯具有时间性，也就是只能以合同发生纠纷时存在的习惯为依据，而不能以过去的或者是已经过时的习惯为依据。其次，交易习惯具有地域性，它遵循属地原则，强调交易发生地的交易习惯。由于我国地域广阔，不同地方的习惯是各不一样的，不能将某一地方的习惯套用到另一个地方去。再次，交易习惯具有行业性和特定交易的特殊性，它应指本行业的交易习惯。不同的行业也可能具有不同的习惯，甚至在特定的交易中，当事人所从事的交易也具有特殊性。最后，交易习惯应具有合法性。只有那些符合法律和行政法规以及公序良俗的习惯才能够用于合同漏洞的填补。

交易习惯还可分为：第一，一般的交易习惯，即通行于全国的习惯；第二，特定区域的交易习惯，即所谓地区习惯；第三，特殊行业的交易习惯；第四，当事人之间从事某种交易所形成的习惯。

从贴近合同漏洞填补规则而言，在运用交易习惯时，应采用由近及远的顺序。即首先采用当事人之间从事某种交易所形成的习惯，当不能解决时，方可适用行业的交易习惯，并以次类推。

3．法律推定法。在当事人不能达成补充协议，又不能根据交易习惯来确定当事人意图的情况下，则应准用法律规定。《合同法》第62条规定："当事人就有关合同内容约定不明确，依照本法第六十一条的规定仍不能确定的，适用下列规定：（一）质量要求不明确的，按照国家标准、行业标准履行；没有国家标准、行业标准的，按照通常标准或者符合合同目的的特定标准履行。（二）价款或者报酬不明确的，按照订立合同时履行地的市场价格履行；依法应当执行政府定价或者政府指导价的，按照规定履行。（三）履行地点不明确，给付货币的，在接受货币一方所在地履行；交付不动产的，在不动产所在地履行；其他标的，在履行义务一方所在地履行。（四）履行期限不明确的，债务人可以随时履行，债权人也可以随时要求履行，但应当给对方必要的准备时间。（五）履行方式不明确的，按照有利于实现合同目的的方式履行。（六）履行费用负担不明确的，由履行义务一方负担。”

4. 附随义务适用法。当上述方法都不能解决合同漏洞时，应依据基于诚实信用原则建立的附随义务理论加以解决。

所谓附随义务，是指在合同履行中，产生了某一作为或不作为，将导致合同履行受阻或使另一方人身和财产利益受损，然当事人之间对此无明确约定、法律亦无明文规定，为了确保合同目的的实现并维护对方当事人的利益，应遵循诚实信用原则，依据合同的性质决定应由哪一方承担该作为或不作为的义务。

附随义务具有以下特征：(1) 附随义务具有不确定性。一般而言，合同义务分为法定义务和约定义务两种，而且这些义务在合同成立之初就已经被确定。但是，附随义务具有一定的特殊性，它并非自始确定，而是随着合同关系的进行，视具体情况要求当事人遵守一定的义务，以维护对方当事人的利益。换言之，附随义务不受合同种类和性质的限制，即无论任何类型的合同均可发生附随义务。(2) 附随义务具有效率性。合同法属于私法范畴，合同法中的大多数条款均属于任意性规范，当事人在不违反法律强制性规定的前提下，可以在契约自由原则的框架内自主订立合同，当事人订立合同的目的是参与财产的流转关系，每一类型的合同的本质都应是积极的，即都是为了合同的履行这一目的而设定，因此，在没有约定的情况下，应从有利于合同的履行的角度分配义务与责任。附随义务按合同的性质决定某一作为或不作为的义务由哪一方承担，就是社会资源合理、有效配制的体现。

附随义务依其功能可分为两类：一是辅助实现债权人之给付利益。例如，陶瓷之出卖人应妥为包装，使买受人得安全携回或寄送他处（对给付标的之照顾义务），土地之出卖人应告知买受人关于政府最近对该地使用期限之新规定（说明义务），受雇用设计电脑之工程师不得泄露开发中机件之秘密（忠实义务），牛肉面店之出租人不得于对街再行开店从事营业竞争（不作为义务）等。二是避免侵害债权人之人身或财产上利益（所谓保持利益）。例如，油漆工人应注意不要污损定作人之地毯，裁缝师为顾客试穿衣服之际应避免以不洁之针头触及顾客手术伤口,医生于阑尾炎手术后应避免遗留手术刀于病者之体内等。[①]

附随义务由于没有具体的法律条款对此作出规定,根据特别法与一般法的适用规则,只能依照法律的一般条款加以适用。通说认为附随义务是基于诚信原则的要求而产生的义务。我们认为,附随义务是基于有利于合同履行的经济合理原则而产生的义务。因此,该义务的归属,只能是根据合同的性质作出判断。为了实现资源的优化,创造更多财富,选择成本最小的方案,或者以同样的成本投入到产出更大的领域,这样的做法是正确的、有效率的,是值得全社会仿效的。在瓷器买卖合同中,出卖人具有专业的技术和完善的生产系统,对于其所生产的产品更加了解,能够以更低的成本,更大程度地防止瓷器的损坏,所以,由出卖人履行产品妥善包装的义务,要比买受人承担此义务更能节约社会成本,达到资源的最优配置。如果不是依据合同的性质,按照对合同履行最有效率的原则确定附随义务归属,将不利于合同法促进交易目的的实现,不利于社会总资源的合理配制,不利于社会的可持续发展。

虽然附随义务通常表现为协作、通知、照顾、保护、忠实等,但我们认为,对附随义务应以变动、发展的观点看。即在这一合同中,协作义务、通知义务被认为是附随义务,但在另一个合同中,当事人如已将协作、通知义务明确地写入了合同,此时,协作、通知义务就不再是附随义务,而是合同的约定义务了。同样,在某一合同中忠实是附随义务,但之后法律明确规定了当事人在合同后应负有保密义务,此时,忠实同样不再是附随义务,而是法定义务了。

合同漏洞理论及处理规则,可弥补当事人意思之不足,对促进合同的履行、提高资源利用效率都具有非常积极的意义。

---

① 参见王泽鉴:《民法学说与判例研究》(第四册),中国政法大学出版社 1998 年版,第 100—101 页。

# 第六章 合同效力(上)

## 第一节 有效合同概述

有效合同,是指已经成立并在当事人之间产生一定法律效力的合同。合同成立并具备法律规定的有效要件,就能产生法律效力。这里的法律效力,并不是指合同能够像法律那样产生普遍意义上的规范效力,而是指符合法定有效要件的合同,其内容将受到法律的保护,它能够产生合同当事人所预期的后果。如果一方当事人不履行合同义务,另一方当事人可以依靠法律,强制另一方当事人履行合同,并追究其违约责任。

合同是否有效,是法律评价问题。因评价的结论不同,其效果亦不同。合同效果可区分为法律行为上的效果与法律行为以外的效果,前者属当事人约定的效果,后者属法定的效果。所谓的合同效力指的是前者。① 也就是说,合同有效,意味着当事人之间达成的合意被赋予了法律上的保护。这种保护以强制当事人履行合同义务的形式表现出来。

合同无效,也仅指无合同上的效力,即合同中的约定,当事人无法得以实现,并非指不产生任何效力。合同一旦被宣告无效或被撤销,合同法规定了当事人需承担恢复原状和由过错方赔偿损失的民事责任。严格地说,这种法律责任不是根据合同的效力所产生,而是根据法律的规定产生。这种合同之外的效力来源于法律的规定。

有效合同的构成要件包括:

(一) 合同当事人在缔约时,须具有缔约能力

缔约能力,是指合同行为的主体(自然人、法人、其他组织)具有缔结合同的法律资格。《合同法》第 9 条第 1 款规定:“当事人订立合同,应当具有相应的民事权利能力和民事行为能力。”

1. 自然人

在我国,除经法定程序被剥夺之外,每个自然人都享有法律赋予的权利能力,且人人享有平等的权利能力。自然人签订合同,通常应有完全行为能力。限制行为能力人可以签订与他的年龄、智力、精神健康状况相适应的合同,其他的合同,需经由他的法定代理人或征得他的法定代理人的同意方可签订。无民事

① 参见韩世远:《合同法总论》,法律出版社 2004 年版,第 171 页。

行为能力人，则应由他的法定代理人代理签订合同。

2. 法人及其他组织

按照我国原来的法律规定及其理论，法人签订合同应严格地受其宗旨、目的、章程及经营范围的制约，超越经营范围的合同无效。这种做法在20世纪90年代受到了学界的批评。立法在总结我国司法实践之后，也作出了一定的修改。现行《合同法》第50条规定："法人或者其他组织的法定代表人、负责人超越权限订立的合同，除相对人知道或者应当知道其超越权限的以外，该代表行为有效。"

法人的分支机构，在得到法人书面授权后，可以自己名义签订合同。合伙企业、法人的筹备组织等，也可独立签订合同。

根据传统合同法理论，主体订立合同欠缺行为能力，或行为能力有瑕疵为无效。然随当今尊重当事人的自由，有缩小无效行为的范围的现代合同法的立法趋势，我国合同法也顺应这一历史潮流，将原限制行为能力人实施的与其行为能力不相符的行为，由无效改为由其监护人同意或追认时生效；将法人实施的超越行为能力的行为，由无效改为如相对人明知者为无效，不知者为有效，从而有效地减少了在合同订立环节上的资源浪费。

(二) 合同当事人的意思表示真实

1. 意思表示与合同

意思表示，是指将发生一定私法上效果的内在意思表示于外部的行为。意思表示系私人的行为，故"政府"机关的工作行为，或虽为私人的行为，但系以发生一定公法上效果为目的时（如投票选举公职人员），皆非此所谓的"意思表示"。至于私人的表示是否发生一定的私法上的效果，应斟酌各项情事加以认定。[①] 要约、承诺均属于意思表示。合同，是意思表示合意的结果，赋予意思表示的内容以相应的法律效果，是合同法的基本功能。

2. 意思表示的构成要素

意思表示"三要素"说认为，"效果意思"、"表示意思"与"表示行为"三个阶段组成一个完整的意思表示。依据该说，效果意思，是使法律效果发生的意思；表示意思，是将效果意思向外部发表的意思；表示行为，则是效果意思向外部的表明（不限于语言，也包括肢体动作）。但在以我妻荣先生为代表的日本民法学派，已不再将表示意思作为意思表示的要素。

意思表示"二要素"说则认为，意思表示的成立，仅须具备"效果意思"与"表示行为"两个要素，表示意思不必加入要素之内。

---

① 参见王泽鉴：《民法总则》，中国政法大学出版社2001年版，第335页。

3. 意思表示真实

意思表示真实,是指表意人的表示行为应当真实反映其内心的效果意思。[①]按照"二要素"说,意思表示中含有效果意思和表示行为这两个要素即告成立,但须真实,始能有效。

意思表示不真实,合同效力会因此而受影响,有的为无效,有的为可撤销。意思表示不真实,在民法学理论上称为"意思表示瑕疵"。依瑕疵是否由于表意人本身的原因造成,不真实的意思表示又可以分为"意思与表示不一致"及"意思表示不自由"两类。

(1) 意思与表示不一致

意思与表示不一致,是指表意人的表示行为与其内心的效果意思不一致。这种不一致并非由外力因素所致,而纯属表意人自己的因素所致。其又可分为故意的意思与表示不一致与非故意的意思与表示不一致,前者表现为真意保留、虚伪表示和隐藏意思的行为三种;后者表现为错误。由于错误的意思表示本书在后面有详细的阐述,故本节只介绍真意保留、虚伪表示和隐藏意思的行为。

真意保留,是指表意人故意隐匿心中的真意,对外则表示出与其心中真意相反的意思。例如,A 赞赏 B 新买的某一饰物,其实 B 非常喜欢,但出于某种虚荣,却表现出她对该物不在乎的心态,口头上作出"你喜欢可以拿去"的意思。对 B 的这一意思表示形式,究竟应判断是赠与的真实意思还是真意保留,需以相对人是否明知为判断标准,相对人明知 B 的表示为一句戏言的,不引起合同关系的成立;相对人不明知的,则赠与合同关系成立。

虚伪表示,是指表意人与相对人恶意串通虚构意思表示。换句话说,表意人与相对人之间并无此真实的意思,而是双方虚构了一个意思表示,是一个只有形式没有内容的意思表示。例如,虚开增值税发票就是典型的虚伪表示。由于虚伪表示只有合同的形式,而没有合同的内容,或虽有内容,但双方都无履行之意,因此,否定这一合同的效力,是有百利而无一害的。

我国《合同法》虽无明文关于虚伪表示的规定,但《合同法》所规定的恶意串通,已包含了虚伪表示的特征,即表意人与相对人恶意串通虚构事实侵害他人利益。由这类意思表示成立的合同,是无效合同。

隐藏意思,是指用一个非真实的意思掩盖一个真实的意思。司法实践中,所谓的阴阳合同就是隐藏意思的典型表现。房屋买卖合同中,当事人采用对内一个意思表示,如房价为 200 万,此为真实的意思表示,其中的权利,都要付诸实施的,然当事人对外还有一个意思表示,为了逃避税收,将房价约定为 120 万,实际上,此意思是不真实的,只是为了应付税务登记,逃避应交纳的税收而已。值得

---

① 参见梁慧星:《民法总论》,法律出版社 2001 年版,第 192 页。

强调的是,被隐藏的意思,可能是非法的,如司法实践中所说的名为联营,实为借贷,说的就是此种情况,如两个公司以一个不准备履行的联营合同掩盖其真实意思的借贷合同,以规避现行法律法规不允许公司间借贷的规定,此处,被隐藏的意思是违法的。被隐藏的意思,也可能是合法的,如前述房屋买卖合同中200万的卖房款是真实意思,它并不违法,而面上约定的房价120万则是虚构的,目的是逃避应纳税收。根据《合同法》,以合法的形式掩盖非法的行为无效的规定,对隐藏意思的处理规则是:剥去那个非真实的意思,按照被隐藏意思的效力予以处理,即被隐藏意思为行为违法,做无效处理;如被隐藏意思为合法有效,做有效处理,即按被隐藏意思所生的权利、义务履行。

(2) 意思表示不自由

意思表示不自由,是指表示意思是在外部原因的作用下作出的,非表意人真实的效果意思。换言之,表意人的表示意思虽然作出,但不是出于自愿,而是他人不正当干涉的结果。如果没有这种干涉,表意人绝不会进行这种意思表示。所以,表意人的这种表示意思,并非其真实的效果意思的外部表现,因而不能成为有效意思表示的根据。不自由的意思表示分为被欺诈、被胁迫和乘人之危、滥用市场支配地位、情势变更等情形下所为的意思表示。

对各种意思表示不真实的情形应作具体的分析,有的应使合同无效,有的可使合同被撤销。

### (三) 合同不得违反法律、行政法规的强制性规定,不得损害国家和社会公共利益

合同因违反法律而归于无效,是为各国合同立法之通例,我国亦然。合同欠缺合法性要件,即意味着当事人的合意违背了由法律所代表的国家意志、大多数人的意志。不允许合同当事人为了其个人的利益去损害国家利益是自然之理。因此,对违反法律、法规强制性规定的合同,不宜采取措施予以补救,而应使其归于无效。

合同法所称的合同不违反法律、不损害国家和社会公共利益,既指合同的目的,又指合同的内容。合同的目的是指当事人缔结合同的效果意思;合同的内容是指合同中的权利义务及其指向的对象。合同内容违法固然使合同无效,内容虽不违法,但其目的违法者,也同样使合同无效。

合同不得损害国家利益和社会公共利益,是合同合法性的一项重要内容。社会公共利益是一个抽象的概念,有着较强的张力和弹性,随着社会的发展而不断有其新的内涵。概括言之,凡我国社会生活中的政治基础、社会秩序、道德准则和风俗习惯等,均可列入,类似于国外立法例中的公共秩序及善良风俗。

### (四) 合同应符合法定形式要求

根据传统合同法理论,符合法律要求的形式,为合同有效要件之一。欠缺法

定形式的合同无效。我国《合同法》第36条规定:“法律、行政法规规定或者当事人约定采用书面形式订立合同,当事人未采用书面形式但一方已经履行主要义务,对方接受的,该合同成立。”从这条规定可以看出,形式作为合同有效要件的传统观点,正在被当今尊重当事人自由和注重社会资源有效利用的合同法发展趋势所淡化和修正,它正由原极端规定合同无效,向合同不生效之方向演变。

## 第二节　合同效力

合同效力是指合同关系发生后,为实现其内容,法律赋予的效果或权能。

### 一、合同效力的来源

合同的效力,源于法律关系中的权利与义务。权利、义务出自法律直接规定的,为法定的权利、义务;出自当事人约定的,为约定的权利、义务。

合同的对内效力主要来自约定义务。约定义务的内容,虽然千姿百态,各不相同,但不乏共性的存在。合同法理论中,根据权利、义务的一般特性,创立了合同权利、义务的理论。

(一) 权利理论

权利云者,依法律之担保,得贯彻主张某种利益之可能性也。[①] 权利,乃享受特定利益的法律之力,[②]是民事主体得为或不为一定行为,或得要求他人为或不为一定行为的自由。这种自由受国家法律的保护。法律保障权利是为了保障民事主体的意思自由,以促进民事活动的展开,从而实现推动社会进步与发展之目的。权利的对立面则为义务,道理不言自明,此不赘述。合同权利按不同标准可作如下分类:

1. 即得权与期待权

根据合同成立与生效的时间是否一致,合同权利可分为即得权与期待权。所谓即得权,是指合同自成立时生效,该类合同中所约定的权利为即得权。换句话说,这类合同中的权利自合同成立时便对当事人产生拘束力。所谓期待权,是指合同虽成立,但还需待法律规定或当事人约定的事实(条件或期限)发生时,该合同才生效。该类合同中所约定的权利为期待权,换句话说,这类合同中的权利,不是在合同成立时就对当事人产生拘束力,而是需等待法律规定或当事人约定的事实发生时,才对当事人产生拘束力。

---

① 参见史尚宽:《民法总论》,中国政法大学出版社2000年版,第18页。
② 参见王泽鉴:《民法总则》,中国政法大学出版社2001年版,第84页。

2. 简单权利构成与复杂权利构成

根据合同中约定的权利数量,合同权利可分为简单权利构成和复杂权利构成。所谓简单权利构成是指合同中约定的权利为单项,如住宿旅馆,双方当事人约定住宿方的权利仅为住宿一项,这一权利现象为简单权利;所谓复合权利构成是指合同中约定的权利为多项,如同样是住宿旅馆,当事人约定除住宿权利外,还有免费享用早餐的权利,这一权利现象为复杂权利构成。

3. 可选择之权利与不可选择之权利

复杂权利构成中,由于一个法律关系中存在着多项权利,便产生了当事人是否可选择使用之问题,根据这一标准,复杂权利构成可分为不可选择之权利与可选择之权利。所谓不可选择之权利是指在多项权利中,当事人都可行使,如前述住宿与免费早餐,就属于不可选择之权利之列。由于简单权利也具有无法选择之特点,学界也称之为不可选择之权利。所谓可选择之权利是指在多项权利中,当事人只能选择其中一项或几项行使,不可全部行使,如在咖啡馆购买商务套餐,菜单上通常会列出每例商务套餐附送咖啡或红茶一份,此处咖啡或红茶就是由购买方选择行使的权利,这一权利现象为可选择之权利。在选择之权利中,该选择之权利归属权利人还是归属于义务人,学界时有争论,归属于权利人有之,归属于义务人亦有之,我们认为选择之权利,既称为权利,当然由权利人行使,否则,何谓权利呢?再者,创设可选择之权利之目的,就在于吸引消费者,发展供方的业务,如果选择权归供方,该目的又如何实现呢?所以,我们认为,选择权应归权利方。选择权一经选择,可选择之权利便转为不可选择之权利。

4. 主权利与从权利

根据权利人在两个合同关系中享有权利间的联系,合同权利可分为主权利和从权利。所谓主权利,是指权利人在主合同关系中的权利为主权利,即不以其他关系成立为条件,其即可成立的法律关系,如借贷合同关系,借贷方对其在借贷合同关系中享有的权利,称为主权利;所谓从权利,是指从合同关系中的权利,即须以其他合同关系的成立为条件,如担保合同关系中借贷方对其在担保合同中可享有的权利,为从权利。

(二) 义务理论

合同义务,是合同权利的对称,权利的实现需借助相对人为行为或不为行为。没有义务的履行,权利也就无法实现。因此,基于当事人约定或法律规定的义务,都需义务人的自觉履行,否则将引起债法律关系,债法将责成违反义务人承担违约的民事责任。义务一般可分为:

1. 约定义务与法定义务

以义务产生源为标准,可将义务分为约定义务与法定义务。约定义务,是指当事人在合同中明确约定,各自需承担的义务,如买卖合同中标的物的交付,承揽合同中定作物的制作和交付等。法定义务,是指由法律规定的一国公民必须为或必须不为的义务,如任何人不得伤害他人的生命和健康,任何人不得非法干涉他人的自由等等。合同义务主要表现为约定义务,但合同中,除约定义务外,也有一些表现为法定义务。例如,当事人订立合同不得违反国家法律和行政法规;又如,一方违约,另一方应采取措施,避免损失的发生,未采取措施导致损失扩大的,扩大的损失由守约方承担等等。合同中法定义务的设置,体现的是国家意志对当事人合同自由的干预。合同中的法定义务,是为了确保合同当事人的签约权利能真正实现,当事人如违反了这些规定,将直接引起法律责任。如违反先合同义务而产生的缔约过失责任;订立的合同违反国家强制性规定的,应承担实施无效和可撤销的法律责任等。

不论合同的约定义务,还是合同的法定义务,都需要合同当事人自觉履行,只有这样,合同的秩序和效率才能得以维持和运行。

2. 积极义务与消极义务

根据义务的表现形式是为行为还是不为行为,可将合同义务分为积极义务和消极义务。以义务人为特定行为为内容的,为积极义务,如合同约定中价金的交付、标的物的交付;以义务人不为特定行为为内容的义务,属于消极义务,如承揽合同中的保密义务、租赁合同中的不转租义务。

合同关系中的绝大多数义务均属于积极义务。在积极义务中值得一提的是义务群的概念。所谓债务群,是指义务人的义务是由多个并列项义务构成的。如房屋买卖合同中,出卖人应交付房屋,同时交付房屋的建筑设计图、室内的电路、水路、电讯线路的布置图等资料,我们认为这些义务与交付房屋的义务共同构成房屋买卖合同中出卖人的义务。有学者将买卖合同中交付物的义务称为主义务,而将交付那些辅助物的使用的给付义务,如交付机器设备说明书、建筑物的各类施工图纸、动物的血统证明的义务,称为从义务。我国台湾地区学者林诚二就如此认为:"除依契约性质当然为义务者,为主义务,如雇佣之劳务提供义务、委任之事务处理义务、承揽之完成工作义务,对其他情形是否成为主义务,在实务上的表现虽互有差异,但一般认为,凡对给付本质无影响之义务为从义务。"[①]我们不能同意这样的观点,民法权利有主权利和从权利之分,在主法律关系中的权利,称为主权利,那么,主法律关系中的义务,就应称为主义务,如借贷合同中的还贷义务;而从法律关系中的权利,称为从权利,同理从法律关系中的义务,就应称为从义务,如保证合同中保证人的义务。由此可见,主义务和从义务应发生在两个法律关系之中,在民法权利分类理论中,已存在主义务和从义务

① 林诚二:《论附随债务之不履行与契约之解除》,载郑玉波主编:《民法债编论文选辑》(中册),台湾五南图书出版公司1984年版。

的情况下，在一个法律关系中，对义务群项下的各项并列的义务，再称其为从义务，是非常不合适的。

### 二、合同效力的表现

合同效力的表现，是合同当事人通过订立合同，在原本无权利义务关系的自然人或法人之间建立起了约定权利义务关系，即合同法律关系。这种关系一旦建立，任何一方都不得擅自解除。合同权利人在不同的合同中，其权利内容虽千姿百态，但他们享有着合同固有的权利形态，即：(1) 有决定届时接受或不接受合同义务人交付的标的物、智力成果或特殊服务的权利；(2) 有在合同存续期间决定转让或不转让自己享有的合同权利的权利；(3) 有在具备法律规定或合同约定解除合同条件出现时决定解除或不解除合同的权利。没有合同，公民或法人就不能享有这些权利。

## 第三节 合同效力的起始时间

合同效力的起始时间，实质上是指合同关系中的权利义务对当事人拘束力开始的时间。我国《合同法》第 44 条第 1 款规定："依法成立的合同，自成立时生效。"根据该条规定，合同生效的时间是合同依法成立的时间。据此，我们可以说，一般情况下，合同成立和合同生效的时间一致。但是，在特别的情况下，合同成立并不等同于合同生效。因为《合同法》第 44 条第 2 款、第 45 条、第 46 条、第 47 条、第 48 条、第 49 条、第 50 条、第 51 条对一些合同的生效作出了特别的规定。综合这些规定，我们可以看到，有些合同成立后，并不立即生效，只有在法律规定或当事人约定的某种事实出现时，合同才生效。这些合同表现出合同成立与合同生效的时间是不一致的。结合《合同法》及其他法律的相关规定，对合同成立与合同生效异时的合同现象作如下阐述：

### 一、合同在法律特别规定的事实产生时生效

归纳《合同法》的规定，合同在法律特别规定的事实产生时生效的，有以下几种情形：

#### (一) 传统理论中的实践合同

实践合同，又称要物合同，是指除当事人双方意思表示一致以外，尚须交付标的物才能成立并生效的合同。合同分类理论中所指的实践性合同，其实质是合同的生效，除当事人意思表示一致外，还必须具有法律规定的生效事实的发生，如《合同法》第 210 条规定："自然人之间的借款合同，自贷款人提供借款时生效。"这一规定表明，自然人间的借款合同，除双方意思表示一致，并签订合同

的事实外,还需发生出借人交付借款的事实,交付钱款的事实发生,该借款合同生效。

(二) 传统理论中的要式行为

要式行为,是指合同的形式必须符合法律的特别规定,方能产生效力。合同分类理论中的要式行为,实质是合同生效,除当事人意思表示一致外,还必须具有法律规定的生效的事实发生,如《合同法》第44条第2款规定:"法律、行政法规规定应当办理批准、登记等手续生效的,依照其规定。"又如,《担保法》第41条规定:"当事人以本法第四十二条规定的财产抵押的,应当办理抵押物登记,抵押合同自登记之日起生效。"

(三) 传统理论中的效力待定合同

效力待定合同是指合同订立后,其是否发生效力,尚不能确定,有待于法律规定的其他行为或事实发生时方可生效的合同。

1. 效力待定合同的特征

(1) 合同已成立,但效力待定。有效或无效处于不确定状态,因其缺少生效的积极要件,不能认定为有效,同时又因其有别于无效合同,不具有无效合同的消极要件,也不能认定为无效。

(2) 具有成就所欠缺的生效要件的可能性。所欠生效要件并非法定不可能,而主要是由于当事人缺乏相应的缔约能力,这种缺乏是可以弥补的。

(3) 效力待定合同的效力最终取决于权利人,如权利人追认的,合同自始有效;反之,则合同不生效。

由于效力待定合同须权利人的追认等事实才生效,因此,它与可撤销合同和无效合同都具有明显区别。可撤销合同在未被撤销以前应被认为有效,只是因撤销权人的撤销而使合同变为无效,而效力待定合同则因权利人的追认或法律规定的事实产生而生效。无效合同是指已成立的合同存在效力障碍,法律不准许它发生效力,故自始无效,而效力待定合同则是法律规定这类合同生效所应具备的条件发生了,合同生效,不发生则不生效。

我国合同法关于效力待定合同制度的规定,究竟解决的是当某一事实发生时合同有效还是合同生效?我们认为,如果解决的是当某一法律规定的事实未出现合同为无效的话,那就造成无效合同理论无法自圆其说的致命的矛盾,因为,无效合同的理论认为,无效合同是不能通过补充的方法使它变为有效的,而几乎所有的效力待定的合同,都可以通过追认的方式使合同"由无效变为有效"。相反,如果它解决的是合同生效的话,那么,这类合同自当事人意思表示一致时,仅仅是合同成立,这类合同的生效,则需要法律规定的另一事实的发生,如没有发生,则不生效。我们认为,对效力待定合同作这样的理解与解释,才能使无效合同理论自圆其说,同时也能使效力待定合同找到了符合自己特点的发展方向。

2. 效力待定行为的种类

（1）限制民事行为能力人订立的合同

《合同法》第47条第1款规定："限制民事行为能力人订立的合同，经法定代理人追认后，该合同有效，但纯获利益的合同或者与其年龄、智力、精神健康状况相适应而订立的合同，不必经法定代理人追认。"限制民事行为能力人，原则上应由其法定代理人代其订立合同，若其独立订立合同，仅发生合同成立的效果，其生效，即该合同的效力的开始，则需等待《合同法》规定的其法定代理人追认的事实的发生。由此可见，限制民事行为能力人，订立纯获利益的合同或者与其年龄、智力、精神健康状况相适应的合同，如合同本身无其他生效的条件，该合同则从合同成立时生效，而限制民事行为能力人订立其他的合同，则自法定代理人追认时生效。

（2）无权代理人订立的合同

《合同法》第48条第1款规定："行为人没有代理权、超越代理权或者代理权终止后以被代理人名义订立的合同，未经被代理人追认，对被代理人不发生效力，由行为人承担责任。"无权代理人以被代理人的名义与相对人订立合同，非经被代理人追认，对于被代理人不发生法律效力。从这条规定我们可以看出，若有代理权人以被代理人名义签订合同，授权对被代理人的效力，自合同成立时生效，若没有代理权之人以他人的名义订立合同，法律则规定必须由被代理人追认，才对被代理人产生效力，而不是无代理权人与第三人签订合同时。

（3）无处分权人订立的合同

《合同法》第51条规定："无处分权的人处分他人财产，经权利人追认或者无处分权的人订立合同后取得处分权的，该合同有效。"无权处分人与相对人订立了处分他人财产的合同，简称为无权处分的合同。无权处分人于履行期限届满前未取得处分权，权利人又不予以追认的，合同不发生效力。从这条规定中，我们同样看到，无处分权的人处分他人财产的合同已成立，但该合同如要产生效力，必须出现法律规定的或经权利人追认，或无处分权人事后取得该财产的处分权的事实，如从权利人手中或因买卖，或因受赠，或因继承而取得了该财产，该合同始生效力。如果没有发生这样的事实，这类合同将不发生合同效力。

效力待定合同，不同于其他合同的最大特点在于：此类合同须经权利人的追认才能生效。所谓追认，是指权利人表示同意限制民事行为能力人、无权代理人、无处分权人与他人订立的有关合同。追认是一种单方意思表示，无须相对人的认可，即可发生法律效力。权利人追认与否，决定着效力待定合同是否生效。在权利人尚未追认以前，效力待定合同虽然已经订立，但并没有实际生效，此时，合同的权利、义务尚不对当事人产生拘束力，任何一方都有权拒绝对方提出的履行义务请求。当事人一方即使履行了合同义务,也只是构成民法上的不当得利。在这类合同中,如果法律所规定的事实始终未出现,是基于合同当事人在缔约过程中存在的过失所致,当事人一方应按缔约过失的规定追究对方的责任。

## 二、合同基于当事人约定的条件成就和约定的期限届满时生效

### (一) 附条件的合同

1. 附条件合同的概念

附条件的合同,是指当事人在缔约时约定某种事实状态,并以其发生或不发生作为该合同生效或者解除依据的合同。也就是说,合同生效或者解除取决于合同约定的条件是否成就。附条件合同的价值在于,它可以将合同以外的某种因素,包括当事人的订约动机等,作为约束合同效力的条件。在现实生活中,某种合同对于当事人是否具有意义,取决于该合同是否能够满足其生产、生活的需要,而这种需要又表现为行为的动机或基于某种因素的存在。以这些动机或因素来限制合同的效力起始或终结,就使合同具有随客观情况变化而定的灵活性,它可使当事人在处于变化的社会中占据较为主动的地位。

2. 条件的概念和构成要件

条件,谓构成法律行为的意思表示之一部,使其法律行为效力之发生或消灭系于客观的不确定的将来之事实。[①]《合同法》第45条第1款规定:“当事人对合同的效力可以约定附条件。附生效条件的合同,自条件成就时生效。附解除条件的合同,自条件成就时失效。”

附条件合同中的条件,是指合同当事人所约定的、未来有可能发生的、用来限定合同效力起始或终结的某种客观事实。充当条件的事实,可以是事件,也可以是行为。但作为条件的事实,必须具备以下构成要件:

第一,必须是将来事实。条件必须是合同成立时尚未发生的事实,过去的、现存的事实不能作为合同的条件。

第二,必须是不确定的事实。条件必须是不确定的,即是否发生只具有可能性,不具有必然性。将来必然发生的事实不能作为条件。

第三,必须是当事人约定的事实。作为条件的事实必须由当事人在合同中自由选定,法律直接规定或者按照合同性质当然具有的,则不属于合同的条件。法律规定的条件是当事人负有的法定义务,不由当事人作任意的取舍。如中外合资企业合同依法需经批准才能生效,当事人此时就不能把批准作为合同约定的条件。

第四,必须是合法的事实。违法的事实不能作为条件。如双方当事人不能

① 参见史尚宽:《民法总论》,中国政法大学出版社2000年版,第473页。

约定杀害某人作为合同生效的条件。在德国,法律行为附加不合法的条件或者期限的,可能产生三种不同的法律后果:(1)该法律行为可被宣告为整体无效;(2)也有可能只是删除不合法的条件或者期限,而法律行为作为不附条件的行为予以维持;(3)在没有相反的特殊规定的情况下,适用有关部分无效的一般规范。①

3. 附条件合同的类型

根据某一事实的发生对合同效力的影响的不同,可以将附条件的合同分为附生效条件的合同和附解除条件的合同。

附生效条件的合同,是指合同中的权利义务内容虽已确定,但尚未实际发生,其效力暂时处于不确定状态,待条件成就时,该合同才发生效力,条件不成就合同不生效。这里所谓的条件的成就是指作为条件的事实的发生,条件的不成就是指作为条件的事实的不发生。

附解除条件的合同,是指已经发生效力的合同,在条件成就时,其效力消灭,合同权利义务终止,而在条件不成就时仍然保持其效力的合同。

4. 附条件合同的约束力

附条件的合同是合同成立与生效异时的一种表现。在附生效条件的合同中,在合同成立之后,条件成就与否未定之前,合同的效力发生与否尚处于不确定状态,一旦有条件成就的事实,权利即刻具有约束力。在附解除条件的合同中,在其条件是否成就未定前,合同的效力维持,但一旦条件成就,该合同就会失去效力。因此,附生效条件的合同,实际上是合同成立即生效一般原则的例外。它表明合同虽经当事人意思表示一致成立,但该合同需等待双方约定的条件成就时才生效。

附生效条件的合同,虽然要在条件成就时生效,但在生效前,双方当事人不能随意地对已成立的合同予以变更或者解除。它与所有的合同成立与生效异时的合同现象是一致的。由此可见,附条件合同的签订,代表合同的成立,并意味着当事人不得自行撤销、变更合同;所附条件的成就或不成就代表合同生效与否。

在附解除条件的合同中,这种约束力表现为当条件出现或者不出现时,合同关系即权利义务关系归于消灭。

此外,附条件的合同一经成立,在条件成就前,当事人对于所约定的条件是否成就,只能听任其自然发展,不能为了自己的利益,有意促成或者有意阻碍条件的成就。各国合同法对此均有规定:凡因条件成就而可以受益的当事人,如以

① 参见〔德〕迪特尔·梅迪库斯:《德国民法总论》,邵建东译,法律出版社 2001 年版,第 642—643 页。

不正当行为恶意促成条件成就的,应视为条件不成就;凡因条件成就而对其不利的当事人,如以不正当手段恶意阻碍条件成就的,应视为条件已成就。

（二）附期限的合同

1. 附期限合同的概念

附期限的合同,是指以将来确定到来的期限作为合同的生效或失效的期限,并以该期限到来时作为合同效力的发生或终止的合同。《合同法》第 46 条规定:“当事人对合同的效力可以约定附期限。附生效期限的合同,自期限届至时生效。附终止期限的合同,自期限届满时失效。”这里所谓的期限,是指当事人约定的作为合同生效或者终止的条件的时间。期限可以是将来确定的某个具体日子,也可以为一段时间。

附期限合同中的期限,必须具备以下要件:第一,期限是当事人约定的,而不是由法律直接规定的;第二,期限是将来确定要到来的事实,其到来,在时间上是明确可知的,这是期限区别条件的主要特征。

2. 附期限合同的种类

根据期限对合同效力所起作用的不同,可以将附期限的合同分为附生效期限的合同与附终止期限的合同。

附生效期限的合同是指合同虽已成立,但在期限到来之前,暂不发生效力,待期限到来时才发生法律效力。附生效期限的合同又称附延缓期限的合同、附始期的合同。使合同得以生效的期限称为始期,期限届至是指始期的到来。

附终止期限的合同,是指已经发生法律效力的合同,在期限到来时,合同的效力消灭,合同解除。附终止期限的合同又称附解除期限的合同。使合同终止效力的期限称为终期,期限届满是指终期的到来。

3. 附期限合同的约束力

附期限合同的效力与附条件合同的效力一样,附生效期限的合同的签订,意味合同成立,期限到来时,合同生效;附终止期限的合同的签订,或即刻生效,或法律规定或约定的条件成就或不成就时生效,当期限到来时,该合同关系终止。

# 第七章　合同效力(下)

## 第一节　无效合同与可撤销合同概述

合同是当事人之间达成的合意,只要具备当事人、意思表示、标的和形式四个要件,合同即成立。合同的效力是指成立的合同,依照当事人意思表示的内容所产生法律上的拘束力。合同成立后,能否产生法律效力,能否产生当事人所预期的法律后果,并不是当事人意志所能决定的,它取决于法律对该合同的态度和评价。也就是说,即使合同已经成立,如果不符合法律规定的有效要件,法律将否定其本应产生的法律效力。合同成立体现了合同自由的原则,体现了当事人的意志,而合同无效,则体现了国家对合同所作的否定评价,反映了国家意志对合同关系的干预。

合同的成立与合同是否有效是两个不同性质、不同范畴的问题。合同的成立属于合同的订立范畴,解决的是合同是否存在的事实问题,属于对合同的事实上的判断。合同是否有效,属于合同的效力范畴,解决的是已经存在的合同是否符合法律规定,是否具有法律效力的问题。合同是否有效属于法律上的判断。

合同成立是判断合同是否有效的前提,合同只有在成立以后才谈得上是否有效。也就是说,合同成立后,只有符合有效条件的,才能受到法律保护,不符合有效条件的合同,尽管其已经成立,并且也可能反映着当事人之间事实上发生了一定的经济往来关系,但这种合同及其反映的经济往来关系不仅得不到法律的保护,有时还要受到法律的制裁。《合同法》第 8 条规定:“依法成立的合同,对当事人具有法律约束力。当事人应当按照约定履行自己的义务,不得擅自变更或者解除合同。依法成立的合同,受法律保护。”

合同不成立的后果,仅仅表现为当事人之间的民事赔偿责任,这种责任被称为缔约过失责任。对于已成立的合同,因其不符合合同的有效条件,就不能产生合同的效力,其中,有的因危害国家和社会公共利益而不被法律认可,这类合同为无效合同,无效合同自始就没有法律上的约束力,当事人必须停止履行。合同无效是由于违反了国家的强制性规定,有过错的当事人除了要承担一定的民事责任以外,还有可能产生行政或刑事上的责任;有的则是因违反意思表示一致,不被另一方当事人认可,法律赋予一方当事人可撤销或变更合同的效力,这类合同为可撤销、可变更合同。

对合同是否成立,应当适用《合同法》第二章“合同的订立”中要约与承诺的有关规定，对那些仅仅因某些条款不具备或不明确的合同，在尊重当事人的意志的前提下，通过合同漏洞理论及处理规则，补充当事人的意思，并予以履行，以达到鼓励交易，减少财产损失和浪费的目的。而对合同是否有效的纠纷，则应当适用《合同法》第三章“合同的效力”的有关规定。因为合同的效力体现了国家对合同的评价和干预，对于合同是否有效，就不能通过对合同当事人的意思的探究来加以认定。在此情况下，因无效合同内容或形式具有违法性，违反了法律的强制性规定或危害国家、集体、第三人的利益，或违反了合同意思自治原则，处理时只能依据合同的效力制度确认合同无效，或准许当事人撤销、变更该类合同，以实现合同的正义和公平之目的。

## 第二节　无效合同

### 一、无效合同的概念和特征

无效合同是相对于有效合同而言的，它是指合同虽然已经成立，但因其在内容或形式上违反了法律、行政法规的强制性规定或社会公共利益，法律不认可其效力，因此，应确认其为无效。例如，当事人订立的非法买卖枪支弹药的合同、订立买卖毒品的合同等，都属于违法的无效的合同。

无效合同具有以下特征：

1. 无效合同的违法性。无效合同是当事人的意思，违反了法律、行政法规的强制性规定，如果这一意思得以实施，那么法律所代表的国家意志就会受到侵犯，所以，对此类合同，应当实行国家干预。无效合同的种类有很多，但都具有违法性。所谓违法性，是指违反了法律和行政法规的强制性规定以及社会公共利益。这就意味着：第一，无效合同必须是违反了法律和行政法规的强制性规定。判断无效的标准，应当以法律和行政法规的规定为依据。至于行政规章、地方性法规等地方性文件，可以作为判断合同无效的参照，但不应作为判定合同无效的唯一标准，特别是对于那些规定不合理，甚至与法律、行政法规有明显冲突的地方性法规或规章，不应该作为判定合同无效的依据。第二，所谓违法是指违反了法律和行政法规的强行性规定，并非指违反了法律和行政法规的任意性规定，对于法律的任意性规定，只有在当事人没有约定又不能协商达成一致时才予以适用，所以，违反法律的任意性规定不是认定合同无效的依据。第三，违法性还包括合同的内容违反了社会公共利益。例如，当事人订立具有民族歧视性、违反社会公德、违反善良风俗的合同，即使其内容并未违反现行法律规定，但因其内容违反了社会公共利益和公共道德，因此，也应认定为无效。无效合同的违法性表明此类合同根本不符合国家意志，因此不能使此类合同发生法律效力。对于无效合同,任何人都能通过不同的途径主张该类合同无效,如果是合同的当事人,其可通过诉讼的途径,直接请求法院判决该合同无效,如果是合同的局外人,可通过向有关主管的行政部门投诉或反映,由政府机关通过使用行政命令的方法来停止该类合同的效力。

2. 对无效合同的国家干预性。由于无效合同具有违法性,因此对此类合同应实行国家干预,这种干预主要体现在,法院和仲裁机构不待当事人请求合同无效,便可以主动审查合同是否具有无效的因素,如发现合同属于无效合同,应主动地确认合同无效。对无效合同的国家干预还体现在,有关国家行政机关可以对一些无效合同予以查处,追究有关无效合同当事人的行政责任。

3. 无效合同具有不得履行性。所谓无效合同的不得履行性,是指当事人在订立无效合同以后,不得履行该合同,也无须承担不履行合同的违约责任。即使当事人在订立合同时不知该合同的内容违法(如不知合同标的物为法律所禁止流转),当事人也不得履行无效合同。若允许履行,则意味着允许当事人实施不法行为。

4. 无效合同自始无效。由于无效合同从本质上违反了法律规定,因此,国家不承认此类合同的法律效力。合同一旦确认无效,自订立之时起就不具有法律效力,以后也不能转化为有效合同。对尚未履行的,应当停止履行;对已经履行的,应当以恢复原状、赔偿损失等方式使当事人的财产恢复到合同订立之前的状态;对通过订立合同而获得的非法所得,则应予以没收。

我国《合同法》第 56 条规定:"合同部分无效,不影响其他部分效力的,其他部分依然有效。"合同有单一合同和复合合同之分,复合合同,从表面上看是一个合同,但实质上是由若干个合同或部分所组成,彼此之间相对独立,互不牵连。针对这种法律现象,法律规定作为一个整体合同中的部分无效,不影响其他部分的有效,无效部分被判决无效后,有效部分则继续有效。相反,如果合同的各部分互相牵连,即单一合同,那么,合同被判无效,意味着合同全部无效。单一合同被认定无效,其中有关解决争议方法的条款则继续有效。《合同法》第 57 条规定:"合同无效、被撤销或者终止的,不影响合同独立存在的有关解决争议方法的条款的效力。"

## 二、无效合同的类型

根据《合同法》第 52 条,无效合同的类型主要包括:

1. 一方以欺诈、胁迫的手段订立合同,损害国家利益

我国《合同法》将以欺诈、胁迫的手段订立的合同分为两种,一种为可撤销、可变更合同,一种为无效合同。一方以欺诈、胁迫的手段与对方订立的合同,如果没有损害国家利益,属于可撤销、可变更的合同;如果损害了国家利益,则属于

无效合同。损害国家利益,主要是指损害国家经济利益,如在国企改制、在土地有偿批租、在出口贸易等活动中,以欺诈、胁迫手段订立的侵吞国家财产以致国有财产损失的合同。

2. 恶意串通,损害国家、集体或第三者利益

恶意串通的合同是指双方当事人非法串通在一起,共同订立某种合同,造成国家、集体或第三者利益的损害。由此可见,行为人的行为具有明显的不法性,应将其作为无效合同对待。这类合同的特点是:第一,当事人出于恶意。即明知或应知自己实施的行为,将造成国家、集体或第三者的损害而故意为之。当事人出于恶意,表明其主观上具有通过订立合同侵犯他人利益的意图。第二,当事人之间互相串通。互相串通,首先,是指当事人具有共同的目的,即都希望通过实施某种行为,损害国家、集体或第三者的利益。共同的目的可以表现为当事人事先达成一致的协议,也可以是一方作出意思表示,对方或其他当事人明知实施该行为所达到的目的非法,但却以明示或默示的方式表示接受。其次,当事人共同实施了约定行为。如代表人、代理人与相对人恶意串通,高价买进、低价卖出,甚至虚构合同,损害公司或委托人的利益。所谓虚构合同,是当事人为了达到损害国家、集体或第三者的利益,虚构合同事实的现象。例如,为了获取贸易活动中17%的增值税的退回而虚构贸易合同,并出具增值税发票。又如,为了套取公司的资金,虚构咨询合同,并借合同之名,向对方支付咨询费。虚构合同表现在双务合同中,只有一方享受权利的事实,而没有该方履行义务的事实;虚构合同表现在单务合同中,只有合同的形式,却没有合同内容履行的事实。第三,该合同的履行会损害国家、集体或第三者的利益。在恶意串通行为中,当事人所表达的意思虽然是真实的,但这种意思表示是侵犯了他人受法律保护的利益,法律不能认可其效力,因此,应确认其为无效。

3. 违反法律、行政法规的强制性规定

这类合同是最典型的无效合同。此处所说的法律是指由全国人大及其常委会制订的法律,行政法规是指由国务院制定的法规,违反这些全国性的法律和法规的行为是无效合同。无效合同都具有违法性,而违反法律、行政法规的强制性规定的行为,在违法性方面较之于其他无效合同更为明显。当事人在订立此类合同时,主观上大都具有违法的故意(当然,即使当事人主观上出于过失而违反了法律,即在订约时根本不知道所订立的合同条款是法律所禁止的,亦应确认合同无效)。值得注意的是,我国合同法仅规定违反全国性的法律和国务院规定的行政法规强制性规定的合同无效,而并没有提及违反行政规章、地方性法规及地方性规章的合同是否无效的问题。这并不是说,违反这些规定的合同都是有效的,而只意味着违反这些规定的合同并非当然无效,是否宣告这些合同无效还应当考虑各种因素。例如,所违反的规定是否符合全国性的法律和法规、是否符

合宪法和法律的基本精神等。如果与上述法律精神一致,则可认定违反行政规章、地方性法规及地方性规章的合同为无效合同;相反,则不能作为认定合同无效的依据。

4. 损害社会公共利益

社会公共利益体现了全体社会成员的最高利益,违反社会公共利益或公序良俗的合同无效,这是各国立法普遍确认的原则。我国法律虽未采纳公共秩序和善良风俗的概念,但确立了社会公共利益的概念,根据我国《合同法》第52条第4项,损害社会公共利益的合同无效。因此,凡订立合同危害国家公共安全和秩序,如走私军火、买卖枪支和毒品等,损害公共道德、危害公共健康和环境,如买卖渲染色情的影碟、宣传迷信的书刊等,以及实施其他损害公共利益的行为,无论当事人是否主张无效,法律都不认可其效力,该类合同为无效合同。

5. 以合法形式掩盖非法目的

以合法形式掩盖非法目的,是指当事人订立的合同在形式上是合法的,但在缔约目的和内容上是非法的。这种行为又称为隐匿行为,故意表示出来的形式或故意实施的行为并不是合同当事人所欲达到的目的,也不是其真实的意思表示,当事人只是希望以这种行为做幌子,来掩盖合同目的或内容的非法性。企业间的名为联营实为非法拆借资金的合作协议,名为土地使用权作价投资实为买卖国有划拨土地使用权的投资协议即其适例。这类合同表面上看是合法的,但是基于其本身目的、实质内容的非法性,必然会损害国家、集体或者第三人的利益。因此,这种被掩盖的非法行为,不能因其有了合法的外衣而为有效,而应撕去伪装,还其"庐山真面目",把其真正置于法律的规制之下。应当指出的是,由于对法律的认识错误,当事人出于某种动机可能会以某种合法形式来掩盖他们自以为非法而实际上合法的行为,对这种情况,应按照行为人的真实意图处理,认定那个具有真实意图的行为为有效合同。

## 第三节 可撤销、可变更合同

### 一、可撤销、可变更合同的概念和特征

可撤销、可变更合同,是指因意思表示不真实,通过撤销权人行使撤销权和变更权,使已经成立生效,或尚未生效的合同归于无效或予以变更。存在可撤销、可变更原因的合同就被称做可撤销、可变更合同。可撤销、可变更合同是法定的,当事人有权诉请法院或仲裁机构予以撤销或变更。

可撤销、可变更合同具有以下特征:第一,从撤销的对象看,是意思表示不真实的合同,如因重大误解而成立的合同,因欺诈、胁迫而成立的合同等。我国

《合同法》针对欺诈、胁迫而成立的合同的具体情况采取了不同的立法态度,将其中损害国家利益的作为无效合同来处理,除此之外规定为可撤销,这相较于《民法通则》第58条第3项的规定[①],无疑更体现了立法者对私权自治的尊重。第二,合同的撤销,要通过撤销权人行使撤销权来实现。也就是说,合同的撤销,是撤销权人的一项权利,而不是一项义务,该权利状态的存在使得撤销权人可以根据自己的利益需要,选择撤销还是不撤销。不行使撤销权,合同继续有效;行使撤销权,合同将在法院的审理后判决被撤销,合同自始无效。

撤销权,是指撤销权人依其单方意思表示使合同等法律行为的效力溯及既往地消灭的权利。"法律行为之得以撤销,谓法律行为已生合适其内容之效力,然得使其失效之状态,从而得撤销之法律行为暂先为有效,然为使一定之人免受因瑕疵行为所生之不利益为目的,惟享有此利益者,得使其失效之法律上之力,谓之撤销权。"[②]

撤销权在性质上属于形成权。所谓形成权,是指根据权利人单方的意思表示便可使某一法律关系产生、变更或者消灭的权利。"撤销的意思表示系不要式行为,撤销得以书面或言词为之,明示或默示,皆无不可。"[③]撤销虽为不要式行为,但一般要求与被撤销的行为保持相同形式。"撤销权的行使原则上不得附加条件,如附以条件而置相对人于不妥之地位,则有害其利益,非经相对人之同意,原则上不得为之。然以相对人之行为为条件之随意条件,无害于相对人之利益者,不妨附加之。"[④]撤销权本是私法意义上的权利,但是在诉讼时亦得以行使。诉讼只是为撤销权之行使提供了机会,不改其私法的性质。

撤销权人在因欺诈、胁迫而成立的合同中为受欺诈人、受胁迫人,在因重大误解而成立的合同中为误解人,在显失公平场合为受到重大不利之人,在乘人之危场合为处于危难境地之人。撤销权原则上应由撤销权人自己行使,但在一定的条件下也可以由其继承人、代理人以及利害关系人行使。撤销权的相对人为被撤销合同的相对人,即他方当事人。相对人为多数时,应对其全部为撤销的表示。

撤销权作为形成权,适用除斥期间的规定,该除斥期间为一年。根据我国合同法规定,如果撤销权人从知道或应当知道撤销事由之日起一年内不行使撤销权的,撤销权消灭。

---

① 《民法通则》第58条第3项规定,"一方以欺诈、胁迫的手段或者乘人之危,使对方在违背真实意思的情况下所为的"民事行为无效。

② 史尚宽:《民法总论》,中国政法大学出版社2000年版,第582页。

③ 王泽鉴:《民法总则》,中国政法大学出版社2001年版,第494页。

④ 史尚宽:《民法总论》,中国政法大学出版社2000年版,第591页。

## 二、可撤销合同与相关概念的区别

1. 可撤销合同与无效合同的区别

尽管无效合同和可撤销合同都会因被确认无效或被撤销而使合同自始不生效力,但是无效合同与可撤销合同仍存在明显的区别。具体表现在以下几个方面:

第一,从内容上看,可撤销合同主要涉及主体的意思表示不真实;而无效合同主要涉及目的、内容违反法律的强制性规定。

第二,可撤销合同在未被撤销以前仍然是有效的,而且根据我国现行法律,撤销权人亦可以不要求撤销合同,而仅要求变更合同部分内容;无效合同则是当然无效,不受当事人意志的左右。

第三,对可撤销合同来说,撤销权人必须在一定期限内行使撤销权,超过该期限,撤销权归于消灭;无效合同因其为当然无效,没有任何期限的限制。

2. 合同撤销与合同解除的区别

合同解除和合同撤销,虽然都可使合同关系不复存在,但两者并不相同。

第一,从适用范围上看,撤销适用于虽已生效,但欠缺有效要件的合同,而解除适用于符合有效要件,但具有法律规定或合同约定的条件,这些条件的内容通常表现为一方违约的合同。

第二,从发生原因上看,撤销的原因由法律直接规定,如《合同法》第 54 条直接规定了三种可撤销的合同;而解除的原因既有法律规定的,如《合同法》第 94 条,也有当事人之间约定的。

第三,合同撤销的原因,有存在于合同成立之时,如欺诈、胁迫,也可存在于合同成立之后,如显失公平;而合同解除的原因,则发生在合同成立以后。

第四,从程序上看,合同撤销需要通过诉讼或仲裁程序,如《合同法》第 54 条要求,撤销权人须请求人民法院或仲裁机关撤销合同;合同解除则是享有解除权人直接将解除的意思送达至相对人时,便发生合同解除的效力,不需要经过诉讼或仲裁程序。

第五,从发生的效力看,合同撤销有溯及力,如《合同法》第 56 条规定被撤销的合同自始无效;通说认为,解除原则上无溯及力,只在非继续性合同时有溯及力。

3. 可撤销合同与合同变更的区别

可撤销、可变更合同与合同变更,虽然都能使合同内容发生变化,但两者并不相同。

第一,从适用范围上看,可撤销、可变更合同适用于虽已生效,但欠缺有效要件的合同;而合同变更则适用于符合有效要件并确定生效的合同。

第二,从发生原因上看,撤销的原因由法律直接规定,如《合同法》第54条直接规定了三种可撤销、可变更合同的原因;而合同变更的原因则必须由当事人约定,未征得对方当事人的同意,任何人都不得变更合同的内容。

第三,合同撤销、可变更的原因,有存在于合同成立之时,如欺诈、胁迫,也可存在于合同成立之后,如显失公平;而合同变更的原因,则只发生在合同成立以后。

第四,从程序上看,可撤销、可变更合同需要通过诉讼或仲裁程序实现,如《合同法》第54条要求,撤销权人须请求人民法院或仲裁机关撤销合同;合同变更则需通过要约、承诺的方式实现。

## 三、可撤销合同的类型

### (一)因欺诈而订立的合同

欺诈是指以使他人陷于错误并以此为目的而为的意思表示。其表现形式为故意陈述虚伪事实或者故意隐瞒真实情况的行为。因欺诈而订立的合同,是指一方当事人故意实施某种欺诈他人的行为,使他人陷入错误而订立的合同。《最高人民法院关于贯彻执行〈中华人民共和国民法通则〉若干问题的意见(试行)》(以下简称《民通意见》)第68条规定:"一方当事人故意告知对方虚假情况,或者故意隐瞒真实情况,诱使对方当事人作出错误意思表示的,可以认定为欺诈行为。"所谓故意告知虚假情况,也就是指虚伪陈述,如将赝品说成真迹,将质量低劣的产品说成优质产品。所谓故意隐瞒真实情况,是指行为人有义务向他方如实告知某种真实的情况而故意不告知。

欺诈的构成要件是:第一,欺诈的故意。这是该类合同的主观构成要件。欺诈的构成以欺诈方具有欺诈的故意为必要。所谓欺诈的故意,其含义有二:其一,须有使相对人陷于错误的故意;其二,须有使相对人因其错误而为一定意思表示的故意。[①] 即欺诈的一方明知自己的行为是欺诈行为,且会使被欺诈人陷入错误认识而希望或放任这种结果的发生。欺诈方告知虚假情况,不论是否使自己或第三人牟利,不妨碍欺诈故意的构成。如果一方向他方陈述某种事实时,对于其陈述事实的真伪性不能作出准确的判断,仍向他人作出陈述,以至于因陈述事实的虚假性而导致他方陷入错误,如某人不能确定其出售的商品是否具有某种功能,却向他人吹嘘该产品具有该种功能,也应认定为陈述的一方具有欺诈的故意。但是,如果一方当事人对于陈述的事实或者没有告知真实情况只是出于过失或者完全没有过失,则不构成欺诈,对此类合同相对人可依重大误解主张

① 参见胡长清:《中国民法总论》,中国政法大学出版社1997年版,第248页。转引自韩世远:《合同法总论》,法律出版社2004年版,第211页。

撤销合同。

第二,具有虚假内容行为。这是该类合同的客观构成要件。所谓具有虚假内容行为,是指欺诈方已将其欺诈故意表示于外部,并为相对方所知悉的行为,其主要表现为陈述虚伪事实或隐瞒真实信息。夸大其词的商业广告、华而不实的产品说明书,只要通常能使人陷入错误,则都可归入具有虚假内容的行为之内。一方在订约时没有履行能力而仍然宣称有履行能力并与对方订立合同,也构成具有虚假内容的行为。但是,该具有虚假内容行为是否构成欺诈,则应视情况而定:(1) 当事人在订约后根本不准备履行合同,或者没有为履行合同做任何准备工作,甚至将订立合同作为骗取定金、预付款和货款的手段,此种情况应作为典型的欺诈来处理。(2) 在订约时虽无履约能力,但当事人在订约时并没有隐瞒其无实际履约能力的事实或在订约后积极为合同的履行做各种准备工作,且根据实际情况,可以认定其在履行期限到来时能够履行合同,则不能按欺诈处理。因为订约时无实际履约能力并不等于履约时无实际履约能力,从订约至履行期限到来的这一段时间,当事人在很多情况下可以通过自身的努力而获得履行能力。订约时无履约能力是否构成欺诈区分的关键,在于确定当事人客观上是否具有准备履约的事实。在订约后,客观上有准备履约或履约的事实,即使之后出现不能履约的情形,也应属不安抗辩范畴,对方可以根据不安抗辩的规定要求不能履约的一方提供履约担保,并暂时终止合同的履行。因此,如果将凡是无履约能力的情况都作为欺诈处理,既不符合当事人双方的利益和意志,也不符合合同法鼓励交易的原则。

第三,被欺诈方因欺诈而陷入错误。在一方实施欺诈的情况下,被欺诈方因欺诈陷入了错误的认识。所谓因欺诈而陷入错误,是指欺诈人提供的虚假情况与所定合同内容有密切关系。换句话说,欺诈人提供的虚假情况成为日后所订立合同的内容,如果虚假情况与合同内容并无联系,即欺诈行为与认识错误之间没有因果联系,不能认为被欺诈方因欺诈而陷入了错误。

第四,受害人基于虚假的情况而对合同内容发生了错误认识,并基于这一错误认识而作出意思表示。例如,因误信对方的假药宣传而将假药当成了真药,并作出购买该药的意思表示。在此例中,当事人的错误认识并不是被欺诈人自己的过失造成的,而是受欺诈的结果。如果欺诈方实施虚假行为以后,受欺诈方虽信以为真,但未作出同意签订合同的意思表示,即未发生民法上的欺诈后果,则不能视为合同法上的欺诈。

### (二) 因胁迫而订立的合同

因胁迫而订立的合同是以将来要发生的损害或以直接施加损害相威胁,使对方产生恐惧并因此而订立的合同。胁迫行为包括两种情况:(1) 以将要发生的损害相威胁。所谓将要发生的损害,是指以将来对受胁迫人的生命、身体、财产、名誉、自由、健康、信用等方面施以损害,如以将要谋害对方相威胁,或以将要告发对方私生活中的不轨行为相威胁,迫使对方订立合同或作出承诺。这种损害既可以发生在受胁迫者本人身上,也可以针对受胁迫者的家庭成员、亲属朋友等。当然,将来发生的损害必须是受胁迫者可以相信将要发生的情况,并足以使受胁迫者感到恐惧、害怕。如果一方所称的将要造成损害的威胁是毫无根据或根本是不可能发生的,受胁迫者根本不会相信,这种威胁由于不会使受胁迫者感到恐惧,因而不构成胁迫。(2) 胁迫者以直接面临的损害相威胁。也就是说,胁迫者通过直接实施某种不法行为,如殴打、肉体折磨、拘禁对方当事人及其亲友等,迫使对方订立合同。

因胁迫而订立的合同应符合以下几个要件:

第一,胁迫人具有胁迫的故意。所谓胁迫的故意,首先是指胁迫者意识到自己的行为将造成受胁迫者心理上的恐惧而故意进行威胁;其次,胁迫者希望通过胁迫行为使受胁迫者作出某种意思表示。正是因为胁迫者具有胁迫的故意,因此,其具有社会危害性。一般来说,胁迫都有牟利的动机,但牟利不是胁迫者故意的必备内容,所以,胁迫者是否有牟利的动机,不影响对胁迫故意的判断。

第二,胁迫者实施了胁迫行为。如前所述,胁迫行为是以将要发生的损害相威胁或直接施加损害威胁他人。胁迫者既可以给公民及其亲友造成损害相威胁,也可以给法人造成损害进行要挟。胁迫并不一定以危害重大为要件,只要一方将要施加的危害或者正在实施的危害足以使对方感到恐惧,就可以构成胁迫行为。需要指出的是,因胁迫行为是针对特定的当事人实施的,所以确定胁迫行为是否构成,也应当以特定的受害人主观上是否感到恐惧作为判断标准。即使在通常情况下一般人不会对此感到恐惧,只要受害人感到恐惧,即可构成胁迫行为。胁迫行为通常是在合同订立时为强制对方订立合同而实施的。在合同订立以后,一方以胁迫手段迫使对方变更或解除合同也可构成胁迫。如果胁迫的目的并不在于迫使对方订立合同,此种行为将构成侵权或其他非法行为,与合同法上的胁迫无关。

第三,受胁迫者因胁迫而与之订立了合同。也就是说,由于一方实施胁迫行为使另一方心理上产生恐惧,在此种心理状态的支配下,受胁迫人被迫订立了合同。由于受胁迫人是在受到胁迫的情况下订立了合同,所以其意思表示是不真实的,当事人可依据合同法胁迫之规定,撤销该合同。不过,如果胁迫一方的胁迫行为虽然使被胁迫人产生了恐惧,但最终被胁迫人没有作出订立合同的意思表示,此时,被胁迫人则应按其人身权、财产权受到侵害的事实,依其他法律的有关规定请求司法救济,而不是基于合同法。

第四,胁迫的违法性。胁迫行为给对方施加了一种强制和威胁,而这种胁迫必须是违法的。合法行为虽使相对人感到恐惧,亦不能构成胁迫。以违法性作为胁迫的构成要件，只需胁迫的目的、手段之一或两者的结合违法即可。

（三）乘人之危订立的合同

所谓乘人之危，是指行为人利用相对人的危难处境或急迫需要，迫使对方违背其真实意志接受对其极为不利的条件而成立的合同。例如，出租车司机借抢救危重病人急需租车之机提高10倍的车价，这即属于乘人之危的行为。乘人之危的合同具有如下特征：

第一，当事人一方处于危难处境或有急迫需要。所谓危难，除了经济上的窘迫外，也包括生命、健康、名誉等的危难。不过，危难并非因行为人的不法行为造成的，而是由于受害人自身原因造成的。所谓急迫，是指因情况比较紧急，迫切需要对方提供某种财物、劳务、金钱等。急迫主要包括经济上、生活上各种紧迫的需要，而不包括政治上、文化上等方面的急迫需要。

第二，行为人利用对方的危难处境或急迫需要提出对该方极为不利的订约条件。所谓利用，是以明知为前提，说明行为人主观上具有乘人之危的故意。如果行为人在订立合同时并不知道对方处于危难处境或急迫需要，即使提出苛刻条件并为对方所接受，也不能认为是乘人之危。

第三，受害人出于危难或急迫而订立了合同。也就是说，受害人明知对方利用自己的危难处境或急迫需要提出了极为苛刻的条件，但由于自身陷于危难或出于急迫需要而不得不订立合同。例如，因经济窘迫而借高利贷；迫于停电的威胁而与供电单位订立不公平的供用电合同等。由于该合同是受害人在危难或急迫状态下而与对方订立的，所以，受害人作出的意思表示是非真实的、不自由的意思表示。

第四，不法行为人所取得的利益超出了法律允许的限度。乘人之危的行为，往往使受害人被迫接受对其极为不利的条件，订立了使其会受到严重损害的合同。而不法行为人则取得了在正常情况下不可能取得的重大利益，由于乘人之危者行为的不道德性，明显地违背了公平原则，因此，乘人之危订立的合同，被合同法归入可撤销的合同之列。

（四）因重大误解而订立的合同

重大误解，是指误解人作出意思表示时，对涉及合同法律效果的重要事项存在着认识上的缺陷，其后果是使行为人受到较大的损失，以至于根本达不到缔约目的。①根据《民法通则》第59条的规定，行为人对行为内容有重大误解的，可以请求变更或撤销。《合同法》第54条也规定，因重大误解订立的合同，一方可以请求法院和仲裁机构变更或撤销。误解直接影响到当事人所应享有的权利和承担的义务。误解既可以是单方面的误解，如出卖人误将某一标的物当做另一

① 参见崔建远：《合同法》，法律出版社2001年版，第79页。

标的物,也可以是双方的误解,如买卖双方误将本为复制品的油画当成真品买卖。误解须符合一定条件才能构成并产生使合同变更或撤销的法律后果。重大误解的构成要件是:第一,表意人因为误解作出了意思表示。首先,表意人要将其意思表示表达出来,否则无从评价其是否存在着误解问题。其次,表意人作出的意思表示必须是因为误解所造成的,即表意人的错误认识与其作出意思表示之间具有因果关系。在表意人因误解作出了意思表示之后,另一方当事人知道对方已经发生了误解,但其没有纠正,而是顺水推舟,利用此种误解订立合同,此种情况是否构成重大误解?通说认为,尽管对方当事人出于恶意,但这不影响重大误解的构成。因为在单方误解的情况下,不论对方是否知道,误解方都可以因重大误解而撤销该合同。

第二,必须是对合同关系的三要素发生了重大误解。其中对内容的误解,必须是对合同的主要内容发生误解,才构成重大误解。因为,在对合同的主要内容发生误解的情况下,才可能影响当事人的权利义务,并可能使误解的一方的订约目的不能实现。若仅仅是对合同的非主要内容发生误解,因其不影响当事人的权利义务,故不应视为重大误解。《民通意见》第 71 条规定:"使行为的后果与自己的意思相悖,并造成较大损失的,可以认定为重大误解。"

第三,误解是由误解方自己的过失造成。误解不是因为受相对方的欺骗或不当影响造成的,而是表意人自己的过失造成,如果表意人的主观心理状态是故意,即明知合同的"真相"仍然与对方订立合同,表明表意人希望追求其意思表示所产生的效果。在此情况下并不存在意思表示不真实的问题,因此不能按重大误解处理。法律不允许当事人在自己具有故意的情况下,借口其实施的行为对自己不利而提出撤销。

误解与误传不同。误解是行为人因对行为的性质、对方当事人以及标的物的品种、质量、规格和数量等的错误认识,误传则是错误地传达他人的意思,误传往往是引起误解的原因。

重大误解和欺诈,虽然都存在表意人的认识错误,但是二者存在着明显的区别:首先,在重大误解的情况下,误解一方陷入错误认识是由于自己的过失造成的;而在欺诈的情况下,受欺诈的一方陷入错误认识并不是由于自己的过失造成的,而是欺诈行为造成的。例如,误将标签上标明的涤纶西装当做毛料西装购买,这属于误解;但如果销售者故意将涤纶西装写成毛料西装出售,则是欺诈。值得注意的是,当一方基于过失发生了误解,对方明知其误解而沉默不宣,是否构成欺诈?在这种情况下,虽然对方违反了诚实信用原则,但毕竟误解的发生并不是沉默不宣的结果,因此,明知其误解而沉默不宣,不构成欺诈。相反,在出售某种商品时,一方有义务向另一方告知商品的性能、质量瑕疵等情况,却沉默不宣导致对方发生误解的,则可以构成欺诈。其次,在重大误解的情况下,误解一方通常会因误解而受到较大的损失,误解方遭到较大损失是重大误解的构成要件,但是在欺诈的情况下,不管欺诈是否给受欺诈方造成较大损失,受欺诈一方都有权基于对方的欺诈而撤销该合同。

(五) 显失公平的合同

显失公平,是指双方当事人的权利义务明显不对等,履行合同将使一方遭受重大不利。显失公平是从结果着眼的命题,若把原因考虑进去,会有多种类型,如因欺诈形成的显失公平、因胁迫形成的显失公平、因乘人之危形成的显失公平、因重大误解形成的显失公平等。作为独立的可撤销原因,显失公平应是上述类型以外的类型。我国《合同法》第 54 条规定,在订立合同时显失公平的,当事人一方有权变更或撤销合同。该条规定切实保障了合同公平原则的实现。通说认为,显失公平的合同主要具有以下法律特征:

第一,合同的结果客观上使双方当事人利益明显不公。根据我国民法的基本原则,合同尤其是双务合同,应体现公平的原则,只有这样才能实现合同正义。然而,在显失公平的合同中,一方要承担更多的义务而享受极少的权利或者在经济上要遭受重大损失,而另一方则以较少的代价获得较大的利益,承担极少的义务而获得更多的权利。这种现象,无论从道德层面还是法律层面都是不受支持的。如果利益的不均衡违背了民法的等价、公平原则,同时也违反了当事人的本意,就属于显失公平的合同。在通常情况下,这种利益的不公平是在合同订立时就已经形成的,如一方滥用市场支配地位,迫使对方签订结果不公平的合同,相对方既不是受欺诈,也不是因误解,而是基于所需的物品被供应方所垄断,舍其之外无法获得该物品,故不得不接受这一显失公平的结果。为了维护公平原则,法律赋予利益显失公平一方可以撤销合同。

关于合同订立以后,因情势变更而形成的显失公平的结果,是否属于显失公平概念的外延,通说认为,如果在合同订立以后,因为情势变更原因,导致合同履行所产生的显失公平的结果,不属于《合同法》第 54 条规定的显失公平的范畴,不应按显失公平合同处理。

第二,一方获得的利益超过了法律所允许的限度。例如,标的物的价款或酬金明显超出市场上同类产品的价格或同类劳务的报酬标准。在市场经济条件下,要求各种交易中给付和对待给付都达到完全的对等是不可能的,做生意总会有赔有赚,从事交易必然要承担风险,但根据公平原则,人们所承担的风险应是在经济规律如价格规律等正常运行之下产生的风险,超越这一范围的风险,如也要让一方当事人承担,则既不符道德,也不合人情,正是为了保证合同双方间的公平,法律才规定当一方获得的利益超过了法律所允许的限度即显失公平的程度时,另一方享有撤销该合同的权利。一般来说,在市场交易中出现双方当事人利益不平衡的现象,概括起来有两种原因:一是因主观的原因而引起不平衡,如因欺诈或重大误解导致不公平的结果,即其所得到的不如付出的多,换言之,其应得到的未能得到;二是因客观的原因引起不平衡,如乘人之危或滥用市场支配地位导致不公平的结果,即交易的结果对双方的利益是不平衡的,一方得到的多而另一方得到的少。如果合同履行中并没有出现上述原因,而是在价格规律正常的作用下,当事人因某个交易不成功或者某个合同亏本,则不属于显失公平,而属于正当的交易风险,应由当事人自己承担。所以,显失公平制度所设立的目的不是免除当事人应承担的交易风险,而是禁止或限制一方当事人获得超过法律允许的利益。

第三,受害的一方在订立合同时,因对方的市场地位的优势,为了生活或工作,不得不接受这一结果不公平的合同。有些学者认为显失公平合同是在受害者缺乏经验或情况紧迫下而签订的。我们认为此说不妥。其一,民法理论强调主体的民事权利能力、行为能力,有无民事权利能力、行为能力会影响其所签订合同的效力,缺乏经验是基于什么理由影响其所签的合同效力呢?如缺乏经验,受骗上当,应属欺诈;如缺乏经验,误将“稻谷”视为“麦穗”,因属重大误解。所以,仅因缺乏经验而签订的合同发生亏损,应属于市场交易的正当风险,其是无足够的理由要求法律撤销该合同来保护其利益的。其二,合同撤销类型中有乘人之危,因乘人之危中含有敲诈勒索之元素,所以,法律赋予身处危险之人可以在事后撤销在这种情况下签订的合同。如果没有人利用情况紧迫这一情节,双方仍然可以很从容地签订合同,对于这样的合同,凭何理由可以事后撤销它呢?难道仅仅凭情况紧迫吗?如果有人利用这一情节,迫使处于情况紧迫一方签订合同,那么,它就属于乘人之危而签订的合同了。据此,引其显失公平的原因应是一方滥用市场支配地位(不仅仅是优势,因为优势是不足于迫使对方签订不公平合同的,只有具有市场支配地位者,才具有能力迫使对方签订不公平合同),另一方因无可选择而不得不与其签订合同。由此可见,显失公平的合同对于利益受损失的一方而言也不是其自愿接受的。由于显失公平的合同在订立过程中具有瑕疵,利益受到损害的一方并未充分表达其意思,从这个意义上讲,显失公平的合同,是一方意思表示不真实的合同。

关于显失公平的构成要件,应包括两个方面:一是客观要件。显失公平的客观要件,是指当事人在给付与对待给付之间失衡或造成利益不平衡。由此可见,显失公平主要适用于双务合同。对于无偿合同,因不存在对价问题,所以不存在双方利益的不平衡。客观上经济利益的不平衡,是以利益能够依一定的价格、收费标准等加以确定为前提的,对于那些特定物、特殊的服务等,因很难计算其实际价值,一般也不适用显失公平制度。二是主观要件。它是指在订立合同时,一方具有市场支配地位,并滥用市场支配地位与对方订立显失公平合同。所谓滥用市场支配地位,是指一方利用自己在某一相关市场的过半数以上的市场份额,迫使对方接受对其明显不利的合同条件。例如,市场支配地位者通过订立不公平的标准合同条款,迫使消费者接受。除格式合同以外,在实践中也经常发生一方提出苛刻的条件,迫使对方接受的情况。这种滥用市场支配地位的主观状态,已表明行为人背离了公平原则的要求。因此,只有符合上述主、客观两方面的要件,才能构成显示公平。受害人不能证明对方具有滥用支配地位的状态,则不能认为对方具备显失公平的主观条件。在此情况下,受有不利的一方应承担由此造成的不利后果。在法律上之所以要求考虑主观条件,其目的在于保障交易的公平和公正,维护商业道德,保护处于弱者地位的消费者的利益。

（六）情势变更的合同

1. 情势变更概述

情势变更,是指合同有效成立后,合同义务履行完毕之前,因发生不可归责于双方当事人的情势变更,导致合同的基础动摇或丧失,或继续维持合同原有效力显失公平时,允许合同当事人依据公平原则请求变更合同内容或者撤销合同。

情势变更作为一项法律制度,起源于《优帝法学阶梯》及《优帝法学阶梯注解》,其中有“情势不变条款”,即假定每一个合同均包含一个具有如下含义的条款:缔约时作为合同基础的客观情况应继续存在,一旦这种情况不再存在,准予变更或解除合同。19 世纪后,因情势不变条款适用过滥,破坏了社会秩序,受到了严厉的批评,之后随着实证主义的兴起,主张形式正义,强调合同的全面履行和适当履行,由此,情势不变条款逐渐淡出。直到一战期间,各国先后爆发以物价飞涨为特征的经济危机,并在二战时再次上演。为了解决这一社会矛盾,一些国家重新确立了情势不变条款的地位。1903 年克雷尔诉亨利案确立的“合同落空原则”,即是“情势不变条款”在当代社会的再现。我国参加的《联合国国际货物销售合同公约》第 79 条第 1 项规定,当事人对不履行义务不负责任,如果他能证明此种不履行义务是由于某种非他所能控制的障碍造成,而且对于这种障碍,没有理由预期他在订立合同时能考虑到,或能避免,或克服它或它的后果。最高人民法院《关于武汉市煤气公司诉重庆检测仪表厂煤气表装配线技术转让合同购销煤气表散件合同纠纷一案适用法律问题的函》(法函[1992]27 号)中首次承认了情势变更:“就本案购销煤气表散件合同而言,在合同履行过程中,由于发生了当事人无法预见和防止的情事变更,即生产煤气表散件的主要原材料铝锭的价格,在签订合同时国家定价为每吨 4400 元至 4600 元,上调到每吨 16000 元,铝外壳的售价也相应由每套 23.085 元上调到 41 元,如要求重庆检测仪表厂仍按原合同约定的价格供给煤气表散件,显失公平。对于双方由此而产生的纠纷,你院可依照《中华人民共和国经济合同法》第二十七条第一款第四项之规定,根据本案实际情况,酌情予以公平合理地解决。”现行《合同法》没有就情势变更设专条规定。

"情势不变条款"的理性在于合同成立时,有合同当事人信赖其存在的客观条件,当事人所约定的权利义务是与这种客观条件相适应的,当合同成立后,该客观条件发生变化或不存在,那么,如再继续履行该合同,势必给当事人造成不公平,赋予当事人法定的撤销该合同或变更该合同的权利,既是合同法公平原则的精神所在,也是公平原则在合同中的具体体现。

2. 情势变更应具备的要件

(1) 必须有情势变更的事实存在

如前所述,所谓情势变更是指合同成立之时,赖以成立的客观条件或环境或基础发生变化,导致合同的基础动摇或丧失,如继续维持合同原有效力则显失公平。情势应当是客观的事实,当事人对此是否有所认识在所不问。情势包括的内容较为广泛,它包括国家政策的变化、地方法规的变化等等。变更,对于当事人也应当是客观的事实,如果只是一方当事人主观上认为有变更,则还不能够认定其为情势变更。

(2) 情势变更必须发生在合同履行过程中

如果在订立合同之前已经发生了情势变更,那么合同的当事人都充分知晓了这变更的情势,也就无须适用情势变更。如果当事人一方知晓,另一方不知晓,那么,有可能是欺诈,也有可能是重大误解,现有法律规定足以调整由此引发的纠纷。合同履行完毕后,也不可能发生情势变更原则的适用问题,因为合同履行完毕后,再发生的情势变更,都不会影响当事人对合同的履行,也就谈不上情势变更的问题了。由此可见,情势变更必须发生在合同履行过程中。约定的合同履行期间未发生情势变更,而由于当事人迟延履行债务,在逾期期间发生了情势变更的,此时,由于合同违约方的过错,已无涉合同的公平,应由其承担违约责任,或继续履行客观上"有失公平"的合同,是对其不守信的合同态度最好的制裁和教育,法律不应同情违约者。所以,因当事人迟延履行债务,在逾期期间,不能适用情势变更。

(3) 情势变更是订约时当事人不可预见的

情势发生变更是当事人始料不及的事,也是其自身不可克服的。情势变更与不可抗力非常相似,但二者也存在区别:前者虽不能预见,不能克服,但情势发生变更后,合同还可以履行,只是履行的结果会使当事人间的经济利益严重失衡;而不可抗力发生后,当事人(任何人)客观上无能力履行合同。正是因为二者有这一本质上的区别,所以,法律需设置不完全相同的法律制度加以调整。如果当事人在订立合同时能预见将来要发生的情势变更,但仍以现在的客观情况为基础订约的,表明当事人愿意承担风险,其后果应由当事人自负。当事人应当预见将要发生情势变更而未预见,说明其主观上具有过错,不应适用情势变更。

（4）必须是情势变更后仍执行原合同会显失公平

社会是发展的，因此，订立合同的基础，尤其是期货合同和继续性合同的基础，在合同履行过程中发生变更应是必然的，情势变更制度的意义在于，在情势变更发生后，如果仍按原合同履行，对一方当事人明显不利，如仍继续要求当事人履行这一合同，明显有违合同法的公平原则。经过当事人申请，由法官审时度势地审查这一情势变更事实，并给予合适的或撤销或变更的司法救济，应属解决这一不公现象的最佳手段之一。因此，在情势变更发生后，如果仍按原合同履行，将导致当事人间经济利益严重失衡，是适用情势变更制度的重要前提。武汉市煤气公司诉重庆检测仪表厂煤气表装配线技术转让合同购销煤气表散件合同纠纷一案就非常生动、形象地表明了情势变更的这一要件。如果原合同的履行并不显著不利于当事人，那么适用情势变更也就失去了其意义。

3. 情势变更的法律效力

情势变更在合同法上的意义，在于避免了合同履行过程中因情势变更所产生的不公平结果。因此，解决的方法应是调整合同履行的结果。根据各国的经验，是赋予当事人享有法定的变更和撤销的权利，即当事人有权利在遭遇情势变更后请求变更或撤销合同。

（1）使原合同发生变更效力

变更合同是指维持原合同关系，仅是对合同内容进行变更，从而使合同在公平的基础之上依约履行。具体说，变更合同的方式主要有：① 变更标的物。因情势变更而致使当事人一方不能交付合同约定标的物的，应允许债务人以同种类的其他标的物代替原标的物。② 增减标的的数额。在双务合同中双方存在着对价关系，而且其中存在一定的比例关系。如果因情势变更导致比例关系极大失调，应当增加或减少履行标的的数额，使双方的履行都发生变更，从而使双方利益平衡。③ 延期或分期履行。此种情况实际上是指履行期限的变更，其主要适用于在合同履行期限内发生了情势变更而阻碍合同如期履行，当事人希望继续履行合同义务，只是通过变更履行期限达到合同的目的，以避免不公平的结果。因此，受不利影响的一方当事人主张延期或分期履行。

（2）使原合同发生撤销的效力

情势变更的事实出现后，如果受其影响的一方当事人通过行使变更合同的权利，仍不足以排除情势变更给自身造成的不公平状态，则可以进一步行使合同撤销权，从根本上消灭失去平衡的合同关系。

## 第四节　无效、可撤销合同的法律后果

无效和可撤销的合同，被法院确认无效和撤销后，该合同自始没有法律效

力,换句话说,应保持或恢复到合同订立前的状态。其法律后果包括:

1. 合同尚未履行的,不再履行。这一后果直接从无效合同的概念导出,因为无效合同为自始没有法律效力,合同被认定无效后,原合同当事人便不再受原合同权利、义务的拘束。因此,一方无权利要求对方履行,另一方也无义务向对方履行。也就是说,无效合同的法律后果之一是合同尚未履行的,不再履行。

2. 合同已经履行的,应恢复至合同订立前的状态,也称恢复原状。《合同法》第 58 条规定,因该合同取得的财产,应当予以返还;不能返还或者没有必要返还的,应当折价补偿。返还财产旨在使财产关系恢复至合同订立前的状态,合同成立前的状态和当事人现存的财产状况间的差距,就是当事人所应返还财产的范围。返还财产的对象包括原物和孳息,如果当事人接受的是现金,在未征得另一方同意的情况下,不能以其他物品代替;如果接受的是物,应返还原物。如果原物已灭失或已被处分,包括所有权转让和附着于其他财产之上,不宜分离,或虽能分离,却需花费巨大代价,经济上极不合理,当事人可通过折价的方式返还现金。

3. 有过错的一方应当赔偿对方因此受到的损失,双方都有过错的,应当各自承担相应的责任。返还财产可能还不足以达到恢复原状的程度,因为,不论是合同尚未履行,还是已经履行,当事人都可能为准备履行和实施履行花费了一定的人力和财力,如租借仓库、委托运输、安排生产、联系销售等,从而造成了一定的支出,现合同被认定无效,这些支出就成了直接损失。造成合同无效有过错的一方,应向受损失的对方承担赔偿责任,如果双方均有过错,则根据过错程度,各自承担相应的责任。

4. 合同被确认无效或可撤销后,当事人除应承担民事责任以外,还可能因其具有违法行为而承担行政责任甚至刑事责任,如吊销营业执照、追缴非法所得收归国库等。

# 第八章　合同关系的变更

## 第一节　合同关系变更概述

### 一、合同关系变更的概念

合同关系变更,是指在合同成立但尚未届履行期或者尚未完全履行之前,当事人在原合同的基础上达成修改、补充合同,更换合同标的或者转让合同权利义务的协议。合同关系变更包括合同的内容变更、合同的主体变更和合同的客体变更。

合同关系变更与可撤销、可变更合同不同。首先,前者是合法有效的,不存在法律上的缺陷,合同变更后,也不表明原合同内容是无效的;后者是指在订立合同时,合同存在着法律上的缺陷,当事人可以申请法院或者仲裁机构将合同撤销或者变更。其次,前者不具有溯及力,它只涉及未履行的部分,对于已经履行的部分不产生效力,当事人不能因合同变更而要求另一方返还在变更前已作出的履行;后者变更行为有溯及力,即自合同成立时起就不具有法律效力,即使变更,也从合同成立那刻起变更。最后,前者为意定变更,即必须是双方当事人达成合意;后者为法定变更,即存在法律规定的情形,如显失公平、重大误解等,仅凭单方行为即可提起。

### 二、合同变更的特征

1. 原合同成立。如果没有原合同,就谈不上变更合同的问题。可见,合同变更是以原合同的存在为自己成立的前提。

2. 原合同未履行或者未完全履行。合同变更必须发生在原合同未履行或未完全履行之前,如果原合同已履行完毕,也就无变更的可能。合同履行后,即使双方当事人对已履行的权利义务再作"变更",也只能认定为原合同已消灭,双方又订立了一个新合同。

3. 当事人需要协商一致。即对变更的内容协商一致。《合同法》第 77 条规定:"当事人协商一致,可以变更合同。"当事人就合同内容、主体、客体的变更协商一致的为合同变更。当事人依法律规定的条件,就合同内容发生的变更,为可撤销、可变更合同。

4. 当事人对变更合同的内容需约定明确。只有内容约定明确才能断定当事人变更的真实意思，才便于履行。如果变更的内容不明确便无法断定当事人的意思，这种变更也就不能否定原合同的效力。因此，对合同变更内容不明确，推定合同未变更。

合同变更除具备上述特点外，对那些以批准、登记等手续为生效条件的合同，还必须办理批准、登记手续。《合同法》第 77 条规定："法律、行政法规规定变更合同应当办理批准、登记等手续的，依照其规定。"

### 三、原合同行为与变更合同行为的关系

在谈及合同关系变更时，就涉及代表原合同的权利义务和变更后的合同权利义务，以及这两个合同之间的联系。对于原合同关系和变更后合同关系之间的联系如何，非常有必要从理论层面加以研究。

关于两个行为之间的联系，民法行为分类理论中有一称之为主行为与从行为的分类。所谓主行为是指不依附于其他行为而独立存在的，作为从行为前提的法律行为，如借贷行为。所谓从行为是指以他种行为或他种法律关系的存在为前提的法律行为，如保证行为。虽然学者很少从这一角度来分析原合同与变更合同间的关系，但我们认为原合同即变更前的合同符合通说关于主行为的定义，因此，可定性原合同行为是主行为；变更的合同，符合通说关于从行为的定义，可定性变更合同的行为是从行为。

我们将原合同定性主行为的理由是，作为引起权利义务关系的主行为，实际上就是各种合同行为，可以是买卖、租赁、承揽，也可以是委托、保管、咨询，综观这些合同，它们的成立都无须依其他行为的成立为自己成立的前提。变更前的原合同，完全符合主行为的概念。我们将变更合同行为归于从行为的理由是，作为引起权利义务关系变化的从行为，不论是合同关系内容的变更，还是合同主体的变更，或在合同主体变更中，不论权利主体变更还是义务主体变更，它们或是以原合同行为作为自己成立的前提，或基于存在着某种法律关系，依约定或法律规定而导致合同关系的变更。总而言之，原合同先存在，在未履行完毕前，或基于当事人的行为而发生变更合同的结果，或基于法律的规定而发生变更合同的结果。它们也都符合以某一行为的存在作为自己成立的前提这一从行为的概念。据此，我们认为合同变更行为具有从行为的性质。

从主行为和从行为的分类可以看出，一些行为无须以其他行为的成立为自己成立的条件，其可以在任何时候、任何地点成立（如符合民事法律行为的构成要件）并产生法律效力，而有些行为则需以某一个行为的存在作为自己成立的条件，如果没有这一条件，那么其存在就没有意义，也不产生任何法律效力。相反，只有具备了另一个行为成立这一条件，它的成立（如符合民事法律行为的构成要件）才具有意义，并发生法律效力。

作为对从行为的研究,还不能只停留在从行为的成立上,还应作进一步的研究。试问从行为一旦成立后,它是否受主行为效力的影响?即主行为如被认定无效,或被撤销,或已有原义务人履行了,是否也当然地影响从行为的效力,即从行为是否也自然地消灭?关于从行为成立后是否受主行为效力影响,学界基本看法是,从行为受主行为效力的影响,即主行为无效,从行为无效,主行为解除从行为解除。我们认为本书所列举的种种变更合同行为,都受到其主行为效力的影响,但我们不同意对从行为是否受主行为效力影响上作这样单一的定性,而应视从行为的性质而定。

民法行为分类理论中有种称为有因行为与无因行为的分类。通说以给付原因是否有瑕疵作为有因行为与无因行为分类的依据。将给付原因存在缺陷,从而影响财产行为的成立和有效的,称为有因行为;将给付原因存在缺陷,但不影响由此发生的财产行为的成立和生效的,称为无因行为。由于通说未将有因行为、无因行为置于从行为下予以研究,导致不少后来之人将有因行为理解为须有原因的行为,将无因行为理解为无须原因的行为。仔细研读通说关于有因行为与无因行为的定义,我们会发现定义中涉及给付原因和因给付原因而产生的财产行为这样两个概念,定义进一步揭示,作为产生后一个财产行为的给付原因有瑕疵,将影响后一个财产行为的成立和效力。那么,作为前一个给付原因,应作一个行为进行解释,还是作后一个行为的行为人动机解释呢?我们认为应作行为来解释,理由是:(1) 通说中用了给付原因有瑕疵。“瑕疵”这一术语,在民法中专门表示不符合要求,如权利瑕疵,即某人不享有该权利;质量有瑕疵,即质量不符合合同约定的标准;行为有瑕疵,即行为不符合法律规定的要件。因此,我们认为,给付原因有瑕疵应指引其后一个财产行为有瑕疵,而不应解释为后一个行为产生的原因,即行为人实施行为的动机,因为动机属于行为的主观方面,即行为人为何要实施某一行为,行为人实施行为的动机,不存在有瑕疵与无瑕疵之分,而是有必要与无必要之分或必要的程度之分。(2) 学界对无因行为认识较为统一,即无因行为指行为成立后,不再受原因行为效力的制约。在这里我们看到,原因行为是一个行为,由原因行为引起的行为则是另一个行为,由此可见,被称为无因行为的,是建立在原因行为的基础上,但当其成立后,将不再受原因行为效力的影响。综合上述理由,有因行为与无因行为作为一组分类,应具有统一性,即以另一个行为的存在作为自己存在的前提,而他们的区别则是:有因行为成立后,仍受到前一个行为效力的制约,即主行为的制约;而无因行为则不受前一个行为效力的制约,即主行为的制约。

判断一个从行为是有因行为还是无因行为,应依据现行法律而不是学者的主观假设。关于变更合同中的义务主体变更,受到原合同行为效力的制约,其法律依据是《合同法》第 82、85 条的规定:“债务人接到债权转让通知后,债务人对让与人的抗辩,可以向受让人主张。""债务人转移义务的,新债务人可以主张原债务人对债权人的抗辩。"从《合同法》的这些规定中,我们可以看到,原合同行为的效力直接影响了义务变更合同的效力。由此,我们可以得出结论,原合同行为是主行为,合同变更是从行为,合同变更行为受主行为效力的影响,合同变更行为与原合同行为之间表现出有因性,即原合同行为的有效及适格是导致合同变更行为效力发生与否的直接原因。据此,我们认为合同变更行为不仅是从行为,而且它的效力受到原合同效力的制约,它符合有因行为的定义,属于有因行为。

### 四、合同变更的分类

根据合同具体变更要素的不同,合同变更可分为合同内容的变更、合同主体的变更以及合同客体的变更。

## 第二节　合同内容的变更

### 一、合同内容变更的概念

合同的内容变更,是在合同关系主体、客体不变的情形下,对原合同内容进行的修改或补充。合同内容变更包括:(1) 标的物品质的改变;(2) 标的物数量的增减;(3) 价款或酬金的增减;(4) 结算方式的改变;(5) 履行期限的变更;(6) 履行地点的改变;(7) 履行方式的改变;(8) 担保的设定或消失;(9) 所附条件的增添或除去;(10) 不可选择债权变为选择债权;(11) 借贷合同利息的变更;(12) 违约金的变更。

### 二、合同内容变更的构成要件

(1) 原已存在合同关系。合同内容的变更,就是改变原合同关系中的内容,无原合同便无变更的对象,所以合同内容的变更离不开原已存在着合同关系这一条件。

(2) 原合同为有效合同。合同内容变更是对有效合同内容变更。合同无效,自始即无合同关系;合同被撤销,合同自始失去法律约束力,亦无合同关系。在这些情况下,当事人即使对这些合同的内容进行变更,也会因原合同的无效、被撤销而导致变更后合同的无效、被撤销。

(3) 合同内容的变更须依当事人协商一致,达成协议。未达成一致或约定不明的,均不发生合同内容变更的效果。

(4) 法律、行政法规规定变更合同应当办理批准、登记等手续的,依照其规定。

### 三、合同内容变更的法律后果

合同内容变更只向将来发生效力，未变更的权利义务继续有效，已履行的义务，不因合同变更而失去法律效力.

## 第三节 合同主体的变更

### 一、合同主体变更的概念

合同主体变更，也称合同权利、义务的转让，是指在不改变合同内容、客体的前提下，合同关系的一方当事人依法将合同的权利或义务全部或部分地转让给第三人的现象。

### 二、合同主体变更的分类

合同主体变更可按单独转移权利或义务还是权利义务一并转移的标准分为合同权利义务的限定转让和概括转让。

（一）合同权利义务的限定转让

合同权利义务的限定转让，是指合同关系中权利人或义务人仅将自己所享有的权利或承担的义务转让给第三人享有或承担。

在合同权利义务限定转让中，根据转让的是权利还是义务，又可分为合同权利的让与和合同义务的转移。

1. 合同权利的让与

（1）合同权利让与的概念

合同权利让与，是指不改变合同关系的内容、客体，权利人通过签订让与合同，将其于合同上的权利转让给第三人。合同权利可以全部转让，也可以部分转让。转让权利的人称为让与人或转让人，受让权利的人称为受让人或第三人。

关于合同权利让与是否要经得义务人同意，世界各国有三种做法：一是自由转让，不需要同意，也不需要通知，德国法如此规定。二是仅需通知义务人，法国、日本国法如此规定。三是需要经义务人同意，方可让与，我国《合同法》以前的立法如此规定。如《民法通则》第 91 条、《技术合同法》第 26 条、《涉外经济合同法》第 26 条，都规定权利转让须经义务人同意。现行《合同法》改变了原先的规定，采不需要"同意"，仅需通知即可。《合同法》第 80 条规定："债权人转让权利的，应当通知债务人。未经通知，该转让对债务人不发生效力。"虽然此处《合同法》文本使用"债权人"一词，但它指的是合同权利人。

合同权利让与的一般原则为意思自治，但并非可以绝对任意进行。在一定情况下，其转让受到一定限制。《合同法》第 79 条规定了三个方面的限制，即根据合同性质不得转让的、按照当事人的约定不得转让的、依照法律规定不得转让的，合同权利不能转让。

（2）合同权利让与的程序

① 签订权利让与合同

合同权利转让人与受让人签订的合同权利让与合同生效后，转让人应将证明合同权利的文件交付受让人，并告知行使该权利所必要的一切信息。转让人应对转让的合同权利负有瑕疵担保责任，即合同权利有效存在、转让人为合同权利人或权利人的代理人；保证受让人受让的权利不受第三人主张；被转让的权利有从权利的，从权利随同一起转移。

② 通知义务人

《合同法》第 80 条规定："债权人转让权利的，应当通知债务人。未经通知，该转让对债务人不发生效力。"通知应明确地告知合同权利已转让，并附转让合同。通知到达义务人时，合同权利转让合同对义务人产生拘束力，义务人应向受让人履行义务，如拒绝履行则构成违约，同时，义务人对抗原权利人的抗辩权可继续对抗受让人。通知未抵达义务人，合同权利受让人无权要求义务人履行义务，如义务人履行，属于履行主体错误。在义务人与受让人之间构成不当得利，除非原权利人对"履行"予以追认。原义务人为多数人时，如为连带责任，通知一人则视为通知全体；如为按份责任，则通知一人仅发生通知一人效力。

合同权利转让后，当事人发生了变化，受让人与义务人成为当事人，原权利人退出了合同关系，成为第三人。第三人不得干涉当事人的合同关系。所以，未经受让人同意，原权利人的转让通知不得撤销，即使转让人签发撤销通知，此通知也不生效力，义务人仍应按原通知向受让人履行义务。

通知不得撤销制度是为了保护受让人的利益而设。基于通知的上述性质，通知行为具有无因性，即通知虽基于合同权利的让与行为而产生，但通知一经发出，将不受让与行为效力的影响，不论让与行为效力如何，都对义务人不产生效力，义务人仅受制于通知本身的效力的影响。通知本身无瑕疵，凭通知而为的履行为有效履行。

③ 办理批准、登记等手续

由于有些合同的生效需要办理批准、登记等手续，因此，只有在办理了批准或登记手续后，这类权利让与合同才能生效。《合同法》第 87 条规定："法律、行政法规规定转让权利或者转移义务应当办理批准、登记等手续的，依照其规定。"

（3）合同权利让与的法律后果

① 合同权利人转让权利的，受让人取得与该权利有关的从权利，但该从权

利专属于原权利人自身的除外。从权利是指依附于合同权利的权利，如抵押担保权、保证权等，它们依主权利的存在而存在，以主权利的转移而转移。

② 受让人受让权利，同时也受让权利的瑕疵。因此，义务人接到合同权利转让通知后，义务人对让与人的抗辩，可以向受让人主张。如合同无效等。

③ 义务人接到合同权利转让通知时，义务人对让与人享有权利，并且义务人的权利先于转让的权利到期或者同时到期的，义务人可以向受让人主张抵消。

④《最高人民法院关于适用〈中华人民共和国合同法〉若干问题的解释(一)》第 27 条规定："债权人转让合同权利后，债务人与受让人之间因履行合同发生纠纷诉至人民法院，债务人对债权人的权利提出抗辩的，可以将债权人列为第三人。"①

2. 合同义务的转移

合同义务的转移，是不变更合同之同一性，以移转合同义务为标的之合意。于此情形，合同义务转移的合意一经生效，合同不变更其同一性，仅发生由第三人承受该合同义务，成为合同义务人的效果，而原义务人则退出合同关系，不再受合同的约束。

合同义务的转移在传统理论中被纳入债务承担。债务承担被分为狭义的债务承担和广义的债务承担。该理论以第三人加入一个已存在的债的关系作为债务承担的主要特征，然后再分出广、狭两类。所谓广义的债务承担，也称并存的债务承担，即包含第三人加入债的关系，与债务人共同承担债务，以及第三人承受债务人的地位，原债务人退出债关系两种情形。狭义的债务承担，也称免责的债务承担，仅指第三人加入并承受债务人的地位，原债务人退出债务关系的情形。对照狭义债务承担概念的内涵，它与合同义务转移是相同的。但由于合同关系转移只发生在合同尚未履行之前，合同之债并没有发生。此时称其为债务承担，未免有些操之过急，不甚妥当。

合同义务转移的事实是发生于合同成立后至违约之前或双方达成的延期履行之后。其重要特征是：合同义务转移合意成立并生效后，原合同义务人退出合同关系，承接义务的第三人为新合同义务人，受合同约束。

合同义务的转移一般应具备以下要件：

(1) 须义务人与第三人之间有移转合同义务的协议

《德国民法典》第 414、415 条，我国澳门地区《民法典》第 590 条第 1 项，我国台湾地区"民法典"第 300、301 条，都作如此规定。我国《合同法》也作出需征

---

① 基于本书将合同权利与合同债权的区分，司法解释上根据《合同法》不区分这两个概念，故不区分地使用债权人概念。为避免读者思维的混乱，本书特做脚注，此处的债权人应作合同权利人、债务人应作合同义务人解更为妥当。

得权利人同意的规定。

实践中合同义务转移有两种做法:一种是第三人直接与合同权利人、义务人就第三人履行义务人的义务达成合同义务转移的协议;另一种是义务人与第三人签订合同义务转移协议,并经权利人同意。

合同义务转移协议,为非要式行为,当事人就合同义务转移的意思表示达成一致即成立,书面、口头均可,在征得合同权利人同意时方生效力。合同义务转移协议是以移转合同义务为目的的合同,其成立、生效皆应符合合同法的规定。

合同义务转移协议存在无效原因或可撤销事由,当其被确认无效或被撤销后,则不发生合同义务转移的法律效果。恢复至未转移前状态,由原义务人继续履行义务。例如,第三人受原义务人的胁迫,与之订立义务转让协议,即使经权利人同意,第三人仍可行使撤销权,使合同义务转移协议效力溯及既往地消灭,原义务人须继续承担义务。

(2) 被移转的合同义务须有效成立

合同义务转移协议所指向的标的即移转的义务须为现实的、确定的、有效的。对于存在无效、可撤销元素的合同义务,即使在被确认无效前转移,但终因被转移的义务存在瑕疵,受让人可基于所承接的原义务人抗辩权,主张被转让的义务无效,从而使自己受让的义务也无效。

(3) 须有可移转性

合同义务转移制度的设计宗旨,在于尊重当事人对于自身合同权利义务的安排,在充分保护合同当事人利益的前提下,使义务人摆脱原义务关系,从而实现权利义务在全社会范围内的合理分配,对社会的发展是积极有益的。同时,它的效力只发生在权利人、义务人、第三人之间,只要不违反社会公共利益、善良风俗,社会无加以严格限制的必要。合同义务转移除法律明文规定或当事人明确约定不得转移之外,均可依当事人的合意转移。

(4) 须经合同权利人同意

合同权利人与第三人的转让协议签订后,只需通知义务人,即对义务人产生拘束力,义务人是否同意在所不问。义务人与第三人的合同义务转移协议,则必须经合同权利人同意方生效力。我国《合同法》第 84 条明确规定:“债务人将合同的义务全部或者部分转移给第三人的,应当经债权人同意。”

权利人同意既可以向义务人作出,也可以向第三人作出。同意的意思到达义务人或第三人时生效。

合同义务的转移通常具备上述要件,即可发生法律效力。但法律、行政法规规定移转债务应当办理审批、登记手续的,办理相应手续后,始发生合同转移的效力。

（二）合同权利义务的概括转移

合同权利义务的概括转移是指合同中权利和义务一并转移。概括转移分为约定的概括转移和法定的概括转移。

1. 约定的概括转移

（1）当事人一方将自己在合同中的权利义务一并转移给第三人，除与第三人达成合意之外，还应当取得对方当事人的同意。

（2）对合同权利转移的限制，也适用于概括转移。如按合同性质、当事人约定和法律规定不得让与的权利，当事人不得转让，当然，也就不能将权利义务一并转让。

（3）被转让的合同权利义务涉及的应为双务合同，对于单务合同，一方当事人是权利人，不兼有义务人的身份，另一方是义务人，不兼有权利人的身份，不能发生概括转让。

（4）从权利和从义务的转移。在概括转让的情况下，新的合同当事人取得与合同权利有关的从权利，但该从权利专属于权利人自身的除外；新的合同当事人应当承继与主义务有关的从义务，但该从义务专属于原义务人自身的除外。

（5）抗辩权的移转。在概括转让的情况下，义务人对让与人的抗辩权，可以向受让人主张。

2. 法定的概括转移

法定的概括转移，是指由法律直接规定的，不需要当事人协商就可以发生的合同转移。《合同法》第 90 条对此有所规定："当事人订立合同后合并的，由合并后的法人或者其他组织行使合同权利，履行合同义务。当事人订立合同后分立的，除债权人和债务人另有约定的以外，由分立的法人或者其他组织对合同的权利和义务享有连带债权，承担连带债务。"从上述规定中我们可以看出，法定概括转移的原因，主要是当事人的合并和分立。

（1）合并是指两个或两个以上的组织合并为一个组织的行为，合并不特指企业的合并，合并也可能是其他组织的合并，如事业法人的合并、团体法人的合并、机关法人的合并等等。合并可以是新设合并，也可以是吸收合并。例如，甲吸收了乙，甲存在，乙不复存在，这就是吸收合并。再如，甲与乙合并成立丙，甲乙不复存在，这就是新设合并。

（2）分立是一个组织分立成两个以上组织的行为。例如，甲分立成甲、乙，或者分立成乙、丙等。分立既可以是企业的分立，也可能是其他组织的分立。

3. 合并、分立后权利、义务的归属

合并、分立引起合同权利、义务的概括移转，并非是基于当事人的合意，而是基于法律的直接规定，因此，它是一种法定移转。合并与分立，属于合同主体地位承继的问题，当然，也是合同权利义务的承继问题。当事人订立合同后合并的，由合并后的法人或者其他组织行使合同权利，承担合同义务。当事人订立合同后分立的，除权利人和义务人另有约定的以外，由分立的法人或者其他组织对合同的权利义务享有连带债权，承担连带债务。例如，甲、乙双方订立买卖合同后，买方甲与丙合并为丁，丁有权要求乙方履行买卖合同约定的发货义务。再如，乙方负有届时支付甲方货款 80 万的义务。乙方被分立成丙、丁两个企业，丙、丁需连带对甲负有履行付款义务。

## 第四节　合同客体的变更

有学者认为合同关系要素中的主体和内容发生变化，而客体不变是保持了合同的同一性，并将这一现象称为合同的变更；同时认为合同关系要素中的客体发生变化，会使得合同失去同一性，他们将这一现象称为合同的更改。“合同的变更分为债的要素变更与非要素变更。所谓债的要素变更，是指给付发生重要部分变更，导致合同失去同一性”，“例如买卖汽车变为买卖拖拉机，承揽债务变更为支付一定的金额，租赁甲楼变更为租赁乙楼，均为债的要素的变更，合同关系失去同一，不再属于合同变更，而应称为合同更改。”①

合同关系客体之变化，即合同更改，其实质是原合同约定的客体客观上被终止履行，而改由其他给付予以替代。在研究导致这一现象发生的原因时，我们发现，它与合同法中规定的合同解除行为极为相似。合同解除是指合同有效期限内，因法定、约定事由的出现或因当事人的意思表示一致而终止合同效力的行为。所谓终止合同的效力，也就是原约定的给付不再履行。从上述文字上看，合同解除概念内涵，只有原合同约定的客体被终止履行的特征，而没有改由其他给付予以替代的特征。其实不然，合同解除，不论是协商解除，还是单方行使解除权的解除，都会有原合同客体被终止履行后如何解决当事人利益失衡的问题。其解决方案或改由他种给付予以替代，或由承担经济赔偿予以替代，这些内容恰恰反映了原合同约定的客体客观上被终止履行，而改由其他给付予以替代。因此，将合同解除衔接合同客体之变化，能够帮助我们正确地理解合同法的体系，以及合同解除在合同法中的地位与作用。但本书仍采通说的“保持同一性”的合同关系更改说。

① 崔建远：《合同法》，法律出版社 2001 年版，第 161 页。

# 第九章　合同解除

## 第一节　合同解除概述

合同解除是指在合同有效成立后，因当事人协商或基于合同约定或法定的事由的发生，单方行使解除权，使原合同不再履行，改以其他给付，以消灭合同关系的法律制度。

合同解除的特征：

（1）合同解除是以有效成立的合同为前提。这一特征是区别合同成立前的要约撤回和合同成立后的无效与可撤销合同。

（2）合同解除是关于合同关系客体不再履行，也就是改变原合同关于客体的约定。这一特征区别于合同的变更，合同变更是除合同关系客体以外的其他要素如主体要素、内容要素的变化。

（3）合同解除并非合同客体不再履行，而是改由其他给付予以替代。这一特征区别于合同关系的消灭，合同解除并不当然引起合同关系消灭，合同解除只有在替代给付履行完毕时，原合同关系才归于消灭，也就是所谓“代物清偿”后，原合同关系归于消灭。合同消灭则是有效的合同客体，即合同中约定的给付或变更后的给付，因义务人履行或实质上实现履行而归于消灭。

（4）合同解除必须有解除的行为。这一特征将解除行为与原合同行为加以区别。合同解除有双方协议解除和单方行使解除权之分，尤其是单方行使解除权的情况，当事人在原合同约定或法律规定的解除条件发生时，并不当然发生合同解除的结果，必须由当事人行使解除权才能引起合同的解除。所以，合同解除与原合同是两个互相独立的行为，同时，合同解除与原合同间构成主行为与从行为的关系。

## 第二节　合同解除的种类

### 一、协商解除

协商解除，是指合同履行过程中，当事人经协商一致，同意解除合同。《合同法》第 93 条规定：“当事人协商一致，可以解除合同。”根据合同自由原则，当事人在法律规定范围内享有自愿解除合同的权利。协商解除是双方法律行为，应当遵循合同订立的程序，即双方当事人应当对解除合同意思表示一致，协议未达成之前，原合同仍然有效。如果协商解除违反了法律规定的合同有效成立的条件，如损害了国家利益和社会公共利益，解除合同的协议不能发生法律效力，原有的合同仍要履行。

协商解除，是当事人双方协商一致，将原合同加以解除，换句话说，双方又重新成立了一个合同，其内容是把原来的合同约定的给付废弃，使基于原合同客体而发生的权利义务不再履行，改为履行新的合同。协商解除的实质，是签订一个新合同以替代原订合同的履行。

协商解除是采取要约、承诺订立合同的形式完成的，因此，它应具备合同的有效要件：当事人有相应的行为能力，意思表示真实，内容不违反强行性规范和社会公共利益，要采取适当的形式。当协商解除协议符合上述有效行为要件时，才能达到使原合同不再履行即解除的效果。

## 二、单方解除

单方解除，是指在合同有效期限内，因法定、约定事由的出现，享有解除权的一方实施的，以解除意思到达对方时，使原合同发生不再履行的效果的单方法律行为。单方解除可以分为法定单方解除与约定单方解除。

合同的法定单方解除，是指在合同履行过程中，出现了法定解除情形，当事人有权解除合同。合同的法定解除，是法律赋予非违约方的一种救济权利，是非违约方在对方违约的情况下，保护自身利益的手段。如我国《合同法》第 94 条规定的法定解除的条件中，除因不可抗力致使不能实现合同目的，可以解除外，其余的情形都涉及当事人一方的违约。例如，在履行期限届满之前，当事人一方明确表示或者以自己的行为表明不履行主要义务；当事人一方迟延履行主要债务，经催告后在合理期限内仍未履行的；当事人一方迟延履行债务或者有其他违约行为致使不能实现合同目的；法律规定的其他情形。

合同的约定单方解除，是指当事人在合同中约定，合同履行过程中出现某种情况，当事人一方享有或者双方均享有单方解除合同的权利。我国《合同法》第 93 条第 2 款规定："当事人可以约定一方解除合同的条件。解除合同的条件成就时，解除权人可以解除合同。"当事人可以在订立合同中约定，也可以在履行合同的过程中约定；可以约定一方享有解除合同的权利，也可以约定双方各自享有解除合同的权利。当解除合同的条件出现时，享有解除权的当事人可以行使解除权解除合同，而不必再与对方当事人协商。例如，甲乙双方签订了房屋租赁合同，双方可以约定，未经出租人同意，承租人将房屋转租给第三人居住的，出租人有权解除合同；也可以约定，出租房屋的设施出现问题，出租人经两次通知，仍不予以维修的，承租人有权解除合同。

## 第三节 解除权的行使

《合同法》第 96 条规定:“当事人一方依照本法第九十三条第二款、第九十四条的规定主张解除合同的,应当通知对方。合同自通知到达对方时解除”。合同解除权,不论法定解除权抑或约定解除权,性质上都是一种形成权。故其行使不需要对方当事人的同意,只有解除权人一方的意思表示就能将合同解除,但需通知对方。

《合同法》第 95 条规定:“法律规定或者当事人约定解除权行使期限,期限届满当事人不行使的,该权利消灭。法律没有规定或者当事人没有约定解除权行使期限,经对方催告后在合理期限内不行使的,该权利消灭。”该条主要规定了解除权的消灭。拥有解除权的人既可以行使其权利,也可以不行使,解除权行使与否,取决于解除权人的意志,由此会使相对人陷于不安状态,这有失公允,故法律规定了解除权的行使期限及相对方的催告权,以取衡平。

## 第四节 合同解除的效力

合同解除的法律效果即原定合同不再履行。享有解除权一方有权要求相对方承担赔偿损失的违约责任。合同解除的效力是溯及既往,还是仅指向将来发生,各国的立法不尽相同。一类是使合同关系自始消灭,即溯及合同成立之时消灭,发生与合同从未订立相同的后果,承认合同解除有溯及力;另一类是使合同关系自解除时消灭,解除以前的债权债务关系仍然有效,不承认解除有溯及力。在我国,解除的效力如何,法律尚无直接规定,通说认为合同解除是否有溯及力,需根据合同的性质加以区别对待。持续性合同原则上无溯及力。所谓持续性的合同是指合同约定购买大米一万吨,每两个月供应两千吨,每供应一次,结算一次等条款的合同类型。这类合同在签订后,供方在供应了两次后,双方协商解除或单方行使解除权,由于前面的权利义务已履行完毕,通说认为这类持续性的合同的解除无溯及力,解除效力仅向将来发生。所谓非持续性合同,是指买方购买一辆汽车,双方约定了具体付款和交货的时间,买方已履行了义务,卖方尚未履行义务,当合同或因双方协商解除,或被单方行使解除权解除时,由于此类合同的权利义务一方已了结,一方未了结,据此,通说认为这类非持续性合同解除有溯及力。不仅指向未来,即未了结的不必了结,还溯及合同成立之时,即已了结的应恢复原状。

我们认为,解除有协商解除和单方行使解除之分,作为协商解除,其实质是对原合同客体作出不再履行的决定,因此,不论是持续性合同(其实持续性合同也存在一方已履行了义务,一方未履行义务的情形,如前述提及的案例中,一方收取了大米,但尚未支付货款),还是非持续性合同,在协商解除中,当事人双方都会在解除协议中,就原合同不履行后合同双方间发生的损失如何补偿约定得非常清楚。因此,我们认为,协商解除协议一旦成立,原合同关系不再履行,双方受解除协议约束。至于解除协议中约定的原合同中未了事务的处理,也应视为解除协议为双方设定的权利与义务。从这点上分析,协商解除的效力是仅指向将来,对过去无溯及力。单方行使解除权,不论是法定解除条件,还是约定解除条件,都涉及一方违反合同约定义务或法定义务,法律赋予当事人享有解除权,同时还赋予解除权方享有损害赔偿请求权。因此,我们认为原合同中关于客体的履行及基于客体所产生的权利义务,都将转化为损害赔偿责任。仍以前述的非持续性合同为例,一方已付了车款,但在对方交付车辆之前,买受方行使单方解除权的同时,还享有损害赔偿请求权。《合同法》第 97 条规定,合同解除后,当事人有权要求赔偿损失。赔偿的范围是直接损失和间接损失,买受方支付的车款,就是出卖方违约行为造成的直接损失。在实践中,是将买受方已履行的给付按原物归还,还是以另一给付替代,都可纳入损害赔偿的概念之内,究竟采何解决方案,是返还原物,还是接受另一给付替代,则由解除方决定。从这点上分析,单方行使解除权的解除效力,是由解除和基于违约而享损害赔偿所构成的。就损害赔偿而言,或由当事人自行达成协议,或经法院判决形成,其效力也应是只指向将来。

由此可见,合同解除的效力,应仅指向未来,不溯及过去。如同本书在特征一节中所述,解除不是无效和可撤销合同,对无效、可撤销合同,由于法律不承认这类合同的效力,所以,某一合同一旦经法院判决无效,或可撤销、可变更,这一事后发生的判决的效力,将直接从该无效合同或可撤销、可变更合同成立时开始,即所谓的无效判决溯及既往,产生的是未履行的停止,已经履行的恢复原状等无效和可撤销、可变更的法律后果。此处恢复原状和给付替代的顺序是法定的,即能恢复原状的必须恢复原状,这是无效合同和可撤销合同制度的宗旨使然。只有当无法恢复原状时,才可使用替代给付,当事人关于收回原给付和接受替代给付意愿,在无效和可撤销合同中是没有任何作用的。据此,我们认为在解除法域内讨论解除是否能够溯及既往,大有混淆解除与无效和可撤销、可变更两类概念之嫌。

# 第十章　合同的履行及法律后果(上)

## 第一节　合同履行概述

### 一、合同履行的概念

合同履行是合同义务人自觉履行约定义务的行为,即义务人为按合同约定为一定行为或不为一定行为。前者如交付约定的标的物,完成约定的工作,并交付工作成果,提供约定的服务等;后者如保守合同秘密,不泄密、不传播。遵守竞业禁止约定,不为有竞争性的行为等。

在社会生活中,人们之所以要磋商和订立合同,以自己的某种具有价值的物品或自己的技艺与别人交换自己的所需,是期望能获得更大的使用价值,创造更多的财富。合同是通过履行义务,将此义务转变成权利人需要的,具有特定内容或有特殊功效的具有相等价值的物品或服务,并通过义务人的为或不为的形式,使合同权利人获得某种满足。进而言之,履行并非仅指义务人之行为,其本质是权利人约定权利的实现,为或不为,仅系履行之手段,权利人实际获得合同约定的结果,才能谓之履行。如果仅仅是订立了合同,而没有实际履行合同,那么,当事人为争取签约所做努力都会付之东流,而且还可能招致经济上和信誉上的损失。可见。履行是合同关系存在的目的,是合同制度的价值所在,而这一价值能否实现,完全有赖于双方订立的合同能否真正得以履行。

在一般情况下,履行表现为交付物品,如买卖合同。但在特殊情况下,履行不单指最后的交付行为,而是一系列行为及其结果的总和,如承揽合同、建设工程合同、运输合同等。没有义务人完成合同义务的一系列行为,就不会有权利人订立合同目的实现的结果。

履行必须是按合同的约定进行。如果义务人随心所欲地履行合同义务,不仅不能使权利人达到成立合同的目的,而且还会导致社会资源的损失。因此,合同的履行应是义务人全面地、适当地完成合同义务。按合同约定履行是实现合同目的最重要和最关键的环节,直接关系到合同当事人的利益,因此,合同履行,不仅是合同法理论关注的问题,同时也是合同法实践中最易发生纠纷、最富有争议的领域之一。

研究合同履行的法律意义在于:一方面,它能使当事人自合同成立、生效之时起就关注自己和对方履行合同义务的情况,确保合同义务得到全面、适当的履行;另一方面,它能使当事人尽早发现对方不能履行或不能完全履行合同义务的情况,以便采取相应的补救措施,避免自己陷入被动和不利,防止损失的发生或扩大。

从合同的效力方面观察,合同的履行是依法成立的合同所必然发生的法律效果,也是合同法律效力的主要体现。因此,许多国家的立法例,都把合同的履行置于合同的效力的一部分。

从合同关系消灭的角度观察,义务人全面、适当地履行合同,将导致合同关系的消灭。合同的履行是合同关系消灭的原因,也是引起合同关系消灭最常见和最普遍的原因。因此,有些国家的立法例,把合同的履行规定在合同消灭制度之中。

合同的履行不仅是合同法律效力的主要体现,而且是整个合同法的核心。合同的成立、生效是合同履行的前提,合同的法律效力则是合同履行的保障。违约责任是直接强制义务人在违约之后或继续履行合同,或赔偿权利人的损失。

合同法本身并不能提供具体的履行方案给当事人。事实上,现实生活千变万化,合同更是千差万别,法律既无法包罗万象地对纷繁复杂的每个问题作出具体规定,也不能越俎代庖地替合同的当事人对履行问题一一作出规定。因此,合同法只能提供履行的原则,以指导合同关系的当事人正确地履行合同义务,正确处理履行过程中发生的各种纷争。合同履行原则是合同关系当事人在履行合同义务时所应遵循的基本法则。

## 第二节　合同履行原则

合同履行原则是合同法的合同自由与诚实信用原则在合同履行问题上的具体体现与运用。合同履行原则包括合同严守原则、全面履行原则、协作履行原则以及经济合理原则。

合同履行原则具有以下特点:首先,合同履行原则具有抽象性。合同履行原则并未明确规定当事人之间的具体权利与义务,反映的是法律对合同履行的基本要求及价值评判,它的宗旨、精神体现在《合同法》有关履行的具体条文中。其次,合同履行原则具有指导性,是指导当事人正确完成合同义务的基本准则。再次,合同履行原则是对当事人完成合同义务普遍适用的准则。合同履行原则不是仅适用于某一类合同履行的准则,而应是对各类合同履行普遍适用的准则,是各类合同履行共性的要求和反映。

根据我国《合同法》的规定,合同履行的基本原则是:

## 一、合同严守原则

《合同法》第 8 条规定:“依法成立的合同,对当事人具有法律约束力。当事人应当按照约定履行自己的义务,不得擅自变更或者解除合同。”该条规定体现了合同应当严守并付诸实际履行的精神。订立合同是一件严肃的事情,双方应当认真对待,不能视为儿戏。从个体角度而言,严守合同是君子为人言而有信、言出必行的道德标准;就社会角度而言,合同是国家发展经济的手段,是人们从事经济活动的工具,因此,各朝各代都视合同为神圣之物。合同的神圣性来源于某种权威,这种权威因时因地而有所差异。在古代法时代,它来自于宗教仪式或者共同体的血缘联系;在近现代社会,它直接来源于国家的法律。即法律赋予合同对当事人具有拘束力,要求当事人严格按照合同的约定办事,严禁单方撕毁合同,非有法定撤销或解除的事由,或者由合同双方当事人协商和约定变更或解除的,不得擅自变更或解除。“合同神圣”并非以合同为终极目的,而在于确保合同这一“工具”所追求的目标的实现。合同应当严守并付诸实际履行是合同履行的首要之意。

在合同履行的问题上,我国曾经奉行过实际履行原则,即合同一经有效成立,合同当事人就必须按照合同的标的履行,不允许以支付违约金或损害赔偿金代替实际履行。这一规定非常适合当时的计划经济体制。随着我国经济体制的改革,这样僵硬的规定已不能适应市场经济的内在要求,因此,现行合同法已摒弃了这一原则。但是,不强调实际履行原则,并不意味合同可以随意撕毁,而是在尊重客观事实的基础上,更加合理地将实际履行原则更改为合同严守原则。合同严守原则要求合同当事人按合同约定履行合同义务,在这一点上,它和实际履行原则的要求相同,但合同严守原则并不禁止合同当事人变更和解除合同。因此,依照法律的规定和当事人的协议变更和解除合同,是合同严守原则的例外。

## 二、全面履行原则

《合同法》第 60 条第 1 款规定:“当事人应当按照约定全面履行自己的义务。”这一规定确立了全面履行原则。全面履行原则,又称适当履行原则,或正确履行原则。它要求当事人按合同约定的标的及其质量、数量,合同约定的履行期限、履行地点、履行方式全面适当地完成合同义务。依法成立的合同,在订立合同的当事人间具有相当于法律的效力,因此,合同当事人受合同的约束,履行合同约定的义务应是自明之理。法律谚语中有“契约必须遵守”的说法,我国 1986 年颁布的《民法通则》第 88 条第 1 款也规定,合同的当事人应当按照合同的约定全部履行自己的义务。尽管《民法通则》和《合同法》在用词上有“全部”

和“全面”的差别,但实际上表达了相同的意思。可以认为,《合同法》在合同履行的问题上,确认全面履行原则是对合同法基本原理的强调和重申。全面履行原则尽管要求合同当事人严格履行合同义务,但这只是一个总体性的要求。全面履行的内容包括:

1. 履行主体

履行主体是指履行合同义务和接受合同义务履行的人。在一般情况下,合同义务应由义务人向权利人履行,由权利人接受义务人的履行。我国《合同法》规定,除法律规定、当事人的约定外,合同义务应由义务人本人或代理人亲自履行。因此,义务人与权利人就是合同的履行主体。合同履行的主体,首先为义务人,它包括单独义务人、共同义务人。共同义务人中包括不可分义务人、连带义务人、保证人。但是,在某些情况下,第三人也可以成为合同的履行主体。值得注意的是,在第三人充当履行主体的情况下,第三人履行有瑕疵的,并非由第三人承担由此引起的责任,而是由义务人继续履行或承担违约责任。

按约履行合同,只有在权利人受领时才获得合同圆满完成的意义。但如发生下列情形的,则属例外:(1) 权利人的权利经司法强制措施,禁止义务人向权利人履行义务的;(2) 权利人受破产宣告的;(3) 权利人为无民事行为能力人或限制民事行为能力人。此时,义务人向有权接受履行的主体履行,也发生合同圆满完成的效果。

2. 履行标的

履行标的是指义务人向权利人履行义务,所应交付的对象,又称给付标的。它因合同关系不同而呈现出差异,如交付财物、移转权利、提供劳务、完成工作等。合同当事人须严格按照合同约定的标的履行义务,是全面、适当履行原则的要求。只有在法律规定或者合同约定允许以其他标的代替履行时,债务人才可以其他标的履行。

3. 标的质量

在实施给付时,当事人应按照合同约定质量标准予以履行,避免因质量瑕疵给对方当事人造成损失。

4. 标的价格

在支付标的之价金或酬金时,当事人应按照合同约定的金额和计算方法确定的价款履行。以交付货币为履行义务的,除法律另有规定的以外,应以人民币计算和支付。除国家允许的现金交易外,法人之间的经济往来应通过银行转账结算。

5. 履行期限

履行期限,是指义务人向权利人履行义务和权利人接受义务人履行的时间。履行期限可以是具体的某一期日,也可以是某一期间,还可由义务的性质确定。

例如,在饭店预订酒席,依其性质应在宴客之日为履行期限。当事人可以在合同中约定一宗义务划分为若干个部分,并确定每个部分的履行期限;还可以就同宗义务约定数个履行期限,届时可以由当事人选择确定;在双务合同中,还可分别约定各自义务的履行期限。

合同对履行期限有约定时,依其约定的时间履行。合同当事人必须严格地遵守履行期限,并在履行期限内全面、适当地履行合同。履行期限的设定,有为义务人利益的,有为权利人利益的,也有为双方当事人利益的。对于第一种情况,权利人不得随意请求履行,但义务人可以抛弃其期限利益,在履行期前为履行。对于第二种情况,权利人可以在履行期限前请求义务人为履行,但义务人无权强行要求权利人于期前受领给付。对于第三种情况,义务人无权强行要求权利人于期前受领,同时权利人也无权要求义务人于期前履行。无论哪种情况,如提前履行不损害相对利益的,法律取准许之态度。但提前履行义务给相对方增加的费用,应由提前方负担。

6. 履行地点

履行地点,是指债务人履行义务和债权人接受履行的地方。当事人应当在法定或约定的履行地点履行。当事人可以在合同中明确约定履行地点,该约定既可以在合同订立当时为之,也可在合同成立后履行义务前进行。

7. 履行方式

履行方式是完成合同义务的方法,如标的物的交付方法、工作成果的完成方法、运输方法、价款或酬金的支付方法等。合同的性质和内容不同,其履行方法也不同。

履行方式对当事人双方有直接的利害关系。因此,义务人不按法律规定或合同约定的方法履行的,同样为不适当履行,应承担相应的违约责任。履行方法是由法律规定或合同约定的,履行方式不符合要求,有可能造成标的物缺陷、费用增加、迟延履行等后果。

8. 履行费用

合同履行的费用,是指履行所需要的必要费用。这种费用不包括合同标的本身的价值。在通常情况下,履行费用有运送费、包装费、汇费、登记费、通知费等。对于履行费用负担,当事人严格按照约定履行。因权利人变更住所或其他行为而导致履行费用增加时,增加的费用应由权利人负担。例如,权利人受领迟延而致使履行费用增加,权利人要求对物品作特别包装而增加的费用,权利人要求将物品送往履行地之外的地点而增加的费用,因权利转移而增加的费用等等,均应由权利人负担。

## 三、协助履行原则

协助履行原则,是指当事人不仅需要适当履行自己的合同义务,还应基于诚实信用原则,积极协助对方当事人履行义务。合同履行是双向的,只强调合同义务的履行,忽视合同权利的受领,合同的目的恐怕也难以实现。因此,合同不仅是义务人的事,同时也是权利人的事。合同履行中倡导协作履行,不仅有助于合同目的的实现,也有助于培养人们彼此尊重、互相配合的道德品质。

协助履行原则的内容一般包括:(1) 权利人应及时受领义务人的履行;(2) 权利人应向义务人履行义务,提高必要的条件和方便;(3) 一方违约时,守约方应积极采取措施防止损失扩大。

## 四、经济合理原则

经济合理原则是指合同履行时,应贯彻经济效益最大化原则,以最小化成本,获取最佳合同利益来指导合同的履行。合同履行形式上表现为合同当事人间的私事,只涉及双方当事人间的得与失。但从社会资源角度而言,任何负经济的合同履行,都是社会资源的浪费,因此,在合同履行中贯彻经济合理原则,是既有利于当事人,又有利于社会的两全其美之策。

# 第十一章　合同的履行及法律后果(下)

## 第一节　合同关系终止概述

### 一、合同权利义务关系终止的含义及与相关概念的区别

合同权利义务关系的终止,又称合同关系的消灭,指合同关系中的权利和义务因履行或实质上的履行终止或归于消灭的法律现象。合同是有期限的民事法律关系,它不能永久存续,表现在时间上为一动态过程,有其发生和消灭的历程。合同目的一经履行而实现,合同关系即告消灭。合同关系的消灭是合同动态过程的终结,是合同关系走向终点的表述。

合同关系消灭与无效、可撤销、可变更合同不同,合同无效和可撤销、可变更是因为其或违反了法律的规定,或违反了当事人的真实意思,法律不认可其存在,经法院判决无效或撤销,被视为从没发生过合同关系;而合同关系消灭则是被法律认可的有效合同,经当事人的履行或实质上的履行而归于消灭。

合同关系消灭与合同关系变更不同,合同关系变更是合同关系的要素发生变化,但合同关系依然存在,只是更改后的合同替代更改前的合同而已;而合同关系消灭则是合同关系因履行或实质性的履行而归于消灭,不复存在。

### 二、引起合同权利义务关系消灭的法律事实

引起合同权利义务关系终止的法律事实是履行或实质性的履行。履行,是指义务人按约定实施了符合约定的为或不为的行为。实质性的履行,是指虽没有出现义务人按约定的为或不为,但出现了法律规定的、可视为履行的事实。

### 三、合同权利义务关系终止的法律效力

1. 合同权利义务关系终止使合同关系不复存在,同时使合同的担保及其他从权利义务也归于消灭。

2. 负债字据为合同权利义务的证明,当合同权利义务关系终止后,债权人应将字据返还给债务人,如字据灭失,则应出具债务消灭的字据。

3. 合同关系终止后,当事人应根据诚实信用原则,履行通知、协助、保密等被称为后合同义务的义务。

## 第二节　履行及实质上的履行

### 一、履行

#### (一)概述

履行是按照合同约定实现权利人目的的行为。有些教科书喜欢用“清偿”一词来代替“履行”一词。本书认为有欠严谨。“履行”一词,搭配义务,专门用于表述义务人对义务的态度,如自觉履行了义务,或拒绝履行其义务。因为,义务不仅表现为为,也可表现为不为。履行既可包含为,也可包含不为。但清偿则不同,“清偿”一词的搭配,最常见的是债务。债务作狭义解释是欠人钱财,搭配后是还钱,即为的含义。即使将债务作广义解释,即违反义务,它包含应该做的事没有做,或不应该做的做了,仔细推敲,我们将发现,其后果都被“为”所囊括。应做的没做,结果是继续做;不应做的做了,后果是纠正。清偿和为某事可以搭配在一起,没有语法错误。然将清偿适用到合同履行上就不行,因为合同义务中有的表现为不为,清偿如何与不为某事做动宾搭配呢?所以,用“清偿”一词来替代“履行”,或作为“履行”的同义词是不严谨的。履行应是搭配义务最合适的词,而清偿则是搭配债务最合适的词,两者不能混淆。

履行的性质有三种说法:一说为法律行为说,认为履行需有当事人为履行的意思,此说又可分为契约说、单方行为说、折中说;二说为非法律行为说,认为履行只需实施,以达合同之目的,不需有意思表示;三说是折中说,认为履行为法律行为时,是法律行为,履行为事实行为时,则是事实行为。

我们认为,履行是为实现合同目的的主体行为,根据法律行为的定义,基于法律将主体的行为与某一后果相联系,该行为便是法律行为。按合同约定的履行,将引起法律关系消灭的后果,它应归类于法律行为。

#### (二)履行人和受履行人

1. 履行人,是依据合同需为或不为约定行为之人,一般是债合同关系中的义务人,但不以义务人为限,特别情况下第三人也可以为履行人。因为履行是为了权利人权利的实现,第三人履行同样可以实现合同目的,因此,第三人亦可为履行人。

第三人履行,也称为代为履行,是指合同义务根据法律或约定由第三人代合同义务人履行合同义务的行为。代为履行存在的合理性在于,合同制度的最终目的是合同的履行,不论是第三人有偿代为履行,还是无偿代为履行,其都增进了合同履行之效率,且即使第三人履行有瑕疵,合同权利人仍能咎之于义务人。因此,允许代为履行的存在,于合同权利人而言,实为皮毛无损之好事,而对第三人一方而言,其代为履行了,则皆大欢喜,其履行不当,或事后反悔,也不增加合同义务人丝毫负担,仅恢复由合同义务人履行的状态而已。据此,代为履行一般为法律所许可,但并非所有合同义务都可代为履行。可代为履行的合同应符合一定的条件:

(1) 合同性质允许由第三人履行。合同的履行被分为对义务人人身有依赖和无依赖两种情况。有些合同对义务人的人身没有依赖性,如买卖合同、租赁合同、运输合同等,而有些合同则对义务人的人身具有依赖性,如演出合同中演员的演出义务、加工承揽合同中定做人的技能等,对那些具有人身依赖性的合同,一般不能代为履行,或应在征得权利人同意的情况下,方可代为履行。

(2) 当事人没有特别约定,不能由第三人代为履行的。合同性质本身虽可允许代为履行,但权利人事先申明不允许代为履行,坚持要求本人亲自履行的,在此种情况下,合同不能代为履行。

(3) 第三人有代为履行的意思。前述合同义务人为履行行为,无须意思表示,但第三人以自己名义履行他人义务,应于履行时为意思表示,明确说明其所作的为或不为,是代他人履行,说明可以事先为之,也可事后为之。如果第三人没有明确的代为履行的意思表示,其行为性质,是其与权利人发生的不当得利关系,第三人可请求权利人返还因自己所为具有给付内容的履行而获得的利益。

代为履行行为发生后,合同权利人与义务人间的合同关系归于消灭,至于义务人与代为履行人之间的内部关系如何,则另当别论,兹不赘述。

2. 受履行人,即合同关系中的权利人,依合同约定接受义务人的履行利益。义务人的履行须向有权受领履行之人为之,并经其受领后,始发生履行的法律后果。合同关系中的权利人是受履行人,无行为能力人或限制行为能力人是否有受履行权,则需视合同情况而定。

### (三) 履行费用

履行需要必要的费用,如运送费、汇费、包装费等,对此的分担,合同有明确约定的则依合同之约定;法律有明确规定的则依法律之规定。否则,应由义务人负担。

### (四) 代物履行

代物履行是合同权利人受领原约定外的客体,以代原定客体而使合同关系消灭的法律现象。

代物履行的法律性质是合同客体的变更。代物履行的构成要件是:(1) 须有原债务的存在;(2) 须有当事人关于代物履行的合意或法律的规定;(3) 代物履行已付诸实施。

代物履行根据发生的原因,可分为约定代物履行和法定代物履行。所谓约定代物履行,是指合同当事人通过协商,一致同意以他种给付替代原定的给付,并通过实施变更后的给付,使合同关系归于消灭。

所谓法定代物履行,是基于法律的规定,以他种给付替代原定给付,并在实施他种给付后,原合同关系归于消灭。法定代物履行主要适用于:一方违约后,当事人放弃请求继续履行的责任形式,请求义务人承担损害赔偿责任,法院判决义务人赔偿责任成立,其法律性质便是以他种给付替代原定给付,判决一经生效,原合同关系即告消灭。

代物履行的效力是原合同关系因代物履行成立或实施而归于消灭。

## 二、提存

### (一) 概念

提存是指由于合同权利人的原因,使合同义务人无法向其履行交付债的标的物义务时,义务人可以将该标的物提交给提存机关,从而使合同关系消灭的一项制度。

合同义务的履行,往往需要合同权利人的协助,如果权利人无正当理由,拒绝受领或者使义务人无法履行时,于此场合,为使义务人能及时履行自己的义务,了结已成熟的法律关系,法律为义务人提供了提存制度,以帮助义务人了结这一合同关系。

在罗马法时期,当合同权利人拒绝受领时,罗马法允许义务人抛弃标的物,而使其契约关系消灭。由于这种做法不符合效益原则,于是便有了承继至今的提存制度。

### (二) 提存的构成要件

提存需具备的构成条件有:(1) 提存人有行为能力,并且有提存的真实意思表示。提存人可以是义务人,也可以是义务人的受托代理人。提存是一种民事法律行为,所以需要提存人在提存时具有民事行为能力,并且此时所为的提存意思表示必须真实。(2) 提存的标的物为义务人依约定应当交付的标的物。提存应依合同的本旨进行,否则就是违约,而非提存,不发生合同权利义务终止的效力。(3) 有提存原因。《合同法》第 101 条第 1 款规定了提存的原因:“有下列情形之一,难以履行债务的,债务人可以将标的物提存:(一) 债权人无正当理由拒绝受领;(二) 债权人下落不明;(三) 债权人死亡未确定继承人或者丧失民事行为能力未确定监护人;(四) 法律规定的其他情形。”(4) 提存的标的与合同约定的标的相符。提存的标的物应是合同中约定的标的物,并且要求提存全部标的物,因为合同关系的消灭必须是义务被完全实际履行,所以,提存的必须是合同约定的全部标的,否则不能发生提存的效力。

### (三) 提存的方法

提存人应在交付提存物的同时提交提存书。提存书上应当载明提存人的姓名(名称),提存物的名称、种类、数量,以及债权人的姓名、住址等基本内容。此外,提存人应提交产生债务的凭证,即合同,以证明其所提存之物确系所负债务的标的物;提存人还应当提交合同权利人受领迟延或下落不明等致使义务人无法履行的证据。如有法院或者仲裁机构的裁决书,也应一并提出。其目的在于证明其提存要件已符合,以便提存部门判定是否准予提存。

提存部门通过审查确定提存人具有民事行为能力,意思表示真实,提存之债真实、合法,具备提存的原因,提存的标的与合同的标的相符合时,应当准予提存。提存部门应当验收提存标的物,并登记存档。对不能提交提存部门的标的物,提存部门应当到现场实地验收。对难以验收的提存标的物,提存部门可予以保全证据,并在笔录和证书中证明。

提存人应将提存事实通知提存受领人。对于通知有困难的,可采公告送达的形式。

(四)提存的效力

1. 对提存人(义务人)与提存受领人(权利人)的效力

自提存之日起,提存人的合同义务归于消灭,提存受领人的权利被视为已可不受妨碍地行使。提存的标的物所有权,从提存之日起转移于提存受领人,提存物在提存期间所产生的孳息归提存受领人,提存物毁灭的风险也转移归提存物受领人。

2. 对提存人与提存部门的效力

在符合提存条件的情况下,提存人有权利请求提存部门办理提存业务,提存部门有保管提存物的权利和义务,并采取适当方法妥善保管提存标的物。未尽妥善保管义务,需对提存物的毁损承担法律责任。

3. 提存受领人与提存部门之间的效力

提存受领人可以随时领取提存物,但提存受领人对提存人负有到期债务的,提存受领人在没有履行该债务或提供担保之前,提存人可通过诉讼保全措施,请求提存部门拒绝提存受领人领取提存物。

提存受领人领取提存物的权利,自提存之日起5年内不行使的归于消灭,提存物扣除有关费用后归国家所有。

# 第十二章　合同不履行的形态及法律后果

## 第一节　合同不履行的形态

### 一、违约的一般理论

契约的全部意义和终极目的在于履行，正如德国法学家所强调的，债权契约可以产生各种不同的义务。人们设定这些义务是为了实现一个目标——履行。无论从什么意义上讲，履行都是债权关系的目的，而契约以及由契约产生的各种义务，就是用来实现这一目标的。义务是一种工具或方法，它描述并指明了在通向最佳履行道路上所要经历的不同阶段，以及当事人的行为背离了这种义务的后果。合同规定了一项交易所要经历的不同发展阶段，当事人将据此达到他们所商定的预期目标。一个正常的缔约者是愿意履行和遵守自己的承诺的，也希望对方履行和遵守约定。因为只有这样，彼此的交易目的才能实现。法律也希望私人之间的交易能够按照当事人的"法律"——契约进行，因为这是国家经济秩序的一部分。①

但是，由于社会经济生活不断变化，纷繁复杂，当事人之间缔结的合同得不到履行或得不到适当履行的情况时有发生，这就是我们所说的违约。违约就是合同当事人在无法定或约定的免责事由的情况下，不履行或者不按约定履行义务的行为。这一问题，各国都在合同法中一并规定，它不仅是合同法理论所关注的重点，也是债法理论关注的重点。对违约的救济，是否有助于树立合同义务人自觉履行合同义务的意识，合同法对合同作用的优劣，将在其面前接受检验。所以，各国学者无不将违约作为其研究的重点。

对违约行为救济的研究，首先，表现在违约与违约者应承担的后果的研究上。合同义务与所有的法定义务一样，依靠义务人自觉履行，只有在义务人违反义务时，法律才赋予权利人享有请求权。此时，权利人原享有的权利，因义务人违反义务而转化为债权，即救济权，才可要求由义务人转化而成的债务人为一定行为，在合同违约之债上，便是继续履行，或无法继续履行、继续履行没有必要时，请求承担支付约定的违约金或赔偿实际损失。其次，在对各种违约形态进行分类的研究上，大陆法系与英美法系的做法大相径庭。大陆法系国家（法国除

---

① 参见李永军：《合同法》，法律出版社 2005 年版，第 655—656 页。

外)对此一般持肯定态度,即强调对各种合同义务应作出不同的分类,并根据违反每一类合同义务的特点确定违约形态及其救济方法。

对违约形态的分类最早见之于罗马法。罗马法将违约形态分为给付不能与给付迟延。“所谓给付不能者,谓不能依债务之本旨而为履行给付之行为也。给付不能,则债务人之义务解除。给付不能,其原因有二:一由于天灾。一由于人祸。此两种原因,统称曰‘不可抗力’之事变,而使债务之给付不能。”①“而对于给付迟延,罗马法将之看作债的清偿问题,凡债务人不依债务之约定期间清偿者,自该期日起须负迟延之责任,其经债权人催告或要求清偿而不履行者亦同。迟延债务人应对他方负偿付利息及因此发生之一切损失。此种债务人之迟延,称曰‘清偿迟延’。然若债务人已向债权人为给付之提出而被拒绝受领或不能受领者,债权人应自该债务人提出时起负迟延责任。这种债权人之迟延,称曰‘受领迟延’。”②

罗马法的这种分类实质影响了德国法学理论及立法。1853 年,德国学者牟姆森提出了一种观点,即所有形式的履行不当可以归结为给付不能与给付迟延两种形态。这一观点很快吸引了为数众多的追随者。人们首先从物质概念上理解给付不能,即着眼于标的物是否存在,以及是否能够得到,而不是从违约或未履行承诺的角度考虑问题,这就大大限制了给付不能作为一种类别的范围。另外一种仅有的履行违约的形式是迟延,或称未按时给付。这种排斥一切可能的“二元论”支配了那场围绕《德国民法典》而展开的大论战,③并最终反映在《德国民法典》中。“二元论”是否穷尽了所有的违约形态?事非尽然。

在英美法中,没有像大陆法系那样,将违约行为划分为不同的违约形态,并设置相应的救济措施。英美法否定违约形态分类的根据在于:任何违约均会导致合同义务的违反,并使受害人享有获得救济的权利。受害人是否选择救济方式,应由其自己决定。④

《联合国国际货物销售合同公约》则将违约形态归结为根本违约与非根本违约。该公约第 25 条规定:“一方当事人违反合同的结果,如使另一方当事人蒙受损害,以至于实际上剥夺了他根据合同规定有权得到的东西,即为根本违反合同,除非违反合同一方并不预知,而且一个同等资格、通情达理的人处于相同的情况中也没有理由预知会发生这种结果。”这个规定将违约分为根本违约和非根本违约。根据该条的规定,如果违约方在事实上具有违约行为,且这种违约

---

① 丘汉平:《罗马法》,朱俊勘校,中国方正出版社 2004 年版,第 393 页。

② 同上书,第 392 页。

③ 参见〔德〕罗伯特·霍恩等:《德国民商法导论》,楚建译,中国大百科全书出版社 1996 年版,第 103 页。

④ 参见王利明:《违约责任论》,中国政法大学出版社 1996 年版,第 124 页。

行为对另一方造成的损害是如此的严重，以至于剥夺了他“根据合同规定有权期待得到的东西”，实际上使得当事人订立合同的根本目的落空，就应认为是根本违约。

值得注意的是，公约所提出的划分是否构成根本违约的标准，是一方当事人的违约行为对另一方当事人所造成的结果，而不是违约人的行为本身，即不是以违约人违反了合同的何种规定、何种条款为依据判断是否构成根本违约。[①] 这种结果意义上的违约形态的划分明显与从义务形式上的违约形态的划分有所不同。

公约将违约形态分为根本违约与非根本违约有重要的现实意义。如果一方当事人根本违约，另一方当事人可以解除合同并请求赔偿；如果一方当事人的履约有不合合同规定之处，但并不构成根本违约，那么，另一方就不能简单地解除合同，而应采取其他的救济措施。这反映了鼓励交易的价值倾向，在根本上保证了交易秩序，而不至于使合同因微不足道的履行瑕疵而归于消灭。

## 二、违约形态的分类

综合各家观点，违约形态可以分为根本违约与非根本违约。根本违约，也称拒绝履行，可以解释为合同一方当事人无任何法定或约定的理由，期前或期后拒绝履行合同，致使他方当事人的合同目的落空。非根本违约，也称瑕疵履行，可以解释为当事人的履行不符合合同的约定。

### （一）根本违约

#### 1. 期前根本违约

期前根本违约是指合同一方当事人在合同履行期限届至之前，以明示或以行为拒绝履行合同。我国《合同法》第 108 条规定：“当事人一方明确表示或者以自己的行为表明不履行合同义务的，对方可以在履行期限届满之前要求其承担违约责任。”期前根本违约可根据行为的方式分为明示的期前根本违约和以行为推定的期前根本违约。

（1）明示的期前根本违约，在英美法中称预期违约，它是指履行期限到来之前，合同义务人以明确的意思表示，表明不履行合同义务。从法理上讲，此时，合同义务尚未对当事人产生拘束力，如果义务人通过文字、语言的方式明确表示其不履行合同，根据合同严守原则，法律赋予权利人在此情况下，可在合同履行期限到来前追究明示的期前根本违约人的违约责任，是非常合情合理的。

（2）以行为推定的期前根本违约，在大陆法系中称不安抗辩权，它是指履行期限到来之前，当事人没有明确表示其将不履行义务，但其实施的某些行为却表

---

① 参见徐炳：《买卖法》，经济日报出版社 1991 年版，第 309 页。

现出到时可能不履行义务的现象。针对这种现象,大陆法系国家仅赋予该合同关系中有先履行义务一方可中止履行义务的权利,并要求具有以行为推定的期前根本违约一方提供担保,如果拒绝担保,相对方可解除合同,并要求赔偿损失。

对期前根本违约作上述分类,对我国合同法立法实践和理论研究具有重要意义。因为我国《合同法》第 108 条将这两类违约形态合并规定在一个法条之中,都赋予了相对方可以在履行期限届满之前追究其承担违约责任。但该条在以行为推定的期前根本违约中,没有进一步规定何种行为可以被认为拒绝履行义务,因此造成了实际操作的困难。

我们认为,在以行为推定的期前根本违约情况下,义务人尚无必须对合同实施行为的义务,义务人此时实施的行为与合同义务的履行并无直接关系,因此,义务人实施行为本身是无法明确告诉相对人其将必然不履行合同,相对人也无法依此明确判断义务人有将来不履行合同的意思。无法判断义务人行为的真正意思,在这种没有直接证据证明对方在期限到来前一定不履行合同的情况下,法律赋予相对方在履行期限到来之前追究违约责任的权利,其理性何在?我们认为,法律只有进一步规定,义务人实施了什么样的行为,从中可推断出义务人有在履行期限到来时将不履行合同的意思的情况下,法律赋予对方可以在履行期限届满之前要求其承担违约责任,才具有合理性和可操作性。继续分析,我们发现义务人此时实施的行为与将来需履行的合同的关系是,义务人现时的行为具有增强将来合同履行的能力和危及将来合同的履行两种可能性,后者如义务人实施转移资产、抽逃资金、经济状况恶化、丧失商业信誉等行为。由此可见,前一种可能性于合同相对方是有利无弊的,而后一种可能性则与相对人关系密切,因为,它有可能危及这一合同将来的履行。《合同法》将义务人实施可能危及合同将来履行的行为规定在第 68 条和第 69 条:“应当先履行债务的当事人,有确切证据证明对方有下列情形之一的,可以中止履行:(一)经济状况严重恶化;(二)转移财产、抽逃资金,以逃避债务;(三)丧失商业信誉;(四)有丧失或者丧失履行债务能力的其他情形。”“当事人依照本法第六十八条的规定中止履行的,应当及时通知对方。对方提供适当担保时,应当恢复履行。中止履行后,对方在合理期限内未恢复履行能力并且未提供适当担保的,中止履行的一方可以解除合同。”

综合上述分析,我们可以说《合同法》第 108 条中规定的“以自己的行为表明不履行合同义务的”是无法具体化的,因为一旦具体,它将和第 68 条的规定重合,如果重合,则会发生同一种行为,但其法律的处理则不一样,第 108 条是期前追究违约责任,而第 69 条则是在合理期限内未恢复履行能力并且未提供适当担保,中止履行的一方可以期前解除合同,并可要求赔偿损失。据此,我们认为,将期前根本违约分为义务人明确表示不履行合同的,赋予相对方在履行期限届满之前,可要求其承担违约责任和义务人以行为表明不履行合同义务的,赋予相对方在合理期限内未恢复履行能力并且未提供适当担保,中止履行的一方可以解除合同,要求赔偿损失,将更具合理性。如同前述,义务人明确表示不履行合同,根据合同严守原则,赋予相对方期前追究违约责任合情合理,于法有据。而对义务人没有明确表示不履行合同,只是通过对其行为的判断,其有可能在期限届满时不履行,此时就赋予相对方可期前追究违约责任,似乎有些为时过早,因为,毕竟在这类合同中,合同义务尚未对义务人产生拘束力。我国《合同法》合理继承了大陆法系的不安抗辩权制度,规定在合理期限内,义务人未恢复履行能力并且未提供适当担保的,中止履行的一方可以解除合同,或在期限届满后,追究违约责任。这样的立法例更加体现了法的公平正义之精神。建议在今后《合同法》的修改中,在第108条中删去该条中的以行为表明不履行合同的内容,只规定对明示的期前根本违约形态,可期前追究违约责任,将以行为推定期前根本违约的形态合并到《合同法》第68条和69条中,当义务人未恢复履行能力并且未提供适当担保的,赋予相对方可以解除合同,要求赔偿损失,或在期限届满后追究违约责任的权利,从而使合同法体系更加完美。

2. 期后根本违约

期后根本违约是指合同一方当事人在合同履行期限届满后,不履行合同义务。根据不履行义务的原因,期后根本违约可分为主观不能与客观不能。

(1) 主观不能

主观不能是指合同成立后,合同义务可以履行,但基于合同义务人主观上的原因而不履行合同义务的违约形态。主观不能之违约根据其发生在合同成立时还是合同成立后,又可分为自始不能和嗣后不能。自始不能,指在合同成立之时就存在主观上不履行合同的情况,如不具备履行合同的资格及不具备履行合同经济条件、技术条件等。嗣后不能,指在合同成立后,义务人产生了不履行合同的意思,或因履行合同会产生负效益,或因有更便宜的合同标的等,当事人宁愿撕毁合同。依学界通常见解,前者是合同无效的原因,后者是违约的类型。但是,《国际商事合同通则》、《欧洲合同法原则》以及《德国债法现代化法》已不再采自始不能之合同无效的原则。也就是说,自始不能同样是违约的形态之一。

我们认为,对主观自始不能者,且已收取相对方的金钱,当其不履行合同时,又以各种原因拒绝归还现金的,对这种恶劣行为,除赋予当事人追究其违约责任外,还应以刑法利用合同诈骗罪加以制裁,否则不足以减少当事人订立自始不能合同的动机,不利于合同秩序的健康发展。

(2) 客观不能

客观不能是指合同义务人在客观上失去了履行合同义务的能力,换句话说,任何人在这种情况下,都无法予以履行。客观不能基于自然原因还是人为原因造成,可分为自然原因造成的客观不能和人为原因造成的客观不能。所谓自然原因造成的客观不能,指因不可抗力造成的合同无法履行的现象;所谓人为原因造成的客观不能,指因人为原因造成的特定物灭失,如物被法院查封等原因造成合同无法履行的现象。

(二) 非根本违约

非根本违约,即当事人的履行不符合合同的约定。以不符合合同约定的内容为标准,非根本违约可分为不完全履行和迟延履行。不完全履行是指债务人虽然履行了债务,但其履行不符合合同关于标的的约定。迟延履行,通常指债务人的履行不符合合同关于期限的约定,即通常所指的迟延或逾期履行,迟延履行也包括债权人迟延履行。

1. 不完全履行

根据不完全履行所涉及的标的内容,可分为瑕疵履行和部分履行。

(1) 瑕疵履行

瑕疵履行,指约定履行交付的标的物或服务,不符合合同关于品种、规格、型号、标准及履行的地点、方式等的约定。瑕疵履行,以是否造成合同本身的损失以外,还造成当事人一方的人身或财产损害为标准,分为有加害给付的瑕疵履行与无加害给付的瑕疵履行。

所谓有加害给付的瑕疵履行,是指合同一方当事人履行义务不仅存在瑕疵,而且该履行还造成了合同当事人合同以外的人身和财产损失。例如,出售的电热水器不符合质量要求,同时,因为这一质量问题,导致当事人在使用该电热水器时触电身亡;供电部门违约供电错误,将工业用电接入民用用电,结果导致当事人家用电器毁损。有加害给付的瑕疵履行,不仅发生在交付标的物的合同中,也可能发生在客体为服务行为的合同中,如医生的手术中,将棉花、纱布之类物品不当留在病人体内,造成病人第二次手术;牙医在拔牙手术中,错将好牙拔下;鉴定师在履行鉴定合同中,因其错误的鉴定,造成委托人不应发生的财产损失等,对这类法律问题,有的国家称为“专家责任”。有加害给付的瑕疵履行,由于它既是合同的违约行为,同时又是造成当事人人身损害或财产损害的侵权行为,从而产生了权利竞合的理论。

权利竞合,也可称责任竞合,是指由于某种法律事实的出现,导致两种或两种以上权利(责任)的产生。在民法中,权利竞合主要表现为合同的约定权利与侵权的法定权利的竞合。对此,受害的当事人可以依据合同法和侵权法分别追究对方的法律责任,还是只能在两者中选择其一?我国《合同法》第 122 条规定:“因当事人一方的违约行为,侵害对方人身、财产权益的,受损害方有权选择依照本法要求其承担违约责任或者依照其他法律要求其承担侵权责任。”根据该条规定,我国采取当事人只能在两者中择一适用的做法。

所谓无加害给付的瑕疵履行，是指当事人的瑕疵履行仅违反了合同的约定，没有造成对方当事人合同外的人身或财产损失，受害一方只能根据合同法追究对方的违约责任。例如，某人购买的照相机的自动闪光功能不能正常发挥作用，这种现象便是无加害给付的瑕疵履行。

（2）部分履行

部分履行是指合同当事人履行义务时，给付的数量不符合合同的约定，其主要表现为数量的短缺，至于数量增多，我们认为不能构成部分履行违约，因为数量增多，对另一方当事人没有任何损害，所以，它不符合部分履行违约形态概念的内涵。对于履行时发生的超额部分，如相对人愿意接受，并买下，则构成一个新合同；如相对方接受，但不愿意买下，则构成民法上的"不当得利"。

2. 迟延履行

根据迟延履行主体性质的不同，可将迟延履行分为债务人迟延和债权人迟延。

（1）债务人迟延

债务人迟延是指债务人能够履行，但在履行期限届满时却未履行债务的现象。[①] 构成债务人迟延履行的要件是：① 存在已生效的合同。② 合同能够履行。③ 约定的履行期限已届满。履行期限届满包括：合同明确约定了履行期限的，该期限届满；合同中未约定履行期限或约定的期限不明确，则应在权利方通知义务方履行，并在通知给予的准备时间届满时，为期限届满。④ 无不履行的正当事由。

（2）债权人迟延

债权人迟延履行，也称受领迟延，指债权人对于义务人已按合同的约定实施的履行，无正当理由拒绝受领或拒绝给予完成该履行必须的协作的现象。债权人迟延履行的构成要件是：① 合同义务的履行以债权人的受领或债权人的协助为必要；② 债务人依合同的约定实施履行；③ 债权人无正当理由拒绝受领或拒绝必要的协助。

关于债权人受领的性质，学界多有争论。有的认为受领给付是债权人的义务，有的则认为受领给付是债权人的权利。我们认为债权人受领的性质是不真正义务。在合同关系中，请求义务人按合同约定履行给付义务，是债权人的权利。但当某一标的物客观存在时，就该物产生的管理等而言，管理人不仅仅是享有权利，同时也负有义务，如果强调受领给付是债权人的权利，就等于将原本属于债权人对该物的管理义务转嫁给了合同义务人，其实质是债权人向合同义务人强行实施所有权抛弃行为，这是有悖法理的。因此，从对物的管理义务出发，

① 参见崔建远：《合同法》，法律出版社2003年版，第225页。

债权人应负有受领给付的义务。但债权人负有的受领义务是不真正义务，即当债权人违反这一义务时，并不导致违约责任，即对方当事人不能依此追究债权人的违约责任，债权人违反这一义务的后果只是承担因其受领迟延而造成的不利后果。合同义务人对债权人受领迟延的法律救济是向有关机关办理“提存”。

### 三、违约形态间的相互联系

我们不仅要掌握违约形态的分类，还需掌握违约形态间的相互关系。对违约形态研究的目的是对违约方施以责任，对守约方予以合理救济。合同一方当事人违约时，另一方能够根据对自己利益的判断，选择适当的救济措施，或者请求解除合同而使合同消灭并赔偿损失，或者请求继续履行并赔偿损失。每一种违约形态虽有其独立的特征，但各种违约形态之间也呈现出相互联系、相互转化的特点，而不是孤立的，一成不变的。研究违约形态间的相互关系的目的，则是帮助我们更加灵活地行使违约救济权。例如，不完全履行与迟延履行，有时会发生转化，当不完全履行发生时，根据合同法赋予的权利，相对方可要求违约方在合理的期限内消除缺陷，如违约方未能在合理的期限内消除缺陷，或另行给付，则原先的不完全履行转化为迟延履行。又如，不完全履行有时会转化为期后根本违约，违约方收回有瑕疵的标的后拒绝履行，此时，原先的不完全履行则转化为期后根本违约。

## 第二节　合同不履行的法律后果

合同不履行，意味着合同义务人违反义务，其后果是导致合同当事人之间合同之债的产生，即原先的合同关系转化为合同之债关系。犹如所有权关系因他人违反不作为义务，非法占有或损坏其财产而导致产生侵权之债一样。违反义务是引起债关系的统一原因。违反法定义务产生侵权之债，违反约定义务产生违约之债。债的内容虽千差万别，但其后果是统一的，即能继续履行义务的继续履行义务，不能继续履行义务或继续履行义务已无必要时，代表国家的法庭、监狱等将依法强制违反义务者以给付金钱等手段，将因其被破坏的权利恢复至原先状态。国家还可根据违反义务的程度对违反义务者施加其他类型的法律责任，如行政责任、刑事责任。债制度设立的目的就是保证义务的正确履行，当每个公民、法人自觉履行义务时，社会就有秩序，和谐社会就可翘首以待。

债与责任是既有区别又有联系的两个概念。罗马法时代有债的概念，但无责任的概念。当义务人违反了义务时，权利人不仅享有请求义务人必须恢复权利原先状态的权利，还享有强制违反义务人为该行为的权利，典型的做法就是强制违反义务人成为自家的奴隶。随着社会的发展，立法和法学研究逐渐将债中的强制性元素从债概念中分离出来，权利人只享有请求违反义务人恢复权利原先状态的权利，将强制违反义务人为行为的权利转移给了国家。于是，债成了权利受侵害人与违反义务人间的法律关系的名称，而责任则成了国家强制违反义务人为恢复权利原先状态现象的名称。

由于债和责任在不同阶段有不同的内容，因此，导致人们在识别它们的联系时往往会被某些表象所误导。例如，当义务人违反义务导致严重后果时，债会被刑事责任所吸收，如诈骗罪，国家对违反义务构成犯罪者施加了刑事责任。其实，这时同时存在被骗的权利人和违反义务的犯罪人间的债关系。只是通常诈骗犯因缺乏清偿债务的能力而无法清算而已。但这一现象给人们的错觉是，只有责任，没有债。

违反义务，后果比较轻微，法律只要求违反义务人恢复权利之原先状态。此时民事责任与债恰好同一，于是给人的错觉是，民事债，就是民事责任，侵权之债与侵权责任、违约之债与违约责任便成了同义词。

违反合同义务，导致违约之债和违约责任。违约之债是债的表现形式之一。它在具有债的共同特性之外，还具有其自身的个性，研究违约之债，就是研究违约之债的个性。

### 一、违约责任的性质

大陆法系的合同法理论强调违约责任，如果合同当事人不履行合同约定的义务或者履行义务不符合约定，依据合同约定，其应承担违约责任。违约责任属于民事责任，民事责任作为法律责任的一种，体现了法律对违法者的一种制裁。

英美法的理论认为，在民事领域中当事人一方不享有权利制裁对方，一个合同如果得不到履行，法律考虑的重点应当是如何向受害人提供救济，而不是制裁违约人。因此，英美法强调是违约救济，而不是违约责任。违约救济的重点是保护受害人的利益，通过救济使受损害方的经济状况恢复到合同得以履行的状态。按照这个标准，当事人一方违约给对方造成的损失就必须赔偿，赔偿的范围是恢复到正常履行下能获得的利益，损失多少赔多少，如果没有损失则不赔。

综上可见，两大法系在违约责任问题上的相同点，是违约责任与违约救济的一致性。在大陆法系中，使违约方承担一定的民事责任，目的在于使受损害方获得应有的法律救济。反过来，要使受害人获得救济，就应当使相对人承担一定的责任，因为在合同领域中的救济只能通过使相对人承担一定的责任获得，不能通过其他方式获得。因此，违约责任和违约救济是一个问题的两个方面，二者之间存有密切的联系，对一方是违约责任，对另一方则是违约救济。但两大法系的不同点在于：首先，责任形式与救济方式不是完全等同的。大陆法系的违约形式有三种，即损害赔偿、强制履行、支付违约金。这三种当然构成了违约救济的方式。

但英美法不限于这三种，还有其他的救济方式，这有利于保护合同当事人的利益，而大陆法系的违约责任则显得过于简单。其次，虽然两大法系都采不告不理原则，但违约救济被视为合同请求权的一部分，只要违约就当然获得救济，简单的程序有利于维护守约方的利益；而违约责任作为法律责任的一种，并非只要违反合同，就当然地承担责任，而是要受害方通过行使第二次请求权，才能使违约方承担违约责任。再次，按照违约救济的观念，无论是诉讼外还是诉讼内，目的都是使受害人的利益得到补救，应当以补偿受害人所受的损失为原则，因此，英美法在违约救济上，只能要求违约方承担损害赔偿，而不得强制违约方履行义务，除非履行义务才能弥补受害人的损失。如买卖的是种类物，卖方不履行，此时只能请求金钱赔偿；如买卖的是特定物，如果卖方不交付，由于受害人不能买到同样的物，才能要求强制履行。大陆法系则强调，如果一方不履行合同，另一方可以要求强制履行。这种观念在苏联民法中更是被强化，即使合同当事人不要求法院强制履行，法院也可直接判决当事人继续履行。

## 二、违约责任的归责原则

19 世纪是一个重视理性的时代，合同法如同侵权法一样，其发展的轨迹体现了浓厚的理性思维。社会大力提倡个体自由，反对封建专制，认为个体是自身利益的最佳判断者，只有鼓励个体积极进取，努力创造财富，那么，国家也将随之繁荣昌盛。但不可避免的是，个体在追求各自利益的过程中，必然会发生矛盾和冲突。因此，各国为了避免这种矛盾和冲突可能对社会造成的消极影响，都通过立法对个体的自由划定了一个合理的范围。他人权利所及之处，就是个体自由的受限之地，这个合理的范围边界，就是人们在追求自己利益的同时，对他人的权利所负的注意义务，即不能故意或过失地侵犯他人的权利，由这一注意义务所形成的理论，就是过错理论。个体在实施民事活动时，只要不故意或过失地影响、损坏、侵犯他人的合法权利，就不应对行为造成他人权利的侵犯承担赔偿责任，合同法和侵权法的一般侵权行为的规定莫不以此为要，不可抗力构成合同不履行的免责事由、意外事件构成一般侵权行为的免责事由，都是这一思想在合同法与侵权法上的反映。这样一来，人们便可大胆行动而不会动辄获咎，有效地激发了人们从事民事活动，包括订立合同的积极性。两大法系中体现的这一思想，有力地促进了西方社会的快速发展。

大陆法系各国的民法典都反映了这一归责原则，如《法国民法典》第 1147 条规定："凡债务人不能证明其不履行债务系由于不应归其个人负责的外来原因时，即使在其个人方面并无恶意，债务人对于其不履行或迟延履行债务，应负损害赔偿。"又如，《德国民法典》第 276 条规定："如无其他规定，债务人应就其故意或过失行为负其责任。怠于为交易中必要的注意者，为有过失。"合同法是契约自由的领地，在这个领域中实行过错责任原则是极其自然的事。所以，违约责任的归责原则，应当是过错责任原则。更具体地说，是过错推定原则，即推定债务人违约，其就具有过错。[①] 因为，合同当事人对自己是否有义务、有什么义务，是最清楚不过了。届时没有履行，要么是其因主观上的原因不愿履行，要么是客观上的原因使他不能履行，对前者造成合同相对人的损失，没有宽恕的理由，而对后者，如仍追究其责任，则显不通情达理，也与前述的理性思想相悖。然究竟何为当事人不履行的原因，局外人是无法了解的，只有不履行合同义务的当事人最清楚。因此，过错责任原则在合同法中的体现就是，不履行义务本身就证明不履行者主观上有过错，其应对因不履行义务造成合同相对人的损害承担违约责任，除非不履行义务人能够证明自己不履行义务是不可抗力等法定或约定的免责事由所造成，才可对不履行所造成的合同相对人的损失不承担违约责任。

## 三、违约责任的构成要件

违约责任的构成要件是指未履行合同义务的当事人，应在具备何种条件下承担违约责任。违约行为是一个单纯的客观现象，还是一个既有客观又有主观的复杂现象，学界有不同见解。一种观点认为，违约行为仅指违反合同义务的客观事实，不包括当事人的主观因素；另有观点认为，违约行为是当事人过错地不履行合同义务，因此，非当事人主观之原因造成合同之不能履行，不属于违约行为。基于现代合同都相继采取了“事实本身说明问题”证据观念，当事人的违约行为足以证明违约者具有过错，因此，通说采第一种观点。基于违约行为是一个单纯的客观现象观点，违约行为的一般构成要件是：第一，违约行为的主体必须是合同关系中的当事人，这一特征是由合同相对性原理决定的，只有合同当事人不履行合同的行为，才能被追究违约责任，而第三人的行为，即使其最终导致合同当事人的合同不能履行，权利人也不能追究第三人的违约责任。违约责任只能向合同义务人主张。第二，违约行为以有效的合同关系成立为前提，如果这一前提不存在，则无违约行为发生的可能性。第三，违约行为是违反了义务的行为，包括约定义务与当事人没有约定或约定不明情况下法律就该合同规定的义务，无违反义务的事实，就无违约行为可言。第四，违约行为不强调损害后果，不论有无损害后果，都可以构成违约行为。

构成违约行为的结果，是守约方可追究违约方的违约责任，但如果违约行为的发生，具有法律或当事人约定的免责事由，法律则应豁免违约方的违约责任。

综上所述，违约责任的构成要件是：(1) 违约行为成立；(2) 不存在法定和约定的免责事由。

---

① 参见李永军：《合同法》，法律出版社 2005 年版，第 654 页。

## 四、违约责任的形式

按照法律的规定，当事人违反合同约定，应当承担违约责任，但违约责任如何承担？违约责任的形式与违约的形态有密切关系，不同的违约责任的形态对应的违约责任的形式也有所不同，所以，需将其分别加以分析、阐述。

（一）继续履行

1．继续履行的概念与特征

继续履行也称强制履行、强制实际履行，是指当事人一方不履行合同时，另一方有权要求对方继续履行合同。相对人有权要求对方继续履行，可以通过诉讼的方法，也可以通过非诉的方式进行。实践中通常是向法院起诉，要求强制对方实际履行。法院一旦判决义务人履行义务，如其仍不履行，权利人则可以向法院申请强制执行。我国20世纪80年代的合同法理论非常重视继续履行的责任形式，反映在立法上，则是原《经济合同法》第35条规定，合同当事人一方不履行义务，另一方有权要求继续履行。这一立法与我国长期实行的计划经济模式不无关系。

2．继续履行的内容

我国现行《合同法》对继续履行的规定已发生了某些变化。这一变化表现在：

（1）金钱债务的继续履行

《合同法》第109条规定："当事人一方未支付价款或者报酬的，对方可以要求其支付价款或者报酬。"根据这条规定，义务人必须继续履行合同，在未经权利人同意的情况，不能以其他责任形式替代。这条规定意味着无论在何种情况下，一方只要为履行支付价款或报酬的，另一方就有权要求继续履行。换句话说，金钱债务在任何情况下都必须履行。

（2）非金钱义务的继续履行

《合同法》第110条规定："当事人一方不履行非金钱债务或者履行非金钱债务不符合约定的，对方可以要求履行，但有下列情形之一的除外：（一）法律上或者事实上不能履行；（二）债务的标的不适于强制履行或者履行费用过高；（三）债权人在合理期限内未要求履行。"与前条规定的必须继续履行有所不同，这条规定反映了对非金钱的债务以继续履行为原则，不继续履行为例外。

法律上不能继续履行，是指合同的标的已由其他法律先行处置，比如合同的标的物已被法院查封、冻结，合同标的物被宣告为破产财产，合同标的已被合法地过户至他人名下，这些情形都构成法律上无法继续履行，合同的另一方也只能寻求继续履行合同外的其他责任形式。

事实上不能继续履行，是指根据民法物的分类理论，物被分为特定物和种类物，当合同履行的客体是特定物时，在交付之前该特定物遭受毁损或灭失时，意味着义务人无法再按合同约定履行交付义务了。此时,如坚持继续履行合同,其实质是强人所难。因此,当发生这种情况时,合同的另一方也只能寻求继续履行合同外的其他责任形式。

债务标的不适合强制履行是以自然人的服务行为为合同关系客体,如演员的演出行为、律师的代理行为、医生的医疗行为等,由于这类合同具有人身依赖性质,当这类合同的义务人拒绝履行义务时,法院无法强制上述义务人继续履行合同,因为他们享有宪法和其他法律赋予的人身自由权。对这种情形,合同的另一方只能寻求继续履行合同外的其他的责任形式。

履行费用过高,是指当作为合同客体的标的物与他人之物混合,如要恢复原状需花费巨额费用,当这种情况发生时,合同的另一方也只能寻求继续履行合同外的其他责任形式。

非金钱义务中值得一提的是《合同法》第 111 条的规定:"质量不符合约定的,应当按照当事人的约定承担违约责任。对违约责任没有约定或者约定不明确,依照本法第六十一条的规定仍不能确定的,受损害方根据标的的性质以及损失的大小,可以合理选择要求对方承担修理、更换、重作、退货、减少价款或者报酬等违约责任。"这条规定表明,当一方违约时,当事人可以上述方式中的任何一项作为继续履行合同的补充。

继续履行是一种违约后的补救措施,是否请求继续履行是守约方的一项权利,作为一项权利,守约方可选择继续履行,也可放弃继续履行,而改行其他违约责任的形式。因此,守约方这一权利是否行使,将对违约方构成利益威胁,进一步分析这一权利的性质,请求继续履行,是由守约方单方意思构成,属于形成权,因此,根据形成权的特点,对形成权的行使,应按除斥期间的理论,对守约方继续履行合同的请求权加以限制,即在一定时间内,未请求继续履行合同的,该请求权归于消灭,守约方只能请求继续履行合同外的其他责任形式,以此平衡违约方和守约方在这一问题上的利益平衡。有学者认为这一内容可从《合同法》第 110 条所规定的"履行费用过高"中推出,我们认为这样解释过于勉强,对守约方应在多长时间内行使继续履行请求权,应在《合同法》上明文规定。

守约方可放弃继续履行合同的责任形式,径直请求其他责任形式,如果守约方请求继续履行,则可与其他责任形式并用。

(二) 赔偿损失

1. 损害赔偿的概念与特征

赔偿损失是违约责任中最常见的责任形式,违约损害赔偿,是指违约方因不履行或不完全履行合同义务而给对方造成损失,依合同约定和法律规定应承担的赔偿责任。违约损害赔偿责任具有以下特征:

第一,违约损害赔偿是不履行合同义务而产生的法律责任,这一特征可区别于因违反法定义务而产生的侵权赔偿责任。

第二,违约损害赔偿实行的是有限制的惩罚性赔偿和法定补偿性赔偿为补充的赔偿制度。惩罚性赔偿是指赔偿可大于实际损失,多出的部分代表了对肇事人的惩罚。补偿性赔偿是指赔偿应等于实际损失,赔偿等于损失,代表公平。我国合同法在损害赔偿问题上已实现了由补偿向惩罚的转变,这一转变主要体现在:(1) 允许约定损害赔偿,约定损害赔偿使合同当事人在合同订立时,可以对可能发生的违约行为造成的损害赔偿预先约定,这一规定改变了《经济合同法》单一法定赔偿的做法。在法定违约损害赔偿的情况下,是根据违约行为造成的实际损失予以赔偿,它贯彻的只能是补偿性赔偿。现行《合同法》允许合同当事人在订立合同时约定损害赔偿,显然它不是按照实际损失确定的,约定的赔偿结果或大于实际损失,或小于实际损失,由于经济利益所使,当事人都会高估违约造成的损害结果,当赔偿大于实际损失时,它就符合惩罚性赔偿的概念,而《合同法》不否认这种做法,那么,我们有理由认为,现行《合同法》已采惩罚性赔偿之观点。(2) 对某些特定领域,当事人不可能约定损害赔偿,《合同法》则直接采用惩罚性的规定,以维护守约方的合法权利。《合同法》第 113 条第 2 款规定:"经营者对消费者提供商品或者服务有欺诈行为的,依照《中华人民共和国消费者权益保护法》的规定承担损害赔偿责任。"《消费者权益保护法》第 49 条规定:"经营者提供商品或者服务有欺诈行为的,应当按照消费者的要求增加赔偿其受到的损失,增加赔偿的金额为消费者购买商品的价款或者接受服务的费用的一倍。"(3) 当上述情况不存在的情况下,对当事人违约行为采用法定赔偿。《合同法》第 113 条第 1 款规定:"当事人一方不履行合同义务或者履行合同义务不符合约定,给对方造成损失的,损失赔偿额应当相当于因违约所造成的损失,包括合同履行后可以获得的利益,但不得超过违反合同一方订立合同时预见到或者应当预见到的因违反合同可能造成的损失。"

第三,违约损害赔偿具有任意性。所谓任意性,是指合同当事人可以约定违约造成损害的赔偿数额和计算方法,在当事人有约定时,约定损害赔偿优先于法定赔偿,只有在当事人没有约定的情况下,才适用法定的违约损害赔偿。

2. 约定损害赔偿

约定损害赔偿是指当事人在订立合同时,同时约定了一方违约,应赔偿另一方具体的损害数额或损害的计算方法。《合同法》第 114 条第 1 款规定:"当事人可以约定一方违约时应当根据违约情况向对方支付一定数额的违约金,也可以约定因违约产生的损失赔偿额的计算方法。"

约定损害赔偿是当事人关于违约损害的独立约定,具有从合同的性质,它以合同(主合同)的成立生效为其成立的前提,没有合同(主合同)的成立生效,它的存在就没有意义。同时,约定损害赔偿是附延缓条件的合同,即以一方当事人发生违约行为为约定损害赔偿生效的条件。违约行为发生,约定损害赔偿生效;违约行为不发生,约定损害赔偿失效。

约定损害赔偿与法定损害赔偿虽同为损害赔偿制度,即都以违约发生损害结果为条件,但两者仍有不同。首先,约定损害赔偿的结果可能大于或小于当事人的实际损失;法定损害赔偿的结果则与实际损失相当。其次,约定损害赔偿优先于法定赔偿适用。最后,约定损害赔偿免去了守约方对违约致损结果的复杂的举证责任,只需证明相对方实施了合同约定的违约行为,法定损害赔偿不仅需证明违约行为的发生,而且还需证明违约行为造成的损害结果。

约定损害赔偿体现了合同自由原则,并通过惩罚性赔偿的方法,增加了违约者的违约成本,从而达到矫正违约行为的目的,对预防和减少合同违约行为的发生具有非常积极的意义,有助于和谐社会的合同关系的健康发展。

3. 法定损害赔偿

法定损害赔偿,也称完全赔偿,是指因违约方的违约行为而遭受的全部损失都应当由违约方负责赔偿。法定损害赔偿是通过赔偿受害者所受到的全部损失,使受害者恢复到合同被严格执行时的状态,以维持受害者继续参与合同关系的积极性。《合同法》第 113 条第 1 款规定:"当事人一方不履行合同义务或者履行合同义务不符合约定,给对方造成损失的,损失赔偿额应当相当于因违约所造成的损失,包括合同履行后可以获得的利益"。根据这一款的规定,法定损害赔偿的范围包括:

(1) 违约行为所造成的直接损害和间接损害。关于直接损害与间接损害之区别,历来存在意见分歧,归纳起来,可分为两类。"有些着眼于损害之引发,谓损害事故直接引发之损害为直接损害,非直接引发而系因其他媒介因素之介入所引发之损害则为间接损害。又有着眼于损害之标的,谓损害事故直接所损及之标的,其损害即直接损害;其他之损害,则为间接损害。"①直接损害,也称为现有利益的减少,就财产而言,一方违约,另一方为履行合同投入的购买原材料、辅助材料、人力、水电煤等支出,向违约方交涉合同违约的支出,直到为提起诉讼所付出的费用,都属于直接损失范畴。间接损害,也称可得利益损失,原合同约定的价款,减去守约方的直接损失,其差额部分即为间接损害。换一种情况,提供标的物一方拒绝履行合同,守约方已交付的预付款和为追讨预付款而付出的投入为直接损失,再转让的市场价格与合同价款的差额为可得利益。

(2) 损失赔偿额应当相当于违约所造成的损失。这表明合同法强调法定违约损害赔偿遵循损失填补原则,而不是惩罚违约者。

(3) 对间接损害的赔偿确立了可预见性的标准的理论。《合同法》第 113

① 曾世雄:《损害赔偿法原理》,中国政法大学出版社 2001 年版,第 137 页。

条第1款明确规定,可得利益的保护"不得超过违反合同一方订立合同时预见到或者应当预见到的因违反合同可能造成的损失"。根据英美法确定的可预见性的标准,在确定可得利益的时候,应适用可预见性的标准,可预见性仅限于间接损害,不适用于直接损害。因为直接损害是已经实际发生的事实,其中违约与实际损害间的因果关系是不以人的意志为转移的,不论订立合同时估计到还是没有估计到,现已客观发生了,违约者承担赔偿责任责无旁贷,所以,直接损害不适用可预见性规则。可预见性规则,是指订立合同时当事人对自己不履行合同可能造成对方的损失的种类和程度知道和应当知道的心理状态,对实际发生的间接损失超越这一范围时,法律豁免违约者的赔偿责任。

(4)《合同法》除了以可预见性理论来限制间接损害的范围外,还采用不真正义务理论来防止一方违约后可能造成的损失扩大。《合同法》第119条规定:"当事人一方违约后,对方应当采取适当措施防止损失的扩大;没有采取适当措施致使损失扩大的,不得就扩大的损失要求赔偿。当事人因防止损失扩大而支出的合理费用,由违约方承担。"这一规定是对违约赔偿范围被扩大的一项限制性措施,也是协作履行原则的具体运用,一方当事人违约时,另一方当事人不能袖手旁观,而应以协作精神对待之,积极采取措施,以减少损失的发生。就个体而言,损失虽然表现为个体财产利益的直接损害和间接损害,但从资源角度而言,任何资源都是社会资源的一部分,任何造成个体财产的损失,同时也造成社会资源的损失,因此,全社会应采取积极的措施来减少可能发生的财产损害,《合同法》第119条的规定反映了社会可持续发展的历史潮流。

### (三)违约金

#### 1. 违约金的概念与特征

"违约金,谓债务人约定于债务不履行时,对于债权人所应为之给付。"①"违约金的性质依各国之立法观之,其有两种说法。其一,以违约金为债务不履行之制裁,具有制裁之性质,为对于债务不履行之私的惩罚,以确保债权之效力。故债权人得于本来之给付外,并得请求违约金。其二,为损害赔偿性质之违约金,以确定赔偿额为目的,债权人惟得选择请求本来之给付或请求违约金。"②第一种说法中债权人于本来给付或损害赔偿之外,并得请求违约金,对债务人而言未免负担过重,不仅与当事人之意思不合,而且有债权人因此强要债务人约定违约金以达其暴利之嫌。因此,两种观点论证不断。我国于原《经济合同法》时代采用惩罚与补偿两元立法,即在一方违约未造成损失或损失小于违约金约定的,可按违约金请求,此为惩罚性违约金;一方违约造成损失大于违约金的,则将违约

① 史尚宽:《债法总论》,中国政法大学出版社2001年版,第517页。
② 同上。

金并入损害赔偿,即先支付违约金,并由违约方补足违约金与实际损失之差额。我国现行《合同法》已一改过去两元立法例,采用一元的惩罚性立法例。《合同法》第114条规定当事人可以约定一方违约时,应当根据违约情况向对方支付一定数额的违约金。

违约金有如下特征:

第一,违约金数额由当事人事先通过协商确定,是当事人自愿达成的,独立于履行行为之外的给付,当事人应自觉遵守执行。根据合同法的私法特征,当约定违约责任形式与法定违约责任形式并存时,约定优先于法定,因此,当约定违约金与法定赔偿金并存时,约定违约金优先于法定赔偿金适用。

第二,违约金是当事人关于一方违约如何赔偿的独立的意思表示,违约金的标的是一定数额金钱或其他给付,它与当事人欲履行的合同的标的是不同的,二者之间存在主从关系,即当事人欲履行的合同是主合同,违约金约定是从合同,违约金条款以欲履行的合同成立为其存在的前提,没有该合同,其存在就没有意义。违约金条款可以合并在主合同之中,也可与主合同分别存在,如“假一罚十”的商店公示,即为独立于主合同的违约责任合同。

第三,违约金是附条件的合同,即以一方违约行为的发生为违约金条款生效的条件。因此,违约金的支付,非常适当地充当了一方违约后的补救措施。

第四,违约金适用于广泛的违约责任形式,包括拒绝履行、履行迟延、不完全履行等情形。违约金究竟是针对何种违约类型,由当事人约定,约定不明的,则视为无违约金约定,当事人只能请求法定损害赔偿。

2. 违约金数额的调整

对于当事人约定的违约金,应当严格遵守,这是合同严守原则的当然要求,但过分的合同自由,也会使违约金异化为一方压榨另一方的工具,因此,对于违约金的数额相对于造成的损失过高或过低,当事人可请求法院调整。《合同法》第114条第2款规定:“约定的违约金低于造成的损失的,当事人可以请求人民法院或者仲裁机构予以增加;约定的违约金过分高于造成的损失的,当事人可以请求人民法院或者仲裁机构予以适当减少。”从上述规定中可以看出,当事人一旦约定了违约金,就只能适用约定违约金,如果发现约定的违约金过低或过高,当事人的救济方法不是改用其他责任形式,而是请求法院对违约金数额进行调整。调整违约金数额的程序是:(1)必须基于当事人的申请,换句话说,只有当事人的申请,才能引起违约金数额调整的程序,如果没有当事人的申请,法院或仲裁机构不应主动介入。因为违约金数额是否过低或过高,是纯粹私人之间的事务,不涉及他人利益、公共利益、国家利益,国家没有必要对此予以主动干预。(2)根据公平原则,任何合同如其结果是显失公平的,当事人有权利请求撤销或变更这一合同。违约金数额约定时,实际损失并没有发生,当事人很难准确地预估损失,因此当违约发生时,如果具体发生的违约金低于或过分高于实际损失,赋予当事人变更违约金的权利,正是合同法公平原则的体现,也是可撤销、可变更制度在违约问题中的具体运用。(3)当事人可自由提出调整请求,但如何确立调整的标准,则是应用性非常强的问题。我们认为,根据法律规定,违约金的约定低于实际损失,受害者即可请求调整,其只要证明实际损失高于违约金约定即可,调整的幅度就是约定与实际损失间的差额。至于违约金约定高于实际损失,我们注意到《合同法》使用了"过分高于"的文字,表明稍微高出一点是正常的,无调整的必要。据此,从立法的本意看,立法者允许当事人通过约定,对违约者行使惩罚性赔偿,确定过分高于的尺度,我们认为应达到显失公平的程度,法院才可对其作调整,调整的幅度不应和实际损失持平,而应略高于实际损失,这样才符合立法的意图。因此,判断违约金数额是过高或过低,应以是否达到了《民法通则》规定的"显失公平"为尺度。

3. 违约金与定金的适用关系

《合同法》第116条规定:"当事人既约定违约金,又约定定金的,一方违约时,对方可以选择适用违约金或者定金条款。"定金和违约金,一个是担保合同中的标的,另一个是违约条款中的标的,然它们都是以违约行为的发生为各自生效的条件。由于一个行为引起的两个法律关系分属于两部法律的调整,属于权利竞合,根据《合同法》第116条,由当事人选择适用。

## 第三节 合同不履行的免责事由与抗辩权的行使

在市场经济条件下,每一名参与经济活动的当事人都期望其所签订的合同得以顺利履行。这是社会经济发展的前提和基础,也是合同目的得以实现的重要保障。为此,我国法律对于那些违反约定或法定义务,致使合同无法顺利履行的合同当事人作出了严格的规定,责成其承担相应的违约责任。然而,由于自然条件的多变性和社会生活的复杂性,各种主观、客观因素无时无刻不在影响着合同的顺利履行,使合同不能履行的问题日趋复杂。因此,我国的有关法律在规定合同当事人违约责任的同时,又规定了与违约责任相关的免责制度。法律规定免责事由是基于以下两种考虑:一是建立合理的风险分配制度,二是建立有效地防止风险的激励制度。在一个有秩序的社会中,不仅要有合理的利益分配制度,也应有合理的风险分配制度。合理的风险分配制度可以对债权人与债务人积极防止损失产生有效的激励。一方面,合理的风险分配制度可以使债务人积极地采取措施防止并避免过重的负担;另一方面,也可以防止债务人因对合同的信赖而导致过度支出。① 违约责任的免责事由是合同当事人共同追求的自由、公正以及效率等理性思想在法律上的具体体现，而且直接影响到合同当事人的违约责任的承担。因此，违约责任的免责事由问题是法学界共同关注的焦点。

## 一、违约责任的免责事由

合同当事人违反了法定或者约定的义务，致使合同义务无法顺利履行，依照法律的规定应当承担违约责任，但是由于存在法律规定的或者当事人约定的条件，该合同当事人不实际承担全部或者部分违约责任。这些法律规定的或者当事人约定的条件，称为违约责任的免责事由。

违约责任的免责事由可分为法定免责事由和约定免责事由，其中以法律规范的形式表现出来的，是法定免责事由；通过合同条款表现出来的，是约定免责事由，也可称免责条款。免责事由根据适用的范围又分为一般的免责条件和特别的免责条件。前者是普遍适用的免责条件，只有不可抗力一种；后者是适用于个别场合下的免责条件，是《合同法》总则、分则以及其他法律在特别情况下或就特别合同对具体免责条件的特别规定。

## 二、抗辩权

抗辩，是被告陈述应由自己负担举证责任的事实并以此与原告主张的法律效果或权利关系相争。我国学者一般将抗辩分为三类：其一，权利障碍之抗辩（Rechtsverhindernde Einwendung），即主张原告之请求权，基于特定的事由，自始不发生。其二，权利毁灭之抗辩（Rechtsvernichtende Einwendung），即主张原告之请求权虽曾一度发生，唯其后因特定事由已归于消灭。其三，抗辩权（Einrede），即被告对于原告之请求，有拒绝给付之权利。前两类抗辩，学说上称为诉讼上的抗辩，后者称为实体法上的抗辩权。

为了区分诉讼上的抗辩和实体法上的抗辩，民法学理论将实体法上的抗辩称为抗辩权。抗辩权的含义有广狭之分，广义的抗辩权是妨碍他人行使其权利之对抗权，至于他人所行使之权利是否为请求权，在所不问（针对所有民事权利）；狭义的抗辩权乃专指对抗他人请求权行使之权利，亦即拒绝相对人请求给付之给付拒绝权（仅针对债权而言）。狭义的抗辩权的效力在于阻止请求权的效力，从而使抗辩权人能够永久地或暂时地拒绝向相对人履行合同义务。抗辩权这种阻止请求权的效力来自于法律或当事人的免责的规定和约定，换句话说，合同违约的免责事由是产生抗辩权的原因。因此，合同违约责任的免责事由，不是当然地免去合同义务人的责任，而是需要义务人通过行使抗辩权，方能予以实

---

① 参见李永军：《合同法》，法律出版社 2005 年版，第 758—759 页。

现。由于法律和当事人对违约责任的免责事由作出不同规定和约定，狭义的抗辩权被分为永久性抗辩权和延缓性抗辩权。

（一）永久性抗辩权及引起的原因

永久性抗辩权，是指该抗辩权的行使可使请求权行使的效力被永久排除，其在诉讼上的效果，可使原告的诉讼请求遭到驳回的裁判。能够产生永久性抗辩权的免责事由是：

1. 不可抗力

不可抗力，是指由于不能预见、不能避免并不能克服的客观情况，免除部分或者全部合同当事人的责任。《合同法》第117条对该问题作出了规定："因不可抗力不能履行合同的，根据不可抗力的影响，部分或者全部免除责任，但法律另有规定的除外。当事人迟延履行后发生不可抗力的，不能免除责任。本法所称不可抗力，是指不能预见、不能避免并不能克服的客观情况。"

不可抗力，作为法律上的概念，并不意味着人类知识和经验等绝对不可抗拒的力量，它主要是关于责任问题的概念。在法律实行结果责任原则的时代，是不承认免责条件的，因而也没有关于与责任相联系的不可抗力这一概念。不可抗力的概念，起初是由罗马法作为受领责任制度的例外发展而来的。[①]

对于不可抗力应当包括哪些具体情形，学者们争议较大。一般认为包括以下几种情况：

（1）自然灾害，如地震、台风、洪水、海啸等。虽然人类认识自然改造自然的能力已有了很大的提高，但自然灾害仍不断地发生，影响着人们的生产和生活，阻碍了合同的履行。不可抗力阻碍合同履行的特点是摧毁当事人的履约能力，任何人在这种情况下都无法完成合同的履行。

（2）社会异常现象，如罢工、骚乱、战争等。社会异常现象虽不是自然事件，但其与自然事件相同能够摧毁当事人的履约能力，因此也被归在不可抗力范畴之内。

我国《合同法》没有把合同成立后，当事人一方因第三人的原因造成违约的置于不可抗力之内，而是在《合同法》第121条规定，当事人一方因第三人原因造成违约的，应当向对方承担违约责任。当事人一方和第三人之间的纠纷，依照法律规定或按照约定解决。由此可见，当事人一方因第三人原因导致不能履行合同的，不构成违约责任的免责事由。

在不可抗力事实发生后，遭遇不可抗力的一方应及时向对方通报合同不能履行或需要迟延履行或部分履行，并应取得有关证明，同时应采取积极措施，减少不可抗力所造成的损失。

---

① 参见崔建远：《合同法》，法律出版社2003年版，第237页。

2. 已过时效期限

此处所指的时效乃指诉讼时效，也称消灭时效。诉讼时效在我国现行民事立法上，是指对在法定期间内不行使权利的权利人，使其丧失请求权的法律制度。消灭时效乃德文"Verjährung"的移译，因时效而消灭者，不是权利本身，而是请求权。①

《合同法》在第 129 条就国际货物买卖合同和技术进出口合同提起诉讼或者申请仲裁的期限作出了特别的规定："因国际货物买卖合同和技术进出口合同争议提起诉讼或者申请仲裁的期限为四年，自当事人知道或者应当知道其权利受到侵害之日起计算。因其他合同争议提起诉讼或者申请仲裁的期限，依照有关法律的规定。"这里的"有关法律的规定"应当是指我国《民法通则》的第 135 条和第 136 条对于诉讼时效的一般情况作出的规定："向人民法院请求保护民事权利的诉讼时效期间为二年，法律另有规定的除外。""下列的诉讼时效期间为一年：(一) 身体受到伤害要求赔偿的；(二) 出售质量不合格的商品未声明的；(三) 延付或者拒付租金的；(四) 寄存财物被丢失或者损毁的。"

值得注意的是，诉讼时效存在不受限制的例外规定：

(1)《民通意见》第 170 条规定："未授权给公民、法人经营、管理的国家财产受到侵害的，不受诉讼时效期间的限制。"

(2)《民通意见》第 171 条规定："过了诉讼时效期间，义务人履行义务后，又以超过诉讼时效为由翻悔的，不予支持。"

3. 债权人过错

债权人过错，是指债务人不履行合同或不适当履行合同是由于债权人的原因造成的。《民法通则》第 131 条规定："受害人对于损害的发生也有过错的，可以减轻侵害人的民事责任。"《合同法》第 58 条也规定："有过错的一方应当赔偿对方因此所受到的损失，双方都有过错的，应当各自承担相应的责任。"因此，债权人过错可以减轻债务人的民事责任。《合同法》分则中对这一问题同样作出了相应的规定，以下举例说明：

(1)《合同法》第 158 条第 1 款规定："当事人约定检验期间的，买受人应当在检验期间内将标的物的数量或者质量不符合约定的情形通知出卖人。买受人怠于通知的，视为标的物的数量或者质量符合约定。"

(2)《合同法》第 302 条第 1 款规定："承运人应当对运输过程中旅客的伤亡承担损害赔偿责任，但伤亡是旅客自身健康原因造成的或者承运人证明伤亡是旅客故意、重大过失造成的除外。"

(3)《合同法》第 311 条规定："承运人对运输过程中货物的毁损、灭失承担

① 参见王泽鉴：《民法总则》，中国政法大学出版社 2001 年版，第 516 页。

损害赔偿责任,但承运人证明货物的毁损、灭失是因不可抗力、货物本身的自然性质或者合理损耗以及托运人、收货人的过错造成的,不承担损害赔偿责任。”

(4)《合同法》第370条规定:“寄存人交付的保管物有瑕疵或者按照保管物的性质需要采取特殊保管措施的,寄存人应当将有关情况告知保管人。寄存人未告知,致使保管物受损失的,保管人不承担损害赔偿责任;保管人因此受损失的,除保管人知道或者应当知道并且未采取补救措施的以外,寄存人应当承担损害赔偿责任。”

4. 当事人约定的免责条款

民事法律中有“协议免责”,即所谓的“私了”,是指受害人和责任人在法律允许的范围内经协商一致,同意免除责任人的责任。学者们谈到的免责条款就是协议免责的一种方式,另外,还有“事后协议免责”。相比而言,在《合同法》中,免责条款更受关注。

免责条款,是当事人双方在合同中事先约定的,旨在限制或免除其未来责任的条款。对于免责条款,可作以下理解:其一,免责条款是合同的组成部分,是一种合同条款。其二,免责条款的提出必须是明示的,不允许以默示的方式作出,也不允许法官推定免责条款的存在。其三,免责条款旨在排除或限制未来的民事责任。①

免责条款并非允许当事人无限制地约定,《合同法》第53条对于该问题作出了规定:“合同中的下列免责条款无效:(一)造成对方人身伤害的;(二)因故意或者重大过失造成对方财产损失的。”

(二)延缓性抗辩权及引起的原因

延缓性抗辩权,也称双务合同的履行抗辩权、一时的抗辩权,是指仅能使对方请求权于一定期间内不能行使或暂时地排除其请求权的效力,或者说在符合法定条件时,当事人一方能对抗对方当事人的履行请求权,暂时拒绝履行其债务的权利。② 对于双务合同的履行抗辩权,史尚宽先生作如是论:“双务契约有效成立后,当事人各基于契约负给付义务,法律上虽不必以相对人之为对待给付为条件,然经济上一方负担债务,系以他方负担债务为前提,故其相互间仍不无牵连关系。……关于履行之牵连性,其程度因各国立法而有不同。我民法以之为同时履行之抗辩权及不安之抗辩权之问题而为规定。”③由此可见,双务合同在履行上存在的牵连性是双务合同的履行抗辩权制度存在的现实基础。

双务合同履行的抗辩权,是双务合同效力的体现,属于抗辩权中一时的抗辩

---

① 参见崔建远:《合同法》,法律出版社2003年版,第239页。
② 同上书,第98页。
③ 史尚宽:《债法总论》,中国政法大学出版社2001年版,第577页。

权,并没有消灭对方请求权的效力,只是一时地拒绝对方的履行请求,中止履行,一旦产生抗辩权的事由消失,则债务人仍应履行其债务。

行使双务合同的履行抗辩权,是权利的正当行使,是当事人自我保护的一种法律手段,其因行使抗辩权,虽有一时不履行债务之形式,但却无违约之实也。延缓性抗辩权主要有同时履行抗辩权、先履行抗辩权、不安抗辩权等。

1. 同时履行抗辩权

(1) 同时履行抗辩权的概念

同时履行抗辩权,是指双务合同的当事人没有先后履行顺序的,一方在对方未为对待给付以前,可拒绝履行自己的债务的权利(《合同法》第66条)。拒绝自己给付,意在迫使他方同时履行,确保自己债权之实现,并避免无谓损失,故亦具有担保债权实现之作用。唯此项权利仅于他方给付前拒绝自己之给付,故学理上称之延期抗辩,以示与消灭时效之灭却抗辩相区别。[①]

(2) 同时履行抗辩权的构成要件

① 须因同一双务合同互负债务

同时履行抗辩权的根据在于双务合同功能上的牵连性,因而它适用于双务合同,而不适用于单务合同和不真正的双务合同。可主张同时履行抗辩的,系基于同一双务合同而生的对待给付。如果双方当事人的债务不是基于同一双务合同而发生,即使在事实上有密切关系,也不得主张同时履行抗辩权。因此,成立同时履行抗辩权,必须有双方当事人基于同一双务合同互负债务这一要件。这里的债务,首先应为主给付义务。在从给付义务的履行与合同目的的实现具有密切关系时,也应认为它与主给付义务之间有牵连关系,产生同时履行抗辩权。双方互负的债务应具有对价关系,该对价关系不强调客观上等值,只要双方当事人主观上认为等值即可。

② 须双方互负的债务均已届清偿期

同时履行抗辩权制度,旨在使双方当事人所负的债务同时履行,所以,只有双方的债务同时届清偿期时,才能行使同时履行抗辩权。如果一方当事人负有先履行的义务,就不由同时履行抗辩权制度管辖,而让位于不安抗辩权或先履行抗辩权。

③ 须对方未履行债务或未提出履行债务

原告向被告请求履行债务时,须自己已为履行或提出履行,否则,被告可行使同时履行抗辩权,拒绝履行自己的债务。不过,原告未履行的债务或未提出履行的债务,与被告所负的债务无对价关系时,被告仍不得主张同时履行抗辩权。原告的履行不适当时,被告可行使同时履行抗辩权,但在原告已为部分履行,依

---

① 参见邱聪智:《新订民法债编通则》(下),中国人民大学出版社2003年版,第368页。

其情形,被告拒绝履行自己的债务违背诚实信用原则时,不得主张同时履行抗辩权。

④ 对方的对待给付是可能履行的

同时履行抗辩权制度旨在促使双方当事人同时履行其债务。对方当事人的对待给付已不可能时,则同时履行的目的已不可能达到,不发生同时履行抗辩权问题,应由合同解除制度解决。

(3) 同时履行抗辩权的适用范围

同时履行抗辩制度主要适用于双务合同,如买卖、互易、租赁、承揽、有偿委托、保险、雇佣、劳动等合同。

上述基于对待关系的双方债务,尚应包括原给付义务的延长或者变形,尤其是债务不履行的赔偿损失或让与请求权。例如,甲的A物与乙的B物互易,因甲的过失致A物灭失时,甲应负债务不履行的赔偿损失责任。于此场合,乙对甲的赔偿损失请求权与甲对乙给付B物的请求权,可发生同时履行抗辩权。

同时履行抗辩权在为第三人利益合同中有适用余地。例如,甲、乙约定,甲向乙购买汽车,价款500万元,丙对乙有直接请求交付该汽车之权,若甲届期不支付货款,则乙可以拒绝丙的交付汽车的请求。

在债权让与的情况下,可成立同时履行抗辩权。例如,甲将A船出卖给乙,价款75万元,而乙将其对甲请求交付A船并转移所有权的债权让与丙。在丙向甲请求履行时,甲可以乙未给付价款为由拒绝履行。

在债务承担的情况下,同时履行抗辩权可以适用。例如,甲将A画卖给乙,价款30万元,由丙承担乙的债务,当甲向丙请求支付价款时,丙可以甲未对乙交画为由拒绝履行。

在可分之债中,各债务对各债权各自独立,当其发生原因即使为一个合同,除非其一方的对待给付为不可分,也应各得就自己的部分独立为同时履行抗辩。

同时履行抗辩权也可以适用于连带之债。例如,甲乙向丙购买1000斤乌龙茶,价款10万元,约定甲乙和丙丁均应负连带责任。当甲向丙请求交付1000斤乌龙茶时,丙可主张甲应为支付全部价款的同时履行抗辩权。

当事人因合同不成立、无效、被撤销或解除而产生的相互义务,若基于对价关系,可主张同时履行抗辩权。

(4) 当事人一方违约与同时履行抗辩权

① 迟延履行与同时履行抗辩权

关于迟延履行与同时履行抗辩权之间的关系,存在两种对立的学说。第一种学说认为,同时履行抗辩权的存在本身即足以排除迟延责任。对此,有人从抗辩权排除债务之届期的角度加以论证:因有抗辩权之存在,迟延履行系非可归责于债务人的原因。第二种学说主张,同时履行抗辩权须经行使才能排除迟延责任。它有两种见解：其一，抗辩权之行使，溯及地排除已发生的迟延效果；其二，已发生的迟延责任，不因抗辩权的行使而受影响。

② 受领迟延与同时履行抗辩权

在双务合同中，债权人受领迟延，其原有的同时履行抗辩权不因此而消灭。所以，债务人在债权人受领迟延后请求为对待给付的，债权人仍可主张同时履行抗辩权。在此场合，债权人主张同时履行抗辩权不影响债务人主张违约责任。

③ 部分履行与同时履行抗辩权

债务人原则上无部分履行的权利，因此，双务合同的一方当事人提出部分履行时，对方当事人有权拒绝受领，但若拒绝受领违反诚实信用原则时，不在此限；若受领部分给付，可以提出相当部分的对待给付，也可以主张同时履行抗辩权拒绝给付，除非如此违背诚实信用原则。在此场合，债权人主张同时履行抗辩权时还有权追究债务人的违约责任。

④ 瑕疵履行与同时履行抗辩权

债务人瑕疵履行的，债权人可请求其消除缺陷或另行给付，在债务人未消除缺陷或另行给付时，债权人有权行使同时履行抗辩权，拒绝支付价款，同时有权追究债务人的违约责任。

2. 先履行抗辩权

(1) 先履行抗辩权的概念

先履行抗辩权，是指当事人互负债务，有先后履行顺序的，先履行一方未履行之前，后履行一方有权拒绝其履行请求，先履行一方履行债务不符合债的本旨，后履行一方有权拒绝其相应的履行请求。

在传统民法上，有同时履行抗辩权和不安抗辩权的理论，却无先履行抗辩权的概念。我国合同法首次明确规定了这一抗辩权。先履行抗辩权发生于有先后履行顺序的双务合同中，基本上适用于先履行一方违约的场合，这些都是它不同于同时履行抗辩权之处。

(2) 先履行抗辩权的成立要件

① 须双方当事人互负债务

互负债务是指两个债务处于互为对待给付的地位，有肯定说与否定说之争。本书认为先履行抗辩权不必有“对待给付”的限制，权利义务即使无对价关系也可成立先履行抗辩权。早在 1773 年，曼斯菲尔德代表英国王座法庭审理了金斯顿诉普雷斯顿一案。在该案中，一个经营丝绸的商人与他的徒弟订立了一个合同，约定在一年零三个月以后把他的生意转让给他的徒弟和另一个合伙人。作为该转让的代价，该徒弟将以按月分期付款的方式就这一转让向该商人付款。为了保证能付款，该徒弟将在该转让发生前向该商人提供充分的担保。后来，该商人没有把其生意转让给他的徒弟。该徒弟提起诉讼，要求获得赔偿。该商人提出的反驳理由是，该徒弟没有按合同的规定就这一转让提供担保。该徒弟的律师反驳说，该商人转让其生意的诺言独立于该徒弟提供担保的诺言，因此，该商人可以就该徒弟的违约另行起诉。曼斯菲尔德否定了这一观点，判决该商人胜诉。[①] 英美法虽然不使用先履行抗辩权的概念，但案件折射的原理和规则，在实质上与大陆法并无二致。

② 债务须有先后履行顺序

至于该顺序是当事人约定的还是法律直接规定的，在所不问。如果两个对立的债务无先后履行顺序，就适用同时履行抗辩权而不成立先履行抗辩权。

③ 先履行一方未履行或其履行不合债的本旨

先履行一方未履行，指的是先履行一方于履行期限届满时尚未履行的现象。先履行一方的履行不符合债的本旨，是指先履行一方虽然履行了债务，但其履行不符合当事人约定或法定的标准、要求，即违约了。《合同法》第 67 条仅规定了履行债务不符合约定，漏掉了履行债务不符合法定的要求，应予补充。履行债务不符合债的本旨，在这里指迟延履行、不完全履行（包括加害给付）、部分履行和不能履行等形态。

（3）先履行抗辩权的行使

行使先履行抗辩权，表现为当事人在履行期届至时，拒绝履行自己的合同义务。这种拒绝履行合同义务的行为，可以表述为“保留自己的给付”，也可以表述为“中止履行合同义务”。

行使先履行抗辩权，是否需要向对方作明确的意思表示，是否应当及时通知另一方，应区别不同的情况，采用不同的规则。

第一，当因对方不履行合同义务而行使先履行抗辩权的时候，可以不通知对方。因为不通知对方，不会因为未通知而给对方造成危害。行使先履行抗辩权的表现，是届期不履行债务，此时应推定在先履行的一方了解另一方是在行使自己的对抗权利。行使先履行抗辩权而未通知另一方并不构成合同责任。这不同于行使不安抗辩权。行使不安抗辩权的一方当事人要及时通知另一方当事人。因为，行使不安抗辩权的一方，是依照合同或法律负有先履行义务的一方当事人。通知对方，使对方有一举证的机会或能及时采取减损措施。对于行使先履行抗辩权者来说，负有后履行的义务，对方负有先履行的义务。负有先履行义务的一方因故不能履行，应当通知负有后履行义务的一方。如果负有先履行义务的一方没有履行义务而要求另一方履行，后者应当将拒绝的意思明确通知对方。当然，行使先履行抗辩权的一方也可以主动通知对方，要求其实际履行合同。

第二，当负有先履行义务的一方当事人的履行有重大瑕疵时，或只履行一部

① 参见王军：《美国合同法》，中国政法大学出版社 1996 年版，第 286、287 页。

分时，依诚实信用原则，另一方当事人行使先履行抗辩权应当通知对方，给对方举证、解释、改正的机会，防止损失的扩大。因为，先履行的一方有时可能不了解自己履行的效果。例如，合同约定甲方1月2日发货，乙方3月1日付款。乙方在收到货物时，发现货物与合同约定严重不符，他可以在履行期届至时，拒绝付款，同时通知对方，对方可以及时提出解决问题的办法。

（4）先履行抗辩权的效力

先履行抗辩权的成立并行使，产生后履行一方可一时地中止履行自己债务的效力，来对抗先履行一方的履行请求，以此保护自己的期限利益、顺序利益。在先履行一方采取了补救措施，变违约为适当履行的情况下，先履行抗辩权消失，后履行一方须履行其债务。可见，先履行抗辩权亦属一时的抗辩权。先履行抗辩权的行使不影响后履行一方主张违约责任。

3．不安抗辩权

（1）不安抗辩权的概念

不安抗辩权是起源于大陆法系的一项法律制度，是指双务合同中有先为给付义务的当事人，如对方当事人的财产于订约后明显减少，有难于履行对待给付义务的可能时，在该方当事人未履行对待给付义务或提供担保前，有权拒绝先为给付义务。不安抗辩权又称拒绝权，也有的学者称之为保证履行抗辩权。不安抗辩权属抗辩权的一种，具有从属抗辩权和一时抗辩权的性质。由于不安抗辩权可使先履行方中止履行，一旦对方提出担保，则应继续依约履行，不安抗辩权随之消灭，故其具有留置担保的性质。

（2）不安抗辩权的构成要件

不安抗辩权的适用应具备如下构成要件：

① 须因双务合同共负债务

在双务合同中，一方当事人的权利是另一方的义务，另一方的权利也是一方的义务，一方当事人承担债务的目的，通常是取得对方当事人的对待给付。不安抗辩权只能在双务合同中发生，在单务合同中不能适用，这一点各大陆法系国家规定是一致的。

② 须当事人一方应向他方先为给付

双务合同在履行上有两种义务：一是同时履行主义，一是异时给付主义。同时履行主义为原则，异时给付主义为例外。同时履行主义适用同时履行抗辩权，不安抗辩权则适用于异时给付主义。

③ 须他方之财产于订约后明显减少并未为对待给付

如果他方的给付与财产有关，当然应符合这一适用条件。但如果他方的给付与财产无关，如是对行为、工作成果或智力成果的给付，则往往不能适用不安抗辩权，这是因为行为、工作成果或智力成果的难为对待给付，往往与义务人的财产状况是否恶化无关,这时就不能再以财产的减少为其适用条件。我国台湾地区学者在论及这一问题时曾明确指出:"危害对待给付之恶化之事实要件,非直接关于相对人之财产者,仍可类推适用民法第265条之规定。"[①]另外,是否赋予先为给付义务人不安抗辩权,主要是看相对人的客观状况是否危及先为给付义务人的对待给付请求权,至于其主观上是否过错,在所不问。

(3)不安抗辩权的行使

为了兼顾后履行义务人的利益,也便于他能及时提供适当担保,我国《合同法》明确规定了不安抗辩权人的通知义务,即第69条规定:"当事人依照本法第六十八条的规定中止履行的,应当及时通知对方。"另外,我国《合同法》第68条第2款规定:"当事人没有确切证据中止履行的,应当承担违约责任。"这一规定是为了防止不安抗辩权的滥用,故规定了不安抗辩权人的举证责任,使之举出对方丧失或可能丧失履约能力的确切证据,如果该主张者没有确切证据而中止履行的,应当负违约责任。

(4)不安抗辩权的效力

在不安抗辩权具备其成立要件时,首先,在后履行义务人提供适当担保前,先履行义务人可以中止履行合同。其次,如果后履行义务人对履行合同提供了适当担保,则不安抗辩权归于消灭,先履行义务人应恢复履行。最后,根据《合同法》第69条的规定,在先履行义务人中止履行后,如果对方在合理期限内未恢复履行能力,也未提供适当担保的,中止履行的一方可以解除合同。

① 史尚宽:《债法总论》,中国政法大学出版社2000年版,第590页。

# 第十三章　合同之债的保全与承担

合同的权利义务只对合同当事人具有约束力。合同权利由权利人享有，合同义务由义务人履行。但当义务人违反义务时，这一原只涉及当事人个人间的事务，将不再是两个人间的私事了，因为它破坏了社会的秩序，影响了社会的公共利益。据此，为了保护社会秩序和合同权利人的利益，法律通过设立相关制度，扩大由原权利转化为债权后债权人请求权的范围。为实现其债权，法律赋予债权人不但可要求债务人为一定行为，还可要求相关联的第三人为一定行为。这就是债的保全制度和债务承担制度。

## 第一节　债的保全

### 一、概述

债的保全，是指法律为防止因债务人的财产不当减少而给债权人的债权带来危害，允许债权人代债务人之位向第三人行使债务人的权利，或者请求法院撤销债务人单方实施或与第三人实施的法律行为的法律制度。

债的保全表现为债权人的代位权与债权人的撤销权。前者设立的目的是保持债务人的责任财产，适用于债务人的财产应增加且能增加，而因债务人的懈怠未为增加的情形；后者设立的目的是恢复债务人的责任财产，适用于债务人本不应减少的财产，因债务人不当行为而发生减少的情形。

债的保全制度是民法的诚实信用原则在债法中的具体体现。诚信原则被称为“帝王原则”，涵盖了一切民事活动。诚信原则要求当事人应襟怀坦白，彼此尊重，自觉履行义务，依法行使权利。做任何事情，无论是自己的，还是他人的，都应以对待自己事务之注意对待之，恪守信用，不规避法律，不损人利己。从客观上说，当债务人不当处分自己的财产或权利时，债权人、债务人之间的利益关系就失去了平衡，因此，基于诚实信用原则设立的债的保全制度，是对当事人的利益关系进行再调整，使因一方不当行为而失衡的法律关系得以恢复平衡，以维护一定的社会经济秩序。可见，诚信原则为债的保全制度提供了坚实的理论基础，从而使债的保全制度成为债法调整债务人通过合同方式逃避债务行为之救济的不可缺少的重要组成部分。

## 二、债的代位权

代位权指当债务人怠于行使其对第三人享有的权利而危急债权人债权实现时，债权人可以自己的名义代位行使债务人对第三人的权利，以保全其债权。

代位权是合同之债效力的一部分，而非合同权利的从权利。代为权的这一性质区别于担保权与代理权。

债权人代位权的成立要件为：(1) 债务人享有对于第三人的债权。可代位行使债务人的权利，必须是非专属于债务人本身的权利。(2) 债务人怠于行使其权利。所谓怠于行使其权利，是指应行使并且能行使而不行使其权利。(3) 债务人已经陷入履行迟延。(4) 债权人有保全自己债权之必要。所谓有保全自己债权之必要，是指债权人的债权有不能依债的内容获得满足的危险，因而有代位行使债务的权利以便实现债权的必要。

代位权应以诉讼的形式提起，债权人为原告，次债务人为被告，债务人为第三人。代位权必须通过诉讼程序行使，其主要原因在于，一方面，只有通过裁判方式才能保证某个债权人行使代位权所获得的利益能够在各个债权人之间合理分配；另一方面，只有通过裁判方式才能有效地防止债权人滥用代位权，如防止随意处分债务人的权利或将债务人的权利用以充抵自己的债权，同时也能够有效地防止债权人与其他未行使代位权的债权人、债务人以及次债务人之间因代位权的行使而发生不必要的纠纷。① “然债权人之代位权，系为债权之保全，代债务人行使其权利，非扣押债务人之权利或就收取之财产有优先受偿之权，从而为实体法上之权利，而非诉讼法上之权利。”②

代位诉讼提起后，合同义务人对次债务人的合同权利，暂处于中止状态。代位权人的诉讼请求，应以代位权人对合同义务人享有的债权额为限。在代位权的诉讼中，次债务人享有债务人对合同权利人的所有抗辩权，次债务人自身对代位权人即权利人的抗辩权，不得在代位诉讼中使用。代位诉讼胜诉，代位权人所获得的财产仍属债务人，按多退少补的方式结算，如债务人有多个债权人，债务人被申请破产的，代位权人所获财产属破产财产；如未破产，按债务清偿程序偿还。代位诉讼后，次债务人与债务人间的债权、债务关系或全部消灭或部分消灭。因代位诉讼发生的诉讼费用，由次债务人承担，次债务人可向债务人追偿。代位权的行使受诉讼时效的调整。

## 三、债的撤销权

“债权人撤销权，谓债权人对于债务人所为有害债权之行为，得申请撤销之

① 参见王利明、崔建远：《合同法新论 · 总则》，中国政法大学出版社 1996 年版，第 386 页。

② 史尚宽：《债法总论》，中国政法大学出版社 2000 年版，第 463 页。

权利也。”[①]在合同法上，即指合同之债的债权人对合同之债的债务人实施的处分其财产或权利的行为，危及其债权实现时，可请求法院撤销该行为的权利。

撤销权的性质是合同之债效力的一部分，而非合同权利的从权利。

撤销权的构成要件为：(1) 合同义务人实施了有害合同权利的行为，这类有害行为，一般仅限于对现有财产和债权作无偿处分或不对价处分，不包括拒绝接受赠与、无偿提供劳务及从事消费。(2) 处分行为已发生效力。(3) 已经或将要严重损害债权人的利益。(4) 受让人签订该类合同时，不对价或虽有偿但具有恶意。

撤销权应以诉讼的形式提起，合同权利人为原告，债务人为被告，受让人为第三人。请求撤销的范围应与合同债权额相当。撤销之诉如得到支持，合同义务人的处分行为无效。撤销权人对合同义务人的债权可获保全，受让人则应根据行为被撤销的法律后果，负返还原物的义务，若不能返还，则按市价作价处理。同时受让人可以要求行为人归还对价，并根据其过错，要求赔偿损失。如债务人被申请破产，则撤销权人所获财产属破产财产；如未破产，按债务清偿程序偿还。撤销权受除斥期间调整。

## 第二节　债务承担

### 一、概述

债务承担，是指由第三人承担违反义务人应承担的不利后果。通说认为，债务承担者，乃不变更债之同一性，而以移转债务为标的之合意。于此情形，债务承担合意一经生效，债不变更其同一性，即由第三人承受该债务或加入债之关系而为债务人。[②] 债务承担被分为由第三人承受债务人的地位独立承担债务，以及第三人加入债的关系，并与债务人共同承担债务两种情形。

根据上述定义，债务承担被分为广义和狭义。广义的债务承担，包含第三人承受债务人的地位和第三人加入债的关系与债务人共同承担债务两种情形，因此也被称为并存的债务承担、不免责的债务承担。狭义的债务承担，仅指第三人承受债务人的地位，独立承担债务一种情形，即合同债务人将其合同义务转移给第三人，转移行为成立后，原义务人不再负担义务。基于这类债务承担的特点，其也被称为免责的债务承担。

我们认为，债务承担应只指第三人加入债的关系，与债务人共同承担债务之情形。即通说所称的并存的债务承担、不免责的债务承担。至于通说中将所谓

---

① 史尚宽：《债法总论》，中国政法大学出版社 2000 年版，第 474 页。

② 参见邱聪智：《新订民法债编通则》（下册），中国人民大学出版社 2003 年版，第 429 页。

的狭义债务承担纳入债务承担定义之中，乃是未区分合同义务转让与债务承担之不同所致。合同义务转让与债务承担是形似但质不同的两个概念。其区别主要表现在：(1) 合同义务是由当事人约定，并由义务人自觉履行；而债务则是当事人违反法定或约定义务应承担的不利后果，除当事人自觉履行外，还可依靠国家强制力，强制违反义务者承担不利后果。(2) 经合同权利人同意，合同义务人可将尚未届履行期的义务转让给他人，转让后，其便脱离该合同关系，不再对该合同义务的履行与不履行负责任；债务承担，则是义务人已违反义务，第三人不论基于法定还是约定原因，加入至他人的债务，但这并不免去债务人的债务，只有当债务完全给付清偿完毕时，债务人的债务才归于消灭。(3) 从逻辑演绎上分析，合同义务转移属于合同关系变更范畴；而债务承担则属于债务清偿之范畴。

至于债务能否转让问题，从通说而言，债务当然能够转让，似乎是一个不成问题的问题。我们认为债务是不可转让的，因为，债务是违反义务人必须承担的后果，即恢复权利至被侵犯前之状态。只要被侵害的权利没有被恢复，违反义务人不能与之脱离干系。然通说中所谓的债务转让，则是指经债权人同意，债务人将债务转让给第三人履行，债务人将不再受原债务的约束。言下之意，违反义务人可通过债务转让的方法，即通过金钱而逃避承担因违反义务而应承担的后果。显然，它与法律设立债务之目的是不相符的。合同义务可以转让，但债务不能转让。因为，合同义务是当事人设定的义务，它与法定义务相对应。所有的约定义务，可以经过合同权利人同意而转移，其性质是 A 和 B 间设定的义务，现变更为 A 和 C 之间设定，只要变更协议成立，B 便不再受原义务的约束。由于约定义务是当事人自己设立的，只要不违反法律的规定，自然没有必要干涉当事人之间的变更协议。然同样作为义务的法定义务中的积极义务，如赡养义务、抚养义务，则不具有转让的性质，原因在于这些义务具有人身性质，并涉及社会基本的伦理道德，因此，法律不允许义务人通过各种方式逃避自己的义务。由此，我们可以说约定义务可以转让，法定义务则不可以转让。通过上述分析后，再回到债务，也如同前述，所谓债务是违反义务人应承担的后果。债务制度的设立，不仅仅在于恢复权利至被侵犯前状态，它还涉及维护以义务为基本要素的社会秩序，它代表着国家、法律对人们行为的评价和态度，社会将通过债务制度，给违反义务人予以一定的制裁，以督促人们自觉履行义务，实现社会的和谐与发展。明确合同义务的可转让性和债务的不可转让性，将更有利于提高公民自觉履行义务的意识，有利于保护债权人的合法权利。

## 二、债务承担的特征及表现形式

在排除所谓狭义债务承担后，债法意义上的债务承担，也可称并存的债务承担、不免责的债务承担,它是指债务人不脱离债的关系,而由第三人加入债的关系,与债务人共同承担债务的债务承担方式。

现实的债与第三人本无关系,第三人是基于自愿或法律的规定而参与到一个已存在的债之关系中,或直接或与债务人一起履行债务。债务承担的特点是:(1) 债务承担以债务之有效存在为前提。(2) 债务承担是承担人基于法定或约定,直接或与债务人共同清偿债务。承担人承担的债务不能超出原债务范围,超过部分属于债权人所获取的不当得利,承担人或债务人可主张返还。(3) 债务人与承担人须各自为一独立主体。债务承担后,承担人与债务人间如何分配,或以法律规定,或按当事人约定。

根据债务承担形成的原因,债务承担可以分为基于法律规定引起和基于当事人约定引起两类。

基于当事人约定而形成的债务承担,其表现形式主要有:(1) 担保中的保证合同。保证人是自愿加入他人之间的债关系,并同意或承担一般保证责任或承担连带保证责任,然债权人在取得保证后,并不消灭对债务人的债权。此与合同义务转让不同,表现为保证是不免除原债务人债务的性质,故可称其为不免责的债务承担。(2) 代为清偿。即第三人自愿为债务人清偿债务,尽管《合同法》上的表述为"当事人约定由第三人向债权人履行",但从效率角度而言,即使没有约定,由第三人自愿代债务人清偿,总比债务人未清偿好,所以,代为清偿应包含约定和无约定两种情形。《合同法》第 65 条规定:"第三人不履行债务或履行债务不符合约定,债务人应当向债权人承担违约责任"。由此可见,代为清偿也符合广义债务承担概念的内涵,且第三人履行不当,由债务人承担责任,故可称其为不免责的债务承担。

基于法律规定而形成的债务承担,其表现形式主要有:(1) 合伙人对合伙债务的承担。《民法通则》第 35 条规定:"合伙的债务,由合伙人按照出资比例或者协议的约定,以各自财产承担清偿责任。合伙人对合伙债务承担连带责任,法律另有规定的除外。偿还合伙债务超过自己应当承担数额的合伙人,有权向其他合伙人追偿。"《合伙企业法》第 38 条规定:"合伙企业对其债务,应先以其全部财产进行清偿。" 第 39 条规定:"合伙企业不能清偿到期债务的,合伙人承担无限连带责任。"从上述规定中,我们发现这里首先存在一个合伙组织与他人之间存在的债务,当合伙组织的财产不足以抵偿债务时,法律要求合伙人以其个人财产来偿还债务,这与债务承担的第三人加入到已存在的某个债的关系定义相一致,据此,它符合广义债务承担概念的内涵,是广义债务承担概念的外延之一。(2) 合并后公司对被合并公司债务的承担。《合同法》第 90 条规定:"当事人订立合同后合并的,由合并后的法人或者其他组织行使合同权利,履行合同义务。当事人订立合同后分立的,除债权人和债务人另有约定的以外,由分立的法人或者其他组织对合同的权利和义务享有连带债权,承担连带债务。"《合同法》的上述规定,同样揭示了合并后的公司具有加入到合并前的公司债务中的职能,所以,它也是广义债务承担的外延之一。

以上列举,并未穷尽债务承担的外延,债务承担究竟有多少外延,还有待我们进一步的研究和发现。

# 第十四章　合同之债的消灭

## 第一节　合同之债消灭概述

合同之债的消灭，也可称合同债权的消灭、合同之债法律关系的消灭。它是指合同之债关系中的债权，因债务人或第三人的清偿、给付或实质上的清偿、给付，终使被侵犯的原权利得以恢复而归于消灭。

为了便于正确把握债关系的消灭，在具体介绍合同之债消灭的内容之前，有必要先回顾原权法律关系的消灭及若干与债消灭相似的概念。

（一）原权法律关系的消灭

原权利是一国社会成员享有的基本权利，它或源于法律的规定，或源于当事人的约定，不论是何种原权利它都具有“生与死”的运动轨迹。回顾原权利的消灭，有助于了解债关系的消灭。

1．物权的消灭

通说认为，物权的消灭指特定主体的物权不复存在。[①] 不复存在的情形，可分为因绝对不存在和相对不存在而归于消灭，前者指基于标的物的灭失而物权归于消灭，这一情形不仅指原物权人失去对物的权利，且他人也无法取得该物，如房屋因地震而倒塌，书画因被浸泡而糜烂等等。后者指物仍存在，只是原物权人失去了对物的权利，该物上的权利由他人取得，如买卖中的买受人取得物权，继承中的继承人取得物权等等。上述任何一种事实发生，物权人的物权归于消灭。

2．人身权的消灭

人身权被分为人格权与身份权。

人格权因人的死亡而归于消灭。学界有一段时间曾对人格权中的名誉权等是否随主体死亡而消灭产生了不同的观点，有的学者认为虽大部分人格权，如生命、健康、自由等权利归于消灭，但肖像、名誉等仍继续存在；也有的认为人格权基于死亡而归于消灭。最高人民法院的相关司法解释为上述争论画上了句号，如《最高人民法院关于贯彻执行〈民法通则〉若干问题的意见（修改稿）》第161条规定，公民死亡后，其名誉受到侵害，使其配偶、父母、子女或者其他有关人员受到损害的，受害人可以提起诉讼。《最高人民法院关于确定民事侵权精神损

---

① 参见彭万林主编：《民法学》，中国政法大学出版社1997年版，第257页。

害赔偿责任若干问题的解释》第3条规定:"自然人死亡后,其近亲属因下列侵权行为遭受精神痛苦,向人民法院起诉请求赔偿精神损害的,人民法院应当依法予以受理:(一)以侮辱、诽谤、贬损、丑化或者违反社会公共利益、社会公德的其他方式,侵害死者姓名、肖像、名誉、荣誉;(二)非法披露、利用死者隐私,或者以违反社会公共利益、社会公德的其他方式侵害死者隐私;(三)非法利用、损害遗体、遗骨,或者以违反社会公共利益、社会公德的其他方式侵害遗体、遗骨。"根据上述司法解释,我们认为自然人人格权基于死亡而消灭。但死者原人格权中的名誉、肖像可转化为其近亲属身份权的一部分,他人对死者名誉、肖像、遗体的侵犯,意味着对其近亲属的人身权的侵犯。

身份权因特定身份的失去而归于消灭,如未成年人的受抚养的权利,因年满十八岁而归于消灭;又如夫妻间互相受扶助的权利,因离婚而归于消灭。

3. 知识产权的消灭

知识产权均因时间届满而归于消灭。其中著作权消灭的时间为作者死后第50年的12月31日,合作作品著作权消灭的时间为最后一位合作作者死后第50年的12月31日;专利权以专利注册期限届满而归于消灭,我国专利法规定发明专利的期限为20年,外观设计为10年;商标权或因商标权人主动注销注册商标而消灭,或因商标行政管理机关强行注销而消灭。

4. 合同权利

合同权利基于合同义务人的自觉依约履行或双方协商一致的代物履行而归于消灭。

(二) 与债消灭相似的概念

1. 债的消灭与债权效力的阻止

债的消灭与债权效力的阻止不同,"债权效力之阻止指依债务人之抗辩,对于债权人之请求,得拒绝给付。不问其为永久的抗辩,或为延期的抗辩,债权本身并未消灭。惟有抗辩之援用时,债权人不得行使其债权。如抗辩权消灭,债权回复其本来作用"①。也就是说,此时的债关系并未消灭,只不过效力暂时停止而已,可见,债权效力阻止有别于债关系的消灭。

2. 债的消灭与债务承担

债的消灭与债务承担不同。债务承担指第三人加入到一个业已存在的债务中,与原债务人并立的、共同承担债务的现象;而债关系的消灭则是债关系因给付或实质性的给付而归于消灭,不复存在。

3. 债的消灭与债权转让

债的消灭与债权转让不同。债权转让指债权人将债权转让于他人,原债权

① 史尚宽:《债法总论》,中国政法大学出版社2000年版,第761页。

人退出债的关系,但债的关系仍继续存在,发生的只是债权人主体变更而已。债权转让的性质为权利处分。而债关系的消灭则是债关系因给付或实质性的给付而归于消灭,不复存在。

## 第二节　引起债关系消灭的法律事实

### 一、合同之债的清偿

1. 清偿概念

清偿,也称给付,是承担违反义务而生不利后果的行为。清偿与合同义务履行略有区别,清偿重于债关系的消灭,而履行则表示自觉履行合同义务。

2. 清偿人和受偿人

(1) 清偿人,是违反义务之人,即债务人,但不以债务人为限,第三人也可以为清偿人。清偿是为了实现债权人的债权,第三人担当给付,同样可以实现债权目的,因此,第三人代为清偿行为的,亦可为清偿人。代为清偿行为发生后,债权人与债务人的合同关系归于消灭,至于债务人与代为清偿人之间的内部关系如何,则另当别论,兹不赘述。

(2) 受偿人,也称清偿受领人,即债权人。清偿须向有权受领人为之,并经其受领后,始发生清偿效力。无民事行为能力人或限制民事行为能力人虽为债权人,是否有受偿权,如无法律的明文规定,债务人应向其法定代理人清偿。

3. 清偿的抵充

清偿的抵充是指债务人对同一债权人负有数宗债务,但债务人的给付只能清偿其中一部分。清偿抵充是决定某宗或某几宗债务,因该清偿而使债务归于消灭的法律制度。

清偿抵充应具备下列要件:(1) 债务人对同一债权人负有数宗债务,且已到履行期限;(2) 数宗债务属于同一种类;(3) 债务人的给付只能清偿其中的一部分。

清偿抵充的方式是:(1) 双方协议抵充顺序,即双方以协议形式确定抵充的顺序。(2) 清偿人指定抵充,即清偿人在清偿时,指明本次履行的是某宗或某几宗债务。(3) 法定抵充,即法律对抵充顺序的规定。法定抵充顺序是按时间排序,由远及近。

### 二、合同之债的免除

免除,谓以债权之消灭为内容之债权人之单独行为。[1] 免除是债权人抛弃

① 参见史尚宽:《债法总论》,中国政法大学出版社2000年版,第873页。

对债务人债权的法律行为。免除自债权人免除的意思表示到达债务人时生效，使债权债务关系全部或部分消灭。免除的性质具有以下性质：

1. 免除为单方行为。民法理论强调当事人的自由意思，在不损害他人利益的前提下，权利人可以自由处分自己的权利。权利人对自己权利积极地抛弃或者消极地不行使，均无不可，法律当然不得强制权利人行使权利。债权人既然可以单方面抛弃自己的权利，也可任意免除债务人的债务。但免除既然依债权人一方的意思表示而发生效力，其免除行为就不得损害债务人的利益，自属当然。[①] 免除虽然是单方法律行为，但债权人和债务人通过订立债务免除协议，以达到免除的目的，作为合同自由原则的体现，自无不可。

2. 免除是处分行为。免除是对债权的抛弃，这类似于物权的抛弃，所以是一种准物权行为。对债权抛弃，亦与抛弃物权一样，也要求行为人有处分权，因而免除行为原则上只能由债权人作出。当债权人是多数人时，免除人应有特别授权。

3. 免除为不要式行为。通说认为免除是免除人的单方表示，出于尊重当事人的意愿，这种行为不以特定方式以必要，因此，免除为不要式行为。

4. 免除是有因行为。债权债务关系为独立的法律行为所引起，作为消灭债务关系的免除，是另一个独立的法律行为。它们之间存在着主行为与从行为的关系。债务为主行为，免除为从行为。就免除行为成立后是否受债务效力影响而言，免除是要受到主行为效力的影响的，即债务行为无效将导致免除行为无效。所以，免除行为，应为有因行为。

免除应由债权人向债务人以意思表示为之。没有向第三人为免除的意思表示，不发生免除的法律效力。

免除的意思表示构成法律行为。关于民事法律行为的规定适用于免除。免除可由债权人亲自为之，也可委托代理人为之。

《合同法》第 105 条规定："债权人免除债务人部分或者全部债务的，合同的权利义务部分或者全部终止。"免除发生债权消灭的效力，因免除使债权消灭，债权的从权利也同时归于消灭。

### 三、合同之债的抵消

抵消是指二人互负债务，各以其债权充当其债务清偿，而使债务与对方的债务在对等额度内相互消灭。用于抵消的债权即债务人的债权，称为自动债权、抵消债权、反对债权；被抵消的债权，即债权人的债权，叫受动债权。

抵消可分为法定抵消和合意抵消。法定抵消是法律直接规定了抵消的构成

---

① 参见张广兴：《债法总论》，法律出版社 2004 年版，第 281 页。

要件,一旦具备法定要件,当事人一方的意思表示即可发生抵消效力。当事人的这种意思表示的权利称为抵消权,是形成权的一种。关于其法律性质,有抵消为清偿说,抵消为特别清偿说,抵消为自己清偿之指示说,抵消为代物清偿说,以及抵消与留置权、质权同性说等。合意抵消,即抵消之要件及效力由当事人自由约定,虽不具备法定抵消的构成要件,也可通过双方的协议达到抵消之目的。

法定抵消须具备一定的构成要件。我国《合同法》第 99 条规定的抵消之要件是:(1) 双方当事人互负债务、互享债权。抵消是在对等额内使双方债务消灭,债权实现。因此,互负债务、互享债权是抵消发生之基础;互负债务、互享债权应是合法有效的。(2) 双方互负债务种类相同。至于互负债务标的物种类、品质不同的,如经双方协商同意,也可抵消。(3) 自动债权已届清偿。(4) 互负债务具有可抵消性。依债的性质不可抵消的,则不能抵消。

抵消是单方法律行为,应适用法律关于法律行为及意思表示的规定。抵消又是处分债权的行为,故抵消权人应有行为能力,并应对债权有处分权。抵消应由抵消权人以意思表示向受动债权人为之,以通知到达受动债权人时发生效力。同时,抵消的意思表示不得附条件或期限。

抵消的通知一经到达对方,即可产生债消灭的效力。抵消使双方债权按照抵消数额消灭,并且双方债权溯及得为抵消时消灭,所谓得为抵消时,指抵消权成立之时,包括双方债权的担保及其他从权利,均从得为抵消时消灭;抵消的金额是合计双方债权的利息、给付迟延、受领迟延、违约金、损害赔偿等的可得利益。

### 四、合同之债的混同

混同是债权与债务同归一人,致使合同之债归于消灭的法律事实。债权、债务的混同由债权或债务的承担制度而产生,它包括概括承受和限定承受。概括承受是一方从对方处既接受权利也接受义务。因债务人与债权人合并而发生混同,致使债消灭的例子有:继承人与被继承人间的债务,合并公司与被合并公司间的债务。合同之债因混同而生债消灭的法律效果。

# 第十五章　转移所有权的合同

## 第一节　买卖合同

### 一、买卖合同的概念与特征

买卖合同,是指出卖人转移标的物的所有权于买受人,买受人支付价款的合同。买卖合同是财产流转的基本交易形式,因此,其他转移财产所有权的合同,在法律没有作出明确规定时,可参照适用买卖合同中的相关规定。买卖合同具有以下法律特征:

1. 买卖合同是一方当事人转移标的物的所有权,另一方当事人支付价款的合同。买卖合同的出卖人负有交付标的物并转移其所有权于买受人的义务,买受人负有向出卖人支付价款的义务,两项义务互为对价,是买卖合同最基本的特征。

2. 买卖合同是双务合同。在买卖合同中,买卖双方都既享有权利,又负担义务,双方的权利义务相互对应。出卖人负有交付标的物并移转其所有权给买受人的义务,买受人也同时负有向出卖人支付价款的义务,一方的义务正是另一方的权利。因此,买卖合同是一双务合同。

3. 买卖合同是有偿合同。买卖合同双方有着不同的目的、不同的利益需要,任何一方要实现自己的利益需要,都须支付一定的代价。出卖人取得价款,是以让与出卖物的所有权为代价的,而买受人取得标的物的所有权,也必须以支付一定的价款为代价。因此,买卖合同是有偿合同。

4. 买卖合同是诺成合同。买卖合同自双方当事人意思表示一致时成立,在当事人意思表示一致外,一般不需要实际交付标的物作为合同生效的要件。故买卖合同一般为诺成合同。但这个特点并不绝对,根据法律规定、当事人约定或交易习惯,有的买卖合同被规定或约定为要物合同也未尝不可。

5. 买卖合同为不要式合同。买卖合同采用何种形式,一般可由当事人自己决定。也就是说,合同的形式一般不影响买卖合同的成立生效。所以,买卖合同一般为不要式合同。买卖合同的不要式性,是由现代市场经济的特点决定的。因为现代市场经济要求交易迅速,不应以严格的形式来限制交易。但是,对于某些特种物品的买卖,国家出于管理上的需要,也可以法律规定该类物资的买卖须用特定的方式。

## 二、买卖合同的基本条款与种类

### （一）买卖合同的基本条款

买卖合同的基本条款包括标的、数量、质量、检验标准和方法、包装方式、价款、结算方式、履行期限、履行地点、履行方式、违约责任、解决争议的方法等。

### （二）买卖合同的种类

1. 按付款时间为标准，可将买卖合同分为一次性付款的买卖合同与分期付款的买卖合同。

2. 按权利义务是否同一时间发生为标准，可将买卖合同分为现货买卖合同和期货买卖合同。

3. 按义务是不是一次性履行，可将买卖合同分为非继续性买卖合同与继续性买卖合同。

4. 按买受人支付的对价是不是货币，可将买卖合同分为买卖合同与互易合同。

## 三、买卖双方的义务

### （一）出卖人的义务

1. 交付标的物，并转移标的物的所有权于买受人

该项义务是出卖人的义务，它由两个方面的内容组成：其一为交付标的物；其二为转移标的物的所有权于买受人。

（1）交付标的物

买卖合同中，出卖人应将买卖合同的标的物交付给买受人。出卖人应当按照约定的质量要求交付标的物。出卖人提供有关标的物质量说明的，交付的标的物应当符合该说明的质量要求。当事人对标的物的质量标准没有约定或约定不明确的，可以协议补充；不能达成补充协议的，按照合同有关条款或者交易习惯确定；仍不能确定的，出卖人交付标的物，应当具有同种物的通常标准或者为了实现合同目的该物所应当具有的特定标准。出卖人交付的标的物不符合质量标准的，应当按照当事人的约定承担违约责任。质量不符合约定，造成其他损失的，受损方可以请求赔偿损失。此谓出卖人的质量瑕疵担保。出卖人交付的标的物，附有相关单证的，如说明书、保修单、保险单、质量保证书等，应随标的物一同交付。交付的标的物，有从物的，如合同没有约定，也应随同标的物一同交付。

出卖人应当按照约定的期限交付标的物。约定交付期间的，出卖人可以在该交付期间内的任何时间交付，但应当在交付前通知买受人。出卖人提前交付标的物的，应取得买受人的同意，否则买受人有权拒收。当事人未约定标的物的交付期限或者约定不明确的，可以协议补充；不能达成补充协议的，按照合同有

关条款或交易习惯确定;仍不能确定的,可以随时交付,但应当给买受人必要的准备时间。

出卖人应当按照约定的地点交付标的物。当事人未约定交付地点或者约定不明确,可以协议补充;不能达成补充协议的,按照合同有关条款或者交易习惯确定。如果仍不能确定,适用下列规定:① 标的物需要运输的,出卖人应当将标的物交付给第一承运人以运交给买受人。② 标的物不需要运输的,出卖人和买受人订立合同时知道标的物在某一地点的,出卖人应当在该地点交付标的物;不知道标的物在某一地点的,应当在出卖人订立合同时的营业地交付标的物。

出卖人应当按照约定的数量交付标的物。出卖人多交标的物的,买受人可以接受或者拒绝接收多交的部分。买受人接收多交部分的,按照原合同的价格支付价款;出卖人少交标的物的,除不损害买受人利益的以外,买受人可以拒绝接收。买受人拒绝接收标的物的,应当及时通知出卖人。买受人怠于通知的,应当承担因此产生的损害赔偿责任。但出卖人交付的标的物数量在合理的磅差或尾差之内的,应认为交付的数量符合约定的标准。

合同中约定分批交付的,出卖人应按照约定的批量分批交付。出卖人未按照约定的时间和数量交付的,应就每一次的不适当交付负违约责任。

出卖人应当按照约定的包装方式交付标的物。对包装方式没有约定或者约定不明确的,可以协议补充;不能达成补充协议的,按照合同有关条款或者交易习惯确定;仍不能确定的,应当按照通用的方式包装;没有通用方式的,应当采取足以保护标的物的包装方式。

(2) 转移标的物的所有权于买受人

取得标的物的所有权是买受人的权利也是买受人订立合同的目的,因此,将标的物的所有权转移给买受人,是出卖人的义务。出卖人应保证其所转让的标的物的所有权不受第三人主张和追究,此所谓出卖人的权利瑕疵担保。移转标的物的所有权,是在移转标的物占有的基础上实现标的物所有权的转移,使买受人获得标的物所有权。依《合同法》第 133 条的规定,标的物的所有权自标的物交付时起转移,但法律另有规定或者当事人另有约定的除外。这表明标的物所有权的转移方法,可以有所不同。就动产而言,除法律有特别规定的以外,所有权依交付而移转。但当事人可以约定出卖人先行交付标的物,物的所有权在价款付清时转移。在买受人未履行支付价款前,标的物的所有权仍归出卖人所有,以担保买受人合同义务的履行,这就是所谓的所有权保留制度。所有权保留作为一种新型的担保制度,在交易实践中,经常与分期付款买卖结合在一起。在保留所有权的分期付款买卖中,买受人在条件成就前,享有所有权的期待权,该项权利为物权化的债权或效力扩张的债权;出卖人基于其所保留的所有权享有取回权。该制度以微观上的利益均衡、交易安全为宗旨,以权利拥有和利益享用相分离的权利分化理论为构思主题，以设定标的物所有权移转的前提条件为特征，精巧地实现了买受人对标的物的提前享用，有效地消除了出卖人滞后收取价金的交易风险，备受世人欢迎。我国《合同法》对所有权保留制度的肯定，必将推动我国信贷消费的发展。不动产和法律有特别规定的动产（如车辆、船舶、航空器等）所有权的转移，须依法办理所有权的转移登记，出卖人负有协助办理登记的义务。

依据《合同法》的规定，出卖具有知识产权的计算机软件等标的物的，除法律另有规定或当事人另有约定的以外，该标的物的知识产权并不随同标的物的所有权一并移转于买受人。

2. 交付有关单证和资料

出卖人还应当按照约定或者交易习惯向买受人交付提取标的物单证以外的有关单证和资料，如产品合格证、使用说明书等证件和资料。该项义务系属出卖人在买卖合同中所负担的辅助义务，实现买受人的交易目的。除负担前述义务和辅助义务外，出卖人还应遵循诚实信用原则，根据合同的性质、目的，负担通知、协助、保密等附随义务以及相应的不真正义务等法定义务。

（二）买受人的义务

1. 支付价款。支付价款是买受人的义务。这一义务有以下几方面的内容：

（1）价款数额的确定

价款数额一般由单价与总价构成，所谓单价是每一单位的价格，总价为单价乘以标的物的总数量。当事人在合同中约定的单价与总价不一致，而当事人又不能证明总价为折扣价的，应按单价来计算总价。买受人应当按照约定的数额足额支付价款。对价款没有约定或约定不明确的，可以协议补充；不能达成补充协议的，应按照国家规定的价格履行；国家没有规定价格的，参照市场价格或者同类物品的价格或者同类劳务的报酬标准履行。如果当事人订立的合同是执行国家定价的，则在合同规定的交付期限内国家价格调整时，按交付时的价格计价。逾期交货的，遇价格上涨时，按原价格执行；价格下降时，按新价格执行。逾期提货或逾期付款的，遇价格上涨时，按新价格执行；价格下降时，按原价格执行。

（2）价款的支付时间

价款的支付时间，可以由双方当事人约定。买受人应当按照约定的时间支付价款。对支付时间没有约定或者约定不明确的，可以协议补充；不能达成补充协议的，按照合同有关条款或者交易习惯确定；仍不能确定的，按照同时履行的原则，买受人应当在收到标的物或者提取标的物单证的同时支付。价款支付迟延时，买受人不但有义务继续支付价款，而且还有责任支付迟延利息。买受人在出卖人违约的情况下，有拒绝支付价款、请求减少价款、请求返还价款的权利。

如出卖人交付的标的物有重大瑕疵以致难以使用时,买受人有权拒绝接受交付,并有权拒绝支付价款。如出卖人交付的标的物虽有瑕疵但买受人同意接受,买受人可以请求减少价款。标的物在交付后部分或全部被第三人追索,买受人不但有权解除合同、请求损害赔偿,而且有权要求返还全部或部分价款。

(3) 价款的支付地点

价款的支付地点可由双方当事人约定。买受人应当按照约定的地点支付价款。对支付地点没有约定或者约定不明确的,可以协议补充;不能达成补充协议的,买受人应当在出卖人的营业地支付,但约定支付价款以交付标的物或者交付提取标的物的单证为条件的,在交付标的物或者提取标的物单证的所在地支付。

(4) 价款的支付方式

价款的支付方式,可由当事人约定,或以现金支付,或以票据支付,但当事人关于支付方式的约定,不得违反国家关于现金管理的规定。

2. 受领标的物。买受人有依照合同约定或者交易惯例受领标的物的义务,对于出卖人不按合同约定条件交付的标的物,如多交付、提前交付、交付的标的物有瑕疵等,买受人有权拒绝接受。

3. 及时检验出卖人交付的标的物。买受人收到标的物时,应在约定的检验期内及时检验,并将发现标的物不符合约定的情形,在规定的异议时间内通知出卖人。买受人怠于通知的,视为标的物的数量或质量符合约定。当事人没有约定期间的,买受人应当在发现或者应当发现标的物数量或质量不符合约定的合理期间内通知出卖人。买受人在合理期间内未通知或者自标的物收到之日起两年内未通知出卖人的,视为标的物数量或质量符合约定;但对标的物有质量保证期的,适用质量保证期,不适用该两年的规定。买受人的该项义务属于不真正义务。该项义务的违反不发生违约责任的承担,仅发生由此造成的损失,由买受人自己负担。

4. 暂时保管及应急处置拒绝受领的标的物。在特定情况下,买受人对于出卖人所交付的标的物,虽可作出拒绝接受的意思表示,但有暂时保管并应急处置标的物的义务。买受人拒绝接受时的保管义务是有条件的:

(1) 必须是异地交付,货物到达交付地点时,买受人发现标的物的品质瑕疵而作出拒绝接受的意思表示;

(2) 出卖人在标的物接受交付的地点没有代理人,即标的物在法律上已处于无人管理的状态;

(3) 出卖人接到买受人的拒绝接受通知时,未作出任何取回的安排。

在上述三个条件共同具备下,买受人对拒绝接受的货物负有暂时保管义务,同时对不易保管的易变质物品,如水果、蔬菜等,买受人可采取应变措施,如变卖,以减少可能发生的损失,但变卖所得在扣除变卖费用后,需退回出卖人。

## 四、买卖合同中的若干问题

1. 标的物所有权的转移

标的物所有权的转移,是指买卖合同的标的物自出卖人转移至买受人所有。标的物的所有权何时发生转移,是买卖合同的一个核心问题。它不仅是合同当事人权利义务的具体体现,而且还与当事人的风险负担和利益承受有着直接的关系。

《合同法》第 133 条规定:"标的物的所有权自标的物交付时起转移,但法律另有规定或者当事人另有约定的除外。"这一规定确定的是"交付转移所有权"的原则。按照这一规定,在一般情况下,合同标的物的所有权自交付时转移。交付可分为直接交付和间接交付。直接交付,是指出卖人亲自或委托代理人现实客观地将买卖合同标的物交付至买受人或委托的代理人。间接交付,是指虽未发生直接交付现象,但在买卖合同当事人间发生了法律认为具有交付性质的事实,视为交付。间接交付可分为指示交付和占有改定。指示交付,是指出卖人出卖的标的物正处在他人之保管之下,买卖合同成立后,出卖方将领取被保管的标的物之凭证交付给买受人时,交付即告完成,买卖合同标的物的所有权转移至买受人。占有改定,是指买卖合同成立后,出卖人因需要继续使用已出卖的标的物,经买受人同意,双方又签订了租赁合同,租赁合同成立时,买卖合同的标的物视为交付,该标的物所有权转移至买受人。但在特殊情况下,标的物所有权并非与标的物的交付同时转移。考察这一现象的原因,有的是由于有关法律有特别规定,如机动车买卖、房屋买卖等合同,这些物的所有权的转移需依照法律的规定办理登记;有的则是因当事人的约定,如所有权保留制度的分期付款买卖合同,当事人约定只有当买受人付清了最后一期款项后,这一早已由买受人占有、使用的物的所有权才转移至买受人。

2. 买卖合同的意外风险承担

买卖合同的风险,是指在买卖合同成立后至交付前,标的物因不可归责于当事人任何一方的事由而发生的毁损、灭失。综观各个国家和地区就此问题的立法例,概括起来分为:一为所有权人主义,主张风险应由所有人承担,换言之,风险应随所有权的转移而转移。该主张以《法国民法典》、《英国货物买卖法》为代表。二为交付主义,认为风险应自交付时起,从出卖人转移给买受人。《德国民法典》、《美国统一商法典》为其代表。我国《合同法》第 142 条规定:"标的物毁损、灭失的风险,在标的物交付之前由出卖人负担,交付之后由买受人负担,但法律另有规定或者当事人另有约定的除外。"从该规定看,我国似采交付主义为一般规则。其中,法律另有规定或当事人另有约定主要包括两种情况:一是在交付前标的物风险即由买受人负担;二是交付后的一段时间内标的物的风险仍由出卖人负担。如果当事人双方约定或者法律规定标的物的所有权非自交付时起转移,如买卖合同的双方当事人采所有权保留制度作为合同履行的担保,或法律明文规定需要经过登记或办理相关手续方发生标的物所有权移转的情形,未明确标的物风险转移时间,风险如何负担?我们认为应按《合同法》的规定采交付主义。风险负担的交付主义在具体应用时,应注意以下几个问题:

第一,根据合同约定,由买受人委托运输的,出卖人将标的物交由承运人,途中标的物发生意外毁损、灭失的,该风险由买受人承担;反之,则由出卖人承担。

第二,当事人没有约定交付地点或者约定不明确,双方当事人未能达成一致,根据《合同法》规定应在出卖人所在地履行,买受方逾期未领取,而遭遇意外致标的物毁损、灭失的,该风险由买受人承担。

第三,出卖人未按照约定交付标的物本身以外的有关单证和资料,但已交付了标的物,在有关单证、资料交付前,因发生意外致标的物毁损、灭失的,该风险由买受人承担。

第四,出卖人按照约定或者法律规定的时间,将标的物置于交付地点,买受人违反约定没有及时领取,标的物遭遇意外而毁损、灭失的,该风险由买受人承担。

第五,因标的物质量不符合要求,致使不能实现合同目的的,买受人依法可以拒绝接受标的物。当标的物在买受人履行暂时保管义务时发生意外导致标的物毁损、灭失的,该风险由出卖人承担。

3. 买卖合同中的利益承受

买卖合同中的利益承受,是指标的物于买卖合同订立后所生的孳息的归属。标的物于合同订立后所生孳息的归属与风险的负担是密切相连的,二者遵循同一原则。因此,在利益承受上也采交付主义作为一般规则,即标的物在交付前产生的孳息,归出卖人所有;标的物交付后产生的孳息,由买受人所有。合同另有约定的,依其约定。

4. 试用买卖合同

试用买卖合同是由双方当事人先确定一个期间作为试用期,一方在该期间内可对标的物进行试用,期间届满后,试用人可决定买或者不买。试用期一般由双方约定,根据标的物的性质,试用期可长可短。如果双方没有约定,根据《合同法》第 61 条还不能确定期间的,应当由出卖人确定。试用期届满后,买受人有选择权,可以买,也可以不买。期限届满,试用人不予退还,则视为其愿意购买。试用期间如果标的物合理损耗,基于试用买卖合同,是出卖人为招揽顾客而为之,因此,应是无偿的。也就是说,合理损耗由出卖人负责。但是,如果因买受人的使用不当造成试用品毁损的,则买受人应当予以补偿。至于试用期间的风险,依商业惯例,由出卖人来承担。

## 第二节 供用电、水、气、热力合同

### 一、供用电、水、气、热力合同的概念和特征

供用电、水、气、热力合同是指一方提供电、水、气、热力供另一方使用,另一方使用这些资源并支付报酬的合同。供用电、水、气、热力合同属移转财产所有权合同的一种,买卖合同关于移转财产所有权所作的规定,对于该合同同样有适用效力。

供用电、水、气、热力合同具有以下特征:

1. 公用性

所谓公用性,是指供应人提供的电、水、气、热力的消费对象不是社会中的某些特殊阶层,而是一般的社会公众。因此,供应人有强制缔约义务,不得拒绝利用人通常、合理的供应要求。

2. 公益性

所谓公益性,是指这类供用合同的目的不只是为了供应方从中得到利益,更主要的是满足人民生活的需要,提高人民生活质量。公用供用企业所经营的行业,具有自然垄断性质,因此,各国对于这类供用合同的收费标准都设有一定的限制,供应人不得随意提高收费标准。

3. 继续性

供用电、水、气、热力合同中,需求方合同目的的实现需要供应方持续不断地履行合同义务,因此,与经由义务人的一次交付行为即可完成合同履行的合同不同,供用电、水、气、热力合同为继续性合同。在供用电、水、气、热力合同因各种原因终止之时,终止合同的效力仅能向将来发生,而不能溯及过去。

### 二、供用电合同

供用电合同是供电人向用电人供电,用电人支付电费的合同。

#### (一) 供用电合同的法律特征

1. 合同的主体是供电人和用电人。供电人是指供电企业或者依法取得供电营业资格的非法人单位,其他任何单位和个人都不得作为供电人。受供电企业委托供电的营业网点、营业所不具有权利能力,不能以自己的名义签订合同,因而不是供电人。用电人的范围非常广泛,自然人、法人以及其他组织等都有资格成为供用电合同的用电人,订立供用电合同。

2. 合同的标的物是一种无形物质——电力。

3. 供用电合同属于持续供给合同。由于电力的供应与使用是连续的,因此

合同的履行方式处于一种持续状态。供电人在发电、供电系统正常的情况下,应当连续向用电人供电,不得中断。

4. 供用电合同一般多为格式条款。供电企业为了与不特定的多个用电人订立合同而预选拟定格式条款,双方当事人按照格式条款订立合同。用电人对该格式条款仅有同意或不同意的权利,而不能更改其内容。

5. 电力的价格实行统一定价原则。《电力法》第35条第2款规定:"电价实行统一政策,统一定价原则,分级管理。"

(二) 供用电合同的权利义务关系

供用电合同的效力主要体现为合同双方当事人所享有的合同权利和所负担的合同义务,由于该合同为双务有偿合同,因此其效力可经由双方当事人所负担的合同义务来体现。

1. 供电人的义务

(1) 及时、安全、合格供电

用户提出申请的,供电企业应尽快确定供电方案,并在一定期限内正式书面通知用户。供电人应当按照国家规定的供电质量标准和约定安全供电。供电人未按照国家规定的供电质量标准和约定安全供电,造成用电人损失的,应当承担损害赔偿责任。

(2) 供电人因限电、检修等停电的通知义务

供电人因供电设施计划检修、临时检修、依法限电或者用电人违法用电等原因,需要中断供电时,应当按照国家有关规定事先通知用电人。未事先通知用电人中断供电,造成用电人损失的,应当承担损害赔偿责任。

(3) 对事故断电的抢修义务

事故断电,是指因为不可抗力或意外事故造成供电设施毁坏,以致电力无法继续正常供应的情况。此时,供电人应当按照国家有关规定及时抢修。未及时抢修,造成用电人损失的,应当承担损害赔偿责任。

此外,供电人还负有因限电或停电造成用电人用电未达标时,补充供给一定量电力的义务;在用电人交纳电费时,向用电人开具用电数量详细情况凭证或记录的义务等。

2. 用电人的义务

(1) 用电人支付电费的义务

供电合同是双务、有偿合同,用电人应对其使用供电人供应的电力支付费用。用电人拖欠电费的,供电人可以中止合同,在用电人补交电费及其迟延利息之后重新供电。

(2) 用电人对用电设施的安全保持义务

保持用电设施处于安全状态,是保证用电安全的前提条件。因此,对于已经

安全装设的用电线路和保险装置，用电人不应随意拆换，以防发生危险，或因此留下隐患。同时，用电人也不应在已经检修合格的用电设施中再随意拉线，连接用电设施。对于用电设施出现故障需要修理的，一般也要请电工修理，不应自己随意接拉电线或修理。否则，造成损失或发生危险的，供电人对此不负责任。

（3）用电人对供电人正当检修、停电、限电的容忍义务

供电属于高度危险作业，因各种意外事故而需要对用电设施进行检修，或是因此而停电、限电，都是较为常见的现象，也是为防止危险发生的必要措施。用电人对此应当忍受，而不得随意主张除去。如果由于特定时期供电总量有限，需要限制用电人的用电量的，用电人也应负必要的忍受义务。同时，供电人检修供电设施时需要用电人协助的，用电人负有协助义务。

（4）用电人依照规定或约定用电的义务

用电人应当按照国家有关规定和当事人的约定安全用电。用电人未按照国家有关规定和当事人的约定安全用电，造成供电人损失的，应当承担损害赔偿责任。

### 三、供用水、气、热力合同

供用水、气、热力合同，与供用电合同一样，都是一种常见的民事合同。合同的标的物，也即水、气、热力，既是国民经济中的重要能源，也是一种特殊的商品。其合同都是供应人向使用人供应水、气或者热力，使用人支付价款的合同，双方当事人的关系是一种买卖关系。因此，供用水、气、热力合同在本质上都属于特殊类型的买卖合同。

它们与供用电合同具有以下共同点：（1）供应方是特殊主体，只能是依法取得特定营业资格的供应企业，其他任何单位和个人都不得作为供应方。如供应水合同的供应方只能是自来水公司。（2）属于持续供给合同。由于电、水、气、热力的供应与使用均是连续的，因此合同的履行方式都处于一种持续状态。供应方在正常情况下应当连续向使用方供应，不得中断；使用方在合同约定的期限内，享有连续使用的权利。（3）合同一般按照格式条款订立。供用电、水、气、热力都是具有社会公益性的公用事业，关系到千千万万个使用者的日常生活。供应方为了适应大量交易的需要，预先拟定格式条款，双方当事人按照格式条款订立合同，这样既有利于降低交易成本，又有利于供应方集中精力提高供应质量。但同时也存在如何限制供应方利用其垄断地位产生的不公平问题。对供用方式有特殊要求的使用方，也可以采用非格式条款订立合同。（4）对用户的责任都有特殊要求。由于电、水、气、热力系统都具有网络性，其生产、供应与使用都由网络联结，相互影响，任何一个用户的使用，都可能关系到整个系统的运行，关系

到其他用户的利益,如一个用户的暖气管道发生泄漏,可能影响相邻用户的正常供暖。因此,要求用户按照有关规定和约定安全、合理地使用供应的电、水、气、热力,并承担相应的法律责任。

鉴于供用水、气、热力合同与供用电合同有许多共同点,《合同法》第184条规定:"供用水、供用气、供用热力合同,参照供用电合同的有关规定。"例如,供用水合同中供水方的责任,就可以参照《合同法》第179条的规定,供水方应当按照国家规定的供水质量标准和约定供水。如果供应的水没有达到国家规定的质量标准,给用户的健康造成损害的,供水方应当承担损害赔偿责任。同时,供用水、供用气、供用热力合同,又各有其特性,与供用电合同并不完全相同,因此,《合同法》规定的是"参照供用电合同的有关规定",而不是完全适用,如何体现供用水、气、热力合同的特殊性,还有待于相关立法的不断完善。

## 第三节 技术转让合同

### 一、技术转让合同的概念和特征

技术转让,就是某一主体将其所有或者掌握的技术让与另一主体所有的行为。技术转让是技术成果进入市场,实现技术成果商品化的重要方式。1985年3月中共中央发布《关于科学技术体制改革的决定》,开放了我国的技术市场,其目的在于加速科技成果的转化、应用和推广。

技术转让合同具有以下特征:

1. 技术转让合同为双务合同、有偿合同、诺成合同、要式合同。在技术转让合同中,让与人须转让其技术成果的所有权或专利申请权,受让人须向让与人支付价金或使用费,故其为双务合同。合同当事人任何一方取得利益均须支付代价,故为有偿合同。技术转让合同并不以技术成果的实际交付为成立生效要件,而自当事人意思表示一致时起即成立生效,所以技术转让合同为诺成合同。技术转让合同须以书面形式作成,有的还要求特定手续,因此,技术转让合同应为要式合同。

2. 技术合同标的应当是现有的、特定的技术专利和技术秘密。技术转让合同应当是以转让特定和现有的专利权、专利申请权、技术秘密为内容的合同,不包括转让尚待研究开发的技术成果或传授不涉及专利或技术秘密成果权属的知识、技术、经验和信息。

### 二、技术转让合同的标的物范围

技术转让合同的标的物主要是指技术成果和技术秘密。包括以下三类:

1．专利申请权

专利申请权是指有权申请专利的人，向专利局提出申请专利的权利。《专利法》第 6 条第 2、3 款对专利申请权作了明确规定："执行本单位的任务或者主要是利用本单位的物质技术条件所完成的发明创造为职务发明创造。职务发明创造申请专利的权利属于该单位；申请被批准后，该单位为专利权人。非职务发明创造，申请专利的权利属于发明人或者设计人；申请被批准后，该发明人或者设计人为专利权人。"我国《专利法》第 8 条还规定："两个以上单位或者个人合作完成的发明创造、一个单位或者个人接受其他单位或者个人委托所完成的发明创造，除另有协议的以外，申请专利的权利属于完成或者共同完成的单位或者个人；申请被批准后，申请的单位或者个人为专利权人。"由于专利申请权可以转让，因此，专利申请权转让合同的受让人在取得专利申请权以后，同样有权订立合同，转让其专利申请权。当专利申请权为两个人以上共有时，一方转让其共有的专利申请权时，另一方或者其他各方享有优先受让的权利。

2．专利权

专利权是指由国家依法授予发明人或其受让人在一定期限内对其发明创造享有的专有权利。专利权人有权转让其专利权。通过专利权转让合同受让了专利权的人，也是合法的专利权人，在合同约定许可下，同样可以与他人订立专利权转让合同。与专利申请权一样，专利权为两个人以上共有的情况下，一方转让其共有的专利权时，另一方可优先受让其共有的权利。

3．技术秘密

技术秘密是指一种处于保密状态的、能够解决特定实际问题的、可以传播和转移的技术。技术秘密的转让权，是指通过技术合同向他人提供和转让该项技术秘密的权利。技术秘密转让合同的当事人应当遵守法律或合同中有关技术秘密权属的规定或约定。但是，这种存在于特定当事人之间的技术秘密转让合同是相对的，它们没有对抗第三者的效力。技术秘密的拥有者既不能阻止在其以前掌握该项技术的人，也不能阻止在其以后通过正当手段实施掌握该技术的人。

### 三、技术转让的原则及技术转让合同的类型和范围

1．订立技术转让合同应遵循的原则

（1）订立技术转让合同必须遵守法律、法规，并有利于科学技术进步，加速科学技术成果的应用和推广；

（2）有利于技术竞争和技术发展的原则；

（3）禁止非法垄断技术的原则；

（4）尊重知识产权和技术权益的原则。

2. 技术转让合同的类型

技术转让合同有以下类型：

(1) 专利权转让合同。该类合同是指专利权人作为让与人将其发明创造专利的所有权或持有权移交受让人，受让人支付约定价款订立的合同。

(2) 技术秘密转让合同。该类合同是指受让人在合同成立以后，可以在约定的地区内，以约定的方式使用技术秘密，但双方必须严格遵守约定的保密义务。

(3) 专利申请权转让合同，该类合同是指让与人将其就特定的发明创造申请专利的权利移交受让人，受让人支付约定价款订立的合同。

### 四、技术转让合同的主要条款

(1) 技术秘密的内容、要求和工业化开发程度；

(2) 技术情报和资料及其提交期限、地点和方式；

(3) 技术秘密的范围；

(4) 经费及其支付方式；

(5) 技术转让合同的违约责任；

(6) 技术指导的内容(含地点、方式及费用)。

### 五、违反技术转让合同应承担的责任

1. 让与人的责任

(1) 让与人未按照约定转让技术的，应当返还部分或者全部使用费，并且应当承担违约责任。

(2) 违反约定的保密义务的，应当承担违约责任。

(3) 受让人按照约定使用专利、技术秘密，导致他人合法权益受损的，由让与人承担责任，但当事人另有约定的除外。

2. 受让人的责任

(1) 受让人未按照约定支付转让费的应赔偿损失。

(2) 迟延交付应支付违约金或赔偿损失。

## 第四节　赠与合同

### 一、赠与合同的概念与特征

赠与合同是指赠与人将自己的财产无偿给予受赠人，受赠人表示接受该赠与的合同。其中转让财产的一方为赠与人，接受财产的一方为受赠人。赠与合

同中,赠与人向受赠人移转的一般是财产的所有权(当然并不限于所有权,土地使用权、经营权、股权、债权等也可以成为赠与的财产),因此,买卖合同作为典型的移转财产所有权的合同,其相关规定对于赠与合同具有参照适用效力。

赠与合同具有以下法律特征:

1. 赠与合同为诺成合同。赠与合同为诺成合同还是实践合同,历来存在争议。在立法例上,《德国民法典》第516条、《日本民法典》第549条规定赠与合同为诺成合同,苏联、东欧国家民法典一般将赠与合同规定为实践合同。我国以往的司法解释也将赠与合同作为实践合同加以规定,《民通意见》第128条规定:"公民之间赠与关系的成立,以赠与物的交付为准。赠与房屋,如根据书面赠与合同办理了过户手续的,应当认定赠与关系成立;未办理过户手续,但赠与人根据书面赠与合同已将产权证书交与受赠人,受赠人根据赠与合同已占有、使用该房屋的,可以认定赠与有效,但应令其补办过户手续。"但《合同法》中,只要双方当事人意思表示一致,赠与合同即成立,依法成立的赠与合同,自成立时起生效,不以赠与物的交付作为合同的成立要件。这一点,与有些国家把赠与合同规定为实践合同有所不同。

2. 赠与合同为单务合同。在赠与合同中,受赠人并无对待给付义务,仅赠与人负有给付赠与财产的义务,故赠与合同为单务合同。赠与合同中,赠与人不享有双务合同当事人可享有的合同履行抗辩权,也不要求受赠人有民事行为能力,无民事行为能力人同样可以成为赠与合同的受赠人,赠与人不能以受赠人无民事行为能力为由而主张赠与合同无效。

3. 赠与属典型有名合同的一种,而非单方法律行为。因此,赠与合同与遗赠不同。遗赠是被继承人在死亡前作出的将其财产在其死亡后赠与他人的单方意思表示,遗赠一般由继承法加以调整。赠与合同与捐赠也有所不同。所谓捐赠,是指赠与人为了特定公益事业、公共目的或其他特定目的,将其财产无偿给予他人的行为。捐赠既包括有明确的赠与人和受赠人,可以归类于普通赠与合同的捐赠,又包括受赠人不明确,无法归类于赠与合同的捐赠,即学说上所谓为特定目的的募捐。

4. 赠与合同是转移财产所有权的合同。

## 二、赠与合同的权利与义务

由于赠与合同为单务合同,仅赠与人一方负担合同义务,因此,赠与合同的效力主要是指赠与合同对赠与人的效力。赠与人的义务主要有如下几项:

第一,移转赠与标的物的权利。赠与合同以使赠与财产的权利归于受赠人为直接目的,赠与人的主要义务是依照合同约定的期限、地点、方式、标准将标的物转移给受赠人。赠与的财产需要办理登记等手续的,应当办理有关手续。

赠与合同系无偿合同，因此，依照《合同法》第 189 条，赠与人只在因故意和重大过失致使赠与的财产毁损、灭失时才承担损害赔偿责任。

第二，瑕疵担保义务。赠与合同中，一般不要求赠与人承担瑕疵担保义务。但是在附义务赠与中，赠与的财产有瑕疵的，赠与人在所附义务的限度内承担与出卖人相同的违约责任。所谓附义务的赠与，是指赠与人在赠与时使受赠人负担一定义务的赠与。附义务的赠与是一种特殊赠与，所附的义务不是单独的另一个合同的内容，而是赠与合同的一部分。由于赠与合同为单务无偿合同，因此，附义务赠与所附的义务也不是赠与的对价，赠与人不能以受赠人不履行义务为抗辩。原则上，赠与人履行交付赠与财产的义务后，始发生受赠人履行其所附义务的义务。

## 三、赠与合同的撤销

赠与合同的撤销是指赠与合同成立后，基于法律规定的事由而撤销该赠与合同。可引起赠与合同撤销的事由如下：

第一，赠与合同的任意撤销。赠与合同的任意撤销是指在赠与财产的权利转移之前，得由赠与人依其意思任意撤销赠与合同。但在具有救灾、扶贫等社会公益、道德义务性质的赠与合同和经过公证的赠与合同中，赠与人不得任意撤销。《合同法》第 195 条规定："赠与人的经济状况显著恶化，严重影响其生产经营或者家庭生活的，可以不再履行赠与义务。"我们认为，即使在具有救灾、扶贫等社会公益、道德义务性质的赠与合同和经过公证的赠与合同中，赠与人只要具备《合同法》第 195 条规定的情形，可不再履行赠与合同。合同法上虽然用了"可以不再履行赠与义务"，但其实质是赋予了赠与人可撤销这一已成立生效的赠与合同，因为对一个已经生效的合同来说，只有被判决撤销或无效后，当事人才可以不履行该合同的义务。所以，我们认为"可以不再履行赠与义务"是法律赋予赠与人得撤销合同的权利。至于为什么说《合同法》第 195 条规定是对具有救灾、扶贫等社会公益、道德义务性质的赠与合同和经过公证的赠与合同中赠与人不得任意撤销赠与合同而说的，是因为，不再履行即意味着尚未履行，对非具有救灾、扶贫等社会公益、道德义务性质的赠与合同和经过公证的赠与合同，赠与人是享有任意撤销权的，如果是针对此情而设立"不再履行赠与义务"则显自相矛盾，因为其本身就可以任意撤销，何必还要再规定可以不再履行呢？相反，对具有救灾、扶贫等社会公益、道德义务性质的赠与合同和经过公证的赠与合同而言，赠与人是不能任意撤销的，换言之，赠与人是必须履行赠与义务的，然客观的事实是，赠与人发生了《合同法》第 195 条规定的情形，为了避免因"情势变更"导致的继续履行赠与合同，将造成赠与人生活或生产极度困难，所以，法律规定赠与人可不再履行。因此，《合同法》第 195 条是针对具有救灾、扶贫等社会公益、道德义务性质的赠与合同和经过公证的赠与合同赠与人不得任意撤销而设立的一条衡平性的规定。

第二，赠与合同的法定撤销。赠与合同中，赠与财产的权利转移之后，赠与人即丧失了任意撤销赠与合同的权利，但在以下条件具备时，赠与人仍可享有撤销权与合同的法定权利：

(1) 受赠人严重侵害赠与人或者赠与人的近亲属的；

(2) 受赠人对赠与人有扶养义务而不履行的；

(3) 受赠人不履行赠与合同约定的义务的。

赠与人的撤销权，自知道或者应当知道撤销原因之日起一年内行使。该期间为除斥期间。超过这一期间，赠与人的撤销权归于消灭。因受赠人的违法行为致使赠与人死亡或者丧失民事行为能力的，其继承人或其法定代理人可以撤销赠与。赠与人的继承人或者法定代理人的撤销权，自知道或者应当知道撤销原因之日起六个月内行使。

## 第五节　借款合同

### 一、借款合同的概念与特征

借款合同是指借款人向贷款人借款，到期返还借款并支付利息的合同。借用款项的人，称为借款人；出借款项的人，称为贷款人。借款人和贷款人是借款合同的当事人。借款合同依据贷款人的不同可以区分为金融机构借款合同和自然人间的借款合同。借款合同的标的物为金钱，金钱既是可消耗物，又是特殊的种类物，金钱占有的移转，在双方当事人没有特别约定时，即发生金钱所有权的移转，因此，借款合同系属移转财产所有权的合同。在借款合同约定的或法律规定的还款期限届至时，借款人无须返还原物，仅须返还同样数量的金钱即可。借款合同，包括消费借贷合同，其实质是异时的物物贸易行为。与买卖合同相似的转移所有权的交易方式是以物易物，即一方以某物的所有权，换取他方具有相等价值的某物的所有权，以物易物交易可以即时发生，也可异时发生，当异时发生以物易物交易现象时，消费借贷便应运而生。一方以某物的所有权交付相对方，约定在若干时间后，相对方以同等价值的异类物或同类物予以交付，以消灭合同关系，其中约定以同类交付的，就是消费借贷合同。

借款合同有如下法律特征：

第一，借款合同的主体是特定的。借款合同的贷款人应当是公民个人或者是办理贷款业务的金融机构，借款人是具有还款能力的法人、其他组织或者公民个人。公民之间的借款，称为民间借款，一般是基于亲情、人情产生的，出借人的资金来源一般限于其合法收入的货币资金;而金融机构与法人、其他组织或者个人之间的借款,则属于信贷活动。

第二,借款合同的标的物是货币。这里所说的货币,包括人民币和外币。一般借款合同的标的物是作为法定支付手段的人民币,所以大部分借款合同是人民币借款合同。我国实行改革开放以来,随着对外经贸往来的不断发展,外币借款合同也越来越多。外币借款合同的贷款方从原来的中国银行和外贸银行发展到现在全国所有的银行,借款方主要是能够直接或间接创汇的有偿还能力的企业。

第三,借款合同是有偿合同。除公民之间借款另有约定的以外,借款到期时,借款人应当向贷款人返还并支付利息。在我国,国家对借款的利率实行管理规定:办理贷款业务的金融机构贷款的利率,应当按照中国人民银行规定的贷款利率的上下限确定;公民之间借款的利率,不得违反国家有关限制借款利率的规定。

## 二、借款合同的种类

从国家管理的角度,借款合同可以划分为民间借款合同和信贷合同两大类。

### (一) 民间借款合同

民间借款合同是指在公民个人之间,出借人将属于其合法收入的货币资金借给借款人,借款到期时借款人归还所借货币资金和利息的合同。民间借款合同在借贷形式上有书面的,也有口头的。借贷利息,有无息、低息,也有高息借贷。国家对民间借款的管理:一是当事人双方应当遵循自愿、平等、公平和诚实信用的原则;二是不得利用民间借款合同的形式非法经营或者变相经营金融业务,扰乱金融秩序,损害社会公众利益。

### (二) 信贷合同

信贷合同是指经营贷款业务的商业银行、信用合作社将货币资金出借给法人、其他经济组织或者个人使用,贷款到期时借款人归还所借资金和利息的合同。根据不同的标准,可对信贷合同作出不同的划分。

1. 按照贷款资金来源,金融机构的贷款可分为自营贷款、委托贷款和特定贷款

自营贷款是指贷款人以合法方式筹集的资金自主发放的贷款,其风险由贷款人承担,并由贷款人收回本金和利息。委托贷款是指由政府部门、企事业单位及个人等委托人提供资金,由贷款人(即受托人)根据委托人确定的贷款对象、用途、金额、期限、利率等代为发放,监督使用并协助收回贷款,贷款人(受托人)只收取手续费,不承担贷款风险。特定贷款是指经国务院批准并对贷款可能造成的损失采取相应补救措施后,责成国有独资商业银行发放的贷款。

2. 按照货币的种类的不同,可划分为人民币借款合同和外币借款合同

人民币借款合同,按合同内容、资金来源及贷款用途又可分为固定资产借款合同、流动资金借款合同、信托资金借款合同、委托资金借款合同等。

外币借款合同,按合同内容、资金来源及贷款用途又可分为现汇借款合同、买方信贷合同和特种外汇借款合同。

3. 按照借款用途的不同,可划分为固定资产借款合同和流动资金借款合同

按具体贷款项目的不同,固定资产借款合同可分为基本建设借款合同、技术改造借款合同、专项资金借款合同等;流动资金借款合同可分为周转资金借款合同、卖方借款合同、专用资金借款合同、土地开发借款合同等。

4. 按照借款合同有无担保,可分为信用借款合同和担保借款合同

信用贷款是指没有担保的,凭借款人的信誉发放的贷款。担保贷款是指提供担保的贷款,具体包括保证贷款、抵押贷款、质押贷款。保证贷款是指按担保法规定的保证方式,以第三人承诺在借款人不能偿还贷款时,按约定承担一般保证责任或者连带责任而发放的贷款。抵押贷款是指按担保法规定的抵押方式,以借款人或第三人的财产作为抵押物发放的贷款。质押贷款是指按担保法规定的质押方式,以借款人或第三人的动产或权利作为质物发放的贷款。

### 三、借款合同的基本条款

借款合同的主要内容包括借款种类、借款期限、利息等。在具体签订该合同时应当注意以下问题:

1. 关于借款种类问题,要根据借款人的行业属性、借款的用途以及资金的来源和运用方式等进行划分。划分的目的在于,对不同种类的贷款发放所掌握的政策界限和原则有区别。

2. 借款用途,是指借款人使用借款的特定范围。借款人只能按照借款合同约定的借款用途使用借款,不能移作他用。借款数额是指借贷货币的数量。它是指借款人可以取得的最高借款限额。按实际情况,借款由贷款人一次或分次发给。

3. 借款利率,是指贷款人在一定时期内应收利息的数额与所贷出资金金额的比率。借款利率是借贷当事人双方计算利息的主要依据。因此,它是借款合同的必备条款。借款利率从结构上划分,可以分为基准利率、法定利率、浮动利率、优惠利率、差别利率、加息与贴息借款利率等几种主要形式。按我国现行的借款利率管理体制,借款的基准利率和法定利率由中国人民银行统一规定和管理。中国人民银行依据国家有关贷款政策对各类金融机构的借款利率进行管理。各金融机构可以在中国人民银行规定的贷款利率浮动范围内,以法定利率为浮动基础,自行确定各类、各档次的借款利率。对于民间借款利率,目前执行

的是于1991年8月发布的《最高人民法院关于人民法院审理借贷案件的若干意见》。该意见规定,民间借贷的利率可以适当高于银行的利率,各地人民法院可根据本地区的实际情况具体掌握,但最高不得超过银行同类贷款利率的4倍(包含利率本数)。超出此限度的,超出部分的利息不予保护。

4. 借款期限,是指借贷双方依照有关规定,在合同中约定的借款使用期限。借款期限应根据借款种类、借款性质、借款用途确定。在借款合同中,当事人订立的借款期限条款必须详细、具体、全面、明确,以确保合同的顺利履行,防止产生合同纠纷。

5. 还款方式,是指借款人一次还是分次还清借款。如果有法律规定的还款方式,应依法定方式还款。

6. 借款合同担保。《合同法》第198条规定:"订立借款合同,贷款人可以要求借款人提供担保。担保依照《中华人民共和国担保法》的规定。"《商业银行法》第36条规定:"商业银行贷款,借款人应当提供担保。商业银行应当对保证人的偿还能力,抵押物、质物的权属和价值以及实现抵押权、质权的可行性进行严格审查。经商业银行审查、评估,确认借款人资信良好的,确能偿还贷款的,可以不提供担保。"具体来说,法律对借款合同担保的主要规定是:

第一,订立借款合同时,贷款人有权决定是否要求借款人提供担保。

第二,对于商业银行贷款,除经商业银行审查、评估,确认借款人资信良好,确能偿还贷款,可以不提供担保的情况外,其他借款人应当提供担保。

第三,借款合同担保的方式有保证、抵押、质押,因此,担保贷款的种类有保证贷款、抵押贷款和质押贷款。

保证贷款,是指按担保法规定的保证方式,以第三人(保证人)承诺在借款人不能偿还贷款时,按约定承担一般保证责任或者连带责任而发放的贷款。具有代为清偿债务能力的法人、其他组织或者公民,可以作保证人。除经国务院批准为使用外国政府或者国际经济组织贷款进行转贷外,国家机关不得为保证人;学校、幼儿园、医院等以公益为目的的事业单位、社会团体不得为保证人;企业法人的分支机构、职能部门不得作为保证人。贷款人应当对保证人的偿还能力进行严格审查。

抵押贷款,是指按担保法规定的抵押方式,以借款人或者第三人的财产作为抵押物而发放的贷款。借款人不履行债务时,贷款人有权以抵押物折价或者以拍卖抵押物的价款受偿。贷款人应当对抵押物的权属和价值以及实现抵押权的可行性进行严格审查。近年来,有些银行贷款采取了最高额抵押贷款的方法,即借款人与银行协议,以抵押物确定一个最高借款额,在一定期间内,如果多次借贷,只要不超过这个最高额,就可以不再签订抵押合同。这种最高额抵押担保,可以简化手续,方便当事人,促进资金融通,更好地发挥抵押担保的功能。

质押贷款,是指按担保法规定的质押方式,以借款人或者第三人的动产或权利作为质物发放的贷款。借款人不履行债务时,贷款人有权以出质的财产折价拍卖、变卖所得价款受偿。贷款人应当对质物的权属和价值以及实现质权的可行性进行严格审查。

7. 合同法规定,借款利息不得预先在本金中扣除。贷款人是以本金数额为基数,乘以借款利率来计算并收取利息的;借款人也是通过使用借款本金来取得收益的。如果借款的利息预先在本金中扣除,对贷款人来说,实际上是多收取了借款人的利息;对借款人来说,则是少得到了借款、少取得了利益和多支付了利息,因此,预先在本金中扣除借款利息的做法损害了借款人的利益。

8. 借款人申请展期的,在申请手续、展期期限等方面,应当遵守国家有关规定。中国人民银行发布施行的《贷款通则》规定,借款人申请保证贷款、抵押贷款、质押贷款展期的,应当由保证人、抵押人、出质人出具同意的书面证明。贷款人和借款人已有约定的,按照约定执行。短期贷款展期期限累计不得超过原贷款期限,中期贷款展期期限累计不得超过 3 年,国家另有规定者除外。展期后,贷款的展期期限加上原期限达到新的利率期限档次时,从展期之日起,贷款利息按新的期限档次利率计收。

## 四、借款合同的权利和义务关系

### (一) 贷款人的权利和义务

贷款人主要享有的权利有:

第一,贷款人有权按照国家规定的利率或者按照与借款人约定的利率收取利息。

第二,贷款人按照约定可以检查、监督借款的使用情况,要求借款人定期提供有关财务会计报表等资料,但公民之间借款另有约定的除外。借款人未按照约定的借款用途使用借款的,贷款人可以停止发放借款、提前收回借款或者解除合同。

第三,借款人无力归还贷款时,贷款人有权依法处理借款人作为贷款担保的抵押物或者质物,并优先受偿。如有保证人提供保证的,贷款人有权要求保证人按照约定履行义务或者承担保证责任。

贷款人的主要义务有:

第一,按照借款合同约定的日期、数额提供借款。贷款人未按照约定的日期、数额提供借款的,应当按照约定支付违约金;没有约定违约金的,应当赔偿损失。

第二,对政策性贷款的使用情况进行监督检查。在一般情况下,对借款的使用情况进行监督检查是贷款方的一项权利,而对政策性贷款的使用情况进行监督检查则是银行的一项义务。国家政策性银行发放政策性贷款时,是在代替国家行使一种行政职能,国家同时赋予银行督促借款方按规定使用借款,保证借款按期、如数收回的责任。所以,银行应当对政策性贷款的使用情况进行检查监督。

（二）借款人的权利和义务

借款人主要享有的权利有:

第一,借款人有权按照约定的日期、数额取得贷款。贷款人未按约定的日期、数额提供借款的,有权请求贷款人按照约定支付违约金;没有约定违约金的,有权请求贷款人赔偿其损失。

第二,借款人有权按照约定的借款用途使用借款,并依法取得收益。借款人对其借款使用时,应当按照借款合同约定的借款用途使用借款,不得挪作他用。贷款人与借款人之间是债权债务关系,而不是投资关系,因此,借款人使用借款产生的收益,归借款人依法取得,贷款人不得分享收益。

借款人的主要义务有:

第一,借款人应当按照贷款人的要求提供与借款有关的业务活动和财务状况的真实情况。为了配合贷款人了解借款使用情况,借款人有义务提供与借款有关的业务活动和财务收支状况的真实情况。

第二,借款人应当按照约定的日期、数额提取借款。借款人未按照约定的日期、数额提款的,应当支付逾期提款的利息。

第三,借款人应当按照约定的借款用途使用借款。借款人未按照约定的借款用途使用借款的,贷款人可以停止发放借款、提前收回借款或者解除合同。

第四,借款人应当向贷款人支付利息,但公民之间借款另有约定的除外。

第五,借款人应当按照约定的期限支付利息,返还借款。这是借款人最主要的义务。

# 第十六章　转让使用权的合同

## 第一节　租 赁 合 同

### 一、租赁合同的概念与特征

租赁合同是出租人将租赁物交付承租人使用、收益，承租人支付租金的合同。租赁合同中交付租赁物供对方使用、收益的一方称为出租人，使用租赁物并支付租金的一方称为承租人。

租赁合同具有以下特征：

1. 租赁合同是转让财产使用权的合同

租赁合同以承租人使用、收益租赁物为直接目的，承租人所取得的仅是对租赁物的使用、收益权，而非租赁物的所有权。这是买卖合同与租赁合同的根本区别。由于租赁合同转移的仅是租赁物的使用权，该权利属物权化的债权，因而承租人并不享有对租赁物的处分权，这是租赁合同与消费借贷合同的重要区别。

2. 租赁合同为有偿合同

租赁合同中，出租人所负担的交付租赁物供承租人使用、收益的义务与承租人所负担的交付租金的义务互为对价，因此，租赁合同为有偿合同。在这点上，租赁合同与借用合同有所不同。借用合同中，尽管在出借人负担交付借用物供借用人使用、收益义务的同时，借用人也要负担按期返还借用物的义务，但双方当事人所负担的义务不具有对价性，所以借用合同为双务无偿合同。

3. 租赁合同为诺成合同

租赁合同中，出租人与承租人双方意思表示达成一致，合同即成立，所以租赁合同为诺成合同。

4. 租赁合同具有临时性

租赁合同具有临时性的特征，不同于财产的永久性使用。在许多国家和地区的立法上都规定了租赁合同的最长存续期限。我国《合同法》第 214 条规定租赁期限不得超过 20 年，超过 20 年的，超过部分无效。租赁期间届满，当事人可以续订租赁合同，但约定的租赁期限自续订之日起不得超过 20 年。

### 二、租赁合同的分类

1. 动产租赁与不动产租赁

以租赁合同的标的物为标准，可将租赁合同分为动产租赁合同和不动产租赁合同。以动产为标的物的租赁合同为动产租赁合同；以不动产为标的物的租赁合同为不动产租赁合同。动产租赁包括一般的动产租赁、动物租赁、船舶租赁、汽车租赁等；不动产租赁在我国主要指房屋租赁，土地使用权租赁、承包经营权租赁、宅基地使用权租赁等也视为不动产租赁。这种区分的意义在于，法律一般对不动产租赁有特殊的要求，如进行登记等。我国《城市房地产管理法》第54条规定："房屋租赁，出租人和承租人应当签订书面租赁合同……并向房产管理部门登记备案。"应注意的是，登记备案既非合同的成立要件，也非合同的生效要件。而动产租赁一般没有这些要求。

2．定期租赁与不定期租赁

以租赁合同是否有固定期限为标准，可将租赁合同分为定期租赁合同和不定期租赁合同。定期租赁合同指合同约定有明确期限的租赁。不定期租赁合同的产生有三种情形：

其一，当事人在租赁合同中未约定租赁期限；

其二，当事人在租赁合同中将租赁期限约定为6个月以上，但未采取书面形式，双方当事人又就租赁期限产生争议的，租赁合同视为不定期租赁合同；

其三，租赁期间届满，承租人继续使用租赁物，出租人没有提出异议的，原租赁合同继续有效，但租赁期限为不定期。

这种区分的意义在于，在不定期租赁中，除非法律另有规定，双方当事人均可随时终止合同。

### 三、租赁合同的形式

合同的形式是合同双方当事人合意的表现形式，是合同内容的载体。依据法律对合同形式的不同要求，可以将合同区分为要式合同和不要式合同。就租赁合同而言，不定期的租赁合同为不要式合同，无须采取书面形式；租赁期限不满6个月的定期租赁合同也为不要式合同，但租赁期限在6个月以上的定期租赁合同为要式合同，应当采用书面形式。未采用书面形式，双方当事人对租赁期限有争议的，视为不定期租赁合同。

### 四、租赁合同的权利义务

租赁合同的权利义务主要体现为：

#### （一）出租人的义务

1．交付租赁物并保证承租人正常使用、收益的义务

由于租赁合同为诺成性合同，无须将标的物的交付作为合同的成立要件，因此交付租赁物是出租人于租赁合同成立后的一项义务。所谓交付租赁物，是指转移租赁物的占有于承租人。出租人应担保所交付的租赁物能够为承租人依约

正常使用、收益。如果租赁物不能为承租人正常使用,出租人即应承担违约责任。双方当事人在订立合同时,承租人已知道租赁物存在瑕疵的,其后不得解除合同。如果租赁物危及承租人的安全或者健康的,即使承租人订立合同时明知该租赁物质量不合格,仍然可以随时解除合同。承租人不仅应使交付的租赁物处于约定的使用、收益状态,而且于租赁关系存续期间也应保持租赁物的这种适合于约定使用、收益的状态。出租人应担保租赁物不因第三人主张权利而使承租人不能依约使用、收益。如因第三人主张权利,致使承租人不能对租赁物使用、收益的,承租人可以要求减少租金或者不支付租金,并要求出租人承担违约责任。第三人主张权利的,承租人应当及时通知出租人,承租人未及时通知出租人,就因此给自己造成的损失,无权要求出租人承担责任。

2. 维修租赁物的义务

除法律另有规定或合同另有约定外,出租人对租赁物有维修的义务。出租人的该项义务实际上是出租人保持租赁物的效用,使其合于使用、收益状态义务的延伸。承租人在租赁物需要维修时可以要求出租人在合理期间内维修。出租人未履行维修义务的,承租人可以自行维修,维修费用由出租人负担。出租人因维修租赁物影响承租人使用的,应当相应减少租金或者延长租期。承租人未交付租金,出租人得行使同时履行抗辩权,拒绝履行其后的维修义务。

(二) 承租人的义务

1. 依约定方法或租赁物的性质使用租赁物的义务

承租人在占有租赁物后,应当依照约定的方法使用租赁物,对使用租赁物的方法没有约定或者约定不明确,双方当事人可以协议补充;不能达成补充协议的,按照合同有关条款或者交易习惯确定;仍不能确定的,应当按照租赁物的性质使用。承租人按照约定的方法或者租赁物的性质使用租赁物,致使租赁物受到损耗的,不承担损害赔偿责任。承租人如果未依照约定的方法或者租赁物的性质使用租赁物,致使租赁物受到损失的,出租人可以解除合同并要求其赔偿损失。在承租人未依照约定的方法或租赁物的性质使用租赁物,未给租赁物造成损害,但有造成损害的危险时,出租人可以行使不安抗辩权,在承租人未提供担保的情况下,可解除合同,取回租赁物,也可以所有权人、有处分权人或占有人的身份,行使物上请求权,请求承租人停止其违反义务的行为,以消除危险。

2. 妥善保管租赁物的义务

承租人作为租赁物的占有人,应当妥善保管租赁物。承租人未尽妥善保管义务,造成租赁物毁损、灭失的,应当承担损害赔偿责任。

3. 不作为义务

租赁合同中,承租人的不作为义务主要包括以下内容:

第一,不得随意对租赁物进行改善或在租赁物上增设他物。承租人基于租赁合同,对于租赁物所享有的租赁权,从权利属性上讲,系属债权,因此,承租人只有在经过出租人同意的前提下,方可对租赁物进行改善或者增设他物,承租人未经出租人同意,即对租赁物进行改善或者增设他物的,出租人可以要求承租人恢复原状或者赔偿损失。

第二,不得随意转租。所谓转租,是指承租人不退出租赁合同关系,而将租赁物出租给次承租人使用、收益。转租与租赁权的让与不同,租赁权的让与系承租人将其在租赁合同中享有的租赁权转由其他人享有,实为租赁合同主体的变更。同样是基于租赁权的债权属性,承租人不得随意转租租赁物,因此,承租人只有经出租人同意,才可以将租赁物转租给第三人。承租人转租的,承租人与出租人之间的租赁合同继续有效,次承租人对租赁物造成损失的,基于合同的相对性,出租人仅能对承租人主张违约责任的承担。对于次承租人,仅能在符合侵权责任的构成要件时,出租人方可对其主张责任的承担。承租人未经出租人同意转租的,出租人可以解除其与承租人之间的合同,但承租人与次承租人之间的租赁合同,仍可成为生效合同。

4. 支付租金的义务

承租人应当依照约定的期限支付租金,对支付期限没有约定或者约定不明确,可以协议补充;不能达成补充协议的,按照合同有关条款或者交易习惯确定。如果仍不能确定,租赁期间不满一年的,应当在租赁期间届满时支付。租赁期间在一年以上的,应当在每届满一年时支付,剩余期间不满一年的,应当在租赁期间届满时支付。承租人无正当理由未支付或者迟延支付租金的,出租人可以要求承租人在合理期限内支付。此期间为宽限期,承租人逾期不支付的,出租人可以解除合同。

5. 返还租赁物的义务

租赁关系终止后,租赁物仍然存在的,承租人应当返还租赁物。返还的租赁物应当符合约定的或者租赁物性质使用后的状态。定期租赁合同应于租赁期限届满时为止;不定期租赁合同,应于通知终止租赁关系时为止。承租人在返还租赁物时,就其对租赁物所支出的超出租金的部分费用,可主张返还。

## 五、租赁合同的特别效力

1. 承租人获取租赁物收益的权利。在租赁期间因占有、使用租赁物获得的收益,归承租人所有,但当事人另有约定的除外。

2. 租赁合同的对抗效力。租赁物在租赁期间发生所有权变动的,承租人的租赁权可以对抗租赁物的新所有权人,承租人与出租人原来在租赁合同中所作的其他约定,租赁物的新所有权人也应一并遵循。租赁合同的对抗效力是租赁权物权化的具体体现。租赁本为一种债权债务关系,在早期民法上,承租人只能向出租人本人主张对租赁物的使用、收益，租赁权不能对抗第三人。这种权利配置反映了重视所有权，相对轻视使用、收益权的观念。随着社会经济的发展，民法逐渐地承认在房屋等财产的租赁关系中，租赁物所有权在租赁期间内的转移并不影响承租人的权利，原租赁合同对受让租赁物的第三人仍然有效，该第三人不得解除租赁合同。此即“买卖不破租赁”原则。这一原则突破了传统的合同相对性原则，使租赁权具有对抗第三人的效力。这种情况被称为“租赁权的物权化”或“债权的物权化”。

3. 房屋承租人的优先购买权。所谓房屋承租人的优先购买权，是指当出租人出卖房屋时，承租人在同等条件下，依法享有优先于其他人购买房屋的权利。我国《合同法》确认，出租人出卖租赁房屋的，应当在出卖之前的合理期限内通知承租人，承租人享有以同等条件优先购买的权利。优先购买权的权利属性为形成权，其实质系属对出租人选择合同对方当事人自由的限制。在房屋租赁合同中，承租人在租赁期间死亡的，其生前共同居住的人可以按照原租赁合同租赁该房屋，并享有此项优先购买权。

4. 承租权与抵押权。根据我国物权法的规定，不动产抵押权发生在租赁合同之前，承租人的优先购买权与对抗第三人的效力，不得对抗抵押权人；不动产抵押合同发生于租赁合同之后，抵押权不得对抗承租人的优先购买权和对抗第三人的效力。

### 六、租赁合同的终止

租赁合同主要因下列事由而终止：

1. 租赁合同因期限届满而终止。但若租赁合同期间届满，承租人继续使用租赁物，出租人没有提出异议的，原租赁合同继续有效，但租赁期限为不定期。

2. 租赁合同因当事人的解除而消灭。租赁合同期限虽未届满，但出现法定或约定情事，而由当事人双方或其中一方解除合同的，租赁合同也因此而消灭。

## 第二节　融资租赁合同

### 一、融资租赁合同的概念和特征

融资租赁合同，是出租人根据承租人对出卖人、租赁物的选择，向出卖人购买租赁物，提供给承租人使用，承租人支付租金的合同。从这一定义中可以看出，融资租赁合同不同于一般的租赁合同，它是出租人和承租人签订的，由承租人选择自己需要的物品和提供物品的出卖方，由出租人出资购买该物品，并将其租赁给承租人使用、收益的合同。

融资租赁合同具有以下特征:(1)融资租赁合同具有特有的三方关系。在一般的双务合同中,双方相互享有权利和承担义务。而在融资租赁合同中,当事人的权利义务是在两个合同的履行过程中交叉体现的。出租人在买卖合同中作为买受人的权利,如购买决策权、知情权以及租赁物的占有、使用及收益权,不是基于自己的意志或需要,而是根据承租人的意愿,由承租人授权行使的。我国《合同法》第241条明确规定:"出租人根据承租人对出卖人、租赁物的选择订立的买卖合同,未经承租人同意,出租人不得变更与承租人有关的合同内容。"出租人必须按承租人与出卖人商定的价格及支付方式履行买卖合同中买方支付价款的义务。出卖人收取了受买人(出租人)支付的价款,却"应当按照约定向承租人交付标的物,承租人享有与受领标的物有关的买受人的权利"①,出卖人要按照买卖合同约定,对受买人的义务,如交货、质量保证、维修服务等,直接对承租人负责。在融资租赁合同中,出租人的义务主要体现在购买租赁物的支付价款上,而其权利则体现在租赁合同的收取租金上;承租人的权利则主要反映在租赁物和出卖方的选择,租赁物的占用、使用,以及出卖方的质量保证和售后服务方面,其义务则体现在租赁合同的租金支付上。(2)融资租赁合同是由两个互为前提、相互依存又相互独立的合同构成的一个单一合同。在融资租赁合同中,租赁物的取得是要通过买卖合同来实现的,而非出租人手中的现存之物,即出租人的买卖合同是以承租人订立租赁合同为前提的。如同前述,在融资租赁合同中的买卖合同也不同于一般的买卖合同。融资租赁合同本身更不同于传统的租赁合同,三方当事人的权利义务在两个合同中分别履行。但必须指出,在融资租赁合同中,虽然买卖合同是独立的,但是,作为融资租赁合同而言,是不能将两个合同割裂开的。当出租方不履行付款义务,出卖方不能向承租人追讨货款,或干扰承租人对承租物的占有和使用;当租赁物出现质量瑕疵时,承租人也不能拒付租金。(3)融资租赁合同具有期限性。虽同传统租赁一样,融资租赁也是有期限性的合同,但融资租赁合同的期限是根据购买租赁物的大部或者全部成本及出租人的合理利润计算得出的,具有客观性;而传统租赁的出租合同期限则是由当事人根据自己的需要协商确定的,具有主观性。

## 二、融资租赁合同与相关合同的区别

1. 融资租赁合同与传统租赁合同的区别

(1)在融资租赁合同中,出租人是根据承租人的要求,从承租人选定的制造商或批发商购入承租人选择的租赁物。这一点与传统租赁合同是不同的,在传统租赁合同中,出租人出租的财产一般是根据自己的意愿拥有或购买的。这种

① 《合同法》第239条。

在法律性质上的区别的经济原因在于融资租赁合同的融资性。

(2) 融资租赁合同的租金构成具有特殊性。融资租赁合同中,租赁物是出租人特别为承租人的使用目的而购买的,出租人的意图仅仅是从承租人那里收回购买租赁物的成本和预计的利润。据此,融资租赁合同中的租金构成受到购买租赁物的成本和该笔资金的利润所制约,而传统租赁的租金则受随行就市的价格规律所制约。

(3) 在融资租赁合同中,承租人不得中途解约,租赁物因意外事故毁损灭失的危险及维修义务均由承租人承担,并且出租人享有瑕疵担保免责的权利。而在传统租赁合同中,情况则截然相反:出租人负有租赁物的瑕疵担保责任和维修义务,并负担租赁物因意外事故毁损灭失的危险,承租人则在无法继续使用租赁物时,可以解除合同。

2. 融资租赁合同与分期付款买卖合同的区别

(1) 融资租赁合同不具有分期付款买卖合同有偿转让财产所有权的本质。分期付款买卖合同属于买卖合同的一种,而买卖合同是当事人约定一方移转财产所有权给另一方,而由另一方支付价款的合同。在分期付款的买卖合同中,当事人只有两方,卖方的意图在于出让财产所有权,从而获得相应的价款;买方的意图在于支付价款而获取财产所有权。在融资租赁合同中,当事人是三方,承租人的意图在于以支付租金的方式,获得租赁期间内对租赁物的使用权;出租人的意图是通过代为支付租赁物的货款,不承担传统租赁中的出租人的义务,而能以获取租金的方式收回本金和利润。

(2) 在融资租赁合同租赁期间届满后,租赁物的所有权归属可能因承租人的选择权而有所不同。租赁期间届满时,承租人有两种选择,以确定租赁物所有权的归属。即承租人可以将租赁物退还给出租人,或者可以支付租赁物的残值为对价而获得租赁物的所有权。而在分期付款买卖合同中,买方有获取买卖财产所有权的期待权,即在支付最后一笔价款后可以取得买卖财产的所有权。

3. 融资租赁合同与借贷合同的区别

(1) 在融资租赁合同中,出租人在租赁期间内始终保留对租赁物的所有权;而在借贷合同中,出借财产一旦交付给借用人,所有权就发生转移,即所有权由出借人转移给借用人。

(2) 融资租赁合同的标的物为特定物,且租赁期间届满时,一般不要求承租人必须返还该特定物,而是享有选择权(如前述);而借贷合同的标的物是种类物,借用人到期就必须返还和借用物同类的物。

(3) 在融资租赁合同中,标的物并不是由出租人直接交给承租人的,而是由供货商交给承租人的;而在借贷合同中,出租人应直接向借用人交付标的物。

## 三、融资租赁合同的基本条款

融资租赁合同包括租赁物名称、数量、规格、技术性能、检验方法、租赁物的交付、质量瑕疵的处理、租赁期限、租赁合同解除的特别约定、租金构成及其支付期限和方式、币种、租赁期间届满租赁物的归属等条款。融资租赁合同的基本条款与买卖合同中的基本条款类似,本书只介绍具有融资租赁合同个性的个别条款。

### (一)租赁物交付条款

融资租赁合同一般都规定租赁物由供货商(出卖方)向承租人直接交付。尽管在融资租赁中租赁物的选定与受领权是由承租人直接行使,但是,由于融资租赁在法律性质上除具有强烈的融资性质外,同时又存在民事租赁的要素,因此,根据传统的民事租赁理论,出租人必须负担租赁物的交付义务,即由出租人将租赁物直接交付给承租人。然而,由于融资租赁又不是纯粹的传统民事租赁关系,它是以租赁合同的法律形式达到实现融资这一实质的目的,兼具租赁和融资双重性质,因此,融资租赁合同并不要求出租人直接地向承租人履行其交付义务,而是由供货商直接向承租人交付租赁物。也就是说,融资租赁合同中,出租人不必到交付现场确认供货商与承租人的交付租赁物的事实,也不必直接向承租人履行交付义务。承租人从供货商处取得租赁物且向出租人发出租赁物受领证后,即视为出租人已履行其交付义务。

### (二)瑕疵担保免责条款

融资租赁合同一般明文规定,出租人不承担租赁物的瑕疵担保责任,即所谓的瑕疵担保免责条款。瑕疵担保免责条款是基于融资租赁合同的特定法律特征而设计的:在融资租赁合同中,租赁物的种类、性能、规格、型号、商标等,以及供货商均是由承租人根据自己的知识经验选定,然后出租人再根据承租人的要求购买的。承租人应具备对租赁物的鉴别、检验的知识与经验,因此,如果要求出租人承担瑕疵担保责任则不合情理。所以,法律免除了出租人对租赁物的瑕疵担保责任。当然,如融资租赁合同约定,由出租人利用自己的技能和判断为承租人选择供货商或租赁物的,或由出租人为承租人指定供货商或租赁物的,以及出租人擅自变更承租人已选定的供货商或租赁物所发生的瑕疵问题,出租人仍须承担瑕疵担保责任。

### (三)禁止中途解约条款

融资租赁合同有类似“除合同约定条款外,未经对方书面同意,任何一方不得中途变更或解除合同”的规定,即禁止中途解约条款。融资租赁合同订有禁止中途解约条款是由融资租赁合同的自身特点所决定的:(1) 对出租人而言,租赁物是由承租人自己选定的,一般不具备通用性,即使还给租赁公司,也不能期待通过出卖租赁物收回残存租金的相当金额,或另行出租。如一方中途解约,势必使租赁财产的购入价金、利息、固定资产税、保险费、手续费等难以在租赁期间内予以收回。(2) 对承租人而言,承租人之所以要向出租人承租租赁物,交付较贷款本息高得多的租金,主要是因为承租人需要该租赁物来提供其生产能力,并可期待通过对租赁物的使用以获取高收益。若允许出租人中途解约,势必影响承租人的生产经营,甚至使其遭受巨大损失。如果承租人已支付了相当的租金,若允许出租人中途解约,对承租人则更是雪上加霜。所以,法律规定融资租赁合同不得中途解约。

(四) 租赁期间届满租赁物的归属

融资租赁合同的出租人非传统租赁合同的出租人,其意在提高资金的利用率,而非租赁物的出租率。通过融资租赁合同租金核算方式,租期届满,出租人即已完成了该笔资金投资与收回回报的全过程,因此,在合同届满后,出租人对租赁物已无兴趣,通常都由承租人以象征性的价格收购租赁物的残值。然这一残值对出租人意义甚微,而对承租人来说,则相当重要,因为它能继续为承租人创造新的价值。所以,以象征性价格收购租赁物残值是融资租赁合同期间届满租赁物归属之首选。

## 四、融资租赁合同各方当事人的义务和违约责任

融资租赁合同涉及租赁物的买卖和租赁合同,三方当事人的权利义务于一般合同中交叉履行。所以,各方当事人在融资租赁合同中权利义务与一般买卖合同和传统租赁合同中的权利义务既有相同之处,又有不同之处。各方权利义务叙述如下:

(一) 出卖人的义务及违约责任

1. 出租人享有租赁物的所有权。出卖人向出租人转移租赁物所有权,保证租赁物所有权的完整有效,无第三人对租赁物追索或主张权利。根据法律规定或者合同约定,需办理手续的,如登记、产权过户等手续,出卖方应予以协助。若因租赁物的所有权与第三人发生纠纷或主张权利,使出租人蒙受损失,出卖人应负责赔偿。

2. 出卖人应按照合同规定的期限、方式、地点直接向承租人交付租赁物,延迟交付、变更运输方式或交付地点不对致使费用增加的,出卖人应按照合同约定,向承租人偿付违约金或承担赔偿责任。

3.《合同法》第 244 条规定:"租赁物不符合约定或者不符合使用目的的,出租人不承担责任,但承租人依赖出租人的技能确定租赁物或者出租人干预选择租赁物的除外。"出卖人应对租赁物的质量负有瑕疵担保责任,必须保证交付的标的物符合合同约定的标准或者国家规定的质量标准。《合同法》第 240 条规

定:“出租人、出卖人、承租人可以约定,出卖人不履行买卖合同义务的,由承租人行使索赔权利。”出卖人必须按照合同约定向承租人履行租赁物的售后服务,如安装、调试、培训等。

(二) 出租人的义务及违约责任

1.《合同法》第 241 条规定:“出租人根据承租人对出卖人、租赁物的选择订立的买卖合同,未经承租人同意,出租人不得变更与承租人有关的合同内容。”因擅自变更合同内容给承租人造成损失的,出租人应承担赔偿责任。

2. 出租人应按买卖合同约定的期限、方式支付价款。若因价款不能支付或支付不及时造成租赁物不能交货或延期交货,出租人又不能提供与买卖合同约定相符的租赁物,对违约作出补救措施的,承租人有权拒收租赁物或终止融资租赁合同,或对延迟交货按合同约定提出赔偿请求,出租人应承担违约赔偿责任。

3.《合同法》第 245 条规定:“出租人应当保证承租人对租赁物的占有和使用。”在租赁期限内,因租赁物的所有权遭第三人主张,而使承租人无法继续占有、使用租赁物的,出租人应承担违约赔偿责任。

4.《合同法》第 250 条规定:“出租人和承租人可以约定租赁期间届满租赁物的归属。”融资租赁合同期限届满,基于租赁物的性质为满足承租人特殊的需要,且出租人通过租金已收回投资成本,故可在融资租赁合同中约定,由承租人以象征性的价格购买租赁物所有权。在这种情况下,出租人应及时按合同约定办理租赁物所有权的转移手续;若出租物为通用商品,也可在融资租赁合同中约定,租赁物所有权归出租人,在此种情况下,承租人应及时对出租人返还租赁物。

5. 订立融资租赁合同时,出租人收取租赁保证金或接受其他形式担保的,在合同履行完毕时,出租人应在抵扣租金后,将剩余的租赁保证金返还承租人,或解除担保。

(三) 承租人的义务及违约责任

1.《合同法》第 248 条规定:“承租人应当按照约定支付租金。”这是承租人的基本义务。出租人一旦按照承租人对租赁物和出卖人的选择及确认的条件,向出卖人支付了货款,它就完成了对承租人的义务,承租人不能以任何理由拒付租金。《国际融资租赁公约》第 12 条第 6 款也明确规定:“承租人不应因为不交货、交货延迟或交货不符而享有对出租人的其他请求权,除非这些是由出租人的行为或不行为所造成的”。由此可见,只要出租人履行了买卖合同中的付款义务,承租人就需依融资租赁合同的约定向出租人履行付租义务。《合同法》第 248 条规定:“承租人经催告后在合理期限内仍不支付租金的,出租人可以要求支付全部租金;也可以解除合同,收回租赁物。”即使当事人约定租赁期间届满租赁物归承租人所有,并在承租人已经支付大部分租金,但无力支付剩余租金的情况下,出租人仍可因此解除合同,收回租赁物。在此种情况下,如果出租人收回租赁物的价值超过承租人欠付的租金以及其他费用的，承租人可以请求将多余部分价值予以返还。如租赁物不足以抵偿欠付的租金，出租人仍可向承租人追偿。

2. 根据《合同法》第 239 条的规定，承租人应按买卖合同约定接受并检验租赁物，"承租人享有与领受租赁物有关的买受人的权利"。承租人应积极协助受领租赁物，因承租人未及时行使接受租赁物，或未经出租人同意，擅自终止、撤销买卖合同而造成的损失，出租人不负任何责任。

3. 承租人应按融资租赁合同的约定占有和使用租赁物。未经出租人同意而实施租赁物转让、抵押等行为，不影响融资租赁合同的效力，承租人应继续履行付租义务。

4.《合同法》第 247 条规定："承租人应当妥善保管、使用租赁物。承租人应当履行占有租赁物期间的维修义务。"因承租人使用、保管不当致使租赁物灭失的，应负赔偿责任。合同约定承租人应保险而未予保险的，承租人应就应保未保而未能获得的赔偿额负赔偿责任，赔偿额不足抵偿应付租金额的，出租人有权追偿。超出部分，承租人可请求返还。未经出租人同意擅自拆改租赁物，并因此给出租人造成损失的，承租人应负赔偿责任。

5.《合同法》第 246 条规定："承租人占有租赁物期间，租赁物造成第三人的人身或者财产损害的，出租人不承担责任。"承租人利用租赁物从事非法活动，或租赁物在租赁期限，因承租人使用不当，致他人人身或财产损害的，由承租人负责，出租人不负责任。

6.《合同法》第 242 条规定："出租人享有租赁物的所有权。承租人破产的，租赁物不属于破产财产。"当合同中约定租赁物的所有权归出租人，承租人在被宣告破产时，其有义务向法院申明，同时妥善保管租赁物，并应及时通知出租人。

7. 在融资租赁合同期间，承租人因承担占有、使用租赁物而需负担的各项税费义务，如关税、增值税、营业税、所得税等，国家法律法规或当事人另有约定的除外。

## 第三节　专利实施许可合同

### 一、专利实施许可合同的概念与特征

专利实施许可合同，是指专利权人或者其授权的人作为让与人许可受让人在约定的范围内实施专利，受让人支付约定使用费所订立的合同。《专利法》第 12 条规定，任何单位或者个人实施他人专利，应当与专利权人订立实施许可合同，向专利权人支付专利使用费。被许可人无权允许合同规定以外的任何单位

或者个人实施该专利。专利实施许可合同转让的是专利使用权,转让后,受让人有权在约定的范围内使用专利。

专利实施许可合同只在该项专利权的存续期间内有效。根据《专利法》的规定,发明专利权的期限为二十年,实用新型专利权和外观设计专利权的期限为十年,均自申请日起计算。在专利权有效期限终止或者专利权被宣布无效后,专利权人不得就该项专利与他人订立专利实施许可合同。

专利实施许可合同的让与人应当在合同有效期内维持专利的有效性。在合同有效期内,专利权被终止的,合同同时终止,让与人应当支付违约金或者赔偿损失。专利权被宣布无效的,让与人应当赔偿由此给受让人造成的损失。

### 二、专利实施许可合同的订立方式

专利实施许可合同依《合同法》、《专利法》规定的条件,可分为自愿订立专利实施许可合同、指定订立专利实施许可合同、强制专利实施许可合同。

1. 自愿订立的专利实施许可合同,是指专利的让与人与受让人按合同法规定的相关原则,在自主、自愿、公正、平等的基础上表达自己真实意思而签订的专利实施许可合同。应注意,必须是在该专利存续期间内,而不是在该专利有效期届满或者该专利被宣布无效的时间,否则,该专利实施许可合同无实质上的合同意义,无法产生合同效力。

2. 指定订立的专利实施许可合同,是指专利权人根据《专利法》的有关规定与专利管理部门指定的单位签订的专利实施许可合同。《专利法》第 14 条规定:"国有企事业单位的发明专利,对国家利益或者公共利益具有重大意义的,国务院有关主管部门和省、自治区、直辖市人民政府报经国务院批准,可以决定在批准的范围内推广应用,允许指定的单位实施,由实施单位按照国家规定向专利权人支付费用。"

3. 强制专利实施许可,是指专利权人在专利被授权之日起三年内不履行其义务,经国务院专利行政部门许可,与专利权人签订的专利实施强制许可合同。

### 三、专利实施许可合同的基本条款

订立专利实施许可合同,一般应当具备下列条款:(1) 项目名称;(2) 发明创造的名称和内容;(3) 实施许可的范围;(4) 专利申请日、申请号、专利号和专利权的有效期限;(5) 技术情报和资料及其保密事项;(6) 技术服务的内容;(7) 验收标准和方式;(8) 使用费及其支付方式;(9) 违约金或者损失赔偿额的计算方法;(10) 后续改进的提供与分享;(11) 争议的解决办法;(12) 名词和术语的解释。

## 四、专利实施许可合同的主要义务

### (一) 专利实施许可合同许可人的主要义务

专利实施许可合同许可人的主要义务是:第一,保证自己是所提供的专利技术的合法拥有人,并且保证所提供的专利技术完整、无误、有效,能够达到合同约定的目的。第二,按照合同的约定,许可受让人实施专利,交付实施专利有关的技术资料,提供必要的技术指导。第三,承担保密义务。第四,排他实施许可合同的让与人不得在已经许可受让人实施专利的范围内,就同一专利再与第三人订立专利实施许可合同;独占实施许可合同的让与人不得在已经许可受让人实施专利的范围内,允许任何人,包括许可人自己,实施该专利。

### (二) 专利实施许可合同受让人的主要义务

专利实施许可合同受让人的主要义务是:第一,按照合同的约定,支付价款。第二,按照合同约定的范围、方式、期限等实施专利技术,并按照约定支付使用年费。第三,未经许可人同意,不得许可合同约定以外的第三人实施该项专利技术。第四,按照合同的约定负有保密义务。

# 第十七章　提供服务的合同(上)

## 第一节　承揽合同

### 一、承揽合同的概念与特征

承揽合同是日常生活中除买卖合同外最为常见的合同。承揽合同是指承揽人按照定作人的要求完成工作,交付工作成果,定作人给付报酬的合同。在承揽合同中,根据定作人要求,完成工作并交付工作成果的一方为承揽人;接受工作成果并支付报酬的一方称为定作人。承揽合同具有以下法律特征:

1. 承揽合同是诺成、不要式合同。承揽合同的成立仅需双方就主要条款达成合意即可,当事人的合意不拘形式,书面、口头均可。订立合同后,如需交付标的物,该交付行为也不是使合同生效的事实,而是履行合同的行为,是定作人履行已经成立生效的合同义务的行为。

2. 承揽合同是双务、有偿合同。根据《合同法》的规定,在承揽合同中,承揽人负有完成工作并交付工作成果的义务,同时享有收取报酬的权利,而定作人则负有支付报酬的义务,同时享有接受工作成果的权利,所以承揽合同是双务合同;承揽合同中双方之给付为对价有偿,一方要获得对方的给付,必须向对方为相应给付,故承揽合同又是有偿合同。

3. 承揽合同一般为继续性合同。继续性合同是与一时性合同相对应的概念,二者的区分是以时间因素是否对合同给付的内容及范围发生影响为标准。继续性合同是指合同内容非一次性给付可履行完毕,而需持续地履行,其基本特点在于时间因素在合同履行中占有重要地位。承揽合同一般都不能即时履行,因为承揽人的工作常常需要持续一段时间,此点与雇佣合同、租赁合同、借用合同、保管合同、仓储合同一样,属于固有的继续性合同。

### 二、承揽合同的种类

根据《合同法》第 251 条第 2 款之规定,承揽合同包括加工、定作、修理、复制、测试、检验等工作。因承揽合同的包容性极强,法律对承揽合同的规定实际上是对一大类合同的规定,这是承揽合同与其他典型合同的一大区别。要确定一个合同是不是承揽合同,最基本的方法是看当事人的基本权利义务类型。例如,在照相合同中,顾客有支付报酬的基本义务,对方有拍摄并交付照片的基本义务,自然而然就可以认定它是承揽合同的一种了。加工承揽方的劳动成果,通常分为脑力劳动成果和体力劳动成果。体力劳动成果如原材料、半成品的加工,机械设备的修理;脑力劳动成果如商标设计、资料翻译等。所以,加工承揽合同的标的物既不是市场流通的一般商品,也不是人的某项活动,而是承揽方的劳动成果。承揽合同的这一特点,使其与委托合同相区别。委托合同是受托人接受委托人的委托,为委托人办理与人打交道的活动,如代理签订买卖合同、代理参加诉讼、代理参加谈判的活动;而承揽合同则是根据定作人的委托,为定作人办理与物打交道的活动,如制造某一物品、修理某一物品等。在日常生活中,常见的承揽合同有:

1. 加工合同

加工承揽合同是当前经济生活中适用比较广泛的合同,除了国务院 1984 年发布的《加工承揽合同条例》第 3 条列举的项目外,普遍适用的还有装配、印染、化验、复制、装潢、出版、专业航空(航空探矿、航空救护、航空吊挂、航空播种、人工降雨、航空护林)等项目。这种合同是由定作方提供原材料或半成品,由承揽方按合同要求进行加工,承揽方按约定收取加工费。主要特点是定作方自己带料,承揽方只收取加工费。在实际生活中,也有由定作方带一部分原材料,由承揽方负责一部分辅料,完成加工后,将成果交付给定作方。

2. 定作合同

定作合同是由定作方提出定作物的名称、品种、数量、规格、质量等要求,由承揽方自筹材料进行生产,定作方接受产品并付给约定的报酬的合同。这种合同与加工合同的区别在于定作方不带料,所用原、辅材料完全由承揽方负责。

3. 修理合同

修理合同是承揽方为定作方修复损坏的或发生故障的设备、器件或物品,通过修复和保养,使修理物达到正常使用的状态,定作方应向承揽方给付酬金的合同。

4. 修缮合同

修缮合同是定作方提出修缮房屋、建筑物、构筑物(水塔、烟囱等)的要求,承揽方按照定作方的要求,完成维护修缮任务所签订的合同。这种合同的特点是通过承揽方的工作,延续修缮物的使用价值,承揽方只收取合同中约定的酬金。如果需要修缮材料,则由定作方承担支付修缮材料的费用。

5. 其他承揽合同

凡不属以上四种类型的加工承揽合同,均归属这一类。这种合同主要是社会服务组织和个人为企事业单位、机关团体、社会组织或个人完成一定劳务而签订的。其内容可以是脑力劳动服务,也可以是体力劳动服务。承揽方根据定作方要求完成一定任务,定作方支付酬金。

### 三、承揽合同的主要条款和要求

加工承揽合同的主要条款有:加工承揽的品名或项目、数量、质量、包装、加工方法;原材料的提供以及规格、数量、质量;价款或酬金;履行的期限、地点和方式;验收标准和方法;结算方式、开户银行、账号;违约责任;解决合同纠纷的方式;双方约定的其他条款。

1. 加工承揽的品名或项目。加工承揽合同内容广泛,既有加工定作物的,也有完成一定劳动项目的。例如,修理机械设备、交通工具、家用电器等,都应在合同中写明修理的具体内容,以便定作方的检验。

2. 数量、质量、包装、加工方法。在这些条款中,质量技术条款应当引起特别重视。加工承揽合同的标的物是具有特定性质的物,因而对承揽方履行合同提出了严格的要求。对加工承揽合同的定作物品或完成工作项目的质量技术要求应在合同中规定清楚、准确。标的物或项目执行某一标准的,合同中应写明执行的标准名称、代号、编号。属于非标准的定作物,必须有明确的技术要求或图纸资料。没有统一标准而有样品的,双方当事人应共同封存样品,妥善保管。承揽方必须按照定作方要求的质量技术性能,加工生产和完成工作项目。承揽方在依照合同要求进行工作期间,发现定作方提供的图纸或技术资料有不合理处,应当及时通知定作方,定作方应当及时回复,提出修改意见。为确保质量,定作方有权在工作期间随时检查或委托双方认可的第三方检查产品质量。

3. 原材料的提供以及规格、数量、质量。承揽方如使用自己的原材料进行加工生产或完成工作,承揽方必须按照合同要求选用原材料,对产品和工作成果的质量负责,并接受定作方的检查,若隐瞒原材料的质量缺陷或者使用不符合合同要求的原材料,因而影响了定作物的质量的,定作方有权要求重作、修理、减少价款或退货。

承揽方使用定作方的原材料完成工作的,应当明确原材料的消耗定额。定作方提供原材料的,应按合同规定的时间、数量、品种规格、质量保证供应,承揽方每次应及时检验,发现材料不符合要求的,应及时通知定作方调换或补齐。

4. 价款或酬金。价款是用来偿付承揽方完成产品或项目的价金。价款中包括原辅材料、技术、燃料动力、劳务及设备损耗等开支。酬金是不包括原辅材料用来支付对方劳务或智力成果的价金。加工定作物品的价款或酬金,由当事人双方商定。当事人约定不明,又不能协商一致的,应按合同法的规定价格推定顺序予以确定。

5. 履行的期限、地点和方式。没有期限和地点的合同是无法履行的,因此合同中对交(提)货期限和地点必须作出具体规定,并应严格执行。

6. 验收标准和验收方法。有封存样品的,双方共同启封样品,以样品为验收依据;无样品的,依技术资料图纸上规定的标准和要求进行验收。有些产品经检验难以立即发现质量缺陷,因而必须规定一定的产品保修期。在保修期内发现的质量问题,除定作方使用保管不当造成的以外,应由承揽方负责修复或退换。

7. 违约责任。违反加工承揽合同的责任是指由于合同当事人自己的过错,致使合同不能履行或不能完全履行,依照法律和合同规定必须承担的法律责任,如向对方交付违约金、赔偿金等。承揽方的违约表现主要有:未按合同规定的质量、数量、时间完成工作,未按合同规定包装定作物,擅自调换定作方提供的原材料或零部件等。定作方的违约表现主要有:中途废止合同,中途变更合同规定的定作物的质量、数量、完成时间,未按合同规定期限提供原材料,超过合同规定的期限领取定作物或付款等。

8. 解决合同纠纷方式。这一条款要求当事人双方在签订合同时写明,一旦合同发生争议,双方将采取何种方式加以解决,是向有权机关申请仲裁还是向人民法院起诉。

9. 双方协商的其他条款。例如,规定对定作方提供的原材料加工的消耗定期,规定废品率,规定对下脚料的处理以及节约用料的奖励办法等。

## 四、承揽合同的权利与义务

### (一) 定作人的权利与义务

1. 定作人的权利

(1) 定作人应当按照合同的约定验收该工作成果。

(2) 定作人认为承揽人交付的工作成果不符合质量标准的,可以请求修理、重作或者减少报酬。给定作人造成其他损失的,还可以请求赔偿损失。

(3) 定作人可以随时解除承揽合同,但应当向承揽人赔偿损失。

2. 定作人的义务

(1) 合同约定由定作人提供材料的,应按约定提供材料。

(2) 定作人因怠于答复等原因造成承揽人延误工期的,应当赔偿因延误工期而造成承揽方的损失。

(3) 定作人中途变更承揽工作的要求,给承揽人造成损失的,应当赔偿损失。

(4) 承揽工作需要定作人协助的,定作人有协助的义务。

(5) 定作人不得因监督检验妨碍承揽人的正常工作。

(6) 定作人应当按照约定的期限支付报酬。对支付报酬的期限没有约定或者约定不明确的,依照法律规定。法律规定仍不明确的,定作人应当在交付工作成果时支付;工作成果部分交付的,定作人应当相应支付。

(7) 当事人对保管费用没有约定或者约定不明确的,依照法律规定。法律规定仍不明确的,由定作人支付。

(8) 交付的工作成果毁损、灭失发生在定作人受领迟延后的,其风险由定作人承担。

(二) 承揽人的权利与义务

1. 承揽人的权利

(1) 承揽人对定作人提供的材料应当及时检验,发现不符合约定时,应当及时通知定作人更换或者补齐以及采取其他补救措施。

(2) 承揽人发现定作人提供的图纸或者技术要求不合理的,应当及时通知定作人。

(3) 定作人不履行协助义务致使承揽工作不能完成的,承揽人可催告定作人在合理的期限内履行义务,并可以顺延履行期限;定作人逾期不履行的,承揽人可以解除合同。

(4) 定作人不支付报酬或者材料等价款的,承揽人对完成的工作成果享有留置权,但当事人另有约定的除外。

2. 承揽人的义务

(1) 承揽人应当以自己的设备、技术和劳力完成主要工作。未经定作人同意,承揽人不得将其承揽的主要工作交由第三人完成。

(2) 承揽人可以将其承揽的辅助工作交由第三人完成,但当事人另有约定的除外。承揽人将其承揽的辅助工作交由第三人完成的,应当就该第三人完成的工作成果向定作人负责。

(3) 承揽人提供材料的,承揽人应当按照约定选用材料,并接受定作人检验。

(4) 承揽人在工作期间应当接受定作人必要的监督检验。

(5) 承揽人完成工作的,应当向定作人交付该工作成果,并提供必要的技术资料,如有关质量证明。

(6) 承揽人应当妥善保管定作人提供的材料,不得擅自更换定作人提供的材料,不得更换不需要修理的零部件。

(7) 定作人提供的材料在承揽人占有期间毁损、灭失的风险,由承揽人承担,但因不可抗力导致的除外。

(8) 承揽人应当按照定作人的要求保守秘密,未经定作人许可,不得留存复制品或者技术资料。

(9) 共同承揽人对定作人承担连带责任,但当事人另有约定的除外。

# 第二节　建设工程合同

## 一、建设工程合同的概念与特征

建设工程合同也称建设工程承包合同,是指由承包人进行工程建设,发包人支付价款的合同,通常包括建设工程勘察、设计、施工合同。在传统民法上,建设工程合同属承揽合同之一种,德国、日本、法国及我国台湾地区民法均将建设工程合同纳入承揽合同中。我国1981年《经济合同法》将其作为有名合同的一种进行单独规定,《合同法》沿用了这一立法例,是根据不动产和动产分类,将承揽合同与建设工程合同分立,但考虑两者间的内在联系,《合同法》第287条规定:“本章没有规定的,适用承揽合同的有关规定”。建设工程合同具有以下法律特征:

1. 建设工程合同是以完成特定不动产的工程建设为主要内容的合同

建设工程合同与承揽合同一样,在性质上是以完成特定工作任务为目的的合同,但其工作任务是工程建设,不是一般的动产承揽,当事人权利义务所指向的工作物是建设工程项目,包括工程项目的勘察、设计和施工成果。这也是我国建设工程合同区别于承揽合同的主要特征。就这方面而言,我们也可以说建设工程合同是以建设工程的勘察、设计或施工为内容的承揽合同。从双方权利义务的内容看,承包人主要提供的是专业的建设工程勘察、设计及施工等劳务,而不同于买卖合同出卖人的转移特定不动产标的物的所有权,这是建设工程合同与房屋买卖合同的主要区别。

2. 在建设工程合同的订立和履行各环节均不同程度体现了国家权力的干预

在我国,大量的建设工程的投资主体是国家或国有资本,而且建设工程项目一经投入使用,通常会对公共利益产生重大影响,因此,国家对建设工程合同实施了较为严格的干预。体现在立法上,就是除《合同法》外,还有大量的单行法律和法规,如《建筑法》、《城市规划法》、《招标投标法》及大量的行政法规和规章,对建设工程合同的订立和履行诸环节进行规制。概括起来,我国立法对建设工程合同的干预体现在以下诸方面:

(1) 对缔约主体的限制。在我国,自然人主体被排除在建设工程合同承包人的主体之外,只有具备法定资质的单位才能成为建设工程合同的承包主体。《建筑法》第12条明确规定了从事建筑活动的建筑施工企业、勘察单位、设计单位和工程监理单位应具备的条件,并将其划分为不同的资质等级,只有取得相应等级的资质证书后,才可在其资质等级许可的范围内从事建筑活动。此外,对建筑从业人员也有相应的条件限制。这是法律的强制性规定,违反此规定的建设工程合同依法无效。在对合同主体经营范围的限制方面,我国司法的态度已呈日趋宽松的趋势,但对工程建设单位的主体要求却与这一趋势相反,仍然相当严格。

(2)对合同的履行有一系列的强制性标准。建设工程的质量动辄涉及民众的生命和财产安全,因此,对其质量进行监控便显得极为重要。《建筑法》第3条规定,建筑活动应当确保建筑工程质量和安全,符合国家的建筑工程安全标准。建筑活动从勘测、设计到施工、验收等各个环节,均存在大量的国家强制性标准的适用。可以说,建设工程合同大量强制性标准的适用,为建设工程的质量提供了制度上的保障。

(3)义务的法定性。与通常的合同立法多任意性规范不同,关于建设工程合同的立法中,强行法规范占了较大的比例,相当部分的义务为法律直接规定,使得建设工程合同的义务呈现出较强的法定义务性质。例如,关于施工开工前应取得施工许可证,合同订立程序中遵守招投标的规定,对承包人转包的禁止性规定和分包的限制性规定,以及承包人的质量保修义务等,均带有不同程度的强制性。

## 二、建设工程合同的种类

根据不同工作阶段的内容,建设工程合同可分为勘察合同、设计合同与施工合同。

## 三、建设工程合同的主要条款

### (一)建设工程施工合同的主要条款

由于建设工程合同的特殊性,国家对其合同文本的使用有较强的指导性,在建设工程施工合同方面,目前适用的示范文本主要为原建设部和国家工商行政管理局于1999年颁布的《建设工程施工合同(示范文本)》(下称《示范文本》),该版本是在1991年颁布的版本的基础上,结合我国相关法律法规的规定制定的,同时也参考了国际上最为通行的、由国际咨询工程师联合会(FIDIC)制定的《土木工程施工合同条件》的内容而制定,不论在形式上还是内容上都比较完善。

《示范文本》分为三部分:协议书、通用条款与专用条款。协议书是对双方就建设工程施工合同内容达成合意的书面确认,主要包括工程概况、承包范围、工期、质量标准、合同价款、合同文件的范围等基本内容。通用条款则是对双方合同权利义务的详细规定,可适用于各种不同的工程项目,具有相对固定性。专用条款则是合同双方针对特定工程项目所作的特别约定,为当事人意思自治留下必要的空间。

（二）《示范文本》的基本内容

1．当事人条款。合同应明确发包人与承包人的名称、法定代表人、工商登记号、住所及联系方式等基本情况，承包人应具备与合同工程相对应的施工企业资质等级。

2．工程名称和范围（标的物条款）。该条款主要用于明确合同所指向的建设工程的内容和范围。项目名称、施工现场的位置、施工界区等都应在合同中予以明确。

3．施工准备条款。该部分条款是在工程施工前，对应完成的工作的前期准备所作的约定，主要包括施工现场应具备的施工条件，如土地平整、道路通畅及水电设施；具备必要的施工合法性文件，其中最重要的文件即为施工许可证，依建筑法规定，未取得施工许可证的工程不能开工，当然还包括其他如临时用地、爆破作业等许可文件；施工场地地质和地下管线资料及工程设计图纸的交付时间等。

4．工程进度计划。承包人应提交施工组织设计和工程进度计划，合同应明确工程开工与竣工日期，并对工期延误及相关责任问题进行约定。合同生效后，工程进度经发包人指定的监理工程师或发包人驻场代表确认后，承包人应按进度计划组织施工，并接受监理工程师或发包人驻场代表的检查与监督。

5．工程质量和检验条款。承包人应对工程应达到的质量标准作出承诺。按国家标准，建设工程质量检验中，分项、分部、单位工程的质量评定均分为“合格”与“优良”两个等级，合同应约定工程质量需符合何种标准，以及当双方对工程质量发生争议时的鉴定机构及其程序。在工程施工过程中，甲方委派的监理工程师或驻场代表有权随时对工程质量进行监督检查，如工程出现问题，承包人应予拆除和重新施工，使之达到约定标准。对隐蔽工程和中间工程的验收程序及双方责任，合同也应作出约定。

6．价款及其支付。建设工程尤其是大型工程的造价金额通常较大，合同履行期相对较长，其中可变因素较多，因此在客观上也确实存在价款难以确定的情况。建设部 2001 年颁布的《建筑工程施工发包与承包计价管理办法》规定了三种建设工程施工合同价款的计算方式：固定价，即合同总价或单价在合同约定的风险范围内不可调整；可调价，即合同约定工程价格在实施期间随价格变化而调整；定额价，按国家规定的工程定额结算。当事人可在合同中约定其中一种计价方式。工程款可分为三部分：预付款、进度款和结算款。预付款是指开工前由发包人向承包人支付的款项，款项用于承包人开工前期的准备工作，该部分款项应于开工后从发包人应付工程款中扣除。进度款则指发包人按合同约定的工程进度逐笔支付的款项。由于建设工程施工合同的承揽合同性质，不能要求承包人承担垫付工程款的义务,因此根据工程进度支付工程进度款是建设工程施工合同的重要特点。结算款是指工程竣工后,双方对工程总价进行结算所确认的工程款,对发包人已付工程款与结算款的差额部分,发包人应按合同的约定予以支付。

7. 材料及设备供应。建设工程涉及大量的材料与设备,因此合同应就材料与设备供应主体、供应范围、供应日期、验收程序及标准、保管责任等问题进行约定。材料和设备既可由发包人提供,也可由承包人提供,提供方应保证材料与设备的质量,另一方有权对其进行检验并提出质量异议。

8. 竣工验收与结算条款。竣工验收与结算条款应对验收和结算的程序进行明确约定。在预计竣工日期之前的合理期限内,承包人应通知发包人准备验收,并提供相关验收资料,发包人应及时组织有关各方包括勘察设计单位、监理单位等与承包人共同进行竣工验收,并对存在的质量问题提出修改意见,验收合格或经修改后合格的,承包人应提交竣工验收报告。发包人不组织验收的,应承担由此造成的对其不利的法律后果。竣工验收后,双方应按合同约定或法定程序进行结算。建设部《建筑工程施工发包与承包计价管理办法》第16条规定:"工程竣工验收合格,应当按照下列规定进行竣工结算:(一)承包方应当在工程竣工验收合格后的约定期限内提交竣工结算文件。(二)发包方应当在收到竣工结算文件后的约定期限内予以答复。逾期未答复的,竣工结算文件视为已被认可。(三)发包方对竣工结算文件有异议的,应当在答复期内向承包方提出,并可以在提出之日起的约定期限内与承包方协商。(四)发包方在协商期内未与承包方协商或者经协商未能与承包方达成协议的,应当委托工程造价咨询单位进行竣工结算审核。(五)发包方应当在协商期满后的约定期限内向承包方提出工程造价咨询单位出具的竣工结算审核意见。发承包双方在合同中对上述事项的期限没有明确约定的,可认为其约定期限均为28日。发承包双方对工程造价咨询单位出具的竣工结算审核意见仍有异议的,在接到该审核意见后一个月内可以向县级以上地方人民政府建设行政主管部门申请调解,调解不成的,可以依法申请仲裁或者向人民法院提起诉讼。工程竣工结算文件经发包方与承包方确认即应当作为工程决算的依据。"

9. 违约责任及索赔条款。合同应对各种可能的违约情形的违约责任进行规定,发包人经常发生的违约情形,如不依合同约定支付工程款,不提供必要的施工条件及资料,不按期组织各类验收等情形;承包人经常发生的违约情形,如未按期完成工程建设,质量不符合法定及约定的标准。合同应对履行过程中的索赔程序进行约定,一旦出现索赔事由,守约方应及时向违约方发出索赔通知,并提供相关证据,违约方应按合同约定的期限进行答复和处理。

10. 承包人保修责任。承包人通常以签订质量保修书的形式明确其保修责任。承包人的保修责任为法定责任,《建筑法》对此作出了原则性规定,并授权国务院对具体保修范围和最低保修期限作出规定。国务院2000年颁布的《建设工程质量管理条例》第40条规定:“在正常使用条件下,建设工程的最低保修期限为:(一)基础设施工程、房屋建筑的地基基础工程和主体结构工程,为设计文件规定的该工程的合理使用年限;(二)屋面防水工程、有防水要求的卫生间、房间和外墙面的防渗漏,为5年;(三)供热与供冷系统,为2个采暖期、供冷期;(四)电气管线、给排水管道、设备安装和装修工程,为2年。其他项目的保修期限由发包方与承包方约定。建设工程的保修期,自竣工验收合格之日起计算。”双方可在合同中约定比前述最低保修期限长的保修期,但不得短于法定最低保修期限。保修期间,由于承包人实施保修行为造成发包人损失的,应予赔偿。

(三)建设工程勘察与设计合同的主要条款

相对于建设工程施工合同,建设工程勘察与设计合同的内容则较为简单。在内容方面,其当事人条款、标的物条款与前述施工合同并无不同。发包人的主要义务为明确勘察或设计要求,提供必要的勘察或设计资料,按期支付酬金。勘察人或设计人的主要义务为按合同要求完成任务,保证勘察成果资料和设计资料具有合同约定的质量要求。在酬金方面,勘察与设计合同通常是以固定价格的方式进行约定,如发包人对勘察或设计要求提出变更,则相应调整酬金数额。支付方式则通常是按勘察或设计工作完成的阶段分期付款。

## 四、建设工程合同的设立与影响建设工程合同效力的若干问题

(一)招标问题

全国人大常委会于1999年颁布了《招标投标法》,该法第3条规定以下建设工程项目必须进行招标:(1)大型基础设施、公用事业等关系社会公共利益、公共安全的项目;(2)全部或者部分使用国有资金投资或者国家融资的项目;(3)使用国际组织或者外国政府贷款、援助资金的项目。原国家计委于2000年颁布了《工程建设项目招标范围和规模标准规定》,对《招标投标法》第3条规定的必须进行招标的工程范围进行了明确界定。按《招标投标法》及国家计委的前述规定,需进行招标的建设工程范围相当广泛,商品住宅不论是否属国有投资或国有投资控制,均需进行招标。而各省级地方政府往往又在国家计委规定的基础上对应进行招标的工程范围作出了进一步规定。目前,建设行政主管部门主要是通过对施工许可证的管理来强制要求国有资本投资的项目进行招标,但这只是从行政管理的角度而言。依《建筑法》规定,获颁发施工许可证的条件之一是确定了工程施工单位,也就是说,在施工许可证颁发之前建设工程合同通常已经签署,此时便可能存在对之前签署的建设工程合同效力的认定问题。《招标投标法》关于应当进行招标的工程范围的规定应属强制性规定,违反该规定

签署的合同当然无效。该法授权国家计委在国务院批准的前提下制定具体范围,因此国家计委的规定对合同效力具有约束力。对依法应进行招标而未招标的建设工程合同,双方当事人均应认定为存在过错,因为双方均应具备了解相关规定的能力,也有义务遵守相关规定。地方政府作出的超出国家计委规定范围的应予招标的工程范围规定,不能作为判断合同效力的法律依据。

(二)资质问题

1. 发包人

建设工程合同的发包人是指工程的建设单位,又称业主,是合法拥有建设项目的土地使用权并经法定程序批准进行工程项目建设的合法权利人。对非房地产开发项目而言,并不存在发包人的房地产开发资质问题,但对房地产开发项目而言,其发包人专指房地产开发企业或其他具备相应开发资质的主体。

《城市房地产管理法》第 30 条规定:“房地产开发企业是以营利为目的,从事房地产开发和经营的企业。设立房地产开发企业,应当具备下列条件:(一)有自己的名称和组织机构;(二)有固定的经营场所;(三)有符合国务院规定的注册资本;(四)有足够的专业技术人员;(五)法律、行政法规规定的其他条件。”《城市房地产开发经营管理条例》对房地产开发企业的条件也作出了专门规定,具体包括注册资本不得少于 100 万元,有 4 名以上持有资格证书的房地产专业、建筑工程专业的专职技术人员,2 名以上持有资格证书的专职会计人员等,同时还授权行业主管部门对房地产开发企业的资质等级进行核定,房地产开发企业应按照核定的资质等级承担相应的房地产开发项目。建设部于 2000 年颁布的《房地产开发企业资质管理规定》,按自有流动资金与注册资本数量、专业技术人员数量与资质、开发经历、已开发竣工房屋面积等条件将房地产开发企业划分为四级,一级资质的房地产开发企业承担房地产项目的建设规模不受限制,可以在全国范围承揽房地产开发项目;二级资质及二级资质以下的房地产开发企业可以承担建筑面积 25 万平方米以下的开发建设项目,承担业务的具体范围由省、自治区、直辖市人民政府建设行政主管部门确定。

由上述规定可见,对房地产开发企业的资质要求远较一般的企业法人严格,国家对房地产开发行业实行的是严格的资格准入制度。在对合同主体资格的要件日渐放宽的今天,对从事房地产开发的企业的主体资格要求却日趋严格。依《最高人民法院关于审理房地产管理法施行前房地产开发经营案件若干问题的解答》的规定,不具备房地产开发经营资格的企业与他人签订的以房地产开发经营为内容的合同,除在一审诉讼期间依法取得房地产开发经营资格的,一般应认定为无效。虽然这一解释的效力因《合同法》的施行而受到一定程度的质疑,但立法对房地产开发企业主体资格的严格要求应属无疑。成为问题的是,如发包人具备房地产开发企业资格,但并不具备相应的开发资质等级,即其资质等级所对应的开发经营范围小于其所发包项目的建设规模,此时建设工程合同的效力是否受到影响呢？我们认为对此应从宽判断,不宜简单地认定合同无效。依《合同法》规定,只有违反法律和行政法规的强制性规定才可导致合同无效,前述法律和行政法规并未规定不同资质等级的房地产开发企业的经营范围,而是授权建设部进行规定,建设部的规定为行政规章,违反规章并不会导致合同无效的法律后果。因此,只要发包人具备房地产开发企业资质,符合立法对土地使用权及资金实力的要求,符合法定的审批条件,即应认定该合同的效力。至于因违反行政规章而产生的行政责任,则与合同效力无关。

2. 承包人

建设工程合同的承包人包括工程勘察单位、设计单位及施工单位,立法对这类主体的资质要求较之发包人更为严格。《建筑法》第 12 条规定:“从事建筑活动的建筑施工企业、勘察单位、设计单位和工程监理单位,应当具备下列条件:(一) 有符合国家规定的注册资本;(二) 有与其从事的建筑活动相适应的具有法定执业资格的专业技术人员;(三) 有从事相关建筑活动所应有的技术装备;(四) 法律、行政法规规定的其他条件。”第 13 条规定以上单位应按建筑企业的注册资本、专业技术人员、技术装备和已完成的工程业绩划分为不同的资质等级,在取得相应资质证书后,方可在资质等级许可的范围内从事建筑活动。建设部《建筑业企业资质管理规定》、《建设工程勘察设计企业资质管理规定》等行政规章对施工单位、设计单位、勘察单位及监理单位的资质管理进行了详细规定,其中工程勘察资质分为工程勘察综合资质、工程勘察专业资质、工程勘察劳务资质;工程设计资质分为工程设计综合资质、工程设计行业资质、工程设计专项资质;施工企业资质分为施工总承包、专业承包和劳务分包三个序列,各自评定不同等级,相应资质的企业只能在其资质许可的业务范围内承揽工程业务。

对工程承包人违反资质条件所签订的建设工程合同,依法应当认定无效,但立法对勘察、设计单位和施工单位的要求有所不同。从现行立法看,对勘察、设计单位而言,如具有工程勘察、设计资格但所承揽业务超出其资质等级范围的,如其实际上具备履行合同的能力,只是未经主管部门核发相应资质证书,依《合同法》及相关司法解释,也可认定合同有效。但施工单位违反资质等级承接业务所签订的合同则绝对无效。《建筑法》第 26 条第 2 款规定,禁止建筑施工企业超越本企业资质等级许可的业务范围或者以任何形式用其他建筑施工企业的名义承揽工程。禁止建筑施工企业以任何形式允许其他单位或者个人使用本企业的资质证书、营业执照,以本企业的名义承揽工程。这样严格的禁止性规定,在民事立法中是较为罕见的,也可见国家在建筑施工市场管理方面的严格立场。

实务中,不具备相应资质等级的施工企业挂靠具备资质等级的施工企业承揽业务的情况十分普遍,不少发包人事实上对此持默许态度,一些地方行政主管部门对此也是视若无睹,基本采取放任的态度。在不发生纠纷的情况下,合同履行完毕后各自相安无事。一旦产生纠纷,则合同效力就成为当事人争议的焦点问题。法院在判决合同无效的情况下,基于对无效合同的处理原则,对合同实际履行人发生的直接、间接费用及税金主张仍然予以支持。

3. 带资与垫资条款

带资与垫资进行工程承包是我国建设工程施工领域的普遍现象。所谓带资承包与垫资施工,实质上就是指在建设工程施工合同中,发包人不需向承包人先行支付工程款(预付款和进度款),而由承包人自行负担工程施工期间的资金。在国际上,带资承包模式其实相当普遍,众所周知的 BOT(Build-Operate-Transfer)工程,其实质即为带资承包的模式。从现有法律规定来判断,带资与垫资条款并非当然无效,行政机关可依其职权对该种行为实施行政处罚,但在未有更高层次立法的情况下,法院不宜直接认定其无效。事实上,虽然行政机关明文禁止,带资与垫资行为还是难以遏制。由于建筑市场竞争激烈,有承包人为争取工程承包合同,往往承诺带资入场,以减轻发包人的资金压力。在操作上,由于垫资属禁止性行为,发包人与承包人通常不会将有关垫资的内容写入合同条款,而多采取相对隐晦的方式。由于建设工程合同的价款支付方式通常为按工程进度付款,在发包人付款与工程进度之间难免存在时间上的迟滞性,如双方协议将付款时间迟延,或达成承包方事实上接受发包人迟延付款的默契,则很难判断其是否属于带资、垫资行为。即便带资、垫资行为属无效,也仅及于合同的价格支付条款,对合同其余部分的效力应不生影响。

4. 联合承包、分包与转包

联合承包合同是指由两个或两个以上的承包单位共同承包的建设工程合同,通常适用于大型建筑工程或结构复杂的建筑工程;总承包合同是指由总承包人独立承揽全部建设工程任务的合同;分包合同是相对于总承包合同而言的,指总承包人将其部分总承包项目发包于分包人的合同。按总承包人承包的范围,总承包合同又可分为一般总承包合同与施工总承包合同。一般总承包合同是指总承包人将全部工程任务承包的合同,而施工总承包合同则仅将施工部分总承包。总承包合同的签约主体是发包人与承包人,而分包合同的签约主体则是总承包人与分包人,发包人并不是分包合同的签约主体,因此总承包合同与分包合同的效力范围也有所不同。此外,与分包合同相对应的还有转包合同,是指由承包人将其承包的工程任务全部交由转包人承担的合同,实际上就是承包人将其权利义务全部转让予第三人的合同。转包与分包的主要区别在于合同义务转让的程度不同,转包是承包人将其合同义务全部移转予第三人的行为。依《合同法》总则的规定,一般合同义务的移转应以债权人同意为条件,《合同法》明确禁止承包人以各种名义进行转包。对承包人的转包行为,无论发包人是否知情或同意,均应认定转包合同无效。实际上,转包在建设工程国际惯例中属常见现象,我国立法之所以对建设工程领域的分包与转包问题采严格的立场,有其深厚的社会背景。多年来,我国建设工程领域出现的大量工程质量问题与转包和不规范的分包行为有着密切联系,由于部分承包人在工程实施过程中进行层层分包或转包,导致最后实际履行合同所收取的价款,远远低于最初的建设工程合同的约定,于是,为了完成工程,只能偷工减料,这一现象在施工合同中尤为明显。为此,建筑法与合同法均对分包行为进行严格限制,对转包或以分包名义进行的转包予以禁止。

5. 承包人对工程款的优先受偿权

(1) 承包人优先受偿权的性质

《合同法》第286条规定:"发包人未按照约定支付价款的,承包人可以催告发包人在合理期限内支付价款。发包人逾期不支付的,除按照建设工程的性质不宜折价、拍卖的以外,承包人可以与发包人协议将该工程折价,也可以申请人民法院将该工程依法拍卖。建设工程的价款就该工程折价或者拍卖的价款优先受偿。"承包人依该条享有的权利是一种优先权,只是一种对该权利状态的描述,其实质应为法定抵押权。事实上,建设工程承包人对其完成之工程拥有法定抵押权并非我国大陆立法所新创。我国台湾地区"民法典"第513条规定:"承揽之工作物为建筑物或其他土地上之工作物或为此等工作物之重大修缮者,承揽人就承揽关系所生之债权,对于其工作所附之定作人之不动产有抵押权。"即为关于承揽人(承包人)法定抵押权的规定。

(2) 承包人的法定抵押权及行使法定抵押权的条件

依前述《合同法》第286条,承包人行使法定抵押权有如下条件:

① 需是以工程为合同标的物的建设工程合同。前已述及,广义上的建设工程合同包括建设工程施工合同、建设工程设计合同、建设工程勘察合同。其中设计合同与勘察合同的完成物仅为设计成果与勘察成果,并不是工程本身,不属第286条规定的"工程"范畴,因此只有建设工程施工合同的承包人才可行使这一权利。当然,如是建设工程总承包合同,只要其中包括了工程施工的内容,合同的履行可得出"工程"这一财产,则总承包人可行使该权利,而承包人行使该权利时求偿的内容自可包括总承包合同中设计部分与勘察部分的债权。

② 需工程可折价、拍卖。一般认为,法律上的禁止流通物是不可以进行折价、拍卖的。但建设工程作为不动产,其使用权与所有权是可以分离的,基本上,可依法进入市场并可带来收益的公有物与公用物,如机场道路、公共图书馆等均可在不影响其使用功能的情况下进行所有权的移转,即便是国家机关办公用房,只要其在功能上具有市场价值,也属可折价或拍卖之列。只有依照法律规定或依其性质不能产生收益的公有物与公用物才不可折价、拍卖,如城市公共绿化、

市政工程等。除了前述不可折价或拍卖的部分公有物与公用物外，在性质上不能折价或拍卖的还包括单独的设备安装或装修装饰工程。例如，与发包人单独签订有施工合同的空调、电梯、玻璃幕墙等专业工程承包人或室内装饰、装修工程承包人等，在工程完成后，如发包人违约，该承包人应不能对该部分工程行使法定抵押权，因其承包的工程在性质上与主体工程已不可分割，如允许承包人将该部分工程单独拍卖，一来在经济上极其不利益，二来也可能损害其他权利人的利益。但对总承包人而言，或前述专业施工合同的承包人与主体工程的承包人共同行使法定抵押权，则不受此限，因为在此情况下，就该部分工程进行折价或拍卖并优先受偿在法律上和经济上均可行。

③ 承包人需履行催告义务。对发包人未依约履行支付价款义务的行为，承包人并不能径行行使法定抵押权，应在进行催告并给予发包人合理履行期限之后才能行使该权利。催告的方式不限，合理期限应根据合同的具体情况进行判断。这一规定与《合同法》第94条关于因一方逾期履约另一方单方解除合同前需进行催告并给予对方合理履行期限的规定如出一辙。由于承包人行使法定抵押权对发包人影响巨大，应对此设定一些程序性条件，允许发包人对此进行补救。

④ 建筑工程是否竣工不应影响承包人法定抵押权的行使。有学者认为承包人法定抵押权的成立应以建设工程竣工为条件，工程未竣工，则无法定抵押权。从权利义务平衡的角度来说，理应对承包人行使法定抵押权施加一定的限制。由于建设工程合同的价款多为分期支付，如发包人在工期中的任一期付款迟延都可令承包人行使法定抵押权，对发包人过于苛刻。再者，未竣工工程的变现能力低，如因《合同法》第286条规定出现大量的在建工程进入市场流通的情况，对社会经济发展将极为不利。但是，在建工程虽然变现能力低，却并非不可变现，因此在建工程在性质上不属不宜折价、拍卖的工程，在操作层面上应无障碍。从法律政策看，立法设定法定抵押权的目的在于优先保障承包人的债权，尤其是其中的劳动者工资，而工程是否竣工并不会影响承包人债权的性质与效力，如由于发包人违约导致工程无法竣工而令承包人丧失法定抵押权，则该条的立法目的将无法实现。

（3）承包人法定抵押权的效力

就其效力而言，法定抵押权优先于经登记的约定抵押权与发包人的其他债权，此点已无疑义，司法解释对此也予以明确。问题在于，在所建设商品房已进行预售或销售的情况下，承包人与购房人之间的关系应如何处理？我国的物权制度虽未臻完善，但物权法定的原则已经基本确立，不动产物权的转移以登记为条件，与此相配套的还有商品房买卖（预售）合同的登记制度。经登记的商品房买受人可对抗包括抵押权人在内的其他债权人，但经登记的商品房买受人是否可对抗承包人的法定抵押权则存有疑问。我们认为,经登记的商品房买受人对该商品房享有的权利是一种物权性质的权利,承包人法定抵押权虽可对抗抵押权及其他债权,但不具备对抗经登记的买受人的效力。但未经登记的买受人对该商品房享有的是纯粹的债权,因此承包人的法定抵押权优先于未经登记的买受人的债权。

承包人法定抵押权既是一种优先受偿权,在发包人破产时,其受偿效力应位于员工工资、福利及税款之后,抵押权及其他债权之前。如发包人宣告破产于工程竣工或合同约定的工程竣工之前,由于承包人法定抵押权的产生系基于建设工程合同的行为,而非工程竣工的事实,因此承包人自可主张破产财产的优先受偿权。

(4) 承包人法定抵押权的行使方式

《合同法》第 286 条规定承包人行使法定抵押权有两种方式,一为与发包人协议折价,二为向法院申请拍卖。与发包人协议折价的方式基于当事人意思自治,与担保法规定并无不同,但向法院申请拍卖的方式则完全不同于担保法关于抵押权行使的规定。依担保法,在未能协商一致的情况下,抵押权人行使抵押权须通过诉讼方式为之,而《合同法》第 286 条的规定则无须经过诉讼,承包人可直接申请法院进行拍卖。这一规定与担保法关于留置权行使的方式相同。我们理解,该规定的出发点应为简化承包人行使权利的程序,避免因旷日持久的诉讼而致承包人损失扩大。因此,在立法未对此程序进行专门规定前,承包人可直接适用民事诉讼法规定的执行程序请求法院拍卖建设工程,但此规定在充分保障了承包人权利的同时,也使得发包人的权利缺乏法律程序上的救济。建设工程与一般的留置物不同,通常其价值较大,而且双方债权债务的确定也较复杂,缺乏有效的司法程序的救济,的确存在较大的法律风险,如何才能在保障实体公正的同时保障程序公正,是立法及司法机关应予慎重考虑的问题。我们认为,法院在执行程序中,应充分保障各方当事人的知情权与抗辩权,如应及时通知、进行公告、举行必要的听证会。对已签署购房合同但尚未办理所有权公示登记的买受人,应界定是否为个人购房消费者,以便确定拍卖物的范围,以维护房屋购买者的合法权利。在拍卖时,建设工程可分割进行拍卖的,应在确定不属于承包人优先受偿权标的物的基础上进行拍卖,对不可分割的建设工程,应进行整体拍卖。对拍卖所得,如拍卖标的物全部或部分设定有抵押权,在保障承包人的优先受偿权后,应保证其他抵押权人的优先权。

## 第三节 运输合同

### 一、运输合同的概念和特征

运输合同是承运人接受旅客或者托运人的委托,使用运输工具将旅客或者货物从起运地点运输到约定地点,旅客、托运人或者收货人支付票款或者运输费用的合同。运输合同具有以下几个特征:

第一,运输合同属于提供劳务的合同,合同标的为运输劳务。运输合同的核心内容是承运人为旅客或者托运人提供的运输劳务。运输劳务本身虽然不会产生具体、有形的"劳动成果",但却可以使旅客和托运人获得服务并从中受益。

第二,运输合同是双务、有偿合同。在运输合同中,承运人运输旅客或者货物,旅客、托运人或者收货人支付票款或者运费,当事人双方的权利义务具有对待给付关系。

第三,运输合同一般为实践合同。就客运合同而言,买票即成立,检票即生效;就货物运输合同而言,以双方意思表示一致为成立,以托运人交付货物为生效。所以,运输合同一般为实践合同。但是,客运合同有时也表现为诺成合同,如途中上车买票即为诺成合同。

第四,运输合同多为格式合同。一般地,运输合同的条件是由承运人预先明确的,作为运输合同具体表现形式的客票、货运单或者提单也都是统一印制的,符合格式合同的特点。

### 二、运输合同的种类

(1) 根据运输对象的不同,运输合同可分为客运合同和货运合同。

(2) 根据运输方式的不同,运输合同可分为单一运输合同和多式联运合同。

(3) 根据运输工具的不同,运输合同可分为铁路运输合同、公路运输合同、水路运输合同、航空运输合同以及管道运输合同。

### 三、客运合同

(一) 客运合同的概念和特征

1. 客运合同的概念

客运合同,是指承运人将旅客及其行李从起运地点运送到约定地点,旅客支付票款的合同。

2. 客运合同的特征

(1) 客运合同运送的对象是旅客,同时旅客又是合同的主体。

(2) 客运合同采用客票的形式。

(3) 客运合同包括旅客行李运送的内容。

(4) 客运合同是旅客得自行解除的合同。

(二) 客运合同的成立与生效

客运合同自承运人向旅客交付客票时成立,但当事人另有约定或另有习惯的除外。客运合同自检票时生效。

(三) 客运合同的权利义务

1. 旅客的主要义务

(1) 按规定支付客票价款及行李运费。《合同法》第294条规定:“旅客应当持有效客票乘运。旅客无票乘运、超程乘运、超级乘运或者持失效客票乘运的,应当补交票款,承运人可以按照规定加收票款。旅客不交付票款的,承运人可以拒绝运输。”

(2) 按规定携带行李和儿童。《合同法》第296条规定:“旅客在运输中应当按照约定的限量携带行李。超过限量携带行李的,应当办理托运手续。”

(3) 不得携带危险物品及其他违禁品。《合同法》第297条规定:“旅客不得随身携带或在行李中夹带易燃、易爆、有毒、有腐蚀性、有放射性以及有可能危及运输工具上人身和财产安全的危险物品或者其他违禁物品。旅客违反前款规定的,承运人可以将违禁物品卸下、销毁或送交有关部门。旅客坚持携带或者夹带违禁物品的,承运人应当拒绝运输。”

(4) 服从承运人的指挥并不得损坏运输设施。

2. 承运人的主要义务

(1) 按照约定完成旅客的运送。

(2) 告知义务。承运人在运送开始前,应当向旅客告知有关安全运输应注意的事项。遇有不能正常运输的重要事由时,承运人也应当及时告知旅客。

(3) 救助义务。在运输过程中,发生危难事故时,承运人应尽力抢救旅客的生命和财产;在旅客患有急病、分娩时,承运人也应当尽力救助。

(4) 保证旅客的人身安全。承运人在运输过程中,负有保证旅客人身安全的义务,应当将旅客安全运送到约定地点。承运人违反保证旅客人身安全的义务,应当承担损害赔偿义务。但伤亡系旅客自身健康原因造成的或承运人证明伤亡是旅客故意、重大过失造成的,承运人不承担赔偿责任。

(5) 妥善保管旅客的行李。承运人对于旅客随身携带的行李和交付托运的行李,负有妥善保管的义务。

## 四、货运合同

### (一) 货运合同的概念与特征

1. 货运合同的概念

货运合同是指承运人将货物从起运地点运送到约定地点,托运人支付运费的合同。货运合同包括铁路货运合同、公路货运合同、水路货运合同、航空货运合同等。

2. 货运合同的特征

(1) 货运合同运送的对象是货物。

(2) 货运合同往往有第三人参加。

(3) 货运合同的义务履行以货物交付收货人时止。

### (二) 货运合同的订立

货运合同要经过要约和承诺而成立。根据《合同法》的规定,从事公共运输的承运人,对于托运人通常的、合理的运输要求不得拒绝。托运人托运货物时,应当按照规定办理托运手续。托运人办理托运手续后,可以请求承运人签发提单或其他提货凭证。

### (三) 货运合同的权利义务

1. 托运人的义务

(1) 支付运输费用。托运人应按照合同约定的数额、时间、地点、方式等支付运输费用。如果托运人不支付运费,承运人对运输的货物享有留置权。但当事人另有约定的除外。

(2) 如实申报货物事项。托运人办理货物运输,应当向承运人准确表明收货人的名称或姓名或凭指示的收货人,货物的名称、性质、重量、数量,以及收货地点等有关货物运输的必要情况。

(3) 办理审批检验手续。托运人托运的货物,需要办理审批、检验手续的,托运人应当按照规定办理有关手续,并将有关文件提交承运人。

(4) 按约定的方式包装货物。托运人应按约定的方式包装货物。托运人没有按照要求对货物进行包装的,承运人可以拒绝运输。

(5) 危险物品的包装和警示义务。托运人托运易燃、易爆、有毒、有腐蚀性、有放射性等危险品的,应按照国家有关危险物品运输的规定对危险物品妥善包装,作出危险物标志和标签,并将有关危险物品的名称、性质和防范措施的书面材料提交承运人。

(6) 中止、变更、解除合同的赔偿责任。托运人在承运人将货物交付给收货人前,有权中止运输、变更到达地点或收货人,也可以要求解除合同、返还货物。但是,如果造成承运人损失的,托运人负有赔偿责任。

2. 承运人的义务

(1) 按约定完成货物的运送。

(2) 及时通知收货人提货。货物运输到达后,承运人知道收货人的,应当及时通知收货人。

(3) 保证货物的安全。承运人在运输过程中,应当妥善保管货物,保证货物的安全。如果在运输过程中,货物发生毁损、灭失的,承运人应依法承担赔偿责任。但承运人证明货物的毁损、灭失是因不可抗力、货物本身的自然性质或合理损耗以及托运人、收货人的过错造成的,不承担损害赔偿责任。

3. 收货人的义务

(1) 支付运费及其他运输费用。

(2) 及时提货。

(3) 检验货物。

## 五、多式联运合同

### (一) 多式联运合同的概念和特征

1. 多式联运合同的概念

多式联运合同,是指由多式联运经营人以两种以上不同的运输方式将货物或旅客从起运地点运输到约定地点,托运人支付运输费用的合同。多式联运合同有货物多式联运合同和旅客多式联运合同、国际多式联运合同和国内多式联运合同之分。

2. 多式联运合同的特征

(1) 多式联运合同的主体为多式联运经营人与托运人或旅客。

(2) 多式联运合同的承运人以相互衔接的不同运送手段承运。

(3) 托运人或旅客一次交费并使用同一运送凭证。

### (二) 多式联运合同的订立

在多式联运合同中,各个实际承运人虽为合同的一方当事人,但只有第一承运人代表其他承运人与托运人或旅客签订运输合同,其他承运人并不参与订立合同。

### (三) 多式联运单据

多式联运单据,是指证明多式联运合同以及证明多式联运经营人接管货物并负责按照合同条款交付货物的单据。在多式联运合同中,多式联运经营人在收到托运人交付的货物时,应当签发多式联运单据。按照托运人的要求,多式联运单据可以是可转让单据,也可以是不可转让单据。

### (四) 多式联运合同的特殊效力

第一,多式联运经营人无论是负责履行还是组织履行多式联运合同,都对全程运输享有承运人的权利，承担承运人的义务。

第二，多式联运经营人可以与参加多式联运的各区段承运人就多式联运合同的各区段运输约定相互之间的责任，但该约定不影响多式联运经营人对全程运输承担的义务。

第三，因托运人托运货物时的过错造成多式联运经营人损失的，即使托运人已经转让多式联运单据，托运人仍然应当承担损害赔偿责任。

第四，货物的毁损、灭失发生于多式联运的某一运输区段的，多式联运经营人的赔偿责任和责任限额，适用调整该区段运输方式的有关法律规定。

## 第四节　仓储合同

### 一、仓储合同的概念和特点

1. 仓储合同的概念

仓储合同是保管人储存存货人交付的仓储物，存货人支付仓储费的合同。提供储存保管服务的一方称为保管人，接受储存保管服务并支付报酬的一方称为存货人。仓储合同属于保管合同的一种特殊类型，我国以往的有关合同法规将仓储合同归入保管合同中，统称仓储保管合同，但因其有别于一般保管合同的仓库营业性质，因而《合同法》将其作为独立的有名合同固定下来。

仓储业务是专为他人储藏保管货物的一种商业活动，它起源于中世纪的海上贸易。随着国际贸易的不断发展，仓储营业的作用越来越重要，已成为现代社会化大生产和国际、国内商品流转中一个不可或缺的环节。在我国，仓储业已成为一种专门提供储存保管服务的行业。

仓库，根据其目的不同可分为保管仓库和保税仓库，保管仓库是指仅以物品的堆藏和保管为目的的仓库；保税仓库是指存储进出口手续未完成的货物的场所。根据仓库用途的不同又可将之分为营业仓库和利用仓库，营业仓库是指以营利为目的，为他方提供货物的堆藏及保管并接受他方报酬的仓库；利用仓库是指非营利的而以储藏和保管自己的物品为目的的仓库。民法上所涉及的仓库主要是指以营利为经营目的的仓库，因此仓储合同仅指与保管仓库和营业仓库相关的货物储藏及保管关系。

2. 仓储合同的特点

（1）保管人必须是专门从事仓储保管业务的仓库经营人。在仓储合同中，作为合同当事人的保管人一般都是专门从事仓储保管业务的法人，他们主要是国家设立的储存公司或者办理仓储业务的各类国营仓库、贸易货栈，还包括经工商行政管理机构核准，依法从事仓储保管业务的个体工商户、合伙企业等经济组织。无论是法人、合伙企业还是个体工商户,作为仓储合同中的保管人,必须拥有必要的储存设备和经登记、核准的专营或者兼营仓储保管业务的资格。

(2) 仓储合同是提供劳务或者服务的合同。仓储合同中存货人移交给保管人的是对货物或商品的占有权,保管人提供的是储存和保管服务,因此,保管人对储存货物在储存期间只有占有权,没有使用权和处分权。合同期限届满时,保管人应将储存保管物完好无损地交还存货人,所以仓储合同是提供劳务或者服务的合同。

(3) 标的物须为动产,且为特定物或者特定化的种类物。仓储合同的标的物,即存货人交付保管人保管的货物必须能够移动、需要存放到仓库经营人所拥有的仓库的货物,所以只能是动产。另外,仓储合同的标的物虽然多数是种类物,但一经建立仓储保管关系,该种类物就特定化了,因此,保管方不能擅自调换动用保管物,在合同终结时,保管方返还给存货方的应该是原交付保管的物品。

(4) 仓储合同为诺成、双务、有偿合同。由于仓储合同的主体——仓库营业人即保管人以营利为经营仓库的目的,决定了仓储合同应为诺成合同,即双方意思表示一致合同即告成立。仓储合同的当事人双方于合同有效成立后互负给付义务,保管人提供仓储服务,存货人按约给付报酬和其他费用,双方的义务具有对应性和对价性。所以,仓储合同为双务、有偿合同。

## 二、仓单

### (一) 仓单的概念

仓单是保管人应存货人的请求而签发的一种有价证券。它表示一定数量的货物已由存货人交付保管人,是仓单持有人享有对有关仓储物品的所有权的法律凭证。仓单是仓储合同存在的证明,也是仓储合同的组成部分。

### (二) 仓单的法律性质

(1) 仓单是要式证券。仓单上必须记载保管人的签字以及必要条款,以此来确定保管人和存货人各自的权利和义务。(2) 仓单是物权证券。仓单持有人依仓单享有对有关仓储物品的所有权,行使仓单上载明的权利或对权利进行处分。实际占有仓单者可依仓单所有权请求保管人交付仓单上所载的储存物品。(3) 仓单是文义证券。仓单上的权利义务的范围,以仓单的文字记载为准,即使仓单上记载的内容与实际不符,保管人仍应按仓单上所载文义履行责任。

### (三) 仓单的内容

根据《合同法》第386条的规定,仓单包括下列事项:(1) 存货人的名称或者姓名和住所;(2) 仓储物的品种、数量、质量、包装、件数和标记;(3) 仓储物的损耗标准;(4) 储存场所;(5) 储存期间;(6) 仓储费;(7) 仓储物已经办理保险的,其保险金额、期间以及保险人的名称;(8) 填发人、填发地和填发日期。

仓单是存货人或仓单持有人提取仓储物的凭证,同时也是保管人、存货人或仓单持有人验收储存货物,确定货物是否依合同约定的条款得以合理保管的依据。仓储物品的所有权随仓单的转让而转移。仓单是有价证券,它不但可以经背书转让,而且根据我国担保法的有关规定,还可以作为权利质押。

## 三、仓储合同的主要条款

仓储保管合同的主要条款一般有:(1) 货物的品名或品类;(2) 货物的数量、质量、包装;(3) 货物验收的内容、标准、方法、时间;(4) 货物保管条件和保管要求;(5) 货物进出库手续、时间、地点、运输方式;(6) 货物损耗标准和损耗的处理;(7) 计费项目、标准和结算方式、银行账号、时间;(8) 责任划分和违约处理;(9) 合同的有效期限,变更和解除合同的期限。

## 四、仓储合同的权利与义务

### (一) 保管方的权利与义务

1. 保管方的权利。① 有权要求存货人按合同规定及时交付标的物。② 有权要求存货人对货物进行必要的包装。③ 有权要求存货人告知货物情况并提供相关验收资料。根据法律规定,存货人违反规定或约定,不提交特殊物品的验收资料的,保管人可以拒收仓储物,也可以采取相应措施以避免损失的发生,由此产生的费用由存货人承担。④ 有权要求存货人对变质或损坏的货物进行处理。⑤ 有权要求存货人按期提取货物。⑥ 对逾期的保管物有提存权。⑦ 有权按约定收取储存管理货物的各项费用和约定的劳务报酬。

2. 保管方的义务。① 签发仓单的义务。② 接受和验收存货人的货物入库的义务。保管人应按合同的约定接受存货人交付储存的货物,并按合同约定的内容、标准、时间和方法对货物进行验收,如发现有不符合合同约定的应及时通知存货人。③ 妥善保管储存物的义务。④ 危险通知义务。储存的货物出现危险时,保管人应及时通知存货人。危险情形主要包括:第一,保管人对入库仓储物发现有变质或者其他损坏,危及其他仓储物的安全和正常保管的,应当催告存货人或仓单持有人作出必要的处置。因情况紧急可代存货人作出必要处置的,应于事后将该情况及时通知存货人或仓单持有人。第二,遇有第三人对其保管的货物主张权利而起诉或扣押时,保管人应及时通知存货人或仓单持有人。⑤ 返还保管物的义务。合同约定的保管期届满或因其他事由终止合同时,保管人应将储存的原物返还给存货人或存货人指定的第三人。合同中约定有储存期限的,在仓储合同期限届满前,保管人不得要求存货人提前取回保管物;存货人要求提前取回时,保管人不得拒绝,但保管人有权不减收仓储费。

(二) 存货方的权利与义务

1. 存货方的主要权利。① 有权要求保管人妥善管理货物。② 有权要求保管人亲自看守管理仓储货物。③ 有权要求保管人及时验收货物。④ 合同约定由保管人运送货物或代办托运的,存货人有权要求对方将货物送至指定的地点或办理托运手续。⑤ 有权检查仓储物。

2. 存货方的义务。① 按照合同约定交付仓储物入库。存货人应按照合同约定的品名、数量、时间将货物交付保管人入库,并在验收期间向保管人提供验收资料。② 向保管人支付报酬,即仓储费。仓储费是保管人因提供保管服务而应当获取的报酬。存货人应按合同约定的数量、支付方式、地点、时间等支付仓储费。③ 偿付必要费用。存货人应当支付保管人因堆藏、保管货物所支出的必要费用,包括运费、修缮费、保险费、转仓费等。④ 凭仓单提取仓储物并提交验收资料。存货人或者仓单持有人在合同期限届满时凭仓单及时提取储存的货物,并向保管人提供仓储物的验收资料。

## 第五节 保管合同

### 一、保管合同的概念与特征

1. 保管合同的概念

保管合同,是指双方约定一方为他方保管寄存的物品并按约定返还该物的合同,又称为寄托合同、寄存合同。提供保管服务的一方为保管人(也称受寄托人),其所保管的物品为保管物,交付物品接受保管服务的一方称为寄存人(也称寄托人)。

保管合同是一种较为古老的合同形式。在传统民法中,保管合同通常被称为寄托契约,双方当事人分别称为寄托人和受寄人。各国民法又就寄托作了各种分类。我国合同法不称寄托而称保管。保管合同包括一般保管合同和仓储保管合同。合同法将保管合同和仓储合同分别作为单独的合同形式加以规定,对于更好地调整仓储和保管两类合同关系,促进社会主义市场经济的发展和方便人民生活有一定积极作用。

2. 保管合同的特征

(1) 保管合同是实践性合同,即保管合同除当事人意思表示一致外,还需交付标的物合同才生效。这也正是保管合同与仓储合同的重要区别之一。

(2) 保管合同是提供服务的合同,保管是指将物品置于保管人的控制之下,加以看护并维持其原状。保管合同的履行是以足以达到维持保管物的原状为标准。保管合同的客体不是寄存的物品,而是保管人所提供的服务,因此,保管是一种提供劳务或服务的合同,保管人在保管过程中所提供服务的质量,直接关系到双方权利义务的实现。

(3) 保管合同既可以有偿,也可以无偿。寄存人按约定需向保管人支付报酬的为有偿;反之,则为无偿。近现代西方国家立法一般规定保管合同以无偿为一般原则,即只有在明确约定的情况下才为有偿。我国合同法对于保管合同的有偿与无偿未作硬性规定,允许当事人自由约定,既可以有偿,也可以无偿。

(4) 保管合同以物的保管为目的。保管合同的标的是保管行为,保管人的主要义务是保管寄存人交付其保管的物品,这也是保管合同与仓储合同的相同之处。保管合同的标的物的范围较为广泛,一切物包括动产和不动产、种类物和特定物均可作为保管合同的标的物。此外,货币、有价证券、票据等非物质财产也可以成为保管合同的标的物。

(5) 保管合同为不要式合同,当事人可采取任何形式,包括书面的、口头的。保管合同虽为不要式合同,但我国合同法规定,寄存人向保管人交付保管物的,保管人应当给付保管凭证。

## 二、保管合同基本条款

(1) 保管物的名称、品种、规格、数量、质量、包装等。

(2) 保管物的验收方式、内容、标准、时间及有关资料。

(3) 保管条件与保管要求,保管物的合理损耗与磅差。

(4) 保管物交付的时间、地点、方式及手续。

(5) 保管费用标准和结算方式。

(6) 违约责任。

(7) 保管期限。

(8) 合同的变更和解除。由于不可抗力事件,直接影响合同的履行或者不能按约定的条件履行时,遇有不可抗力事故的一方,应立即将事故情况通知对方,并应在10天内提供事故详情及合同不能履行或者部分不能履行或者需要延期履行的理由的有效证明文件,此项证明文件应由事故发生地区的公证机构出具。按照事故对履行合同的影响程度,由双方协商确定是否解除合同、免除履行合同的义务,或者延期履行合同。

(9) 争议的解决方式。

(10) 合同未尽事宜,双方按照《合同法》确定的原则协商执行。

## 三、保管合同的权利与义务

### (一) 保管人的权利与义务

1. 保管人的义务

(1) 按约定给付保管凭证。保管凭证既是合同成立的一种证据,又是保管物验收凭证。在口头合同中,保管凭证相当于保管合同。如果当事人有特别约定,则以交易习惯为准。

(2) 妥善保管物品。这是保管人最主要的义务,妥善保管物品义务主要体现在:一是保管人应当以与处理自己的事务同样的注意程度保管保管物。二是除另有约定外,保管人不得使用或让第三人使用保管物。保管合同中,寄存人只转移保管物的占有给保管人,而不转移使用和收益权,即保管人只有权占有保管物,而不能使用保管物。这是保管合同的一般原则。特殊保管合同即消费保管则另当别论。保管合同的目的是为寄存人保管保管物,一般要求是维持保管物的现状,虽然没有使保管物升值的义务,但却负有尽量避免减损其价值的义务。因此,法律规定禁止保管人使用或者许可第三人使用保管物。当事人没有在合同中预先约定保管人可以使用保管物,或者保管人未经寄存人同意而擅自使用或者许可第三人使用保管物,造成保管物损坏的,保管人应当承担损害赔偿责任。有些国家还规定,即使没有造成保管物损坏的,也应当按照保管物的使用之价值,对寄存人给付相当之报偿。保管人未尽妥善保管义务,应承担赔偿责任。保管是有偿的,保管人应当对保管期间保管物的毁损、灭失承担损害赔偿责任,但是保管人能够证明自己没有过错的除外。所谓"保管人能够证明自己没有过错的除外",是指保管人能够证明已经尽到了妥善保管义务。此外,保管物的毁损、灭失是由于保管物自身的性质或者包装不符合约定造成的,保管人也不承担责任。例如,因寄存人的过错,对保管物包装不良,致使寄存的汽油挥发的,保管人不承担赔偿责任。保管是无偿的,保管人只对其故意或者重大过失造成保管物毁损、灭失的情形承担损害赔偿责任。保管人故意造成保管物毁损、灭失的,尽管保管是无偿的,保管人承担损害赔偿责任也是理所应当的。此外,在保管是无偿的情况下,保管人对因重大过失造成保管物毁损、灭失的后果承担损害赔偿责任。所谓"重大过失",是指保管人对保管物明知可能造成毁损、灭失而轻率地作为或者不作为。

(3) 保管人应亲自进行保管,除双方另有约定或另有习惯,或者保管人因特殊事由(如患病)不能亲自履行保管行为外,不能将保管物转托给第三人保管。法律要求保管人亲自保管,对社会生活及交易的安全、稳定具有重要意义。在公民之间因为相互协助而订立的保管合同,基本上是基于公民之间相互信任的关系而订立的。例如,甲委托乙保管某一珍贵物品,是基于对乙的信任。甲如果对乙不信任,不会轻易将珍贵物品交给乙保管。正是由于甲对乙的信任,即甲确信他的珍贵物品交由乙保管是安全、可靠的,他才交由乙保管。如果乙擅自将珍贵物品转交第三人保管,就辜负了甲对他的信任,并且可能给甲带来损失。因此,保管人在未征得寄存人同意的前提下,不得将保管物转交第三人保管,即应当亲自保管保管物。当事人另有约定的,不在此限。如双方当事人约定,当保管人患病而不能亲自保管时,可以不经寄存人同意而将保管物转交第三人保管。保管人违反该义务，擅自将保管物转交第三人保管，使保管物因此造成损害的，保管人应当承担损害赔偿责任。

（4）保管人应当按照约定的场所和方法保管保管物，除紧急情况或者为了维护寄存人利益的以外，保管人不得擅自改变保管场所或者方法。当事人约定了保管场所或者保管方法的，所谓紧急情况，如保管物因第三人的原因或者因自然原因，可能发生毁损、灭失的危险时，保管人除应当及时通知寄存人外，为了维护寄存人的利益，可以改变原来约定的保管场所或者保管方法。

（5）危险通知义务。危险通知义务，是指在寄存的保管物因第三人或自然原因可能有失去的危险时，保管人应通知寄存人。在第三人对保管人提起诉讼或者对保管物申请抵押时，保管人应当及时通知寄存人。第三人对保管物主张权利的，除保管物已经被法院采取财产保全措施或者已经被法院强制执行而不能返还的以外，保管人仍应当履行向寄存人返还保管物的义务。

（6）返还保管物的义务。在保管合同期限届满或终止时，保管人应及时返还保管物。保管人还应当将保管物的孳息一并返还寄存人。孳息是指原物产生的物，包括天然孳息和法定孳息。天然孳息是原物根据自然规律产生的物，如幼畜。法定孳息是原物根据法律规定带来的物，如存款利息、股利、租金等。根据物权的一般原则，除法律或合同另有约定外，孳息归原物所有人所有。在保管合同中，保管人并不享有保管物的所有权，所有权仍归寄存人享有。因此，保管人除返还保管物外，如果保管物有孳息的，还应一并返还孳息。保管货币或其他可替代物的，可以按约定返还相同种类、数量或质量的货币或物品。

2. 保管人的权利

（1）根据合同的约定收取保管费用或报酬。保管合同约定为有偿合同的，保管人有权要求寄存人支付费用和报酬；保管合同为无偿合同的，不得收取报酬，同时也相应减轻了保管人的责任，即保管人只在故意和重大过失的情况下承担标的物灭失的赔偿责任。

（2）可以要求寄存人对保管物进行包装，提供有关该物品的相关资料；有权验收保管物，发现不符合保管规定或合同约定的，有权拒绝接受。

（3）有权要求寄存人按合同约定及时提货。

（4）对保管物品有留置权。留置权是一种担保物权，是指在合同法律关系中，一方当事人不履行合同，对方当事人有权扣留因合同关系占有的对方当事人的物品。在保管合同中，寄存人到期未支付保管费用和报酬的，保管人有权扣留保管物，并限定寄存人在一定时间内支付费用和报酬。

（二）寄存人的权利与义务

1. 寄存人的义务

（1）告知义务。寄存人交付的保管物有瑕疵或者按保管物的性质需要采取特殊保管措施的,寄存人应当将有关情况告知保管人。寄存人对保管人负有告知的义务,包括以下两种情况:一是如果保管物有瑕疵的,应当将真实情况如实告知保管人。二是按照保管物的性质需要采取特殊保管措施的,寄存人应当告知保管人。所谓"保管物的性质",如保管物属于易燃、易爆、有毒、有腐蚀性、有放射性等危险物品或者易变质物品。

(2) 贵重物品的声明义务。寄存人将货币、有价证券或者其他贵重物品夹杂于其他物品之中,按一般物品寄存,且在寄存时未声明其中有贵重物品并经保管人验收或者封存的,如果货币、有价证券或者其他贵重物品与一般物品一并毁损、灭失,保管人不承担货币、有价证券或者其他贵重物品毁损、灭失的损害赔偿责任,只按照一般物品予以赔偿。

(3) 支付保管费义务。保管合同为有偿合同的,寄存人负有支付报酬的义务。在无偿保管中,寄存人没有给付报酬的义务。有偿的保管合同,寄存人应当按照约定的期限向保管人支付保管费。例如,仓储合同中可以约定,存货人在提取仓储物后5日内支付仓储费。但是,在一般的保管合同中,寄存人一般应于保管关系终止时支付保管费。无论寄存人是在保管期间届满领取保管物,还是提前领取保管物而终止保管合同,寄存人都应当在领取保管物的同时支付保管费。另外,寄存人还应负担必要费用。所谓"必要费用",是以能维持保管物原状为准,包括重新包装、防腐、防火等费用。寄存人应当偿付保管人为保管保管物所支出的必要费用。

2. 寄存人的权利

(1) 有权要求保管人亲自保管物品。

(2) 有权要求保管人妥善保管物品。

(3) 有权定期检查保管物。

(4) 保管期限届满,有权要求保管人按照约定返还保管物。如在保管期限内保管物产生孳息,保管人应一并返还。

# 第十八章　提供服务的合同(下)

## 第一节　技术开发合同

### 一、技术开发合同的概念和特征

技术开发合同,是指当事人之间就新技术、新产品、新工艺或者新材料及其系统的研究开发所订立的合同。当事人之间就具有产业应用价值的科技成果实施转化订立的合同,参照技术开发合同的规定。技术开发是一项探索性活动,蕴藏着开发不出来的危险。在研究开发过程中,如果当事人一方或者双方已尽了最大努力,但仍因科技知识、认识水平或试验条件等客观因素的限制,出现无法克服的技术困难,致使研究开发全部或者部分失败,未能取得合同约定的预期目的,即为技术开发合同的风险。因此,技术开发合同是一种风险性很高的技术投资性合同。

技术开发合同具有以下法律特征:

(1) 合同标的是对尚未被发明的技术项目进行的研究开发行为。

(2) 合同主体须有订立技术开发合同的能力。除具备一般的民事行为能力外,委托开发方应当具有委托开发所需的财力、物力;开发方应当有进行技术开发的物力、基础设施、相应的科技人员及技术情报资料。

(3) 技术开发合同是双务、有偿合同。

(4) 订立技术开发合同应当采用书面形式。

### 二、技术开发合同的种类

技术开发合同包括委托开发合同和合作开发合同。

委托开发合同,是指当事人一方委托另一方进行研究开发所订立的合同。即委托人向研究开发人提供研究开发经费和报酬,研究开发人完成研究开发工作并向委托人交付研究成果。委托开发合同的特征是研究开发人以自己的名义、技术和劳务独立完成研究开发工作,委托人不得非法干涉。

合作开发合同,是指当事人各方就共同进行研究开发所订立的合同。即当事人各方共同投资、共同参与研究开发活动、共同承担研究开发风险、共享研究开发成果。合作开发合同的各方以共同参加研究开发中的工作为前提,可以共同进行全部研究开发工作,也可以约定分工,分别承担相应的部分。当事人一方仅提供资金、设备、材料等物质条件或者承担辅助协作事项,由另一方进行研究开发工作的合同,也是委托开发合同。

### 三、技术开发合同的基本条款

与其他合同相比,技术开发合同的内容较多,如研究开发经费及利用,研究开发经费购置的财产及权属、技术成果的归属等;技术开发合同又是一项探索性活动,履行期长,涉及风险责任的承担;技术开发合同标的比较复杂,涉及研究开发行为及研究开发行为的对象,因此,技术开发合同的条款较为复杂。一般而言,技术开发合同的基本条款有:

1. 项目名称,一般指技术合同标的涉及项目的名称,当事人应当准确约定。

2. 标的——技术的内容、形式和要求。合同标的,是合同法律关系的客体,是合同当事人双方权利和义务共同指向的对象。不同的技术合同标的,有着不同的技术范围和技术指标要求。因此,当事人在订立技术合同时,不仅要明确技术合同标的,而且还要根据不同标的的要求,明确该标的的技术范围和技术指标。

3. 研究开发经费或者项目投资的数额及其支付、结算方式。

4. 用于研究开发购置的设备、器材、资料的财产权归属。

5. 履行的期限、地点和方式。

6. 风险责任的承担,技术开发合同作为一种探索未知的创造性活动,既有成功的可能,也存在着失败的风险。技术合同中约定的内容可能得不到完全实现,甚至完全不能实现,这就是风险。一项技术开发的失败或者部分失败属于风险,应当具备以下各项条件:(1) 课题本身在国际和国内现有技术水平下具有足够的难度;(2) 研究开发方尽了主观努力;(3) 该领域专家认为研究开发失败属于合理的失败。由于技术开发存在着的风险,风险一旦出现,将使技术开发合同无法履行,给当事人造成损失,因此,当事人应当在订立合同时明确约定风险责任的承担。

7. 技术成果的归属。技术合同履行的结果可能创造出一项或几项技术成果,当事人应当在合同中约定技术成果的归属。委托开发合同的当事人可以在合同中约定委托开发完成的发明创造的权利归属。如果当事人在合同中没有约定或者约定不明确,那么,委托开发完成的发明创造,申请专利的权利属于研究开发人,但研究开发人取得专利权的,委托人可以免费实施该专利。研究开发人转让专利申请权的,委托人可以优先受让该专利申请权。

8. 验收的标准和方法,技术合同的履行是否符合合同的约定,需要验收后予以确定。因此,当事人应当在合同中约定技术合同的验收项目、验收标准及验收办法。

9. 报酬的计算和支付方式。报酬和使用费,是开发方根据所受委托项目的技术难度、对研究人员技术水准的要求,及需要投入的时间等因素计算得出的费用。报酬和使用费的支付方式由当事人约定,可以采取一次总付、分期支付,或者采取提成支付等方式。

10. 技术协作和技术指导的内容。

11. 技术情报和资料的保密。技术开发合同的内容涉及国家安全或者当事人的重大利益,需要对技术情报和资料加以保密,对此,双方当事人应当在合同中对保密事项、保密范围、保密期限以及违反保密责任等加以规定。

12. 违约金或者损失赔偿额的计算方法。违约金是合同一方当事人违反合同约定,向另一方当事人支付的金钱。技术合同的当事人有可能违反合同的约定,给另一方当事人造成损失。因此,当事人应当在合同中约定违约金、违反合同的损害赔偿的计算办法以及违约金与损害赔偿的关系。

13. 争议的解决办法。当事人双方应当约定合同发生争议时的解决方式,如采取仲裁方式解决,就需要在合同中订明仲裁条款或者签订仲裁协议。

14. 名词和术语的解释。技术合同的内容具有很强的专业性,在合同文本中要使用一些专业名词术语和简化符号,为防止因理解不同而发生争议,对关键性术语和简化符号,需经双方协商作出明确无疑义的解释。列入国家计划的科技项目订立的合同,应当附具计划书、任务书以及主管机关的批准文件。

## 四、技术开发合同的权利义务

1. 委托人的主要义务

(1) 研究开发经费,是指完成研究开发工作所需要的成本。除合同另有约定外,委托人应当提供全部研究开发工作所需要的经费,包括购买研究必需的设备仪器、研究资料、试验材料、能源、试制、安装以及情报资料等项费用。研究开发经费是委托开发合同履行所必需的费用,一般应当在合同成立后研究工作开始前支付,也可以根据研究的进度分期支付,但不得影响研究开发工作的正常进行。当事人应当在合同中约定研究开发经费的结算办法。合同约定按照实际支付的,研究开发经费不足时,委托人应当补充支付;研究开发经费剩余时,研究开发人应当如数返还。如果合同中约定研究开发经费包干使用,那么结余经费应当归研究开发人所有,不足的经费,也由研究开发人自行解决。

(2) 委托人向研究开发人支付的报酬,是指研究开发成果的使用费和研究开发人员的科研补贴。与研究开发经费不同,它是研究开发人获得的劳动收入。合同约定研究开发经费的一定比例作为使用费和科研补贴的,可以不单列报酬。

(3) 按照合同的约定,提供技术资料、原始数据,完成协作事项。委托开发工作是研究开发人根据委托人的要求进行的,只有委托人提供完备的技术资料、原始数据以及研究开发人所要求的必要的技术背景资料和数据,并做好必要的协助工作,研究开发人的研究开发才能更好地满足其要求。因此,合同成立后,委托人负有按照合同约定提供研究开发工作必要的技术资料、原始数据并完成协作的义务。但是,委托人为研究开发人提供有关资料、数据,完成协作工作,只是为开发工作提供的辅助性劳动,不能因此认为是参加了开发研究,将委托开发合同变为合作开发合同。在研究开发过程中,委托人还应当应研究开发人的要求,补充必要的背景资料和数据,但应以研究开发人为履行合同所需要的范围为限。

(4) 按期接受研究开发成果。委托开发合同履行后,委托人享有接受该项研究开发成果的权利。这也是委托人的义务。委托人应当按期接受这一成果。当事人可以在合同中约定委托人接受研究开发成果的方式、时间或者期限,便于合同及时履行。

(5) 委托人违反约定造成研究开发工作停滞、延误或者失败的,应当承担违约责任。这是对委托人违反约定应当承担责任的一般规定。具体讲,委托人迟延支付研究开发经费,造成研究开发工作停滞、延误的,研究开发人不承担责任。委托人逾期不支付研究开发经费或者报酬的,研究开发人有权解除合同,委托人应当返还技术资料,补交应付的报酬,赔偿因此给研究开发人造成的损失。

委托人按照合同约定提供技术资料、原始数据和完成协作事项或者所提供的技术资料、原始数据和完成协作事项有重大缺陷,导致研究开发工作停滞、延误、失败的,委托人应当承担责任。委托人逾期不提供技术资料、原始数据和完成协作事项的,研究开发人有权解除合同,委托人应当赔偿因此给研究开发人造成的损失。

委托人逾期不接受研究开发成果的,研究开发人有权处分研究开发成果。所获得的收益在扣除约定的报酬、违约金和保管费后,退还委托人。所得收益不足以抵偿有关报酬、违约金和保管费的,有权请求委托人赔偿损失。

2. 研究开发人的主要义务

第一,按照约定制定和实施研究开发计划。委托开发合同是委托人委托研究开发人进行研究开发的一种合同。为保证研究开发成果符合委托人的要求,研究开发人应当进行必要的可行性论证,并根据合同的要求,选择适当的研究开发方案,制订切实可行的计划,并积极组织实施。

第二,合理使用研究开发经费。研究开发经费是专为研究开发工作使用的,开发人应当按照合同的约定,本着专款专用的原则,根据开发项目的实际需要,合理有效地使用委托人支付的研究开发经费,不得擅自挪作他用。委托人有权检查研究开发经费的使用情况,但不能妨碍研究开发人的正常工作。当事人可以在合同中约定研究开发经费使用、检查等有关事项。

第三，按期完成研究开发工作，交付研究开发成果，提供有关的技术资料和必要的技术指导，帮助委托人掌握研究开发成果。研究开发人应当按照合同的约定，按期完成研究开发工作，并及时将研究开发成果交付委托人。研究开发人可以采用下列一种或者几种方式提交研究开发成果，但其数量不能超过合理的范围：(1) 产品设计、工艺规程、材料配方和其他图纸、论文、报告等技术文件；(2) 磁带、磁盘、计算机软件；(3) 动物或者植物的新品种、微生物菌种；(4) 样品、样机；(5) 成套技术设备。

研究开发人按照合同约定，完成研究开发工作并交付工作成果时，还应当向委托人提供有关的技术资料，并给予必要的技术指导，帮助委托人掌握该技术成果，使之尽快在生产实践中应用。

第四，研究开发人应对所开发的项目予以保密，不得在向委托人交付研究开发成果前，将研究开发成果转让或泄露给第三人。研究开发人违反约定，造成研究开发工作停滞、延误或者失败的，应当承担违约责任。

第五，在研究开发过程中，研究开发一方发现可能导致研究开发失败或者部分失败的情况时，应当及时通知另一方，并采取适当措施减少损失。合同法明确规定这是技术开发合同当事人的义务。如果当事人未能及时通知对方当事人，也未能及时采取措施，制止损失的扩大，应当就扩大的损失承担责任。

3. 合作开发合同各方当事人的义务

在合作开发合同中，当事人各方的主要义务是：

第一，按照合同的约定进行投资，包括以技术进行投资。共同投资是合作开发合同的重要特征，也是合作开发合同各方当事人的主要义务。合同当事人各方应当依照合同的约定投资。这里的投资，是指合作开发合同当事人以资金、设备、材料、场地、试验条件、技术情报资料、专利权、技术秘密成果等方式对研究开发项目所作的投入。采取资金以外的形式进行投资的，应当折算成相应的金额，明确当事人在投资中所占的比例。

第二，按照合同约定的分工参与研究开发工作。合作开发合同的各方当事人虽然都要出钱，进行投资，但各方还必须出人直接参与研究开发工作。所以，参与研究开发工作是合作开发合同的特征。参与研究开发工作，包括按照约定的计划和分工共同进行或者分别承担设计、工艺、试验、试制等研究开发工作。当事人一方提供资金、设备、材料等物质条件，承担辅助协作事项，另一方进行研究开发工作的合同，不属于合作开发合同，应当按委托开发合同处理。

第三，协作配合研究开发工作。合作开发是以双方的共同投资和共同劳动为基础的，各方在合作研究中的配合是取得研究开发成果的关键。因此，合作各方可以在合同中约定成立由双方代表组成的指导机构，对研究开发工作中的重大问题进行决策、协调和组织研究开发活动，保证研究开发工作的顺利进行。

《合同法》第 336 条规定:“合作开发合同的当事人违反约定造成研究开发工作停滞、延误或者失败的,应当承担违约责任。”如当事人一方逾期不进行投资或者不履行其他约定的义务,另一方或者其他各方当事人有权解除合同。当事人一方应当赔偿因此给另一方或者其他各方造成的损失。

第四,合作开发合同完成的技术成果的归属。合作开发合同的当事人可以在合同中约定合作开发完成的发明创造的权利归属。如果当事人在合同中没有约定或者约定不明确,那么,合作开发完成的发明创造,申请专利的权利属于合作开发的当事人共有。当事人一方不同意申请专利的,另一方或者其他各方不得申请专利。当事人一方转让其共有的专利申请权的,其他各方可以优先受让其共有的专利申请权。

合作开发的当事人一方声明放弃其共有的专利申请权的,可以由另一方单独申请或者由其他各方共同申请。申请人取得专利权的,放弃专利申请权的一方可以免费实施该专利。

## 第二节　技术服务和技术咨询合同

### 一、技术服务和技术咨询合同概述

技术服务合同与技术咨询合同是具有密切联系的两个合同。

技术服务合同,是指当事人一方以技术知识为另一方解决特定技术运用中发生的障碍问题所订立的合同。技术咨询合同,是指当事人一方以技术知识为另一方在运用特定技术时遭遇的障碍,提供原因分析、解决方案及可能产生的结果的分析报告或处理意见而签订的合同。两者的共同点是,它们所面对的委托提出的特定的技术问题,都是已被科学技术所认知的,只是由于委托人受科学技术水平所限而未知这些特定技术。

技术服务合同与技术咨询合同的这一特点,使其区别于技术开发合同。技术开发合同中技术开发方所面对的委托人提出的特定技术问题,都是未被已有科学技术所认知,委托人不知,技术开发方也不知,但技术开放方凭借自己的技术水平,有能力去探索这一未知的技术领域,并通过他们的研究,使这一未知的技术领域变为已知的技术领域。所以,在技术开发合同中产生专利的申请权是必然的。技术服务合同与技术咨询合同则不具有这一特点,技术服务合同和技术咨询合同在实施中只是有可能产生专利的申请权或新的技术秘密。技术服务合同与技术咨询合同,除与技术开发合同不同外,它们自身也互有区别。前述共同点是,两者都在于解决已知的特定技术领域技术运用的故障问题。就区别来说,技术咨询合同仅限于提出解决方案或处理意见,不负责方案和意见的具体实施;技术服务合同则是既要提出解决方案或处理意见,又要负责方案或意见的实施,以达到驱除技术运用障碍,恢复技术的良好运行之目的。

## 二、技术服务和技术咨询合同条款

(1) 技术服务、咨询内容、要求和方式;
(2) 履行计划;
(3) 工作条件和协作事项;
(4) 技术情报和资料的保密;
(5) 验收的标准和方法;
(6) 履行期限和成果交付方式与地点;
(7) 报酬及其支付方式;
(8) 违约金或赔偿损失的方式;
(9) 争议的解决方式;
(10) 名词和技术术语的解释;
(11) 其他有关约定事项。

## 三、技术服务和技术咨询合同的内容

### (一) 技术服务合同

1. 技术服务合同的概念与特征

技术服务合同,是指当事人一方以技术知识为另一方解决特定技术问题所订立的合同。换句话说,当事人一方委托另一方就解决特定技术问题提出实施方案、进行实施指导所订立的合同,是技术服务合同。技术服务合同中所称的特定技术问题,是指需要运用已被科学技术知识解决了的专业技术在运用中发生的故障问题。

技术服务合同具有下列特征:(1) 合同的标的是运用专业技术知识、经验和信息解决特定技术在运用中发生的故障。技术服务合同的这一特征将技术服务合同与技术开发合同予以区别。技术开发合同解决的是特定技术运用中的完善和发展,技术开发方面对的是一个未知领域;技术服务合同解决的是特定技术运用中的故障问题,面对的是一个已知领域。(2) 合同的目标是驱除技术运用的故障,恢复良好的技术运用状态。技术服务合同的这一特点将技术服务合同与技术咨询合同予以区别。技术咨询合同只负责解决技术故障的方案,不负责方案的实施;而技术服务合同则是一揽子解决,不仅要求解决的方案,且保证方案的实施。

2. 技术服务合同的义务

(1) 技术服务合同的委托人的义务

① 按照合同的约定提供工作条件,完成配合事项;

② 按照合同的约定,承担受托人完成专业技术工作,解决技术问题需要的经费;

③ 应受托人的要求,在约定的期限内补充、修改或者更换已提供的、不符合合同约定的技术资料、数据、样品、材料或者工作条件,并及时通知受托人;

④ 在合同履行期间,对受托人发现继续工作可能对材料、样品或者设备等有损坏危险,需中止工作的通知以及处理建议,委托人应在约定的期限内作出答复;

⑤ 接受工作成果并支付报酬;

⑥ 对受托人完成的工作成果承担保密义务。

(2) 技术服务合同的受托人的义务

① 按照合同约定完成技术服务项目,解决技术问题,保证工作质量,并传授解决技术问题的知识;

② 除合同另有约定的以外,承担完成专业技术工作,解决技术问题的经费;

③ 在合同履行期间负有保管委托人提供的材料、样品或者设备不受人为损害,并接受委托人检查和监督的义务;

④ 对委托人提供的技术资料、数据、样品承担保密义务。

3. 违反技术服务合同义务的法律责任

(1) 委托人的责任

① 委托人不履行合同义务或者履行合同义务不符合约定,影响工作进度和质量,不接受或者逾期接受工作成果的,支付的报酬不得追回,未支付的报酬应当支付。

② 委托人逾期不支付报酬或者违约金的,应当交还工作成果,补交报酬,支付违约金或者赔偿损失。

③ 委托人迟延接受工作成果的,应当支付违约金和保管费。委托人逾期不领取工作成果的,受托人有权处分工作成果,从所获得的收益中扣除报酬、违约金和保管费后将剩余部分返还委托人;所获得的收益不足抵偿报酬、违约金和保管费的,有权请求委托人赔偿损失。此外,委托人还应当承担在接到受托人关于提供的技术资料、数据、样品、材料或者工作条件不符合合同约定的通知后,未能在约定的期限内补充、修改、更换或者不按期作出答复的责任;承担在履行合同期间,接到受托人因发现继续工作将对材料、样品或者设备等发生损坏危险而中止工作或者处理建议的通知后,未在约定的期限内作出答复的责任;承担违反保密义务,泄露受托人完成的需要保密的工作成果的责任。

(2) 受托人的责任

① 技术服务合同的受托人未按照合同约定完成服务工作的,应当承担免收报酬等违约责任。

② 受托人逾期不交付工作成果的,委托人有权解除合同,受托人应当交还技术资料和样品,返还已付的报酬,支付违约金或者赔偿损失。

③ 受托人的工作成果、服务质量有缺陷,委托人同意利用的,受托人应当减收报酬并采取适当补救措施;工作成果、服务质量有严重缺陷,没有解决合同约定的技术问题的,受托人应当免收报酬,支付违约金或者赔偿损失。

④ 受托人对委托人交付的样品、技术资料保管不善,造成灭失、缺少、变质、污染或者损坏的,应当支付违约金或者赔偿损失。

⑤ 受托人应当承担发现委托人提供的技术资料、数据、样品、材料或者工作条件不符合合同约定,未能及时通知委托人的相应责任;承担在履行合同期间,发现继续工作会对材料、样品或者设备等有损坏危险而中止工作后,不及时通知委托人并未采取适当措施的相应责任;承担违反保密义务,泄露委托人提供的需要保密的技术资料、数据、样品的相应责任。

⑥ 在实际生活中,有些技术服务合同的工作成果、服务质量在短期内难以发现缺陷,需要经过较长时期的实践检验,对此,技术服务合同的当事人可以在合同中约定保证期。在保证期内发现服务质量缺陷的,受托人应当负责返工或者采取补救措施。但因委托人使用、保管不当引起的问题除外。

### (二) 技术咨询合同

#### 1. 技术咨询合同的概念和特征

技术咨询合同,是指科技人员作为受托人运用自己的科学技术知识和技术手段,对委托人提出的特定技术项目进行可行性论证、技术预测、分析评价等活动,委托人支付咨询费的合同。换言之,就是科技人员对委托方在工作中遇到的技术问题,根据委托人的要求,环绕问题存在的原因、解决的方案和可能产生的结果所作出的解答。

技术咨询合同具有以下特征:

(1) 受托方利用自己的科学技术知识对委托人提出的在实践中遇到的、已被科学技术认知但基于委托人的水平而未能认知的技术问题予以解答或提供解决方案。技术咨询合同的这一特征将技术咨询合同与技术开发合同予以区别。技术开发合同解决的是尚未被科学技术认知的技术问题;而技术咨询合同解决的是已被科学技术认知的技术问题。

(2) 受托方仅就委托方提出的技术问题提供答案或解决方案,不负责方案的实施及结果的必然产生。技术咨询合同的这一特征将技术咨询合同与技术服务合同予以区别。技术服务合同是根据委托人提出的技术问题(也是已被科学技术认知的技术问题)提出解决方案,并将方案付诸实施,受托人不仅对解决方案负责,还需对问题解决的结果负责;而技术咨询合同则是仅对解决方案负责,不对实施结果负责。

2. 技术咨询合同的义务

(1) 委托人的义务

① 按照合同的约定,阐明咨询问题,提供技术背景材料及有关技术资料、数据;

② 为受托人进行调查、分析、论证、提出解决方案,提供必要的工作条件;

③ 除合同另有约定,承担受托人进行调查、分析、论证的经费;

④ 应受托人的要求及时补充有关资料和数据;

⑤ 按照合同约定的期限和方式接受受托人的工作成果,及时支付报酬。

(2) 受托人的义务

① 对技术项目进行调查、收集数据、分析、论证,并提出解决方案,即咨询报告;

② 发现委托人提供的技术资料、数据有明显错误和缺陷的,应当及时通知委托人补充、修改,否则依据明知是错误资料进行分析、论证得出的解决方案,造成委托人实施中的损失的,受托人需承担赔偿责任;

③ 利用自己的技术知识和人才优势,按照合同的约定完成咨询报告或者处理意见;保证咨询报告和意见符合目前处理这类问题的技术水平;

④ 应委托人的要求,对委托人提供的技术资料和数据予以保密,只有在合同没有约定的情况下,才可以引用、发表和向第三人提供。

3. 违反技术咨询合同义务的责任

(1) 委托人违反技术咨询合同的责任

① 未按期支付报酬的,应当补交报酬,并承担违约责任。

② 未按照约定提供必要的数据和资料,或者所提供的数据、资料有严重缺陷,影响工作进度和质量的,已支付的报酬不得追回,未支付的报酬应当支付。给受托人造成损失的,应当承担违约责任。

③ 委托人逾期不提供或者不补充有关技术资料、数据和工作条件,导致受托人无法开展工作的,受托人有权解除合同,委托人则应承担违约责任。但合同另有约定的除外。委托人不接受或者逾期不接受工作成果的,向受托人支付的报酬不得追回,未支付的报酬应当支付,并且还应当支付受托人因保管工作成果所支出的费用。

(2) 受托人违反技术咨询合同的责任

① 受托人迟延提交咨询报告和意见的,应当减收或者免收报酬,并承担违约责任。

② 提供的咨询报告和意见缺乏现有科学技术理论支撑或与现有科学技术理论相违背,应当减收或者免收报酬,并承担违约责任。

③ 不提交咨询报告和意见,或者所提交的咨询报告和意见水平低劣,无参

考价值的,应当免收报酬,并承担违约责任。

4. 技术咨询合同与委托人的决策

技术咨询合同涉及的决策风险责任,当事人可以在技术咨询合同中约定。对咨询报告和意见的验收或者评价办法,合同没有约定的,按照合乎实用的一般要求,由行业专家组织鉴定。咨询报告和意见经验收合格后,合同即告终止。委托人是否采纳以及如何采纳受托人作出的咨询报告或者意见,由委托人自行决策。受托人对委托人实施咨询报告或意见所受到的损失,不负赔偿责任,除非合同另有约定。如果受托人提供的咨询报告和意见没有科学依据,或者有明显的缺陷甚至错误,应当承担违反合同的违约责任。

### 四、新技术成果的归属

技术咨询合同履行过程中,受托人在对委托人提供的数据、资料和背景材料进行研究分析、论证时,可能会产生新的技术成果;委托人根据受托人提供的咨询报告,在付诸实施过程中,也可能会开发出新的技术成果。同样,技术服务合同的受托人有时会基于委托人提供的有关背景材料、技术资料、数据、样品和工作条件等派生出新的技术成果;委托人也可能在取得受托人的技术服务成果后,进行后续研究开发,利用所掌握的知识,创造出新的技术成果。新的技术成果,是指技术咨询合同或者技术服务合同的当事人在履行合同义务之外派生完成的或者后续发展的技术成果。处理这类技术成果的归属和分享的基本原则是:第一,谁完成谁拥有;第二,允许当事人作特别约定。故合同法规定,技术咨询合同、技术服务合同履行过程中,受托人利用委托人提供的技术资料和工作条件完成的新的技术成果,属于受托人。委托人利用受托人的工作成果完成的新的技术成果,属于委托人。当事人另有约定的,按照其约定。

依据这一规定,当事人可以在技术咨询合同或者技术服务合同中约定这种可能产生的技术成果的归属和分享办法。当事人对履行技术咨询合同、技术服务合同所产生的新的技术成果的归属和分享办法的特别约定,优于法律的一般原则规定。如果当事人在合同中对新产生的技术成果的归属和分享办法没有约定,或者约定不明确,那么,受托人利用委托人提供的技术资料和工作条件完成的新的技术成果,属于受托人;委托人利用受托人的工作成果完成的新的技术成果,属于委托人。另一方无权参与分享新的技术成果。

## 第三节 委托合同

### 一、委托合同的概念及特征

委托合同又称委任合同,是指经委托人和受托人约定,由受托人处理委托人事务的合同。无论是自然人还是法人,也不论自然人有无民事行为能力都可以成为委托人。但无民事行为能力或者是限制民事行为能力的人,应当由其法定代理人代为订立委托合同。

委托合同具有以下法律特征:

1. 委托合同的目的是处理委托人的事务。关于委托人的事务,主要包含以下方面:首先,委托人的事务是指与委托人与他人之间存在有利害关系之事务,委托人若不委托处理,就不得不亲自为之的事务。只要从委托人自身的需要出发,认为有必要完成的事务,都可被认为是委托人的事务,如买卖、借贷、保证等民事法律行为,以及诉讼、申请登记等公法上的行为。这一特点是委托合同与雇佣合同、承揽合同间的区别,如记账、算账、清点货物、代写家书等,则属于雇佣合同的范畴;又如请人修理电器、缝制衣衫、安装空调,则属承揽合同之范畴。其次,受托人自身的事务以及必须由委托人亲自处理的事务不能成为委托合同的标的,如结婚、离婚、收养、订立遗嘱等,只能由本人亲自处理,而不能委托他人办理。此外,委托人委托处理的事务,不能违反法律规定或有害于国家和社会公共利益,如不能委托他人杀人,不能委托他人收购赃物等,否则构成共同犯罪。

2. 委托合同是既可有偿又可无偿的合同。《合同法》未对委托合同为无偿或有偿作硬性规定,在现代市场经济条件下,委托常常是一种交易行为,所以一般是有偿合同,受托人代委托人处理委托事务,委托人对受托人的劳务应当给付报酬。但委托合同可以约定为无偿合同,此时受托人完成委托事务,委托人并不需要给付价金。

3. 委托合同是诺成合同。委托合同只需双方当事人意思表示一致即可成立生效,无须以一定物的交付或一定行为的完成为生效要件,因此为诺成合同。

4. 委托合同原则上为不要式合同。当事人可以根据实际需要,使用适当形式订立委托合同,或口头或书面,均无不可。

### 二、委托与授权代理的关系

委托与授权代理是两个不同的概念。委托是委托人与受托人通过意思表示一致,受托人同意有偿或无偿为委托人办理事务的法律现象;而授权代理是委托人以一定形式授权代理人在代理权限内代表其为一定的行为,其后果由授权人承担的法律现象。两者区别如下:首先,授权代理行为是单方法律行为,只要被代理人授予代理人代理权,无须代理人承诺;而委托合同的成立,则需受托人的承诺,委托合同为双方法律行为。其次,授权代理属于对外关系,即代理人代表被代理人(委托人)与第三人的关系;而委托合同则是委托人与受托人之间的关系,属于内部关系。最后,授权可随时收回,委托人无须承担任何责任;委托合同虽可随时提出解除,但应赔偿相对人因此造成的损失。

### 三、授权的种类

委托人授权代理人处理事务的方式,可以分为特别授权与概括授权,也称全权代理两种。特别授权,是指委托人将特定的一项或数项事务授权给代理人办理。概括委托,是指委托人授权代理人办理与委托人有关的所有事务。

特别委托中的"特定事务"与概括委托中的"一切事务"区别的标准在于前者包含了具体的委托事项,若所委托事务中包含多项可能发生的、可以区别开来的相对独立的行为,则是特别委托;而概括委托中没有具体的委托事项,委托人只是单纯指示受托人处理与某一活动相关的一切可能发生的事项,至于这些事项的具体内容是什么,不作具体规定。概括委托中的委托事务不宜或无必要再对其内容进行分割。

委托人的授权书可以是特别授权,也可以是概括授权。但是,在委托下列事务之一的,必须有委托人的特别授权:一是不动产出售、出租或者就不动产设定抵押权。二是赠与。由于赠与是无偿行为,故须有委托人的特别授权。三是和解。达成和解协议时,双方往往需要作出一定的妥协、让步,或者作出必要的牺牲,涉及当事人的切身利益,因此和解行为须有委托人的特别授权方可。四是起诉、上诉及提交仲裁。起诉、上诉及提交仲裁的结果对委托人的利益有重大影响,必须有委托人的特别授权。

当委托合同中的受托人超出授权权限,不取得特别授权或不遵守委托人的授权或在处理委托事务中有过错而致委托人遭受损失时,应向委托人负赔偿责任。如果在办理委托事务的过程中,受托人因客观情况发生变化,为了维护委托人利益而需要变更委托人的要求时,应当事先征得委托人的同意。但是,受托人因紧急情况而无法征得委托人同意的除外。

### 四、委托合同的基本条款

1. 委托合同的标的。我国合同法对委托合同的标的未作限定,但是一般而言,委托合同的标的,通常是委托人为其本人或者第三人的目的而委托受托人办理的具有法律性质的行为。所谓具有法律性质的行为,是指能够引起法律后果的行为。委托事务是委托合同的标的条款,应当详细、准确,以免发生误解。该条款中应当能明确反映出委托人委托办理事务的具体内容和受托人的权限范围。除了尽可能详细描述委托事务的性质、特点和要求等外,还要明确委托是属于概括委托还是特别委托。

2. 报酬。在有偿委托合同中,支付报酬是委托人的主要义务,获得报酬是受托人享有的主要利益。双方当事人应根据委托事务办理的难易程度,所涉及专业知识、技术的复杂性,以及有关法律规定或惯例等,协商约定报酬条款。双方当事人不但应约定报酬的数额,还应约定报酬支付的时间、地点、方式以及以何种货币支付等。如果是分批支付的,还要写明每次支付的时间、地点和方式。

3. 费用的负担。委托合同无论是否有偿,委托人都有义务向受托人提供为办理委托事务而支付的费用。因此,双方当事人应当就委托费用的多少,费用使用的合理范围、项目以及预付的时间、地点、方式等作出明确规定,并在合同中写明。

4. 有效期限。合同中应写明委托合同的有效期限、地点和方式,使当事人明确如何适时、适当地履行义务。

5. 违约责任。双方当事人可以约定违约金,也可以约定赔偿金的数额及其计算方法。通常情况下,委托人在下列情况下应承担违约赔偿责任:

(1) 因委托人指示不当致使受托人受损失或委托人在受托人之外另行委托第三人处理委托事务并由此给受托人造成损失的,委托人应承担损害赔偿责任。

(2) 委托事务未完成或合同未到期委托人单方面要求提前解除合同关系并给受托人造成损失的,委托人应承担损害赔偿责任。

(3) 委托人自身没有过错,受托人所受损害是由第三人的加害行为造成的,若加害的第三人不明,或无资力或无过失而不能或不应负赔偿责任时,受托人只能请求委托人予以赔偿。

(4) 委托合同中的委托人为二人以上时,如合同中无特别约定,各个委托人应对受托人承担连带责任。

受托人则在下列情况下需承担违约赔偿责任:

(1) 有偿的委托合同,因受托人的过错给委托人造成损失的,委托人可以请求受托人赔偿损失。

(2) 无偿的委托合同,因受托人故意或者重大过失给委托人造成损失的,委托人可以请求受托人赔偿损失。

(3) 受托人超越受托权限而给委托人造成损害的,受托人应承担赔偿责任。但受托人若能举证证明自己无过错时,则可免除责任。

(4) 在委托事务未完成或合同未到期的情况下,受托人单方面要求提前解除合同关系并由此给委托人造成损失的,除不可归责于受托人的事由外,受托人应负损害赔偿责任。

(5) 因委托人死亡或者丧失行为能力而其继承人或法定代理人尚未承受委托事务时,受托人不应结束受托事务的处理,否则因此造成的损失应由受托人承担赔偿责任。

(6) 委托合同的受托人为二人以上时,如合同中无特别约定,各受托人应对委托人承担连带责任。

6. 解决争议条款。当事人双方可在合同中约定发生争议时的解决方式,可选择由仲裁机关仲裁，或由法院审判。仲裁和诉讼只能选择其一，如果选择仲裁，应写明仲裁委员会的具体名称；如果选择诉讼，也应约定具体的管辖法院。

7. 合同终止。《合同法》第411条规定，委托人或者受托人死亡、丧失民事行为能力或者破产的，委托合同终止，但当事人另有约定或者根据委托事务的性质不宜终止的除外。因此，委托合同当事人双方应就合同终止的情形加以约定。

## 五、委托合同的权利义务

### （一）受托人的权利义务

1. 依约亲自办理委托事务

这是受托人最为重要的义务。依约亲自办理委托事务有两层含义：

其一，受托人应按委托人的指示和要求忠实地在授权范围内办理委托事务，不得违背、曲解和擅自变更委托人的指示和要求，超越权限办理委托事务。无论有无报酬，受托人都要认真维护委托人的合法权益，想方设法完成委托事务。

其二，委托关系是基于相互信任而产生的，因此，受托人应亲自处理委托事务。只有在委托人特别授权或为了保护委托人的利益而不得已时，受托人才可将接受的委托任务转托他人处理，这在法律上称为“转委托”。

2. 报告有关委托情况的义务

受托人应按委托人的要求，随时或者定期报告受托事务的进展情况。受托事务终了或委托合同终止时，受托人应将处理受托事务的经过和处理结果报告委托人，并提交必要的证明文件。尤其是在委托合同解除或委托事务终了时，做委托事务结果的报告是受托人的法定义务。

3. 交付财务和转移利益的义务

受托人处理委托事务所得到的财产，包括金钱、实物及由此产生的孳息，都应当转交给委托人。关于交付的时间、地点和方式，双方可以在合同中约定，受托人应依约定的时间、地点和方式交付。受托人未经委托人同意而擅自挪用其财产的，应向委托人支付自挪用时起的利息。受托人以委托人的名义从第三人处取得的利益直接归属于委托人；而受托人以自己的名义从第三人处取得的利益，应当按约定将取得的利益移交给委托人，移交的方法视所移交的权利的种类而定。

4. 提前告知解除委托合同和在特殊情形下继续委托事务的义务

委托人和受托人都有权随时要求解除委托合同，如受托人提出解除合同的，受托人应本着诚实信用的原则以合理的方式通知委托人。如果不适时或采取的方式不合理，使委托人无法将事务及时交给第三人处理并因此受损的，受托人应承担相应的责任。

因委托人死亡或丧失行为能力或破产，致使委托合同终止将损害委托人利益的,在委托人的法定代理人或者继承人承受委托事务之前,受托人应当继续委托事务。

(二) 委托人的主要义务

1. 承担受托人所为法律行为的后果

这是委托人的最主要的一项义务。当然,委托人并非无条件地接受受托人在办理受托事务中所作所为的一切后果,委托人只对受托人在委托权限内办理委托事务的法律后果(无论对其是否有利)承担责任;而对受托人在委托权限之外所进行的活动,只有经过委托人事后认可,委托人才承担后果。

2. 支付委托费用的义务

无论委托合同是否有偿,委托人都应当支付受托人处理委托事务所支出的必要费用。必要费用,是指受托人为处理受托事务所支出的必要费用,如交通费、住宿费、手续费等。双方在确定必要费用的范围时,应充分考虑委托事务的性质、受托人的注意义务及支出费用当时的具体情况,实事求是地确定。支付费用的方式有两种:一是预先支付,二是补偿垫付。在委托事务完成后,委托人所预付费用如有剩余的,受托人应当将其与委托事务的处理结果一并交还委托人。委托人没有预先支付费用,如果受托人垫付费用,则委托人有义务偿还受托人为处理委托事务而支付的必要费用,并应支付该费用的利息。利息从垫付之日算起。

3. 支付报酬的义务

有偿的委托合同,在受托人完成受托事务后,委托人理所应当按约定履行支付报酬的义务。委托合同为无偿合同时,本不发生报酬问题,且无偿委托合同在实际生活中大量存在。但在现代经济生活中,随着人们市场观念和权利意识的加强,委托合同的当事人之间一般都约定报酬,即使是委托合同中并无报酬的约定,但根据习惯或委托事务的性质或受托人所尽义务的具体情况,按照公平原则或商业惯例,委托人仍应负担给付报酬的义务。若因不归责于受托人的事由,委托合同解除或委托事务不能完成的,委托人仍有义务就受托人已履行部分支付报酬。

4. 清偿债务的义务

委托人应当对受托人在授权范围内处理事务所产生的债务负清偿责任。受托人因处理受托事务而发生的债务,无论是以委托人名义负担的债务,还是以受托人自己名义负担的债务,只要在授权范围内处理事务所产生的债务,都由委托人负清偿责任。

### 六、关于隐名委托代理

1999 年《合同法》颁布之前,根据《民法通则》和《经济合同法》的规定,我国在委托代理上施行的是一元制的显名代理,即代理人必须以委托人的名义,与第三人实施法律行为,否则不认为是委托代理,这一制度只在涉外贸易领域允许有例外。现行《合同法》已改变了这一现象,允许隐名代理,即委托人可以和代理人约定,由代理人以自己的名义与第三人实施法律行为。由于代理人以自己的名义实施的行为,第三人无法判断这是代理人自己的行为,还是代理行为,因此,合同法为解决这一矛盾,专门规定了解决这一矛盾的方法,即受托人的披露义务和委托人介入制度。所谓受托人的披露义务,是指当委托人拒绝履行该隐名委托合同的义务,即不履行隐名代理人与第三人实施的法律行为的后果时,受托人应向第三人披露其与委托人存在的委托合同关系,第三人在知晓并掌握了委托人与隐名代理人间的委托合同的证据后,可直接向法院起诉,请求委托人履行其与隐名代理人间合同的后果。所谓委托人介入,是指当第三人拒绝履行其与隐名代理人实施的法律行为的后果时,委托人可凭借其与隐名代理人的委托合同,以及隐名代理人与第三人的合同文本,直接向法院起诉,请求第三人履行其与隐名代理人间合同的后果。

## 第四节　行 纪 合 同

### 一、行纪合同的概念与特征

行纪在法律上也称为经纪,又称牙行。行纪合同在英美法上也称信托合同,是指以自己的名义,为委托人从事动产和有价证券买卖或者其他商业交易而收取报酬的(营业)经营活动。不动产买卖通常不在行纪的交易范围内。最早罗马法所称信托是一种遗产处理形式,是指被继承人将遗产的全部、一部或者一特定物,嘱托其继承人转交给指定的第三人,这时的信托并不产生法律上的效力。英美法信托是从英国中世纪所通行的用益权制度发展而来的,源于英国的衡平法。信托是英美法中一项很重要的财产法律制度。其主要内容是受托人根据信托人(财产所有人)的委托,为受益人(第三人)的利益而运用此财产,对信托人的财产进行管理、处分。大陆法系由于有财团法人制度及法定代理制度,可以实现信托所想要达到的目的,因此大陆法无信托制度。随着行纪业务的发展,行纪合同逐渐被广泛应用,成为一种独立的合同类型,与委托合同并存。

行纪组织是商品经济发展的产物,随着信托业务的发展,欧洲中世纪出现了独立从事行纪业务的行纪组织。当时,由于国际交易的兴起,出现了专门受他人的委托办理商品购入、贩卖或其他交易事务并收取一定佣金的行纪人,进而制定了行纪制度。在资本主义时期,从事行纪活动的商业代理人大量存在。

我国汉代也已出现专为牲畜买卖双方说合、评定价格收取佣金的驵侩,后变革发展为牙行。信托公司、贸易货栈是我国近代经营行纪业务的组织形式。新中国成立后,国家曾相继在许多城市成立了国营信托公司和贸易货栈经营行纪业务,但自20世纪50年代实行社会主义改造和“大跃进”以来,商品经济日趋落后,行纪业日趋衰微。改革开放以来,随着商品经济的恢复和发展,尤其是社会主义市场经济的逐步建立和发展,行纪业重又兴盛起来,延至今日,规模愈来愈大。《合同法》采纳了许多学者的建议,设专章规定行纪合同,对促进我国商品经济的发展具有积极意义。

行纪合同有以下特征:

(1) 行纪人以自己的名义为委托人办理委托事务。行纪人与第三人订立的合同不能对委托人直接发生法律效力,委托人不直接就行纪人对第三人的行为承担责任。

(2) 行纪人的行纪行为具有限定性,即行纪合同的标的是行纪人为委托人进行的贸易活动。

(3) 行纪合同是双务、有偿合同。在行纪合同中双方当事人的权利义务具有对价性:行纪人负有为委托人办理买卖或者其他商业上交易的义务;而委托人负有支付报酬的义务。

(4) 行纪合同是诺成合同。行纪合同只需行纪人与委托人达成合意即可成立,而无须以物的交付为其成立要件。

(5) 行纪合同是不要式合同。行纪合同可以书面、口头以及其他约定的方式订立,无须以特定方式订立。

## 二、行纪合同主要条款

1. 合同当事人及合同签订的时间、地点

签订行纪合同首先应明确合同主体。因此,在行纪合同中,应写明委托人与行纪人的名称(姓名)以及单位、地址、职务(职业)、联系电话等。在合同首部应写明合同签订的时间、地点。

行纪合同的主体范围:委托人可以是法人,也可以是公民,但行纪人只限于经批准经营行纪业务的法人。公民个人和未经法定手续批准的法人不得经营或兼营行纪业务。

2. 委托事务的种类(合同标的)

行纪合同委托事务的种类是指委托人委托行纪人要办的事项。在合同中,必须将委托事项写清楚,如是寄售还是代购、代销,此条款必须写得明确、具体,不能含糊或使人产生歧义。

3. 行纪事务的具体要求及价格

行纪事务的具体要求,主要是指委托方应在合同中明确提出对行纪货物或劳务的要求。如行纪内容为代购或寄售货物时,应对货物的名称、种类、质量、规格、型号、牌号或商标、包装、数量、交货方式等有关事项予以明确规定。行纪内容是劳务的,对劳务的具体要求也应详细明确。

行纪合同的价格,主要是指合同中应明确规定所行纪的货物或劳务的价格。行纪事务是代购、代售的,价格上应规定一个幅度,以及最低销售价或最高购入价,以便于行纪方在从事交易时能掌握抓住最佳时机。

4. 酬金或手续费

合同要对行纪方应得到的酬金加以明确规定。由于行纪事项难易程度不同,有些事项能否办成尚无把握,因此,实务中许多行纪合同将酬金分别计算。计算方法包括:一是手续费,即无论行纪事务是否办成,只要委托方提出要求,行纪方接受请求并负责办理就可收取费用,这笔费用一般不是很高;二是酬金,这是行纪方完成委托方的委托事务后才能收取的报酬。酬金的计算方法有两种:一种是固定酬金,即事先在合同中约定,完成委托后付给多少数额的报酬;另一种是浮动酬金,即在合同中约定,按照推销或采购商品总价值的一定比率付给酬金。

5. 结算方式和期限

行纪合同需要结算的款项主要有两部分:一是酬金;二是代购、代销或寄售商品物质的价款。两笔款项应该分别计算和结算,以免发生误差。在合同中应对结算的方式、地点和期限作出明确规定。

6. 保管责任

在合同中应载明委托人要求行纪人在购销货物时的保管责任,特别是在寄售货物时,须对所寄售物品情况详细写明,除应明确名称、种类、质量、规格、型号、数量等外,还应对包装、瑕疵等情况予以明确规定。

7. 违约责任

在该条款中当事人双方应对违反合同义务各自应承担的责任和方式予以明确规定。可以约定什么性质的违约行为承担什么性质的违约责任,也可以概括约定各类违约责任承担的条件,还可以约定赔偿金的数额及其计算方法。

8. 合同纠纷解决方式

在合同中应约定,当发生合同纠纷,双方自行协商不成时,是选择到某仲裁机构仲裁,还是到法院起诉。

9. 其他约定事项

当事人在不违反法律和社会公德的前提下,还可以根据需要约定其他经双方同意的条款。

## 三、行纪合同的权利与义务

### (一) 行纪人的权利

1. 报酬费用请求权

行纪合同是有偿合同,行纪人完成义务后,可以依合同约定或习惯请求报酬。除此之外,行纪人还可以向委托人请求寄存费用及运送费用,并可以请求委托人偿还其为委托人的利益而支出的费用及利息。

2. 对为委托人利益而买入的物品的处置权

行纪人按委托人的指示买入物品而委托人拒绝领受的,行纪人可定期限催告委托人受领;委托人逾期仍不受领的,行纪人可对该物品进行处置,如拍卖、提存等。若该物品为易腐烂、易变质的物品,行纪人可以不催告而予以处置。委托人委托行纪人出卖的物品没有卖出,或委托人撤回委托时没有取回其物或另行处分,经行纪人催告而委托人不取回该物或另行处分该物的,行纪人同样有处置该物品的权利。

3. 特殊情况的处理权

委托物交付给行纪人时有瑕疵或者容易腐烂、变质的,经委托人同意,行纪人可以处分该物;和委托人不能及时取得联系的,行纪人可以合理处分该物。

4. 介入权

行纪人的介入权,是指行纪人卖出或者买入具有市场定价的商品,除委托人有相反的意思表示外,行纪人自己可以作为买受人或者出卖人。换言之,行纪人接受委托出卖或者买入有价证券或者其他有公示价格的物品时,有权以自己的名义充当买受人或出卖人。

5. 留置权

委托人逾期不支付报酬,当事人又没有其他的约定的,行纪人有权留置委托物。经过一段时期,委托人还不支付报酬,行纪人有权将委托物变卖,所得价款扣除报酬部分,其余的再还给委托人。

### (二) 行纪人的义务

1. 直接履行义务

行纪人必须以自己的名义,直接从事委托人指定的贸易活动。

2. 行纪人有遵守指定价格的义务

在合同履行中遇有市场行情变化,行纪人应及时报告委托人,并按照委托人指定的价格办理受托事务。

3. 妥善保管委托物的义务

委托物,是指行纪人占有的代委托人进行交易所买入的物品或将要卖出的物品。行纪人对占有的委托物,应当妥善保管。

4. 支付处理委托事物费用的义务

行纪合同是有偿的,委托人所支付的报酬包括行纪人处理委托事务支出的费用,所以,行纪人处理委托事务支出的费用,由行纪人负担,但当事人另有约定的除外。

5. 报告义务

行纪人就受托的有关事项在处理过程中的情况,应及时向委托人报告,以便于委托人加以监督,并作出决策。

6. 移交处理事务所得财产的义务

委托事务完成后,行纪人应当移交处理事务所得的财产。

(三) 委托人的权利

第一,委托人有权要求行纪人按照自己的指令从事贸易活动。

第二,委托人发现行纪人违反了合同约定时,有权拒绝接受因行纪人的行为所产生的任何法律后果。

第三,委托人发现行纪人违反了合同约定时,有权拒绝支付酬金和偿还费用。

第四,委托人发现其委托的行纪人因违约行为而使财产或利益遭损失时,有权请求赔偿。

(四) 委托人的义务

1. 支付报酬的义务

这是委托人的基本义务,行纪人全部完成委托事务的,委托人应当按照合同的约定向其支付全部报酬;行纪人部分完成委托事务的,委托人应当向其支付相应的报酬。当行纪人卖出或者买入具有市场定价的商品,在委托人没有相反的意思表示,行纪人自己作为买受人或者出卖人时,自然可以请求委托人支付报酬。

2. 及时受领或者处分委托物的义务

(五) 合同法对行纪人与第三人订立合同的特殊规定

在行纪合同关系中,经常发生行纪人为了委托人的利益与第三人签订合同的情况。此时,无论是委托人还是行纪人以及第三人都要遵守以下规定:

(1) 当行纪人与第三人约定,行纪人履行的义务附条件的,按照合同的约定。

(2) 行纪人与第三人订立合同的,行纪人对该合同直接享受权利,承担义务。

第三人不履行义务致使委托人受到损害的,行纪人应当承担损害赔偿责任,但行纪人与委托人另有约定的除外。

(3) 行纪人承担责任后,有权向第三人追偿。但当事人另有约定的,按照其约定。

## 第五节　居 间 合 同

### 一、居间合同的概念与特征

居间合同是指当事人双方约定一方接受他方的委托,并按照他方的指示要求,为他方报告订立合同的机会或者为订约提供媒介服务,他方给付报酬的合同。在居间合同中,接受委托报告订立合同机会或者提供交易媒介的一方为居间人,给付报酬的一方为委托人。

居间作为中介的一种形式,其宗旨是把同一商品的买卖双方联系在一起,在促成交易后,收取合理佣金的行为。无论何种居间,居间人都不是委托人的代理人,而只是居于交易双方当事人之间起介绍、协助作用的中间人。居间人不但要向委托人报告订约的机会,而且还要进一步周旋于委托人与第三人之间,努力促成其合同成立。《德国商法典》、《日本民法典》等称此类居间人为媒介居间人。只有中介活动成功,促成合同成立,居间人才能取得合同约定或者法律规定的报酬。居间人应是具备经过有关国家机关登记核准的从事居间营业的法人或公民。

居间制度源于古希腊、古罗马帝国时期,当时的社会发展处于简单商品经济形态,任何人都可为居间活动。到了欧洲中世纪,居间活动受到了一定的限制,从自由经营主义转为干涉主义,国家对其行业进行了控制,使居间人带有公职人员的性质。如《法国商法典》把居间人分为两种:一种是特权居间人,此等中间人须经政府的任命,居于公务员的地位,具有特殊的权利及义务;另一种是除第一种以外的居间人。英国的居间人须经地方官署许可才可以执业;德国旧商法规定,居间人是一种官吏。到了近代,随着社会的进步及商品生产与流通领域的飞速发展,居间活动又开始兴旺,很多国家都对居间活动采用了完全自由经营主义来调整居间法律关系。《德国民法典》首先把居间活动作为民事合同的一种作了规定。以后大多数国家的民商法典和民商法理论都承认居间合同为一种独立的典型合同。在大陆法国家的立法上,采民商分立的国家,一般以商法调整媒介居间,以民法调整指示居间;在采取民商合一的国家,则不作媒介居间与指示居间的区分。我国采取不作区分的立法体例。

居间合同与委托合同、行纪合同既有联系,又有区别。三者均是一方受另一方委托为该另一方办理一定事务的合同,均属于提供服务的合同。三者主要区别是:

1. 居间合同的居间人,限于媒介订约,其服务的范围有限制,只是介绍或协助委托人与第三人订立合同,居间人本人并不参与委托人与第三人之间的合同;

委托合同的受托人办理委托事务时，以委托人或者以自己的名义进行活动，代委托人与第三人订立合同，依照委托人的指示参与并可决定委托人与第三人之间的关系内容，处理事务的后果直接归于委托人；行纪合同的行纪人是行纪合同的一方当事人，行纪人以自己的名义为委托人办理交易事务，与第三人发生直接的权利义务关系，处理事务的后果是间接地而不是直接地归于委托人。

2. 居间合同的居间人，是为委托人提供与第三人订立合同的机会，其行为本身不具有法律意义；委托合同的受托人是按委托人的要求处理受托事务，处理的事务可以是有法律意义的事务，也可以是非法律意义的事务；行纪合同的行纪人则是按委托人的要求，从事购销、寄售等特定的法律行为，行纪人受托的事务只能是法律行为。

3. 居间合同是有偿合同，但居间人只能在有居间结果时才可以请求报酬，并且在为订约媒介居间时可从委托人和其相对人双方取得报酬；委托合同可以是有偿的，也可以是无偿的；行纪合同都是有偿合同，行纪人仅从委托人一方取得报酬。

4. 居间人没有将处理事务的后果移转给委托人和报告的义务；而在委托合同和行纪合同中都有委托人取得事务处理结果和事务处理报告的问题。

一般而言，居间合同有以下法律特征：

1. 居间合同是有名合同。大多数国家的民商法理论上都承认居间合同是一种典型合同。例如，《法国商法典》中设有居间人的法律规定；《德国民法典》中规定了居间人契约，德国商法中又设有商事居间人的法律规定。我国《合同法》也将居间合同定为有名合同。

2. 居间合同是一方当事人为另一方当事人报告订约机会或者为订约媒介的合同。在居间合同中，居间人是为委托人提供服务的，但这种服务表现为报告订约的机会或者为订约的媒介。这里所谓的报告订约机会，是指受委托人的委托，寻找和报告可能与委托人订立合同的相对人，从而为委托人订约提供机会。所谓为订约媒介，是指介绍双方当事人订立合同，即斡旋在交易双方当事人之间，从而促成双方当事人的交易成功。居间人虽然也是受委托人的委托为委托人促成交易服务的，但居间人在交易中仅是起到中介人的作用，既不是交易中双方当事人的一方或者其代理人，也不直接参与交易双方当事人的谈判、商洽活动，也不在交易中双方当事人的权利义务问题上表示居间人的意思。一言以蔽之，居间人仅仅起到居间、中介作用而已。

3. 居间合同是有偿合同。居间合同中的委托人需向居间人给付报酬，作为对居间人活动的报酬。居间人从事居间活动的目的就在于向委托人收取报酬。因此，居间合同都是有偿性的。

4. 居间合同为诺成合同、不要式合同。居间合同为诺成合同，只要双方当事人意思表示一致,居间合同即告成立,并不以当事人的物的交付作为合同成立的要件。换句话说,只要当事人双方意思表示一致,居间人就负有依委托人的指示进行居间的义务,而一旦居间人的活动取得结果,委托人就应向居间人支付报酬。居间合同为不要式合同。

5. 居间人在合同关系中处于介绍人的地位。居间合同的客体是居间人依照合同的约定实施中介服务的行为。无论何种居间,居间人都不是委托人的代理人或当事人一方,居间人只是按照委托人的指示,为委托人报告有关可以与委托人订立合同的第三人,给委托人提供订立合同的机会,或者在当事人之间充当"牵线搭桥"的媒介作用,并不参加委托人与第三人之间具体的订立合同的过程,其只是一个中介服务人的角色,只是在交易双方当事人之间起介绍、协助作用。

## 二、居间合同的权利与义务

### (一) 居间人的义务

居间合同中居间人的义务就是委托人的权利。居间人的义务主要有以下几方面:

1. 报告订约机会或媒介订约的义务

向委托方报告订约机会或提供订约媒介是居间人在居间合同中承担的主要义务。

2. 忠实于当事人的利益

忠实于当事人的利益,是指居间人就有关订立合同的事项应当向委托人如实报告。居间人的忠实义务具体包括:首先,居间人应将其所知道的有关订立合同的情况或商业信息如实告知委托人;其次,居间人不得对订立合同实施不利影响;最后,对于所提供的信息、成交机会以及后来的订约情况负有向他人保密的义务。

3. 保密义务

居间人对在为委托人完成居间活动中获悉的委托人的商业秘密以及委托人提供的信息、成交机会、后来合同的订立情况等,应按照合同的约定保守秘密。居间人如违反保密义务致使隐名当事人或委托人受损害的,应承担损害赔偿责任。

4. 尽力促成定约义务

居间人应当依照合同的约定,积极尽力地促成委托人的交易。尽力的标准应依居间的内容和双方当事人的约定而定。

5. 其他义务

居间人在居间活动中应当遵守法律、法规和国家政策,遵循商事惯例和交易习惯，不得从事违法的居间活动。

（二）居间人的权利

居间合同中居间人的权利实际上就是委托人的义务。居间人的权利有以下两个方面：

1. 居间人的报酬请求权

报酬请求权是居间人的主要权利。双方当事人可以约定居间人的报酬，居间人的报酬标准国家有限制规定的，当事人约定的报酬额不能超过国家规定的最高标准。在居间合同中，因为交易双方当事人都因为居间人的媒介而得益，所以，除另有约定外，由双方当事人平均负担居间人的报酬。

居间人行使报酬请求权采取报酬后付的方式，即以合同有效成立生效，为付酬条件。合同未成立的，不得请求报酬；合同虽成立但无效时，居间人也不能请求支付报酬。

2. 居间人的费用偿还请求权

居间人所需费用，通常包括在报酬内。居间活动的费用一般由居间人负担，非经特别约定，居间人不得请求偿还费用。但当事人在居间合同中约定由委托人承担费用的，居间人对其已付的费用有偿还请求权。

# 第十九章　提供担保的合同

## 第一节　担保合同概述

### 一、担保的概念和特征

担保，是第三方(担保方)，也可以是义务人自己，以特定的财产或全部的财产，对他人的义务，向权利人表示负责的一种承诺，该承诺一经到达权利人，即对担保人和担保权人产生拘束力的一项法律制度。担保合同具有以下的特征：

1. 担保合同的从属性

担保合同是为担保债权的受偿而由债务人或者第三人另为提供的担保而形成的合同，它是基于被担保的债权合同而产生的，担保合同是从合同，因此，其具有从属性。例如，在融资担保合同中，借款合同是主合同，保证合同是从合同。

2. 担保合同的独立性

担保合同虽为从合同，但其仍是一个独立的法律行为，需具备一个法律行为成立和有效的全部要件。这种独立性表现在担保合同虽然基于主合同产生，但其自身构成一个单独的法律行为，而不是被担保的行为的一部分。

3. 担保合同的补充性

担保合同对债权人所享有的债权的实现具有补充的意义。债权人行使担保权的前提，是债务人的债务已届清偿期，但发生不履行或不能履行的情形，担保合同可起到补充债权实现的作用。

### 二、担保合同的种类

担保合同根据用以担保的客体的不同可分为物保和人保。所谓物保，是以某一项特定的物作为担保的客体，对自己或他人的义务作担保，在债务人不履行义务时，债权人可以担保之物，优先清偿自己之债权。物的担保又可根据物的性质分为抵押合同(不动产)、质押合同(定产)和定金合同(货币)。物的担保的优点在于安全性，具有较高的偿债的可能性，其缺点在于偿债的范围的有限性，即受到物的价值及变现的限制。所谓人的担保，是以某人的信用，包括他的财产和创造财产的能力，为他人的义务作担保，在债务人不履行债务时，由其履行。

人的担保的法律形式是保证合同。人保的优点在于偿债范围的广泛性,债务人有多大的债务,保证人就有多大的清偿义务。但其缺点在于作为法人的保证人,有破产的可能;作为个人的保证人,也难免遇到天灾人祸,使其无力履行保证之责任的可能。

## 三、担保合同的内容

1. 保证合同的内容:(1) 被保证的主债权种类、数额;(2) 债务人履行债务的期限;(3) 保证的方式;(4) 保证担保的范围;(5) 保证的期间;(6) 双方认为需要约定的其他事项。保证合同不完全具备前述内容的,适用合同漏洞处理规则。

2. 抵押合同内容:(1) 被担保的主债权种类、数额;(2) 债务人履行债务的期限;(3) 抵押物的名称、数量、质量、状况、所在地、所有权权属或者使用权权属;(4) 抵押担保的范围;(5) 当事人认为需要约定的其他事项。抵押合同不完全具备前述内容的,适用合同漏洞处理规则。

3. 质押合同内容:(1) 被担保的主债权种类、数额;(2) 债务人履行债务的期限;(3) 质物的名称、数量、质量、状况;(4) 质押担保的范围;(5) 质物移交的时间;(6) 当事人认为需要约定的其他事项。质押合同不完全具备前述内容的,适用合同漏洞处理规则。

## 四、担保合同的担保范围

1. 保证担保范围:主债权及利息、违约金、损害赔偿金和实现债权的费用。保证合同另有约定的,按照约定。当事人对保证担保的范围没有约定或者约定不明确的,保证人应当对全部债务承担保证责任。

2. 抵押担保范围:主债权及利息、违约金、损害赔偿金和实现抵押权的费用。抵押合同另有约定的,按照约定。

3. 质押担保范围:主债权及利息、违约金、损害赔偿金、质物保管费用和实现质权的费用。质押合同另有约定的,按照约定。

## 五、担保合同生效的时间

1. 抵押合同中,必须办理抵押物登记的,自抵押物登记之日起生效;自愿办理抵押物登记的,自合同签订之日起生效。

2. 质押合同自质物移交于质权人占有时生效。

3. 定金合同自实际交付定金之日起生效。

4. 保证合同自保证人的承诺保证的意思表示到达保证权人时生效。

## 六、担保合同无效

(一) 担保合同无效的原因

1. 主体违法:当事人是无民事行为能力人或限制民事行为能力人;保证人资格不合法;法律规定的其他情况。

2. 客体违法:抵押财产是担保法禁止的;抵押或质押财产是赃物或遗失物。

3. 内容违法:如债权人以欺诈、胁迫的手段或者乘人之危而使人在违背真实意思的情况下作出担保。

(二) 担保合同无效的法律后果

《担保法》第5条第2款规定:"担保合同被确认无效后,债务人、担保人、债权人有过错的,应当根据其过错各自承担相应的民事责任。"

1. 主合同无效而导致担保合同无效时担保人的责任

《最高人民法院关于适用〈中华人民共和国担保法〉若干问题的解释》(以下简称《担保法司法解释》)第8条规定:"主合同无效而导致担保合同无效,担保人无过错的,担保人不承担民事责任;担保人有过错的,担保人承担民事责任的部分,不应超过债务人不能清偿部分的三分之一。"

2. 主合同有效而担保合同无效时担保人的责任

《担保法司法解释》第7条规定:"主合同有效而担保合同无效,债权人无过错的,担保人与债务人对主合同债权人的经济损失,承担连带赔偿责任;债权人、担保人有过错的,担保人承担民事责任的部分,不应超过债务人不能清偿部分的二分之一。"

3. 无效担保合同中担保人的追偿权

《担保法司法解释》第9条规定:"担保人因无效担保合同向债权人承担赔偿责任后,可以向债务人追偿,或者在承担赔偿责任的范围内,要求有过错的反担保人承担赔偿责任。"这一解释确立了担保人在无效担保合同下的追偿权问题,其理由在于:担保人所承担的责任原本是债务人的责任,债务人是最终的责任人,担保人的责任只是一种代偿。担保合同因担保人的过错而被判无效,只是确定担保人在担保无效时应继续对债权人承担责任的根据,以达到维护债权人利益之目的,但无效之判决的后果,并未改变担保人为债务人偿债的代偿性质。如果不允许担保人向债务人追偿,则不符合公平原则的要求。

# 第二节　保 证 合 同

## 一、保证合同的概念与特征

保证合同,是指保证人与债权人订立的,在主债务人不履行其债务时,由保证人承担保证债务的协议。保证合同有如下特征：

(1) 单务合同；

(2) 从合同；

(3) 诺成性合同；

(4) 不要式合同。

## 二、保证合同与类似合同的区别

(一) 保证合同与保证保险合同的区别

1. 保证合同是成立于债权人与保证人之间的契约,虽然涉及债务人,但从保证合同本身来讲,当事人只有保证人与债权人两方。保证保险合同的当事人则包括投保人、保险人和被保险人三方。

2. 保证合同的保证往往依赖于债务人与保证人之间的了解与信任,保证人是基于债务人之托请而作保。但保证保险合同可以发生在素不相识的投保人之间。

3. 保证合同是单务、无偿合同。保证人为他人债务之履行而负担保证债务,并不从债权人处取得一定利益为对价。至于保证人与主债务人间关于有偿的约定,则属于另一法律关系,而与保证合同的无偿性无关。保证保险合同恰恰与一般的保险合同相同,是双务合同。投保人以向保险人交付一定的保险费用作为保险人承担保险责任之对价。

4. 保证合同是债权人与债务人所订立的合同的从合同,其存在以主合同的有效成立为前提。而保证保险合同是保险人和投保人之间订立的独立的合同,被保险的保证责任,只是保证保险合同中的可保利益,而不是保证保险合同成立的前提,所以,它不以其他合同的成立为前提。

(二) 保证合同与损害担保契约的区别

损害担保契约,是指当事人双方约定,在一方因一定的危险或事由遭受损害时,另一方独立地无偿地负填补其损失责任的协议。

保证合同与损害担保契约的区别在于：

1. 损害担保契约担保的是因侵权人的侵权行为造成的他人损失的补充赔偿责任;而保证合同是为他人合同债务之履行而与债权人订立的协议。

2. 保证合同之订约目的在于担保合同相对人与他人债务之履行结果,而损害担保契约之订约目的在于补偿侵权行为受害人的损失。因此,在保证合同中,债权人请求保证人承担保证必须以被担保之主债务未受清偿为前提,即保证债务基于主债务人违约之事实。但在损害担保契约中,则以约定的损害事实是否已经实际发生为依据,如没有遭受实际损害,损害担保人则无须承担赔偿责任。

3. 损害担保契约之履行效果为侵权行为受害人的损失受到了填补,但义务人履行损害赔偿契约义务并不引致受害人合同关系的消灭。而保证合同的履行则导致债务人与债权人合同关系的消灭。保证债务之履行结果令主债务得以履行或未获履行时的损失得以弥补，债务人的债务便不复存在。

## 三、保证合同与主合同的关系

在民法上，根据合同相互间的关系，可以将合同分为主合同与从合同。所谓主合同，是指不需要其他合同的存在即可独立存在的合同。而从合同，则是以其他合同的存在为其存在前提的合同。保证合同与其所担保的主债合同之间的关系，就是典型的从合同与主合同的关系。我国《担保法》规定，担保合同是从合同。

### （一）保证的从属性

1. 保证是以担保他人债务之履行为目的而设立的，故保证债务应以其所担保债务的有效存在为存在前提，并于主债务的存续中从属于主债务，其效力受主债效力之影响。换言之，若主合同不成立、无效或被撤销，保证合同便因丧失赖以存在的基础而无法发生效力。然而，主债务相对于保证之债却没有这样的依附性。事实上，没有保证的债务是大量存在的，而没有主债务的保证之债却是无法成立的。需要注意的是，被保证的主债权的存在是保证合同存在的前提，但并不等于必须在主债权确立之后，才可以订立保证合同。主债合同与保证合同在成立的时间上并不必然存在这样的先后顺序。保证人和债务人约定对将来的债务或附条件的债务担保，也应当是有效的。例如，我国《担保法》所规定的最高额保证，实际上就是允许当事人对将来发生的现时不存在的债务订立保证合同。

2. 保证的范围和强度从属于主债务。保证是为了担保主债务被履行之结果设立的，而不是为了给保证人设定其他的义务负担。因此，保证人的义务范围及强度应当与主债务人相同，不得大于或强于主债务，如果超过了主合同债务的范围，则应缩减到主合同债务的范围。同样，保证债务的履行期限也不得早于主债务的履行期限，主债务所附之限制条件对保证债务也同等适用。但保证债务的范围及强度可以小于或轻于主债务。保证人可与债权人约定对债务人全部债务承担保证责任，也可以在保证合同中约定仅为债务人的部分债务提供保证，只要是当事人的真实意思表示，均应有效。

3. 保证随主债权的转移而转移。《担保法》第 22 条规定：“保证期间，债权人依法将主债权转让给第三人的，保证人在原保证担保的范围内继续承担保证责任。保证合同另有约定的，按照约定。”保证是为担保主债权受偿之结果，因此保证债权不应与主债权相分离。同时，主债权发生转移时，保证人无论向哪一个债权人承担保证责任，都不会增加保证人的负担，也不会令保证责任发生变化，故保证人仍应对债权的受让人负保证责任。但此可因保证合同的具体约定而有所例外。如保证合同成立时，债权人接受保证人仅就此债务向特定的债权人提供担保之意思表示，则保证合同并不随主债权转移。如保证人自愿向新的债权人提供担保，当属保证人与新债权人另达成一致，或保证人与债权人变更了原保证合同之内容。保证债务也不可能与主债务相分离而单独转移，否则丧失了保证设立的意义。

4. 主债务发生变更或因清偿、抵消、免除等原因而消灭的，保证债务随之变更或消灭。合同变更，实质上是合同当事人以新的协议取代了原有协议，即原合同消灭而新的合同产生，因而保证合同随原合同的消灭丧失了存在的前提，一并消灭。因此，合同变更若非征得保证人的同意，债权人不得以原保证合同向保证人主张权利。如保证人表示同意，应当视为保证人与债权人就新的主债合同重新达成了提供保证的合意，并非原保证合同的效力延续。但有一种情况例外，如主债务消减则保证债务随之消减，保证人并不能因此而主张免除保证责任。

5. 主债合同无效，保证合同原则上也无效。但有学者提出，主合同被撤销或被宣告无效以后，保证合同都应宣告无效应有例外，如明知主合同显失公平而仍然为之作保，则主合同被撤销以后，保证合同不一定随之撤销。

### （二）保证的独立性

保证债务虽然从属于主债务，但并非主债务的一部分，而是独立于主债务的单独的债务。

首先，保证合同的内容可以与主债合同不同，如前面提到的仅就主债务的一部分成立保证，或限定保证的责任范围，对无条件之主债设定附条件保证，同时当事人可以仅就保证债务约定违约金等。

其次，保证人可就保证债务要求债务人或他人提供担保，包括保证、抵押、质押等，即学理上所称再担保或复担保。

再次，保证合同可以有独立的变更或消灭原因，并非必定与主债合同一致。例如，债权人与保证人协议解除保证合同或债权人自愿免除保证人的保证债务，主债合同之权利义务内容并不因此而受影响，债务人仍应为约定之履行。

最后，保证人所特有的抗辩权，如检索抗辩权，仅保证人能够享有，债务人无法享有。

鉴于保证的上述独立特性，保证合同的效力并不影响主债合同的效力，如司法实践中就存在主合同有效而保证合同无效的情况。在此情况下，债权人无过错时，担保人与债务人对主合同债权人的经济损失承担连带责任；债权人有过错时，担保人在不超过债务人不能清偿部分的 1/2 的限度内承担赔偿责任。

### （三）保证的补充性

保证是对债务人信用的补充与加强。因此，保证人只有在主债务人不履行时，才履行其保证债务。即主债务人不履行是保证人履行债务的前提条件。如果主债务人已经开始履行,或主债务履行期限尚未届至,债权人不得向保证人请求履行。由于保证债务之补充性,保证人在原则上应当具有后诉利益,即在债权人向主债务人充分行使请求权,并就主债务人的财产为强制执行之前,保证人有权拒绝履行保证债务。此为保证人之先诉抗辩权,且在一般保证中得以充分体现。在连带保证情形下,因保证人不享有先诉抗辩权,有学者由此认为连带保证不存在补充性。本书认为,保证人的先诉抗辩权是基于保证合同的补充性而产生的,此因果关系不应颠倒。因此,连带保证同样具有补充性,但是由于保证合同缔结过程中,保证人自愿放弃了后诉利益亦即先诉抗辩权,使得保证合同的补充性体现得不明显。但保证人并非自始与主债务人处于同一履行顺序,保证债务履行之开始依然以主债务人未履行到期债务、债权人向保证人提出请求为前提。

## 四、保证人的资格

### (一) 保证人资格的本质——清偿能力

保证又称"人的担保"或"信用担保",是基于人身信用关系而设立的债权担保,因此保证人的资格对于保证债务的履行和担保目的的实现至关重要。保证人的资格,是指法律规定的民事主体担任保证人时应当具备的条件。从本质上说,保证人是否具备清偿保证债务的能力,将直接关系到保证债务的履行及保证目的的实现。因此,清偿能力是保证人资格的本质。《担保法》第 7 条规定,具有代为清偿债务能力的法人、其他组织或者公民,可以作保证人。《担保法》上述规定应当理解为非强制性规范,不能反向理解为"不具有代偿能力的人不得为保证人"。在司法实践中,不具有代偿能力的法人、其他组织或者自然人,以保证人身份订立保证合同后,又以自己没有代偿能力要求免除保证责任的,并不能得到支持。司法实践之所以如此处理,原因在于,代偿能力并非清偿能力,而仅是代为履行主债务的能力,保证人的清偿能力还包括赔偿损失的能力。关于如何衡量保证人的清偿能力,可以从以下两个方面考虑:首先,保证人应具备足以清偿保证债务的财产。保证人的财产,包括保证关系成立时已现实存在的财产和在保证期间能够取得的财产或实现的财产权利,但不是指在任何情况下保证人的全部财产的总和。衡量保证人是否具有清偿能力,就要看保证人的财产在价值量上是否足以抵偿保证债务。这是保证人的清偿能力在量上的要求。其次,保证人须对其用以偿付保证债务的财产拥有处分权,这是对保证人清偿能力的质的要求。因为在有些情况下,保证人对其所有或经营管理的财产并不当然享有处分权,如法律禁止流通或禁止强制执行的财产、已由他人承包或租赁的财产、已设立担保物权的财产、共有人不同意处分的财产等。另外,对于所有权不明或难以追索的财产,保证人也不得以之作为承担保证债务的财产。

（二）担任保证人的法律限制

出于保证人对其所占有的财产的处分权限，以及保证人履行保证债务后其财产的减损给国家利益、公共利益和保证人自身的经营造成的不利影响等考虑，法律法规也对保证人的资格作了一些限制规定。

1. 对国家机关的限制

在我国，国家机关可以作为民事主体参加民事活动。但国家机关是为实现统治职能而设立的各种管理机构，拥有一定的政治权力，其所占有的财产主要来源于财政拨款，是维持其正常的管理活动所需。国家机关作为保证人，债权人对其信用的接受往往并不是基于其财产能力，而是出于对其权力的考虑，换言之，实际上是用政治权力担保。因此，国家机关作为保证人，与《担保法》中基于保证人财产能力而确立的担保制度的基础不相一致。所以，《担保法》规定国家机关不得为保证人。但是，在为使用外国政府或者国际经济组织贷款进行转贷的合同中，为了确保债务人在使用外国政府或者国际经济组织的贷款中获得国家信用的支持，更好地实现与外国政府或者国际经济组织在特定方面的合作，《担保法》对国家机关作为保证人作例外的规定，即经国务院批准，可作为该转贷合同的保证人。

2. 对以公益为目的的事业单位和社会团体的限制

以公益为目的的事业单位和社会团体，如医院、学校、幼儿园、广播电台和电视台等等，其设立目的并非为营利，而是为实现教学、医疗等特定的公益目的。尽管它们拥有独立的财产，但该财产均服从于其设立的特定公益目的。因此，为避免其因背负额外的债务而无法发挥其应有职能为社会服务，从维护社会公共利益出发，《担保法》将之排除在可担任保证人的行列之外。至于非以公益为目的单位和团体，如律师事务所、出版社等，不妨碍其担任保证人。

3. 对企业法人的分支机构和职能部门的限制

企业法人的分支机构是企业法人设立的领取了营业执照，能够在核准登记的范围内独立地从事经营活动的部门。企业法人的分支机构并不具有自己的财产，对其所占有的财产仅有在经营范围内的处分权，财产的所有权归属于法人。分支机构也不具有独立承担民事责任的能力，其对外经营活动中所生的民事责任需由法人承担。因此，企业法人的分支机构不得为保证人，对外签订的保证合同无效。例外情况是：得到企业法人的授权，在授权的范围内对外提供担保。在此情况下，实际上是由法人对外担保并履行保证债务，分支机构仅为法人之代理。法人授权分支机构提供保证担保的形式有两种：一种是以法人的名义签订保证合同，另一种是以分支机构自己的名义签订保证合同，两种形式均为有效。实践中，法人授权的方式也有两种：一种是概括授权，如各商业银行或金融机构对其在各地设立的分支机构，就是采取的概括授权的形式，且其权限在营业执照中多有详细登记。另一种形式是“一事一授权”,一般企业法人提供担保时,往往采用这种具体的授权方式。

职能部门是企业法人设立的内部机构,其职能往往是从内部管理的角度来划分,并不具有对外参加民事活动的资格。因此,企业法人的职能部门对外提供保证担保的,保证合同无效,即使是经法人授权,也必须以法人的名义对外提供担保,保证人为企业法人。

4. 对公司的限制

公司的权利能力由于受其经营范围的限制,从法理上说,未经核准登记从事保证业务的公司,不具备为他人保证的行为能力。有关国家和地区的公司法也对此作出了相应的规定。但我国《担保法》以及《合同法》均未作这样的限制性规定,我国公司作为保证人,不以保证业务登记为必要。但是,保证具有一定的风险,往往给公司造成意想不到的损失,损害股东利益,所以有必要借鉴外国立法,对公司对外保证采取谨慎的态度,即建立保证登记制度。尽管《公司法》就公司对外保证无登记要求,但对公司为特定的债务人提供担保有所限制。即董事、经理不得以公司资产为本公司的股东或其他个人债务提供担保。其立法本意在于维护资本确定原则以及保护股东和债权人利益。资本确定原则要求股东对公司的投资不能以任何形式撤回,包括以公司为股东提供保证担保的形式将股东的债务转嫁于公司。关于上述规定中作为担保对象的“其他个人”所指称的范围,《担保法》及司法解释并未明确,如按文义理解,应当包括所有个人债务。由于保证合同具有无偿性,公司为个人债务提供担保并不获得对价,与公司将财产无偿赠与一样为设定财产负担,可能损害其他股东和债权人的利益。公司在公司资产上设定担保对保护债权人不利。法律上也允许债权人对这种行为提起撤销之诉。在此基础上,中国证监会将此禁止性规定扩大到公司的关联方。即上市公司不得为股东、股东的控股公司及其下属公司提供担保。

5. 对合伙企业的限制

我国《合伙企业法》规定,以合伙企业名义为他人提供担保的必须经过全体合伙人的同意。由于合伙企业的财产由全体合伙人共有,各合伙人共担风险并对合伙企业债务承担无限连带责任,因此,以合伙企业名义对外提供保证担保,实则将保证债务加诸全体合伙人。不难设想,实践中可能存在执行合伙人利用权力私自以合伙企业名义对外签订保证合同,在未经其他合伙人同意的情况下为他人甚至是为自己的债务提供担保的情况。在此情况下,该保证合同损害了其他合伙人的利益。因此,合伙企业作保证人须以全体合伙人一致同意为要件。

应当注意的是,合伙企业为合伙人的债务提供担保,实际上可能因保证债务的履行而实际减少了合伙企业的财产,或者是合伙人变相地抽回了出资,有损于其他合伙人及债权人的利益。即使合伙人仍旧对合伙债务承担无限连带责任,但毕竟不利于合伙企业的经营和合伙事务的执行,以及对债权人实现债权产生了一定的消极影响,因此即使法律没有禁止,笔者认为,合伙企业也不宜为其出资人的债务提供担保。至于合伙人为合伙企业的债务提供保证担保,则不受限制。

### 五、保证合同的种类与形式

(一) 保证合同的种类

保证合同根据保证义务开始的时间分为一般保证和连带保证。一般保证,是指保证人只有在主债务人不能履行债务的情况下才履行保证义务的情形。连带保证,是指只要主债务人不履行义务的事实发生,保证人就需根据债权人的请求,履行保证责任。保证合同的种类应由当事人在保证合同中约定,如果保证合同没有约定,则推定为连带保证。

(二) 保证合同的形式

在理论上,书面形式可分为一般书面形式与特殊书面形式两种。一般书面形式,是指以书面文字(包括电子邮件)为载体而无其他特别要求的形式。特殊书面形式,是指对书面记载的方式本身还有特别要求,诸如设定一定的条款或记载一定的内容等。保证合同形式通常有以下几种:

1. 分立的保证合同形式

保证人与债权人在主合同之外,单独订立从属于主合同的保证合同,并在此保证合同中对保证期间、保证责任方式和保证范围等法律所要求的内容作出明确的约定。这种以与主合同分立的形式订立的保证合同属于典型的保证合同形式。与主合同分立的保证合同又表现为保证人与主债权人正式签订保证合同与保证人制作书面保证承诺书,明确表示为债务人履行债务承担保证义务,并交付保证承诺书给债权人的形式,此行为实质是保证人提出保证意思的要约行为,该意思到达保证权人,在约定或法定的期限内,保证权人无拒绝的意思表示,则为承诺,由此保证合同成立。因此,保证人单方面出具的保证承诺书也属于保证合同的形式,而非单方法律行为。此种保证合同形式在银行信贷案件中大量存在。保证承诺书有保证人直接向债权人出具的,也有通过债务人转交的,商业银行采用的还款担保书也属于保证承诺书的性质。保证承诺书构成保证合同,成立保证关键在于债权人接受保证承诺书,如果债权人不接受,保证合同不成立。但对于债权人接受保证承诺书是否必须以口头或书面意思表示而不能以行为的方式接受,法律未作限制。实际上,债权人接受保证承诺书除了用语言、文字的方式外,也可以用行为的方式,如债权人收到承诺书后履行主合同的行为,可以认为是债权人接受保证承诺书的方式。尤其是银行贷款中,银行大多在收到当事人的保证承诺书之后,方与借款人签订借款合同,并按借款合同之约定向借款人发放贷款，这应视为银行接受保证承诺书。只要债权人没有明确表示拒绝保证承诺，其据保证人的保证承诺书向保证人主张保证债权都应得到支持。同样，保证人所出具的承诺书中，关于保证的意思表示应当是明显的，措辞含糊的承诺不应推定为保证。

2. 复合的保证合同形式

复合的保证合同形式，即债权人、债务人与保证人共同订立一个合同，作为从合同的保证合同内容，以部分条款出现在主合同中，而作为主合同的借款内容也以部分条款出现在同一个主合同中。即在一个合同中包含了两个或两个以上的合同标的。复合合同有时可表现为各合同标的彼此独立，有时则可表现为主从依附。复合的保证合同则属于后者，即部分的保证条款，以主合同条款的成立为成立的条件。主合同成立，则保证合同成立。在复合合同形式下，仅某人以保证人的身份，在主合同中签字，而无任何保证条款或保证的意思，能否仅以此事实认定签字人为保证人？我们认为，没有任何保证的文字记载，仅有签字的，应根据最高人民法院的有关司法解释，需以签字者已经履行了部分保证义务，保证权人一方也已接受的事实的发生，才可认定在他人合同上的该签字者为保证人。

## 六、保证合同当事人的权利

### （一）债权人的请求权

债权人是保证合同的权利人，享有请求保证人承担保证债务的权利，并不承担任何对待给付义务。债权人于主债务履行期限届满之时起，得同时或先后请求保证人或主债务人为全部或一部之履行。

债权人行使保证债权的方法，因保证方式的不同有所区别：在一般保证中，由于保证债务为纯粹的补充债务，保证人和债务人在履行各自债务时有先后顺序之分，因此债权人在向保证人主张债权之前，必须先向债务人请求履行，且须以诉讼或仲裁的方式主张权利；在连带保证中，保证人放弃了先诉抗辩权，与主债务人处于同一履行顺序，因此，在到期主债务未履行时，债权人可直接向保证人请求履行，也可同时向债务人和保证人主张权利。

此外，在共同保证和混合担保中，债权人行使保证债权的方法另有不同。共同保证中，数个保证人有约定保证份额的，债权人只能请求保证人在所承担的份额内履行；如果没有约定保证份额或者保证份额的约定不明确，各个保证人之间对保证债务承担连带责任，债权人可以向全部的保证人请求履行，也可以向一个或部分保证人为请求，由于连带债务债权人的行使效力具有扩张性，债权人向一个或部分保证人主张权利时，效力及于其他保证人。但在同一债权既有保证又有物的担保的情况下，物的担保先于人的担保，因此债权人必须先就物的担保主张权利，在物的担保不足以使债权受偿的情况下，方可向保证人主张保证债权。

如果债权人放弃物的担保而直接向保证人主张债权，保证人在债权人放弃权利的范围内免责。如果保证人死亡，其保证债务是否转由其继承人负担？有人认为，由于保证合同有一定的人身依附性，因此保证人死亡，原则上保证债务亦消灭。保证合同尚未履行的，债权人不得向保证人的继承人请求继续履行。但是，依据《继承法》中的“限定继承”原则，继承人对被继承人的债务，应在他所继承的遗产的实际价值限度内负偿还的义务。保证债务就其性质而言为财产上的义务，应该可以作为继承的标的。因此，除当事人另有约定外，保证债务应具有可继承性，债权人可以向保证人的继承人，在保证人遗产范围内行使请求权。

（二）保证人的权利

保证合同是无偿的单务合同，保证人承担保证债务，保证权人却不享有相应的债权。为了保护保证人的合法权利，使有能力的民事主体积极为他人的经济活动提供担保，法律赋予保证人如下对抗债权人的抗辩性权利：

1. 保证人的抗辩权

保证人的抗辩权，是指主合同债权人请求保证人履行保证债务时，保证人根据一定的抗辩事由所享有的对抗债权人请求，拒绝或延缓履行保证债务的权利。保证债务是一相对独立的债务，与主债务并存而非主债务的一部分。保证人在保证合同中具有一般债务人的地位，得主张抗辩权。保证人的抗辩权分为三类：

（1）基于主合同的抗辩

虽然保证人本身并非主合同当事人，本不应享有基于主合同债务人地位而得行使的权利，但由于保证人与主债务人处于被同等追偿的地位，于事实上承担着主合同债务，因此，法律为避免保证人因主债务人怠于行使权利而蒙受损失，专门规定保证人可以主张主债务人所有的一切抗辩，即便主债务人抛弃其抗辩，保证人仍然可以独立行使抗辩权。

（2）基于保证合同的抗辩

此类抗辩主要包括：第一，保证债务无效或者可撤销的抗辩。按照法律对无效民事行为的规定，保证合同无效，则不能产生订立保证合同所追求的目的和效果，保证债权债务自始不存在，保证人可以此对抗债权人对保证人的履约请求。第二，保证期间届满的抗辩。如果债权人未在保证期间内依法定方式主张保证债权，保证人得以免除保证责任。因此，保证期间届满后债权人向保证人请求履行保证债务，保证人即可主张保证期间届满的抗辩予以拒绝。

（3）先诉抗辩权

先诉抗辩权，又称检索抗辩权，是指保证人于债权人未就主债务人之财产强制执行而无效果前，对于债权人得拒绝清偿的权利。根据我国《担保法》的规定，一般保证中，保证人在主合同纠纷未经审判或者仲裁，并就债务人财产依法强制执行仍不能履行债务前的任何时候均可以行使先诉抗辩权。为了防止因保证人滥用先诉抗辩权,《担保法》也规定了保证人不能行使先诉抗辩权的三种法定事由:其一,债务人住所变更,致使债权人要求其履行债务发生重大困难的;其二,人民法院受理破产案件,中止执行程序的;其三,保证人以书面形式放弃先诉抗辩权的。

2. 保证人的代位权

代位权是指保证人于履行保证债务后,得取代债权人的地位而行使债权人原债权的权利。原债权,是指保证人履行保证债务时所担保的债权的状态。代位权是为保障求偿权实现而设立的制度,因此须先有求偿权,然后才能成立代位权。

目前我国《担保法》对保证人的代位权未有规定。保证人履行保证债务,在形式上虽然是清偿自己的债务,但实质上乃是为他人(主债务人)清偿债务。因此,保证人履行保证债务之后,可以向主债务人请求偿还,而取得求偿权。我国《民法通则》和《担保法》均确认了保证人在履行保证债务之后针对债务人的求偿权。

## 七、保证合同的无效

### (一) 保证合同无效原因

1. 保证合同因主合同无效而无效

如前所述,保证合同具有从属性,主合同的效力将会对保证合同的效力产生影响。如果主合同无效,则保证合同无效。

2. 保证合同因自身原因而无效

除了受主债合同之效力影响外,作为合同的一种,保证合同也可能因自身要件欠缺而不发生法律效力,包括全部无效与部分无效。部分无效原因主要有双方所约定的保证责任范围大于主债务范围而有悖于保证合同的从属性,或者双方关于保证期间等内容的约定违背了诚信原则等。在这种情形下,其他内容不受此无效部分影响,保证合同仍然有效。除因保证人主体资格欠缺而使得保证合同全部无效之外,全部无效的原因还包括以下几种情形:

(1) 为法律禁止提供担保的债务所订立的保证合同,即法律禁止为保证债务的债务。例如,司法实践中,为外商投资企业注册资本、外商投资企业中的外方投资部分的对外债务提供担保的保证合同无效。

(2) 保证合同订立的程序不合法。法律法规对保证合同的成立在程序上有经批准或登记的特殊要求的,如有欠缺,保证合同也无法发生法律效力。例如,未经国家有关主管部门批准或者登记,为境外机构向境内外债权人提供担保的。

(3) 保证人意思表示不真实。合同为当事人之合意,当事人意思表示一致为合同的构成要件。合同欲生效并取得受法律保护的结果,必须具备当事人意思表示真实这一构成要件,保证合同也不例外。

(二)保证合同无效时保证人之责任

1. 保证人承担责任的一般原则

根据我国《担保法》的上述规定,保证人在保证合同被确认为无效后责任的产生是以过错为原则。如果保证人自身过错是保证合同无效的原因,那么保证人应当承担相应的民事责任;如果保证人在保证合同的缔结过程中并无过错,合同无效非由保证人造成,则保证人不应当承担责任。尽管我国《担保法》肯定了保证人因无效保证合同承担责任的过错原则,但在目前的司法实践中,在主合同有效而担保合同无效且债权人无过错时,法院要求担保人与债务人对主合同债权人的经济损失承担连带责任;债权人与担保人有过错时,担保人承担民事责任的部分,不应超过债务人不能清偿部分的1/2。

2. 保证人承担责任后的追偿权

我国司法实践确认无效保证的保证人在承担赔偿责任之后具有追偿权,即保证人因无效担保合同向债权人承担赔偿责任后,可以向债务人追偿,或者在承担赔偿责任的范围内,要求有过错的反担保人分担赔偿责任。保证人可以根据承担赔偿责任的事实对债务人或者反担保人另行提起诉讼。

## 第三节 抵押合同

### 一、抵押合同的概念和特征

抵押合同,是指合同的债务人或第三人与债权人签订的,不移转抵押物的占有,而以该抵押物作为担保物,在债务人履行义务时,债权人可优先于其他债权人受偿的书面协议。抵押合同是抵押担保关系产生的法律事实,也是将来处理当事人间权利义务纠纷的主要根据。

抵押合同具有以下特征:

(1) 抵押合同属于设权合同,目的是设定抵押权,抵押合同对于抵押人而言,不转移抵押物的占有,可以继续占有、使用、收益抵押物,不影响抵押物效用的继续发挥。

(2) 抵押合同为从合同。抵押合同是为担保主合同债权而订立的合同,属于主合同的从合同,其效力受到主合同效力的制约。当主合同无效或被撤销时,抵押合同随之无效和撤销,除非当事人另有约定。

(3) 抵押合同是要式合同。《担保法》规定,抵押合同应以书面的形式签订。非以书面形式签订的抵押合同无效。大多数抵押合同以登记作为生效要件,登记也是一种特殊的形式要件。抵押合同既可以是单独订立的抵押合同,也可以是当事人在主债权合同中约定的抵押条款。

（4）抵押合同为单务合同。抵押合同生效后，抵押权人对抵押人只享有权利，不负有义务；而抵押人则对抵押权人只有义务，没有权利。

## 二、抵押合同的当事人

抵押合同的当事人包括抵押人和抵押权人：

1. 抵押人。抵押人，是指为担保债务的履行和债权实现而提供抵押物的人（法人或自然人）。抵押人既可以是债务人本人，也可以是债务人以外的第三人。抵押人作为抵押合同的当事人应当具备法律行为主体的一般条件。具体来说，一是抵押人为自然人时，应当具有完全民事行为能力；二是抵押人为非自然人时，应当具备法人资格，但无法人资格的企业的分支机构或职能部门，经法人的特别授权也可签订有效的抵押合同；三是抵押人在设定抵押权时必须对抵押物享有处分权。

2. 抵押权人。抵押权人，是指因自己享有债权而享有抵押权的人。债务人在债务履行期届满没有履行债务的，抵押权人即债权人可行使抵押权，通过对抵押物的拍卖、变卖或折价获得的价款行使优先受偿权而使自己的债权得以实现。在我国民法上，不承认抵押权具有无因性和独立性，抵押权具有绝对的从属性。因此说，抵押权人和被担保债权的债权人为同一人，即抵押权人等于债权人。抵押权人作为抵押合同的当事人应当具备法律行为主体的一般条件。具体来说，一是抵押权人为自然人时，应当具有完全民事行为能力。二是抵押权人为非自然人时，应当具备法人资格。若抵押权人系法人的分支机构或职能部门，则需经特别授权方可进行。三是抵押权人在设定抵押权时，须有被担保债权的存在。

## 三、抵押合同的内容

抵押合同应当具备的内容有：（1）抵押合同当事人的基本情况。（2）被担保的主债权的种类、数额。（3）债务人履行债务的期限。（4）抵押物的名称、数额、质量、状况、所在地、所有权权属或者使用权权属。（5）抵押担保的范围。即抵押物担保的债权的范围，除主债权以外，根据《担保法》第 46 条的规定，抵押担保的范围还包括利息、违约金、损害赔偿金和实现抵押权的费用。但此项规定仅为一种任意性规定，在当事人之间无约定的情况下，抵押权人即按照此项规定行使抵押权，当事人可以通过约定排除这一规定的适用。（6）当事人认为需要约定的其他事项。

## 四、抵押合同的成立与生效

抵押合同是抵押人和抵押权人设立抵押权的合意。所谓抵押合同的成立，就是抵押人和抵押权人成功地完成了抵押合同要约和承诺的全过程。抵押合同的成立从实质内容方面应当具备以下条件:(1) 抵押人和抵押权人在签订抵押合同时系真实意思表示,且抵押人须为有完全民事行为能力人,同时抵押人须对抵押财产享有处分权;(2) 抵押人和抵押权人应当以书面形式订立抵押合同;(3) 抵押人和抵押权人就抵押合同的主要内容达成一致,即抵押合同的内容必须符合《担保法》第 39 条的规定;(4) 抵押合同必须依法签订。

《合同法》第 44 条规定:"依法成立的合同,自成立时生效。法律、行政法规规定应当办理批准、登记等手续生效的,依照其规定"。抵押合同被分为必须登记与自愿登记两种形式 必须登记的抵押合同,只有经过登记后才产生法律效力。当事人未办理抵押合同登记手续的,应依法确认双方所签订的抵押合同不生效。按照我国的法律实践,以下抵押合同需要登记才能产生效力:

(1) 以城市房地产或者乡(镇)、村企业的厂房等建筑物抵押的,应去县级以上地方人民政府规定的部门办理抵押登记;

(2) 以林木抵押的,应到县级以上林木主管部门办理抵押登记;

(3) 以航空器、船舶、车辆抵押的,应到运输工具的登记部门办理抵押登记;

(4) 以企业的设备和其他动产抵押的,应到财产所在地的工商行政管理部门办理抵押登记。

以其他财产设立抵押权的,抵押合同自签订之日起生效;但未办理登记的,不得对抗第三人。

## 五、抵押合同的权利义务

基于抵押合同是单务合同,抵押权人对抵押人只享有权利,不负有义务,而抵押人则对抵押权人只有义务,没有权利的特征,抵押合同的权利义务便主要体现在抵押权人的权利上。根据通说,抵押权人的权利有:

1. 抵押权人的优先受偿权。抵押权人的优先受偿权,是指在与该抵押物的所有人的其他债权人同列的情况下,抵押权人有优先偿还该物范围内所担保的债务的权利。但需指出的是,抵押权人的优先受偿权需受到法定优先权的制约,即抵押权人的优先受偿权不能对抗法定的优先受偿权。法定的优先受偿权,是指基于社会公共利益出发,通过法律的形式规定的某类债权人所享有的优先受偿权,这类债权主要是劳务债权。例如,被宣告破产的员工的工资债权、所欠缴的员工的社会保障费债权;又如因建设、修理抵押物而欠付的工程款债权。法定优先受偿权虽优先于抵押权人的优先受偿权,但法定优先受偿权应先就债务人的一般财产,即未设定抵押的财产优先受偿,只有在非抵押的财产不足于满足法定优先权时,才可优先于抵押权人的优先权,以抵押物受偿,否则,法定优先受偿权人不得就抵押财产向抵押权人主张优先受偿权。

2. 抵押权人的保全权。抵押权人的保全权是指抵押权人在特定情形下，有权采取必要措施以保全抵押财产的价值。抵押合同期间，抵押物通常不转移占有，而由抵押人占有、使用、收益该抵押物，当抵押人不谨慎管理抵押物时，就可能造成抵押物价值的减少，直接威胁着抵押权人届时债权实现的利益。因此，我国《担保法》51 条规定："抵押人的行为足以使抵押物价值减少的，抵押权人有权要求抵押人停止其行为。抵押物价值减少时，抵押权人有权要求抵押人恢复抵押物的价值，或者提供与减少的价值相当的担保。抵押人对抵押物价值减少无过错的，抵押权人只能在抵押人因损害而得到的赔偿范围内要求提供担保。抵押物价值未减少的部分，仍作为债权的担保。"

根据上述规定，抵押权人的保全权表现在：(1) 当抵押人的行为足以使抵押财产减少时，抵押权人得以请求其停止行为。抵押人使财产减少的行为，可能是因积极行为引起，如拆除、毁坏抵押的房屋；也可能是因消极行为引起，如应当修缮、维护而不修缮、维护。无论是何种情况，抵押权人有权诉请法院责令停止，也可以不经抵押人的同意，直接采取为避免抵押物价值减少，保全抵押物价值的行为。(2) 当因抵押人的行为已使抵押物的价值减少时，如房屋已被毁坏或被部分拆除，抵押权人有权恢复抵押物的原状，如不能恢复原状的，抵押权人有权要求抵押人提供以相当于等值的价值减少的部分的财产予以担保。(3) 抵押物因第三人的行为导致价值减少时，抵押权人有权请求抵押人以第三人的赔偿金用于担保，如抵押人不予担保，抵押权人则可就赔偿金直接受偿。

3. 抵押权人的追及权。抵押权人的追及权，是指抵押权人得跟踪未经抵押权人的同意处分的抵押物流向，不论其流转至何人之手，抵押权人都可对抵押物行使抵押权。传统民法在处理抵押权与抵押人的所有权时的态度是，抵押人对抵押物的所有权不得对抗抵押权人对抵押物的抵押权。基于抵押权是经过公示的权利，抵押物的买受人对自己所买受的物品是否负有法律上的负担是非常清楚的，其应督促抵押物的出售人清偿债务，消灭抵押关系。相反，如果抵押物的买受人明知买受物上存有抵押权，在不采取任何防范措施，任主债不清偿导致抵押权的产生，仍买受这一抵押物，其本身具有应有的谨慎义务。据此，由抵押物的买受人自负抵押权人行使抵押物的法律后果，这样的规定，对规范经济秩序是非常有利的。至于抵押人在处分抵押物，收取了买受人的款项后，却不积极履行清偿主债的义务，或届时不履行清偿主债的义务，其行为的实质已与诈骗犯罪无异，因此，对出售抵押物又拒绝履行清偿主债义务的行为，应以刑法论处。

4. 抵押权人的代位权。抵押权通常因抵押物的灭失而归于消灭。然当抵押物灭失是因第三人侵权行为所致，或虽因自然原因所致，但抵押人定有保险合同时，抵押人的抵押物虽然灭失了，但抵押人却可以得到一笔相当于抵押物价值的赔偿金或理赔金。如果在此种情况下仍坚持抵押权消灭，则将导致抵押权人与抵押人间的利益失衡。因此,为平衡双方的利益,法律赋予抵押权人有物上代位权。抵押权人的代位权是指当抵押物灭失,抵押权就抵押人所取得的赔偿金或理赔金范围内继续存在,抵押权人对抵押人所获得的赔偿金或理赔金具有优先受偿的权利,即物上代位权。如果抵押人怠于主张损害赔偿或保险理赔,抵押权人还可对侵权人或保险人享有债上代位权。

## 第四节 质押合同

### 一、质押合同的概念和特征

质押合同是指债务人或第三人与债权人签订的,约定债务人或第三人将其财产移交债权人占有,将该财产作为债权的担保,债务人不履行债务时,债权人有权以该财产卖得价款优先受偿的协议。其中债务人或第三人为出质人,债权人为质权人。质押合同有如下特征:

(1) 质押合同为附属性合同。质押合同的订立是以担保主合同的债权实现为目的,其与所担保的主合同形成主从关系。被担保的债务人与债权人订立的合同为主合同,质押合同为从合同。质押合同的附从性主要表现在以下几个方面:一是存在上的从属性。质押合同必须以主合同的合法存在为前提,在主合同无效或其他原因不存在时,质押合同也不能存在。二是转让上的从属性。质押合同的设立是以担保主债务的履行为目的的,因而不得将质押合同与主合同分离而转让。三是消灭上的从属性。当主合同的债务已经履行或以其他方式使得债权人的债权得以实现的,质押合同也应同时终止或解除。

(2) 质押合同为补充性合同。质押合同是债务人或第三人与债权人订立的当债务人不履行债务时,债权人有权以占有的债务人或第三人的财产变卖优先受偿的协议。因此,当主合同债务人已经履行债务,债权人就不得以债务人或第三人移交的财产变卖优先受偿。从这个意义上讲,质押合同的作用是补充主合同义务的履行。

(3) 质押合同为单务、无偿合同。质押合同的设定是为了担保主债权的实现。质押的主要特征就是移交出质人的财产给质权人。因此,出质人有提供标的的义务,质权人有妥善保管标的的义务;出质人有保证其标的权利的义务,质权人有在主合同债务人履行债务后返还标的的义务。质押合同自成立时起,双方互有义务。同时,质押合同为无偿合同,它只是为担保主合同债权的实现而设定的,双方之间无须支付相应的报酬。

(4) 质押合同为实践合同。根据合同的成立是否以交付标的为要件,可将合同分为诺成合同和实践合同。实践合同除双方当事人意思表示一致外,还必须交付标的才能成立合同。以动产质押的根据《担保法》第64条的规定，出质人和质权人应当以书面形式订立质押合同。质押合同自质物移交于质权人占有时生效。以权利质押的，根据《担保法》第76条的规定，质押合同自权利凭证交付之日起生效。

## 二、质押合同的内容

（1）被担保的主债权种类、数额。

（2）债务人履行债务的期限。

（3）质物的名称、数量、质量、状况。动产质权的效力及于质物的从物。但是，从物未随同质物移交质权人占有的，质权的效力不及于从物。

（4）质押担保的范围。如无约定，质押担保的范围包括主债权及利息、违约金、损害赔偿金、质物保管费用和实现质权的费用。

（5）质物移交的时间。质押合同为要物合同，即质权合同自质物移交于质权人占有时生效。债务人或者第三人未按质押合同约定的时间移交质物，因此给质权人造成损失的，出质人应当根据其过错承担赔偿责任。出质人以间接占有的财产出质的，质押合同自书面通知送达占有人时视为移交。占有人收到出质通知后，仍接受出质人的指示处分出质财产的，该行为无效。

（6）当事人认为需要约定的其他事项。质押合同不完全具备前述内容的，使用合同漏洞处理规则。

## 三、质押合同的成立与生效

《担保法》第64条规定，出质人和质权人应当以书面形式订立质押合同。质押合同自质物移交于质权人占有时生效。本条是对质押合同的成立与生效要件的规定。依上述规定，质押合同以双方意思表示一致为成立，以交付质物或权利凭证时生效。

## 四、质押合同的权利与义务关系

### （一）质权人的权利与义务

1. 质权人的权利：（1）留置质物的权利。在债务人清偿债务之前，债权人有留置质物的权利，以待债权的实现。（2）收取孳息的权利。质权人的孳息收取权，指质权人有权进行收取孳息的权利。但是，质权人并不因此而取得对孳息的所有权，而仅取得对孳息的质权。孳息可以是金钱，也可以是金钱以外的物。根据《担保法》第68条的规定，质权人有权收取质物所生的孳息。质押合同另有约定的，按照约定。孳息应当先充抵收取孳息的费用。（3）救济质权损失的权利。根据《担保法》第70条的规定，如果质物有损坏或者价值明显减少的可能,足以危害质权人权利的,质权人可以要求出质人提供相应的担保。出质人不提供的,质权人可以拍卖或者变卖质物,并与出质人协议将拍卖或者变卖所得的价款用于提前清偿所担保的债权或者向与出质人约定的第三人提存。(4) 优先受偿权。质权人就质物有优先受偿的权利。《担保法》第 71 条第 2、3 款规定:"债务履行期届满质权人未受清偿的,可以与出质人协议以质物折价,也可以依法拍卖、变卖质物。质物折价或者拍卖、变卖后,其价款超过债权数额的部分归出质人所有,不足部分由债务人清偿。"另外,质权因质物灭失而消灭。因灭失所得的赔偿金,应当作为出质财产。

2. 质权人的义务:(1) 保管质物的义务。质权人占有质物,自然应负保管义务。《担保法》第 69 条第 1 款规定:"质权人负有妥善保管质物的义务。因保管不善致使质物灭失或者毁损的,质权人应当承担民事责任。"(2) 提存质物的义务。《担保法》第 69 条第 2 款前段规定,质权人不能妥善保管质物可能致使其灭失或者毁损的,出质人可以要求质权人将质物提存。(3) 返还质物的义务。《担保法》规定,质权人返还质物的义务表现在两个方面:第一,债务人适当履行其债务时,质权人应返还质物;第二,出质人提前清偿质权担保的债权时,质权人应返还质物。

(二) 出质人的权利与义务

(1) 移转质物的占有权,虽转移占有,出质人对质物的所有权仍享有有限制的处分权。出质人移转质物的占有,并不表示丧失对质物的所有权,出质人仍有权处分其出质的质物,但以不影响质权人的权利为限。如果质权人不能妥善保管质物可能致使其灭失或者毁损的,出质人可以要求质权人将质物提存,或者要求提前清偿债权而返还质物。(2) 质押合同是为他人所负担的债务而设质,出质人只负以该物为限度内的债的有限清偿责任。出质人清偿债务时,因质权的被行使,而丧失质物的所有权时,如出质人即债务人本身,质物不足以清偿债务时,还应当以自己的其他财产清偿债务。根据《担保法》第 72 条的规定,为债务人质押担保的第三人,在质权人实现质权后,有权向债务人追偿。

## 五、关于质押合同的特殊规定

(1) 占有改定的禁止:出质人代质权人占有质物的,质押合同不生效;质权人将质物返还于出质人后,其质权归于消灭,不得以质押合同对抗第三人;因不可归责于质权人的事由而丧失对质物的占有的,质权人可以向不当占有人请求停止侵害、恢复原状、返还质物。

(2) 交付的公信力:质押合同中对质押的财产约定不明,或者约定的出质财产与实际移交的财产不一致的,以实际交付占有的财产为准。

(3) 质权的善意取得:出质人以其不具有所有权但合法占有的动产出质的,

不知出质人无处分权的质权人行使质权后，因此给动产所有人造成损失的，由出质人承担赔偿责任。

(4) 瑕疵担保责任：质物有隐蔽瑕疵造成质权人其他财产损害的，应由出质人承担赔偿责任。但是，质权人在质物移交时明知质物有瑕疵而予以接受的除外。

(5) 流质条款的禁止：不得约定在债务履行期届满，质权人未受清偿时，质物的所有权转移为质权人所有。

(6) 物上代位性：质权因他人不当行为导致质物灭失的，因灭失所得的赔偿金，应当继续作为出质财产。

## 第五节　定金合同

### 一、定金合同的概念及特征

定金合同是合同当事人在订立主合同时，为了保证主合同的履行，签订的内容为约定一方当事人预先支付给对方一定数额的货币，待债务人履行合同后，定金应当收回或者抵作价款，如给付定金的一方不履行合同约定的义务，无权要求返还定金；收受定金的一方不履行约定的义务，应当双倍返还定金的一种担保合同。定金合同被广泛应用于多种合同，在买卖合同、货物运输合同、加工承揽合同、建设工程勘察设计合同等经济活动中，定金合同的运用有效地提高了合同的履行，促进了社会经济的发展。

定金合同具有以下特征：(1) 从属性。作为从合同的定金合同从属性质表现为定金合同的成立，以主合同之有效存在为前提，主合同无效，定金合同也无效，而定金合同无效，主合同并不因此无效。(2) 实践性。定金合同是实践合同，它是以定金的交付为合同的生效要件。(3) 要式性。根据《担保法》第 90 条的规定，定金合同应当以书面形式约定。

### 二、定金的种类

根据定金的作用，可将定金分为违约定金和证明定金。

(一) 违约定金

违约定金是指订立定金合同是为了合同的订立和履行，其又可分为订约定金和履约定金。

1. 订约(立约)定金

在合同已协商完成，只欠缺签字的情况下，订立定金合同，为双方在一定的期限内在合同上签字的义务作担保，若其后一方拒绝在合同上签字，应承受定金罚则。那种以双方毫无合同意向,仅凭一个抽象的合同标的就订立定金合同,并收取定金,之后抛出一个相对方闻所未闻的合同,要求相对方签字,当相对方拒绝时便没收定金的做法,是曲解定金合同。定金合同是需以主合同成立为其成立条件的,主合同尚处在"八字无一撇"的情况下,单凭一方抛出的合同文本,其性质只是要约而已,对方拒绝承诺是理所当然之事,其如何就因不签字而适用定金罚则,没收他方所交付的定金呢？此时,定金合同虽签,且定金虽已交付,但由于主合同未协商一致成立,因此,定金合同成立的前提不具备,定金合同也处在不成立阶段。所以,在这种情况下适用定金是对定金制度的滥用。

2. 履约定金

履约定金即主合同成立后,双方签订定金合同为合同的履行作担保,一方当事人如在合同约定的履行期限内不履行合同约定义务的,应承担定金罚则。交付定金一方不履行,定金没收;收取定金方不履行合同,应双倍返还定金。在适用履约定金时,由于主合同已处在履行之中,定金合同内容也是合同履行内容,出现违约现象,当事人是追究定金责任还是违约责任,根据《合同法》的规定,当事人只能选一适用,而不能同时并用。

(二) 证明定金

证明定金是指定金合同除了具担保功能外,还衍生出其他功能,即它的证明作用。具体可分为:

1. 成约定金

主合同中约定,主合同生效以定金交付为条件,此时,定金是否交付成为主合同是否生效的条件(定金是否交付,本身是定金合同生效的条件)。定金不交付,主合同不生效。

2. 解约定金

定金合同生效后,主合同在履行中,一方欲毁约,其在适用定金罚则后,主合同关系归于消灭。

### 三、定金合同的法律效力

定金合同的法律效力:(1) 定金合同生效后任何一方不得擅自变更或解除合同,除非双方协商一致并达成书面协议,否则定金合同自始有效。(2) 主合同履行后,所交付定金应当抵作价款或者由支付方收回。(3) 当事人不履行合同时须承受定金罚则,即交付定金一方违反合同所付定金不予返还,收受定金的一方违反合同应双倍返还定金。

## 四、预付款、违约金与定金的区别

1．预付款和定金的区别。首先，定金合同是要式合同，是一种从合同，而约定预付款是主合同给付义务的一部分。其次，定金主要在于担保主合同的履行，而预付款的给付构成债务的部分履行。最后，当主合同履行迟延或履行不能时，属于定金给付方违约时，无权要求返还定金，当定金收受方违约时，应双倍返还定金，此时，定金发挥着制裁违约方、补偿守约方的双重功能。在支付预付款的情况中，无论是给付方违约或者收受方违约导致解除合同的，收到预付款的一方均应将预付款退回。

2．违约金与定金的区别。违约金与定金的主要区别表现在以下几个方面：(1)违约金是对违约的一种补偿手段，主要是弥补或补偿因违约行为而给合同债权人所造成的损失；而定金是债的一种担保方式，目的是确保合同债务的履行与合同债权的实现。(2)违约金不具有证明合同存在和先行给付的性质；而定金则具有证明合同存在和先行给付的性质作用。(3)违约金是在发生违约行为后交付的；而定金是在履行合同前交付的。(4)违约金不具有惩罚性；而定金既是履行合同的担保形式，也是对不履行合同的制裁方式，定金具有惩罚性。

## 五、定金罚则及其例外

当事人可以约定一方向对方给付定金作为债权的担保。债务人履行债务后，定金应当抵作价款或者收回。给付定金的一方不履行约定的债务的，无权要求返还定金；收受定金的一方不履行约定的债务的，应当双倍返还定金。不适用定金罚则的情形主要有：

(1)因不可抗力致主合同不能履行的；

(2)因债权人的过错致使主合同不能履行的；

(3)部分履行的，依相应比例适用定金罚则。

# 附录

# 中华人民共和国合同法

1999年3月15日第九届全国人民代表大会第二次会议通过
1999年3月15日中华人民共和国主席令第十五号公布
自1999年10月1日起施行

## 总　则

### 第一章　一般规定

**第一条**　为了保护合同当事人的合法权益，维护社会经济秩序，促进社会主义现代化建设，制定本法。

**第二条**　本法所称合同是平等主体的自然人、法人、其他组织之间设立、变更、终止民事权利义务关系的协议。

婚姻、收养、监护等有关身份关系的协议，适用其他法律的规定。

**第三条**　合同当事人的法律地位平等，一方不得将自己的意志强加给另一方。

**第四条**　当事人依法享有自愿订立合同的权利，任何单位和个人不得非法干预。

**第五条**　当事人应当遵循公平原则确定各方的权利和义务。

**第六条**　当事人行使权利、履行义务应当遵循诚实信用原则。

**第七条**　当事人订立、履行合同，应当遵守法律、行政法规，尊重社会公德，不得扰乱社会经济秩序，损害社会公共利益。

**第八条**　依法成立的合同，对当事人具有法律约束力。当事人应当按照约定履行自己的义务，不得擅自变更或者解除合同。

依法成立的合同，受法律保护。

### 第二章　合同的订立

**第九条**　当事人订立合同，应当具有相应的民事权利能力和民事行为能力。

当事人依法可以委托代理人订立合同。

**第十条**　当事人订立合同，有书面形式、口头形式和其他形式。

法律、行政法规规定采用书面形式的，应当采用书面形式。当事人约定采用书面形式的，应当采用书面形式。

**第十一条**　书面形式是指合同书、信件和数据电文（包括电报、电传、传真、电子数据交换和电子邮件）等可以有形地表现所载内容的形式。

**第十二条**　合同的内容由当事人约定，一般包括以下条款：

（一）当事人的名称或者姓名和住所；

（二）标的；

（三）数量；

（四）质量；

（五）价款或者报酬；

（六）履行期限、地点和方式；

（七）违约责任；

（八）解决争议的方法。

当事人可以参照各类合同的示范文本订立合同。

**第十三条**　当事人订立合同，采取要约、承诺方式。

**第十四条**　要约是希望和他人订立合同的意思表示，该意思表示应当符合下列规定：

（一）内容具体确定；

（二）表明经受要约人承诺，要约人即受该意思表示约束。

**第十五条**　要约邀请是希望他人向自己发出要约的意思表示。寄送的价目表、拍卖公告、招标公告、招股说明书、商业广告等为要约邀请。

商业广告的内容符合要约规定的，视为要约。

**第十六条**　要约到达受要约人时生效。

采用数据电文形式订立合同，收件人指定特定系统接收数据电文的，该数据电文进入该特定系统的时间，视为到达时间；未指定特定系统的，该数据电文进入收件人的任何系统的首次时间，视为到达时间。

**第十七条**　要约可以撤回。撤回要约的通知应当在要约到达受要约人之前或者与要约同时到达受要约人。

**第十八条**　要约可以撤销。撤销要约的通知应当在受要约人发出承诺通知之前到达受要约人。

**第十九条**　有下列情形之一的，要约不得撤销：

（一）要约人确定了承诺期限或者以其他形式明示要约不可撤销；

（二）受要约人有理由认为要约是不可撤销的，并已经为履行合同作了准备工作。

**第二十条**　有下列情形之一的，要约失效：

（一）拒绝要约的通知到达要约人；

（二）要约人依法撤销要约；

（三）承诺期限届满，受要约人未作出承诺；

（四）受要约人对要约的内容作出实质性变更。

**第二十一条** 承诺是受要约人同意要约的意思表示。

**第二十二条** 承诺应当以通知的方式作出，但根据交易习惯或者要约表明可以通过行为作出承诺的除外。

**第二十三条** 承诺应当在要约确定的期限内到达要约人。

要约没有确定承诺期限的，承诺应当依照下列规定到达：

（一）要约以对话方式作出的，应当即时作出承诺，但当事人另有约定的除外；

（二）要约以非对话方式作出的，承诺应当在合理期限内到达。

**第二十四条** 要约以信件或者电报作出的，承诺期限自信件载明的日期或者电报交发之日开始计算。信件未载明日期的，自投寄该信件的邮戳日期开始计算。要约以电话、传真等快速通讯方式作出的，承诺期限自要约到达受要约人时开始计算。

**第二十五条** 承诺生效时合同成立。

**第二十六条** 承诺通知到达要约人时生效。承诺不需要通知的，根据交易习惯或者要约的要求作出承诺的行为时生效。

采用数据电文形式订立合同的，承诺到达的时间适用本法第十六条第二款的规定。

**第二十七条** 承诺可以撤回。撤回承诺的通知应当在承诺通知到达要约人之前或者与承诺通知同时到达要约人。

**第二十八条** 受要约人超过承诺期限发出承诺的，除要约人及时通知受要约人该承诺有效的以外，为新要约。

**第二十九条** 受要约人在承诺期限内发出承诺，按照通常情形能够及时到达要约人，但因其他原因承诺到达要约人时超过承诺期限的，除要约人及时通知受要约人因承诺超过期限不接受该承诺的以外，该承诺有效。

**第三十条** 承诺的内容应当与要约的内容一致。受要约人对要约的内容作出实质性变更的，为新要约。有关合同标的、数量、质量、价款或者报酬、履行期限、履行地点和方式、违约责任和解决争议方法等的变更，是对要约内容的实质性变更。

**第三十一条** 承诺对要约的内容作出非实质性变更的，除要约人及时表示反对或者要约表明承诺不得对要约的内容作出任何变更的以外，该承诺有效，合同的内容以承诺的内容为准。

**第三十二条**　当事人采用合同书形式订立合同的，自双方当事人签字或者盖章时合同成立。

**第三十三条**　当事人采用信件、数据电文等形式订立合同的，可以在合同成立之前要求签订确认书。签订确认书时合同成立。

**第三十四条**　承诺生效的地点为合同成立的地点。

采用数据电文形式订立合同的，收件人的主营业地为合同成立的地点；没有主营业地的，其经常居住地为合同成立的地点。当事人另有约定的，按照其约定。

**第三十五条**　当事人采用合同书形式订立合同的，双方当事人签字或者盖章的地点为合同成立的地点。

**第三十六条**　法律、行政法规规定或者当事人约定采用书面形式订立合同，当事人未采用书面形式但一方已经履行主要义务，对方接受的，该合同成立。

**第三十七条**　采用合同书形式订立合同，在签字或者盖章之前，当事人一方已经履行主要义务，对方接受的，该合同成立。

**第三十八条**　国家根据需要下达指令性任务或者国家订货任务的，有关法人、其他组织之间应当依照有关法律、行政法规规定的权利和义务订立合同。

**第三十九条**　采用格式条款订立合同的，提供格式条款的一方应当遵循公平原则确定当事人之间的权利和义务，并采取合理的方式提请对方注意免除或者限制其责任的条款，按照对方的要求，对该条款予以说明。

格式条款是当事人为了重复使用而预先拟定，并在订立合同时未与对方协商的条款。

**第四十条**　格式条款具有本法第五十二条和第五十三条规定情形的，或者提供格式条款一方免除其责任、加重对方责任、排除对方主要权利的，该条款无效。

**第四十一条**　对格式条款的理解发生争议的，应当按照通常理解予以解释。对格式条款有两种以上解释的，应当作出不利于提供格式条款一方的解释。格式条款和非格式条款不一致的，应当采用非格式条款。

**第四十二条**　当事人在订立合同过程中有下列情形之一，给对方造成损失的，应当承担损害赔偿责任：

（一）假借订立合同，恶意进行磋商；

（二）故意隐瞒与订立合同有关的重要事实或者提供虚假情况；

（三）有其他违背诚实信用原则的行为。

**第四十三条**　当事人在订立合同过程中知悉的商业秘密，无论合同是否成立，不得泄露或者不正当地使用。泄露或者不正当地使用该商业秘密给对方造成损失的，应当承担损害赔偿责任。

## 第三章 合同的效力

**第四十四条** 依法成立的合同,自成立时生效。

法律、行政法规规定应当办理批准、登记等手续生效的,依照其规定。

**第四十五条** 当事人对合同的效力可以约定附条件。附生效条件的合同,自条件成就时生效。附解除条件的合同,自条件成就时失效。

当事人为自己的利益不正当地阻止条件成就的,视为条件已成就;不正当地促成条件成就的,视为条件不成就。

**第四十六条** 当事人对合同的效力可以约定附期限。附生效期限的合同,自期限届至时生效。附终止期限的合同,自期限届满时失效。

**第四十七条** 限制民事行为能力人订立的合同,经法定代理人追认后,该合同有效,但纯获利益的合同或者与其年龄、智力、精神健康状况相适应而订立的合同,不必经法定代理人追认。

相对人可以催告法定代理人在一个月内予以追认。法定代理人未作表示的,视为拒绝追认。合同被追认之前,善意相对人有撤销的权利。撤销应当以通知的方式作出。

**第四十八条** 行为人没有代理权、超越代理权或者代理权终止后以被代理人名义订立的合同,未经被代理人追认,对被代理人不发生效力,由行为人承担责任。

相对人可以催告被代理人在一个月内予以追认。被代理人未作表示的,视为拒绝追认。合同被追认之前,善意相对人有撤销的权利。撤销应当以通知的方式作出。

**第四十九条** 行为人没有代理权、超越代理权或者代理权终止后以被代理人名义订立合同,相对人有理由相信行为人有代理权的,该代理行为有效。

**第五十条** 法人或者其他组织的法定代表人、负责人超越权限订立的合同,除相对人知道或者应当知道其超越权限的以外,该代表行为有效。

**第五十一条** 无处分权的人处分他人财产,经权利人追认或者无处分权的人订立合同后取得处分权的,该合同有效。

**第五十二条** 有下列情形之一的,合同无效:

(一)一方以欺诈、胁迫的手段订立合同,损害国家利益;

(二)恶意串通,损害国家、集体或者第三人利益;

(三)以合法形式掩盖非法目的;

(四)损害社会公共利益;

(五)违反法律、行政法规的强制性规定。

**第五十三条** 合同中的下列免责条款无效:

（一）造成对方人身伤害的；

（二）因故意或者重大过失造成对方财产损失的。

**第五十四条**　下列合同，当事人一方有权请求人民法院或者仲裁机构变更或者撤销：

（一）因重大误解订立的；

（二）在订立合同时显失公平的。

一方以欺诈、胁迫的手段或者乘人之危，使对方在违背真实意思的情况下订立的合同，受损害方有权请求人民法院或者仲裁机构变更或者撤销。

当事人请求变更的，人民法院或者仲裁机构不得撤销。

**第五十五条**　有下列情形之一的，撤销权消灭：

（一）具有撤销权的当事人自知道或者应当知道撤销事由之日起一年内没有行使撤销权；

（二）具有撤销权的当事人知道撤销事由后明确表示或者以自己的行为放弃撤销权。

**第五十六条**　无效的合同或者被撤销的合同自始没有法律约束力。合同部分无效，不影响其他部分效力的，其他部分仍然有效。

**第五十七条**　合同无效、被撤销或者终止的，不影响合同中独立存在的有关解决争议方法的条款的效力。

**第五十八条**　合同无效或者被撤销后，因该合同取得的财产，应当予以返还；不能返还或者没有必要返还的，应当折价补偿。有过错的一方应当赔偿对方因此所受到的损失，双方都有过错的，应当各自承担相应的责任。

**第五十九条**　当事人恶意串通，损害国家、集体或者第三人利益的，因此取得的财产收归国家所有或者返还集体、第三人。

## 第四章　合同的履行

**第六十条**　当事人应当按照约定全面履行自己的义务。

当事人应当遵循诚实信用原则，根据合同的性质、目的和交易习惯履行通知、协助、保密等义务。

**第六十一条**　合同生效后，当事人就质量、价款或者报酬、履行地点等内容没有约定或者约定不明确的，可以协议补充；不能达成补充协议的，按照合同有关条款或者交易习惯确定。

**第六十二条**　当事人就有关合同内容约定不明确，依照本法第六十一条的规定仍不能确定的，适用下列规定：

（一）质量要求不明确的，按照国家标准、行业标准履行；没有国家标准、行业标准的，按照通常标准或者符合合同目的的特定标准履行。

（二）价款或者报酬不明确的，按照订立合同时履行地的市场价格履行；依法应当执行政府定价或者政府指导价的，按照规定履行。

（三）履行地点不明确，给付货币的，在接受货币一方所在地履行；交付不动产的，在不动产所在地履行；其他标的，在履行义务一方所在地履行。

（四）履行期限不明确的，债务人可以随时履行，债权人也可以随时要求履行，但应当给对方必要的准备时间。

（五）履行方式不明确的，按照有利于实现合同目的的方式履行。

（六）履行费用的负担不明确的，由履行义务一方负担。

**第六十三条** 执行政府定价或者政府指导价的，在合同约定的交付期限内政府价格调整时，按照交付时的价格计价。逾期交付标的物的，遇价格上涨时，按照原价格执行；价格下降时，按照新价格执行。逾期提取标的物或者逾期付款的，遇价格上涨时，按照新价格执行；价格下降时，按照原价格执行。

**第六十四条** 当事人约定由债务人向第三人履行债务的，债务人未向第三人履行债务或者履行债务不符合约定，应当向债权人承担违约责任。

**第六十五条** 当事人约定由第三人向债权人履行债务的，第三人不履行债务或者履行债务不符合约定，债务人应当向债权人承担违约责任。

**第六十六条** 当事人互负债务，没有先后履行顺序的，应当同时履行。一方在对方履行之前有权拒绝其履行要求。一方在对方履行债务不符合约定时，有权拒绝其相应的履行要求。

**第六十七条** 当事人互负债务，有先后履行顺序，先履行一方未履行的，后履行一方有权拒绝其履行要求。先履行一方履行债务不符合约定的，后履行一方有权拒绝其相应的履行要求。

**第六十八条** 应当先履行债务的当事人，有确切证据证明对方有下列情形之一的，可以中止履行：

（一）经营状况严重恶化；

（二）转移财产、抽逃资金，以逃避债务；

（三）丧失商业信誉；

（四）有丧失或者可能丧失履行债务能力的其他情形。

当事人没有确切证据中止履行的，应当承担违约责任。

**第六十九条** 当事人依照本法第六十八条的规定中止履行的，应当及时通知对方。对方提供适当担保时，应当恢复履行。中止履行后，对方在合理期限内未恢复履行能力并且未提供适当担保的，中止履行的一方可以解除合同。

**第七十条** 债权人分立、合并或者变更住所没有通知债务人，致使履行债务发生困难的，债务人可以中止履行或者将标的物提存。

**第七十一条** 债权人可以拒绝债务人提前履行债务，但提前履行不损害债权人利益的除外。

债务人提前履行债务给债权人增加的费用,由债务人负担。

**第七十二条**　债权人可以拒绝债务人部分履行债务,但部分履行不损害债权人利益的除外。

债务人部分履行债务给债权人增加的费用,由债务人负担。

**第七十三条**　因债务人怠于行使其到期债权,对债权人造成损害的,债权人可以向人民法院请求以自己的名义代位行使债务人的债权,但该债权专属于债务人自身的除外。

代位权的行使范围以债权人的债权为限。债权人行使代位权的必要费用,由债务人负担。

**第七十四条**　因债务人放弃其到期债权或者无偿转让财产,对债权人造成损害的,债权人可以请求人民法院撤销债务人的行为。债务人以明显不合理的低价转让财产,对债权人造成损害,并且受让人知道该情形的,债权人也可以请求人民法院撤销债务人的行为。

撤销权的行使范围以债权人的债权为限。债权人行使撤销权的必要费用,由债务人负担。

**第七十五条**　撤销权自债权人知道或者应当知道撤销事由之日起一年内行使。自债务人的行为发生之日起五年内没有行使撤销权的,该撤销权消灭。

**第七十六条**　合同生效后,当事人不得因姓名、名称的变更或者法定代表人、负责人、承办人的变动而不履行合同义务。

## 第五章　合同的变更和转让

**第七十七条**　当事人协商一致,可以变更合同。

法律、行政法规规定变更合同应当办理批准、登记等手续的,依照其规定。

**第七十八条**　当事人对合同变更的内容约定不明确的,推定为未变更。

**第七十九条**　债权人可以将合同的权利全部或者部分转让给第三人,但有下列情形之一的除外:

(一)根据合同性质不得转让;

(二)按照当事人约定不得转让;

(三)依照法律规定不得转让。

**第八十条**　债权人转让权利的,应当通知债务人。未经通知,该转让对债务人不发生效力。

债权人转让权利的通知不得撤销,但经受让人同意的除外。

**第八十一条**　债权人转让权利的,受让人取得与债权有关的从权利,但该从权利专属于债权人自身的除外。

**第八十二条** 债务人接到债权转让通知后，债务人对让与人的抗辩，可以向受让人主张。

**第八十三条** 债务人接到债权转让通知时，债务人对让与人享有债权，并且债务人的债权先于转让的债权到期或者同时到期的，债务人可以向受让人主张抵销。

**第八十四条** 债务人将合同的义务全部或者部分转移给第三人的，应当经债权人同意。

**第八十五条** 债务人转移义务的，新债务人可以主张原债务人对债权人的抗辩。

**第八十六条** 债务人转移义务的，新债务人应当承担与主债务有关的从债务，但该从债务专属于原债务人自身的除外。

**第八十七条** 法律、行政法规规定转让权利或者转移义务应当办理批准、登记等手续的，依照其规定。

**第八十八条** 当事人一方经对方同意，可以将自己在合同中的权利和义务一并转让给第三人。

**第八十九条** 权利和义务一并转让的，适用本法第七十九条、第八十一条至第八十三条、第八十五条至第八十七条的规定。

**第九十条** 当事人订立合同后合并的，由合并后的法人或者其他组织行使合同权利，履行合同义务。当事人订立合同后分立的，除债权人和债务人另有约定的以外，由分立的法人或者其他组织对合同的权利和义务享有连带债权，承担连带债务。

## 第六章　合同的权利义务终止

**第九十一条** 有下列情形之一的，合同的权利义务终止：

（一）债务已经按照约定履行；

（二）合同解除；

（三）债务相互抵销；

（四）债务人依法将标的物提存；

（五）债权人免除债务；

（六）债权债务同归于一人；

（七）法律规定或者当事人约定终止的其他情形。

**第九十二条** 合同的权利义务终止后，当事人应当遵循诚实信用原则，根据交易习惯履行通知、协助、保密等义务。

**第九十三条** 当事人协商一致，可以解除合同。

当事人可以约定一方解除合同的条件。解除合同的条件成就时，解除权人可以解除合同。

**第九十四条**　有下列情形之一的,当事人可以解除合同:

(一)因不可抗力致使不能实现合同目的;

(二)在履行期限届满之前,当事人一方明确表示或者以自己的行为表明不履行主要债务;

(三)当事人一方迟延履行主要债务,经催告后在合理期限内仍未履行;

(四)当事人一方迟延履行债务或者有其他违约行为致使不能实现合同目的;

(五)法律规定的其他情形。

**第九十五条**　法律规定或者当事人约定解除权行使期限,期限届满当事人不行使的,该权利消灭。

法律没有规定或者当事人没有约定解除权行使期限,经对方催告后在合理期限内不行使的,该权利消灭。

**第九十六条**　当事人一方依照本法第九十三条第二款、第九十四条的规定主张解除合同的,应当通知对方。合同自通知到达对方时解除。对方有异议的,可以请求人民法院或者仲裁机构确认解除合同的效力。

法律、行政法规规定解除合同应当办理批准、登记等手续的,依照其规定。

**第九十七条**　合同解除后,尚未履行的,终止履行;已经履行的,根据履行情况和合同性质,当事人可以要求恢复原状、采取其他补救措施,并有权要求赔偿损失。

**第九十八条**　合同的权利义务终止,不影响合同中结算和清理条款的效力。

**第九十九条**　当事人互负到期债务,该债务的标的物种类、品质相同的,任何一方可以将自己的债务与对方的债务抵销,但依照法律规定或者按照合同性质不得抵销的除外。

当事人主张抵销的,应当通知对方。通知自到达对方时生效。抵销不得附条件或者附期限。

**第一百条**　当事人互负债务,标的物种类、品质不相同的,经双方协商一致,也可以抵销。

**第一百零一条**　有下列情形之一,难以履行债务的,债务人可以将标的物提存:

(一)债权人无正当理由拒绝受领;

(二)债权人下落不明;

(三)债权人死亡未确定继承人或者丧失民事行为能力未确定监护人;

(四)法律规定的其他情形。

标的物不适于提存或者提存费用过高的,债务人依法可以拍卖或者变卖标的物，提存所得的价款。

**第一百零二条** 标的物提存后，除债权人下落不明的以外，债务人应当及时通知债权人或者债权人的继承人、监护人。

**第一百零三条** 标的物提存后，毁损、灭失的风险由债权人承担。提存期间，标的物的孳息归债权人所有。提存费用由债权人负担。

**第一百零四条** 债权人可以随时领取提存物，但债权人对债务人负有到期债务的，在债权人未履行债务或者提供担保之前，提存部门根据债务人的要求应当拒绝其领取提存物。

债权人领取提存物的权利，自提存之日起五年内不行使而消灭，提存物扣除提存费用后归国家所有。

**第一百零五条** 债权人免除债务人部分或者全部债务的，合同的权利义务部分或者全部终止。

**第一百零六条** 债权和债务同归于一人的，合同的权利义务终止，但涉及第三人利益的除外。

## 第七章 违约责任

**第一百零七条** 当事人一方不履行合同义务或者履行合同义务不符合约定的，应当承担继续履行、采取补救措施或者赔偿损失等违约责任。

**第一百零八条** 当事人一方明确表示或者以自己的行为表明不履行合同义务的，对方可以在履行期限届满之前要求其承担违约责任。

**第一百零九条** 当事人一方未支付价款或者报酬的，对方可以要求其支付价款或者报酬。

**第一百一十条** 当事人一方不履行非金钱债务或者履行非金钱债务不符合约定的，对方可以要求履行，但有下列情形之一的除外：

（一）法律上或者事实上不能履行；

（二）债务的标的不适于强制履行或者履行费用过高；

（三）债权人在合理期限内未要求履行。

**第一百一十一条** 质量不符合约定的，应当按照当事人的约定承担违约责任。对违约责任没有约定或者约定不明确，依照本法第六十一条的规定仍不能确定的，受损害方根据标的的性质以及损失的大小，可以合理选择要求对方承担修理、更换、重作、退货、减少价款或者报酬等违约责任。

**第一百一十二条** 当事人一方不履行合同义务或者履行合同义务不符合约定的，在履行义务或者采取补救措施后，对方还有其他损失的，应当赔偿损失。

**第一百一十三条** 当事人一方不履行合同义务或者履行合同义务不符合约定，给对方造成损失的，损失赔偿额应当相当于因违约所造成的损失，包括合同履行后可以获得的利益，但不得超过违反合同一方订立合同时预见到或者应当预见到的因违反合同可能造成的损失。

经营者对消费者提供商品或者服务有欺诈行为的，依照《中华人民共和国消费者权益保护法》的规定承担损害赔偿责任。

**第一百一十四条**　当事人可以约定一方违约时应当根据违约情况向对方支付一定数额的违约金，也可以约定因违约产生的损失赔偿额的计算方法。

约定的违约金低于造成的损失的，当事人可以请求人民法院或者仲裁机构予以增加；约定的违约金过分高于造成的损失的，当事人可以请求人民法院或者仲裁机构予以适当减少。

当事人就迟延履行约定违约金的，违约方支付违约金后，还应当履行债务。

**第一百一十五条**　当事人可以依照《中华人民共和国担保法》约定一方向对方给付定金作为债权的担保。债务人履行债务后，定金应当抵作价款或者收回。给付定金的一方不履行约定的债务的，无权要求返还定金；收受定金的一方不履行约定的债务的，应当双倍返还定金。

**第一百一十六条**　当事人既约定违约金，又约定定金的，一方违约时，对方可以选择适用违约金或者定金条款。

**第一百一十七条**　因不可抗力不能履行合同的，根据不可抗力的影响，部分或者全部免除责任，但法律另有规定的除外。当事人迟延履行后发生不可抗力的，不能免除责任。

本法所称不可抗力，是指不能预见、不能避免并不能克服的客观情况。

**第一百一十八条**　当事人一方因不可抗力不能履行合同的，应当及时通知对方，以减轻可能给对方造成的损失，并应当在合理期限内提供证明。

**第一百一十九条**　当事人一方违约后，对方应当采取适当措施防止损失的扩大；没有采取适当措施致使损失扩大的，不得就扩大的损失要求赔偿。

当事人因防止损失扩大而支出的合理费用，由违约方承担。

**第一百二十条**　当事人双方都违反合同的，应当各自承担相应的责任。

**第一百二十一条**　当事人一方因第三人的原因造成违约的，应当向对方承担违约责任。当事人一方和第三人之间的纠纷，依照法律规定或者按照约定解决。

**第一百二十二条**　因当事人一方的违约行为，侵害对方人身、财产权益的，受损害方有权选择依照本法要求其承担违约责任或者依照其他法律要求其承担侵权责任。

## 第八章　其他规定

**第一百二十三条**　其他法律对合同另有规定的，依照其规定。

**第一百二十四条** 本法分则或者其他法律没有明文规定的合同,适用本法总则的规定,并可以参照本法分则或者其他法律最相类似的规定。

**第一百二十五条** 当事人对合同条款的理解有争议的,应当按照合同所使用的词句、合同的有关条款、合同的目的、交易习惯以及诚实信用原则,确定该条款的真实意思。

合同文本采用两种以上文字订立并约定具有同等效力的,对各文本使用的词句推定具有相同含义。各文本使用的词句不一致的,应当根据合同的目的予以解释。

**第一百二十六条** 涉外合同的当事人可以选择处理合同争议所适用的法律,但法律另有规定的除外。涉外合同的当事人没有选择的,适用与合同有最密切联系的国家的法律。

在中华人民共和国境内履行的中外合资经营企业合同、中外合作经营企业合同、中外合作勘探开发自然资源合同,适用中华人民共和国法律。

**第一百二十七条** 工商行政管理部门和其他有关行政主管部门在各自的职权范围内,依照法律、行政法规的规定,对利用合同危害国家利益、社会公共利益的违法行为,负责监督处理;构成犯罪的,依法追究刑事责任。

**第一百二十八条** 当事人可以通过和解或者调解解决合同争议。

当事人不愿和解、调解或者和解、调解不成的,可以根据仲裁协议向仲裁机构申请仲裁。涉外合同的当事人可以根据仲裁协议向中国仲裁机构或者其他仲裁机构申请仲裁。当事人没有订立仲裁协议或者仲裁协议无效的,可以向人民法院起诉。当事人应当履行发生法律效力的判决、仲裁裁决、调解书;拒不履行的,对方可以请求人民法院执行。

**第一百二十九条** 因国际货物买卖合同和技术进出口合同争议提起诉讼或者申请仲裁的期限为四年,自当事人知道或者应当知道其权利受到侵害之日起计算。因其他合同争议提起诉讼或者申请仲裁的期限,依照有关法律的规定。

# 分　　则

## 第九章　买卖合同

**第一百三十条** 买卖合同是出卖人转移标的物的所有权于买受人,买受人支付价款的合同。

**第一百三十一条** 买卖合同的内容除依照本法第十二条的规定以外,还可以包括包装方式、检验标准和方法、结算方式、合同使用的文字及其效力等条款。

**第一百三十二条** 出卖的标的物,应当属于出卖人所有或者出卖人有权处分。

法律、行政法规禁止或者限制转让的标的物,依照其规定。

**第一百三十三条**　标的物的所有权自标的物交付时起转移,但法律另有规定或者当事人另有约定的除外。

**第一百三十四条**　当事人可以在买卖合同中约定买受人未履行支付价款或者其他义务的,标的物的所有权属于出卖人。

**第一百三十五条**　出卖人应当履行向买受人交付标的物或者交付提取标的物的单证,并转移标的物所有权的义务。

**第一百三十六条**　出卖人应当按照约定或者交易习惯向买受人交付提取标的物单证以外的有关单证和资料。

**第一百三十七条**　出卖具有知识产权的计算机软件等标的物的,除法律另有规定或者当事人另有约定的以外,该标的物的知识产权不属于买受人。

**第一百三十八条**　出卖人应当按照约定的期限交付标的物。约定交付期间的,出卖人可以在该交付期间内的任何时间交付。

**第一百三十九条**　当事人没有约定标的物的交付期限或者约定不明确的,适用本法第六十一条、第六十二条第四项的规定。

**第一百四十条**　标的物在订立合同之前已为买受人占有的,合同生效的时间为交付时间。

**第一百四十一条**　出卖人应当按照约定的地点交付标的物。

当事人没有约定交付地点或者约定不明确,依照本法第六十一条的规定仍不能确定的,适用下列规定:

(一)标的物需要运输的,出卖人应当将标的物交付给第一承运人以运交给买受人;

(二)标的物不需要运输,出卖人和买受人订立合同时知道标的物在某一地点的,出卖人应当在该地点交付标的物;不知道标的物在某一地点的,应当在出卖人订立合同时的营业地交付标的物。

**第一百四十二条**　标的物毁损、灭失的风险,在标的物交付之前由出卖人承担,交付之后由买受人承担,但法律另有规定或者当事人另有约定的除外。

**第一百四十三条**　因买受人的原因致使标的物不能按照约定的期限交付的,买受人应当自违反约定之日起承担标的物毁损、灭失的风险。

**第一百四十四条**　出卖人出卖交由承运人运输的在途标的物,除当事人另有约定的以外,毁损、灭失的风险自合同成立时起由买受人承担。

**第一百四十五条**　当事人没有约定交付地点或者约定不明确,依照本法第一百四十一条第二款第一项的规定标的物需要运输的,出卖人将标的物交付给第一承运人后,标的物毁损、灭失的风险由买受人承担。

**第一百四十六条** 出卖人按照约定或者依照本法第一百四十一条第二款第二项的规定将标的物置于交付地点，买受人违反约定没有收取的，标的物毁损、灭失的风险自违反约定之日起由买受人承担。

**第一百四十七条** 出卖人按照约定未交付有关标的物的单证和资料的，不影响标的物毁损、灭失风险的转移。

**第一百四十八条** 因标的物质量不符合质量要求，致使不能实现合同目的的，买受人可以拒绝接受标的物或者解除合同。买受人拒绝接受标的物或者解除合同的，标的物毁损、灭失的风险由出卖人承担。

**第一百四十九条** 标的物毁损、灭失的风险由买受人承担的，不影响因出卖人履行债务不符合约定，买受人要求其承担违约责任的权利。

**第一百五十条** 出卖人就交付的标的物，负有保证第三人不得向买受人主张任何权利的义务，但法律另有规定的除外。

**第一百五十一条** 买受人订立合同时知道或者应当知道第三人对买卖的标的物享有权利的，出卖人不承担本法第一百五十条规定的义务。

**第一百五十二条** 买受人有确切证据证明第三人可能就标的物主张权利的，可以中止支付相应的价款，但出卖人提供适当担保的除外。

**第一百五十三条** 出卖人应当按照约定的质量要求交付标的物。出卖人提供有关标的物质量说明的，交付的标的物应当符合该说明的质量要求。

**第一百五十四条** 当事人对标的物的质量要求没有约定或者约定不明确，依照本法第六十一条的规定仍不能确定的，适用本法第六十二条第一项的规定。

**第一百五十五条** 出卖人交付的标的物不符合质量要求的，买受人可以依照本法第一百一十一条的规定要求承担违约责任。

**第一百五十六条** 出卖人应当按照约定的包装方式交付标的物。对包装方式没有约定或者约定不明确，依照本法第六十一条的规定仍不能确定的，应当按照通用的方式包装，没有通用方式的，应当采取足以保护标的物的包装方式。

**第一百五十七条** 买受人收到标的物时应当在约定的检验期间内检验。没有约定检验期间的，应当及时检验。

**第一百五十八条** 当事人约定检验期间的，买受人应当在检验期间内将标的物的数量或者质量不符合约定的情形通知出卖人。买受人怠于通知的，视为标的物的数量或者质量符合约定。

当事人没有约定检验期间的，买受人应当在发现或者应当发现标的物的数量或者质量不符合约定的合理期间内通知出卖人。买受人在合理期间内未通知或者自标的物收到之日起两年内未通知出卖人的，视为标的物的数量或者质量符合约定，但对标的物有质量保证期的，适用质量保证期，不适用该两年的规定。

出卖人知道或者应当知道提供的标的物不符合约定的，买受人不受前两款规定的通知时间的限制。

**第一百五十九条**　买受人应当按照约定的数额支付价款。对价款没有约定或者约定不明确的,适用本法第六十一条、第六十二条第二项的规定。

**第一百六十条**　买受人应当按照约定的地点支付价款。对支付地点没有约定或者约定不明确,依照本法第六十一条的规定仍不能确定的,买受人应当在出卖人的营业地支付,但约定支付价款以交付标的物或者交付提取标的物单证为条件的,在交付标的物或者交付提取标的物单证的所在地支付。

**第一百六十一条**　买受人应当按照约定的时间支付价款。对支付时间没有约定或者约定不明确,依照本法第六十一条的规定仍不能确定的,买受人应当在收到标的物或者提取标的物单证的同时支付。

**第一百六十二条**　出卖人多交标的物的,买受人可以接收或者拒绝接收多交的部分。买受人接收多交部分的,按照合同的价格支付价款;买受人拒绝接收多交部分的,应当及时通知出卖人。

**第一百六十三条**　标的物在交付之前产生的孳息,归出卖人所有,交付之后产生的孳息,归买受人所有。

**第一百六十四条**　因标的物的主物不符合约定而解除合同的,解除合同的效力及于从物。因标的物的从物不符合约定被解除的,解除的效力不及于主物。

**第一百六十五条**　标的物为数物,其中一物不符合约定的,买受人可以就该物解除,但该物与他物分离使标的物的价值显受损害的,当事人可以就数物解除合同。

**第一百六十六条**　出卖人分批交付标的物的,出卖人对其中一批标的物不交付或者交付不符合约定,致使该批标的物不能实现合同目的的,买受人可以就该批标的物解除。

出卖人不交付其中一批标的物或者交付不符合约定,致使今后其他各批标的物的交付不能实现合同目的的,买受人可以就该批以及今后其他各批标的物解除。

买受人如果就其中一批标的物解除,该批标的物与其他各批标的物相互依存的,可以就已经交付和未交付的各批标的物解除。

**第一百六十七条**　分期付款的买受人未支付到期价款的金额达到全部价款的五分之一的,出卖人可以要求买受人支付全部价款或者解除合同。

出卖人解除合同的,可以向买受人要求支付该标的物的使用费。

**第一百六十八条**　凭样品买卖的当事人应当封存样品,并可以对样品质量予以说明。出卖人交付的标的物应当与样品及其说明的质量相同。

**第一百六十九条**　凭样品买卖的买受人不知道样品有隐蔽瑕疵的,即使交付的标的物与样品相同,出卖人交付的标的物的质量仍然应当符合同种物的通常标准。

**第一百七十条** 试用买卖的当事人可以约定标的物的试用期间。对试用期间没有约定或者约定不明确,依照本法第六十一条的规定仍不能确定的,由出卖人确定。

**第一百七十一条** 试用买卖的买受人在试用期内可以购买标的物,也可以拒绝购买。试用期间届满,买受人对是否购买标的物未作表示的,视为购买。

**第一百七十二条** 招标投标买卖的当事人的权利和义务以及招标投标程序等,依照有关法律、行政法规的规定。

**第一百七十三条** 拍卖的当事人的权利和义务以及拍卖程序等,依照有关法律、行政法规的规定。

**第一百七十四条** 法律对其他有偿合同有规定的,依照其规定;没有规定的,参照买卖合同的有关规定。

**第一百七十五条** 当事人约定易货交易,转移标的物的所有权的,参照买卖合同的有关规定。

## 第十章 供用电、水、气、热力合同

**第一百七十六条** 供用电合同是供电人向用电人供电,用电人支付电费的合同。

**第一百七十七条** 供用电合同的内容包括供电的方式、质量、时间,用电容量、地址、性质,计量方式,电价、电费的结算方式,供用电设施的维护责任等条款。

**第一百七十八条** 供用电合同的履行地点,按照当事人约定;当事人没有约定或者约定不明确的,供电设施的产权分界处为履行地点。

**第一百七十九条** 供电人应当按照国家规定的供电质量标准和约定安全供电。供电人未按照国家规定的供电质量标准和约定安全供电,造成用电人损失的,应当承担损害赔偿责任。

**第一百八十条** 供电人因供电设施计划检修、临时检修、依法限电或者用电人违法用电等原因,需要中断供电时,应当按照国家有关规定事先通知用电人。未事先通知用电人中断供电,造成用电人损失的,应当承担损害赔偿责任。

**第一百八十一条** 因自然灾害等原因断电,供电人应当按照国家有关规定及时抢修。未及时抢修,造成用电人损失的,应当承担损害赔偿责任。

**第一百八十二条** 用电人应当按照国家有关规定和当事人的约定及时交付电费。用电人逾期不交付电费的,应当按照约定支付违约金。经催告用电人在合理期限内仍不交付电费和违约金的,供电人可以按照国家规定的程序中止供电。

**第一百八十三条**　用电人应当按照国家有关规定和当事人的约定安全用电。用电人未按照国家有关规定和当事人的约定安全用电,造成供电人损失的,应当承担损害赔偿责任。

**第一百八十四条**　供用水、供用气、供用热力合同,参照供用电合同的有关规定。

## 第十一章　赠与合同

**第一百八十五条**　赠与合同是赠与人将自己的财产无偿给予受赠人,受赠人表示接受赠与的合同。

**第一百八十六条**　赠与人在赠与财产的权利转移之前可以撤销赠与。

具有救灾、扶贫等社会公益、道德义务性质的赠与合同或者经过公证的赠与合同,不适用前款规定。

**第一百八十七条**　赠与的财产依法需要办理登记等手续的,应当办理有关手续。

**第一百八十八条**　具有救灾、扶贫等社会公益、道德义务性质的赠与合同或者经过公证的赠与合同,赠与人不交付赠与的财产的,受赠人可以要求交付。

**第一百八十九条**　因赠与人故意或者重大过失致使赠与的财产毁损、灭失的,赠与人应当承担损害赔偿责任。

**第一百九十条**　赠与可以附义务。

赠与附义务的,受赠人应当按照约定履行义务。

**第一百九十一条**　赠与的财产有瑕疵的,赠与人不承担责任。附义务的赠与,赠与的财产有瑕疵的,赠与人在附义务的限度内承担与出卖人相同的责任。

赠与人故意不告知瑕疵或者保证无瑕疵,造成受赠人损失的,应当承担损害赔偿责任。

**第一百九十二条**　受赠人有下列情形之一的,赠与人可以撤销赠与:

(一)严重侵害赠与人或者赠与人的近亲属;

(二)对赠与人有扶养义务而不履行;

(三)不履行赠与合同约定的义务。

赠与人的撤销权,自知道或者应当知道撤销原因之日起一年内行使。

**第一百九十三条**　因受赠人的违法行为致使赠与人死亡或者丧失民事行为能力的,赠与人的继承人或者法定代理人可以撤销赠与。

赠与人的继承人或者法定代理人的撤销权,自知道或者应当知道撤销原因之日起六个月内行使。

**第一百九十四条**　撤销权人撤销赠与的,可以向受赠人要求返还赠与的财产。

**第一百九十五条** 赠与人的经济状况显著恶化，严重影响其生产经营或者家庭生活的，可以不再履行赠与义务。

## 第十二章 借款合同

**第一百九十六条** 借款合同是借款人向贷款人借款，到期返还借款并支付利息的合同。

**第一百九十七条** 借款合同采用书面形式，但自然人之间借款另有约定的除外。

借款合同的内容包括借款种类、币种、用途、数额、利率、期限和还款方式等条款。

**第一百九十八条** 订立借款合同，贷款人可以要求借款人提供担保。担保依照《中华人民共和国担保法》的规定。

**第一百九十九条** 订立借款合同，借款人应当按照贷款人的要求提供与借款有关的业务活动和财务状况的真实情况。

**第二百条** 借款的利息不得预先在本金中扣除。利息预先在本金中扣除的，应当按照实际借款数额返还借款并计算利息。

**第二百零一条** 贷款人未按照约定的日期、数额提供借款，造成借款人损失的，应当赔偿损失。

借款人未按照约定的日期、数额收取借款的，应当按照约定的日期、数额支付利息。

**第二百零二条** 贷款人按照约定可以检查、监督借款的使用情况。借款人应当按照约定向贷款人定期提供有关财务会计报表等资料。

**第二百零三条** 借款人未按照约定的借款用途使用借款的，贷款人可以停止发放借款、提前收回借款或者解除合同。

**第二百零四条** 办理贷款业务的金融机构贷款的利率，应当按照中国人民银行规定的贷款利率的上下限确定。

**第二百零五条** 借款人应当按照约定的期限支付利息。对支付利息的期限没有约定或者约定不明确，依照本法第六十一条的规定仍不能确定，借款期间不满一年的，应当在返还借款时一并支付；借款期间一年以上的，应当在每届满一年时支付，剩余期间不满一年的，应当在返还借款时一并支付。

**第二百零六条** 借款人应当按照约定的期限返还借款。对借款期限没有约定或者约定不明确，依照本法第六十一条的规定仍不能确定的，借款人可以随时返还；贷款人可以催告借款人在合理期限内返还。

**第二百零七条** 借款人未按照约定的期限返还借款的，应当按照约定或者国家有关规定支付逾期利息。

**第二百零八条**　借款人提前偿还借款的，除当事人另有约定的以外，应当按照实际借款的期间计算利息。

**第二百零九条**　借款人可以在还款期限届满之前向贷款人申请展期。贷款人同意的，可以展期。

**第二百一十条**　自然人之间的借款合同，自贷款人提供借款时生效。

**第二百一十一条**　自然人之间的借款合同对支付利息没有约定或者约定不明确的，视为不支付利息。

自然人之间的借款合同约定支付利息的，借款的利率不得违反国家有关限制借款利率的规定。

## 第十三章　租赁合同

**第二百一十二条**　租赁合同是出租人将租赁物交付承租人使用、收益，承租人支付租金的合同。

**第二百一十三条**　租赁合同的内容包括租赁物的名称、数量、用途、租赁期限、租金及其支付期限和方式、租赁物维修等条款。

**第二百一十四条**　租赁期限不得超过二十年。超过二十年的，超过部分无效。

租赁期间届满，当事人可以续订租赁合同，但约定的租赁期限自续订之日起不得超过二十年。

**第二百一十五条**　租赁期限六个月以上的，应当采用书面形式。当事人未采用书面形式的，视为不定期租赁。

**第二百一十六条**　出租人应当按照约定将租赁物交付承租人，并在租赁期间保持租赁物符合约定的用途。

**第二百一十七条**　承租人应当按照约定的方法使用租赁物。对租赁物的使用方法没有约定或者约定不明确，依照本法第六十一条的规定仍不能确定的，应当按照租赁物的性质使用。

**第二百一十八条**　承租人按照约定的方法或者租赁物的性质使用租赁物，致使租赁物受到损耗的，不承担损害赔偿责任。

**第二百一十九条**　承租人未按照约定的方法或者租赁物的性质使用租赁物，致使租赁物受到损失的，出租人可以解除合同并要求赔偿损失。

**第二百二十条**　出租人应当履行租赁物的维修义务，但当事人另有约定的除外。

**第二百二十一条**　承租人在租赁物需要维修时可以要求出租人在合理期限内维修。出租人未履行维修义务的，承租人可以自行维修，维修费用由出租人负担。因维修租赁物影响承租人使用的，应当相应减少租金或者延长租期。

**第二百二十二条** 承租人应当妥善保管租赁物,因保管不善造成租赁物毁损、灭失的,应当承担损害赔偿责任。

**第二百二十三条** 承租人经出租人同意,可以对租赁物进行改善或者增设他物。

承租人未经出租人同意,对租赁物进行改善或者增设他物的,出租人可以要求承租人恢复原状或者赔偿损失。

**第二百二十四条** 承租人经出租人同意,可以将租赁物转租给第三人。承租人转租的,承租人与出租人之间的租赁合同继续有效,第三人对租赁物造成损失的,承租人应当赔偿损失。

承租人未经出租人同意转租的,出租人可以解除合同。

**第二百二十五条** 在租赁期间因占有、使用租赁物获得的收益,归承租人所有,但当事人另有约定的除外。

**第二百二十六条** 承租人应当按照约定的期限支付租金。对支付期限没有约定或者约定不明确,依照本法第六十一条的规定仍不能确定,租赁期间不满一年的,应当在租赁期间届满时支付;租赁期间一年以上的,应当在每届满一年时支付,剩余期间不满一年的,应当在租赁期间届满时支付。

**第二百二十七条** 承租人无正当理由未支付或者迟延支付租金的,出租人可以要求承租人在合理期限内支付。承租人逾期不支付的,出租人可以解除合同。

**第二百二十八条** 因第三人主张权利,致使承租人不能对租赁物使用、收益的,承租人可以要求减少租金或者不支付租金。

第三人主张权利的,承租人应当及时通知出租人。

**第二百二十九条** 租赁物在租赁期间发生所有权变动的,不影响租赁合同的效力。

**第二百三十条** 出租人出卖租赁房屋的,应当在出卖之前的合理期限内通知承租人,承租人享有以同等条件优先购买的权利。

**第二百三十一条** 因不可归责于承租人的事由,致使租赁物部分或者全部毁损、灭失的,承租人可以要求减少租金或者不支付租金;因租赁物部分或者全部毁损、灭失,致使不能实现合同目的的,承租人可以解除合同。

**第二百三十二条** 当事人对租赁期限没有约定或者约定不明确,依照本法第六十一条的规定仍不能确定的,视为不定期租赁。当事人可以随时解除合同,但出租人解除合同应当在合理期限之前通知承租人。

**第二百三十三条** 租赁物危及承租人的安全或者健康的,即使承租人订立合同时明知该租赁物质量不合格,承租人仍然可以随时解除合同。

**第二百三十四条** 承租人在房屋租赁期间死亡的,与其生前共同居住的人可以按照原租赁合同租赁该房屋。

**第二百三十五条** 租赁期间届满,承租人应当返还租赁物。返还的租赁物应当符合按照约定或者租赁物的性质使用后的状态。

**第二百三十六条** 租赁期间届满,承租人继续使用租赁物,出租人没有提出异议的,原租赁合同继续有效,但租赁期限为不定期。

## 第十四章 融资租赁合同

**第二百三十七条** 融资租赁合同是出租人根据承租人对出卖人、租赁物的选择,向出卖人购买租赁物,提供给承租人使用,承租人支付租金的合同。

**第二百三十八条** 融资租赁合同的内容包括租赁物名称、数量、规格、技术性能、检验方法、租赁期限、租金构成及其支付期限和方式、币种、租赁期间届满租赁物的归属等条款。

融资租赁合同应当采用书面形式。

**第二百三十九条** 出租人根据承租人对出卖人、租赁物的选择订立的买卖合同,出卖人应当按照约定向承租人交付标的物,承租人享有与受领标的物有关的买受人的权利。

**第二百四十条** 出租人、出卖人、承租人可以约定,出卖人不履行买卖合同义务的,由承租人行使索赔的权利。承租人行使索赔权利的,出租人应当协助。

**第二百四十一条** 出租人根据承租人对出卖人、租赁物的选择订立的买卖合同,未经承租人同意,出租人不得变更与承租人有关的合同内容。

**第二百四十二条** 出租人享有租赁物的所有权。承租人破产的,租赁物不属于破产财产。

**第二百四十三条** 融资租赁合同的租金,除当事人另有约定的以外,应当根据购买租赁物的大部分或者全部成本以及出租人的合理利润确定。

**第二百四十四条** 租赁物不符合约定或者不符合使用目的的,出租人不承担责任,但承租人依赖出租人的技能确定租赁物或者出租人干预选择租赁物的除外。

**第二百四十五条** 出租人应当保证承租人对租赁物的占有和使用。

**第二百四十六条** 承租人占有租赁物期间,租赁物造成第三人的人身伤害或者财产损害的,出租人不承担责任。

**第二百四十七条** 承租人应当妥善保管、使用租赁物。

承租人应当履行占有租赁物期间的维修义务。

**第二百四十八条** 承租人应当按照约定支付租金。承租人经催告后在合理期限内仍不支付租金的,出租人可以要求支付全部租金;也可以解除合同,收回租赁物。

**第二百四十九条** 当事人约定租赁期间届满租赁物归承租人所有，承租人已经支付大部分租金，但无力支付剩余租金，出租人因此解除合同收回租赁物的，收回的租赁物的价值超过承租人欠付的租金以及其他费用的，承租人可以要求部分返还。

**第二百五十条** 出租人和承租人可以约定租赁期间届满租赁物的归属。对租赁物的归属没有约定或者约定不明确，依照本法第六十一条的规定仍不能确定的，租赁物的所有权归出租人。

## 第十五章 承揽合同

**第二百五十一条** 承揽合同是承揽人按照定作人的要求完成工作，交付工作成果，定作人给付报酬的合同。

承揽包括加工、定作、修理、复制、测试、检验等工作。

**第二百五十二条** 承揽合同的内容包括承揽的标的、数量、质量、报酬、承揽方式、材料的提供、履行期限、验收标准和方法等条款。

**第二百五十三条** 承揽人应当以自己的设备、技术和劳力，完成主要工作，但当事人另有约定的除外。

承揽人将其承揽的主要工作交由第三人完成的，应当就该第三人完成的工作成果向定作人负责；未经定作人同意的，定作人也可以解除合同。

**第二百五十四条** 承揽人可以将其承揽的辅助工作交由第三人完成。承揽人将其承揽的辅助工作交由第三人完成的，应当就该第三人完成的工作成果向定作人负责。

**第二百五十五条** 承揽人提供材料的，承揽人应当按照约定选用材料，并接受定作人检验。

**第二百五十六条** 定作人提供材料的，定作人应当按照约定提供材料。承揽人对定作人提供的材料，应当及时检验，发现不符合约定时，应当及时通知定作人更换、补齐或者采取其他补救措施。

承揽人不得擅自更换定作人提供的材料，不得更换不需要修理的零部件。

**第二百五十七条** 承揽人发现定作人提供的图纸或者技术要求不合理的，应当及时通知定作人。因定作人怠于答复等原因造成承揽人损失的，应当赔偿损失。

**第二百五十八条** 定作人中途变更承揽工作的要求，造成承揽人损失的，应当赔偿损失。

**第二百五十九条** 承揽工作需要定作人协助的，定作人有协助的义务。定作人不履行协助义务致使承揽工作不能完成的，承揽人可以催告定作人在合理期限内履行义务，并可以顺延履行期限；定作人逾期不履行的，承揽人可以解除合同。

**第二百六十条**　承揽人在工作期间，应当接受定作人必要的监督检验。定作人不得因监督检验妨碍承揽人的正常工作。

**第二百六十一条**　承揽人完成工作的，应当向定作人交付工作成果，并提交必要的技术资料和有关质量证明。定作人应当验收该工作成果。

**第二百六十二条**　承揽人交付的工作成果不符合质量要求的，定作人可以要求承揽人承担修理、重作、减少报酬、赔偿损失等违约责任。

**第二百六十三条**　定作人应当按照约定的期限支付报酬。对支付报酬的期限没有约定或者约定不明确，依照本法第六十一条的规定仍不能确定的，定作人应当在承揽人交付工作成果时支付；工作成果部分交付的，定作人应当相应支付。

**第二百六十四条**　定作人未向承揽人支付报酬或者材料费等价款的，承揽人对完成的工作成果享有留置权，但当事人另有约定的除外。

**第二百六十五条**　承揽人应当妥善保管定作人提供的材料以及完成的工作成果，因保管不善造成毁损、灭失的，应当承担损害赔偿责任。

**第二百六十六条**　承揽人应当按照定作人的要求保守秘密，未经定作人许可，不得留存复制品或者技术资料。

**第二百六十七条**　共同承揽人对定作人承担连带责任，但当事人另有约定的除外。

**第二百六十八条**　定作人可以随时解除承揽合同，造成承揽人损失的，应当赔偿损失。

## 第十六章　建设工程合同

**第二百六十九条**　建设工程合同是承包人进行工程建设，发包人支付价款的合同。

建设工程合同包括工程勘察、设计、施工合同。

**第二百七十条**　建设工程合同应当采用书面形式。

**第二百七十一条**　建设工程的招标投标活动，应当依照有关法律的规定公开、公平、公正进行。

**第二百七十二条**　发包人可以与总承包人订立建设工程合同，也可以分别与勘察人、设计人、施工人订立勘察、设计、施工承包合同。发包人不得将应当由一个承包人完成的建设工程肢解成若干部分发包给几个承包人。

总承包人或者勘察、设计、施工承包人经发包人同意，可以将自己承包的部分工作交由第三人完成。第三人就其完成的工作成果与总承包人或者勘察、设计、施工承包人向发包人承担连带责任。承包人不得将其承包的全部建设工程转包给第三人或者将其承包的全部建设工程肢解以后以分包的名义分别转包给第三人。

禁止承包人将工程分包给不具备相应资质条件的单位。禁止分包单位将其承包的工程再分包。建设工程主体结构的施工必须由承包人自行完成。

**第二百七十三条** 国家重大建设工程合同,应当按照国家规定的程序和国家批准的投资计划、可行性研究报告等文件订立。

**第二百七十四条** 勘察、设计合同的内容包括提交有关基础资料和文件(包括概预算)的期限、质量要求、费用以及其他协作条件等条款。

**第二百七十五条** 施工合同的内容包括工程范围、建设工期、中间交工工程的开工和竣工时间、工程质量、工程造价、技术资料交付时间、材料和设备供应责任、拨款和结算、竣工验收、质量保修范围和质量保证期、双方相互协作等条款。

**第二百七十六条** 建设工程实行监理的,发包人应当与监理人采用书面形式订立委托监理合同。发包人与监理人的权利和义务以及法律责任,应当依照本法委托合同以及其他有关法律、行政法规的规定。

**第二百七十七条** 发包人在不妨碍承包人正常作业的情况下,可以随时对作业进度、质量进行检查。

**第二百七十八条** 隐蔽工程在隐蔽以前,承包人应当通知发包人检查。发包人没有及时检查的,承包人可以顺延工程日期,并有权要求赔偿停工、窝工等损失。

**第二百七十九条** 建设工程竣工后,发包人应当根据施工图纸及说明书、国家颁发的施工验收规范和质量检验标准及时进行验收。验收合格的,发包人应当按照约定支付价款,并接收该建设工程。建设工程竣工经验收合格后,方可交付使用;未经验收或者验收不合格的,不得交付使用。

**第二百八十条** 勘察、设计的质量不符合要求或者未按照期限提交勘察、设计文件拖延工期,造成发包人损失的,勘察人、设计人应当继续完善勘察、设计,减收或者免收勘察、设计费并赔偿损失。

**第二百八十一条** 因施工人的原因致使建设工程质量不符合约定的,发包人有权要求施工人在合理期限内无偿修理或者返工、改建。经过修理或者返工、改建后,造成逾期交付的,施工人应当承担违约责任。

**第二百八十二条** 因承包人的原因致使建设工程在合理使用期限内造成人身和财产损害的,承包人应当承担损害赔偿责任。

**第二百八十三条** 发包人未按照约定的时间和要求提供原材料、设备、场地、资金、技术资料的,承包人可以顺延工程日期,并有权要求赔偿停工、窝工等损失。

**第二百八十四条** 因发包人的原因致使工程中途停建、缓建的,发包人应当采取措施弥补或者减少损失，赔偿承包人因此造成的停工、窝工、倒运、机械设备调迁、材料和构件积压等损失和实际费用。

**第二百八十五条**　因发包人变更计划，提供的资料不准确，或者未按照期限提供必需的勘察、设计工作条件而造成勘察、设计的返工、停工或者修改设计，发包人应当按照勘察人、设计人实际消耗的工作量增付费用。

**第二百八十六条**　发包人未按照约定支付价款的，承包人可以催告发包人在合理期限内支付价款。发包人逾期不支付的，除按照建设工程的性质不宜折价、拍卖的以外，承包人可以与发包人协议将该工程折价，也可以申请人民法院将该工程依法拍卖。建设工程的价款就该工程折价或者拍卖的价款优先受偿。

**第二百八十七条**　本章没有规定的，适用承揽合同的有关规定。

## 第十七章　运输合同

### 第一节　一般规定

**第二百八十八条**　运输合同是承运人将旅客或者货物从起运地点运输到约定地点，旅客、托运人或者收货人支付票款或者运输费用的合同。

**第二百八十九条**　从事公共运输的承运人不得拒绝旅客、托运人通常、合理的运输要求。

**第二百九十条**　承运人应当在约定期间或者合理期间内将旅客、货物安全运输到约定地点。

**第二百九十一条**　承运人应当按照约定的或者通常的运输路线将旅客、货物运输到约定地点。

**第二百九十二条**　旅客、托运人或者收货人应当支付票款或者运输费用。承运人未按照约定路线或者通常路线运输增加票款或者运输费用的，旅客、托运人或者收货人可以拒绝支付增加部分的票款或者运输费用。

### 第二节　客运合同

**第二百九十三条**　客运合同自承运人向旅客交付客票时成立，但当事人另有约定或者另有交易习惯的除外。

**第二百九十四条**　旅客应当持有效客票乘运。旅客无票乘运、超程乘运、越级乘运或者持失效客票乘运的，应当补交票款，承运人可以按照规定加收票款。旅客不交付票款的，承运人可以拒绝运输。

**第二百九十五条**　旅客因自己的原因不能按照客票记载的时间乘坐的，应当在约定的时间内办理退票或者变更手续。逾期办理的，承运人可以不退票款，并不再承担运输义务。

**第二百九十六条** 旅客在运输中应当按照约定的限量携带行李。超过限量携带行李的,应当办理托运手续。

**第二百九十七条** 旅客不得随身携带或者在行李中夹带易燃、易爆、有毒、有腐蚀性、有放射性以及有可能危及运输工具上人身和财产安全的危险物品或者其他违禁物品。

旅客违反前款规定的,承运人可以将违禁物品卸下、销毁或者送交有关部门。旅客坚持携带或者夹带违禁物品的,承运人应当拒绝运输。

**第二百九十八条** 承运人应当向旅客及时告知有关不能正常运输的重要事由和安全运输应当注意的事项。

**第二百九十九条** 承运人应当按照客票载明的时间和班次运输旅客。承运人迟延运输的,应当根据旅客的要求安排改乘其他班次或者退票。

**第三百条** 承运人擅自变更运输工具而降低服务标准的,应当根据旅客的要求退票或者减收票款;提高服务标准的,不应当加收票款。

**第三百零一条** 承运人在运输过程中,应当尽力救助患有急病、分娩、遇险的旅客。

**第三百零二条** 承运人应当对运输过程中旅客的伤亡承担损害赔偿责任,但伤亡是旅客自身健康原因造成的或者承运人证明伤亡是旅客故意、重大过失造成的除外。

前款规定适用于按照规定免票、持优待票或者经承运人许可搭乘的无票旅客。

**第三百零三条** 在运输过程中旅客自带物品毁损、灭失,承运人有过错的,应当承担损害赔偿责任。

旅客托运的行李毁损、灭失的,适用货物运输的有关规定。

### 第三节 货运合同

**第三百零四条** 托运人办理货物运输,应当向承运人准确表明收货人的名称或者姓名或者凭指示的收货人,货物的名称、性质、重量、数量,收货地点等有关货物运输的必要情况。

因托运人申报不实或者遗漏重要情况,造成承运人损失的,托运人应当承担损害赔偿责任。

**第三百零五条** 货物运输需要办理审批、检验等手续的,托运人应当将办理完有关手续的文件提交承运人。

**第三百零六条** 托运人应当按照约定的方式包装货物。对包装方式没有约定或者约定不明确的,适用本法第一百五十六条的规定。

托运人违反前款规定的,承运人可以拒绝运输。

**第三百零七条**　托运人托运易燃、易爆、有毒、有腐蚀性、有放射性等危险物品的，应当按照国家有关危险物品运输的规定对危险物品妥善包装，作出危险物标志和标签，并将有关危险物品的名称、性质和防范措施的书面材料提交承运人。

托运人违反前款规定的，承运人可以拒绝运输，也可以采取相应措施以避免损失的发生，因此产生的费用由托运人承担。

**第三百零八条**　在承运人将货物交付收货人之前，托运人可以要求承运人中止运输、返还货物、变更到达地或者将货物交给其他收货人，但应当赔偿承运人因此受到的损失。

**第三百零九条**　货物运输到达后，承运人知道收货人的，应当及时通知收货人，收货人应当及时提货。收货人逾期提货的，应当向承运人支付保管费等费用。

**第三百一十条**　收货人提货时应当按照约定的期限检验货物。对检验货物的期限没有约定或者约定不明确，依照本法第六十一条的规定仍不能确定的，应当在合理期限内检验货物。收货人在约定的期限或者合理期限内对货物的数量、毁损等未提出异议的，视为承运人已经按照运输单证的记载交付的初步证据。

**第三百一十一条**　承运人对运输过程中货物的毁损、灭失承担损害赔偿责任，但承运人证明货物的毁损、灭失是因不可抗力、货物本身的自然性质或者合理损耗以及托运人、收货人的过错造成的，不承担损害赔偿责任。

**第三百一十二条**　货物的毁损、灭失的赔偿额，当事人有约定的，按照其约定；没有约定或者约定不明确，依照本法第六十一条的规定仍不能确定的，按照交付或者应当交付时货物到达地的市场价格计算。法律、行政法规对赔偿额的计算方法和赔偿限额另有规定的，依照其规定。

**第三百一十三条**　两个以上承运人以同一运输方式联运的，与托运人订立合同的承运人应当对全程运输承担责任。损失发生在某一运输区段的，与托运人订立合同的承运人和该区段的承运人承担连带责任。

**第三百一十四条**　货物在运输过程中因不可抗力灭失，未收取运费的，承运人不得要求支付运费；已收取运费的，托运人可以要求返还。

**第三百一十五条**　托运人或者收货人不支付运费、保管费以及其他运输费用的，承运人对相应的运输货物享有留置权，但当事人另有约定的除外。

**第三百一十六条**　收货人不明或者收货人无正当理由拒绝受领货物的，依照本法第一百零一条的规定，承运人可以提存货物。

### 第四节 多式联运合同

**第三百一十七条** 多式联运经营人负责履行或者组织履行多式联运合同，对全程运输享有承运人的权利，承担承运人的义务。

**第三百一十八条** 多式联运经营人可以与参加多式联运的各区段承运人就多式联运合同的各区段运输约定相互之间的责任，但该约定不影响多式联运经营人对全程运输承担的义务。

**第三百一十九条** 多式联运经营人收到托运人交付的货物时，应当签发多式联运单据。按照托运人的要求，多式联运单据可以是可转让单据，也可以是不可转让单据。

**第三百二十条** 因托运人托运货物时的过错造成多式联运经营人损失的，即使托运人已经转让多式联运单据，托运人仍然应当承担损害赔偿责任。

**第三百二十一条** 货物的毁损、灭失发生于多式联运的某一运输区段的，多式联运经营人的赔偿责任和责任限额，适用调整该区段运输方式的有关法律规定。货物毁损、灭失发生的运输区段不能确定的，依照本章规定承担损害赔偿责任。

## 第十八章 技术合同

### 第一节 一般规定

**第三百二十二条** 技术合同是当事人就技术开发、转让、咨询或者服务订立的确立相互之间权利和义务的合同。

**第三百二十三条** 订立技术合同，应当有利于科学技术的进步，加速科学技术成果的转化、应用和推广。

**第三百二十四条** 技术合同的内容由当事人约定，一般包括以下条款：

（一）项目名称；

（二）标的的内容、范围和要求；

（三）履行的计划、进度、期限、地点、地域和方式；

（四）技术情报和资料的保密；

（五）风险责任的承担；

（六）技术成果的归属和收益的分成办法；

（七）验收标准和方法；

（八）价款、报酬或者使用费及其支付方式；

（九）违约金或者损失赔偿的计算方法；

（十）解决争议的方法；

（十一）名词和术语的解释。

与履行合同有关的技术背景资料、可行性论证和技术评价报告、项目任务书和计划书、技术标准、技术规范、原始设计和工艺文件，以及其他技术文档，按照当事人的约定可以作为合同的组成部分。

技术合同涉及专利的，应当注明发明创造的名称、专利申请人和专利权人、申请日期、申请号、专利号以及专利权的有效期限。

**第三百二十五条**　技术合同价款、报酬或者使用费的支付方式由当事人约定，可以采取一次总算、一次总付或者一次总算、分期支付，也可以采取提成支付或者提成支付附加预付入门费的方式。

约定提成支付的，可以按照产品价格、实施专利和使用技术秘密后新增的产值、利润或者产品销售额的一定比例提成，也可以按照约定的其他方式计算。提成支付的比例可以采取固定比例、逐年递增比例或者逐年递减比例。

约定提成支付的，当事人应当在合同中约定查阅有关会计账目的办法。

**第三百二十六条**　职务技术成果的使用权、转让权属于法人或者其他组织的，法人或者其他组织可以就该项职务技术成果订立技术合同。法人或者其他组织应当从使用和转让该项职务技术成果所取得的收益中提取一定比例，对完成该项职务技术成果的个人给予奖励或者报酬。法人或者其他组织订立技术合同转让职务技术成果时，职务技术成果的完成人享有以同等条件优先受让的权利。

职务技术成果是执行法人或者其他组织的工作任务，或者主要是利用法人或者其他组织的物质技术条件所完成的技术成果。

**第三百二十七条**　非职务技术成果的使用权、转让权属于完成技术成果的个人，完成技术成果的个人可以就该项非职务技术成果订立技术合同。

**第三百二十八条**　完成技术成果的个人有在有关技术成果文件上写明自己是技术成果完成者的权利和取得荣誉证书、奖励的权利。

**第三百二十九条**　非法垄断技术、妨碍技术进步或者侵害他人技术成果的技术合同无效。

### 第二节　技术开发合同

**第三百三十条**　技术开发合同是指当事人之间就新技术、新产品、新工艺或者新材料及其系统的研究开发所订立的合同。

技术开发合同包括委托开发合同和合作开发合同。

技术开发合同应当采用书面形式。

当事人之间就具有产业应用价值的科技成果实施转化订立的合同，参照技术开发合同的规定。

**第三百三十一条** 委托开发合同的委托人应当按照约定支付研究开发经费和报酬;提供技术资料、原始数据;完成协作事项;接受研究开发成果。

**第三百三十二条** 委托开发合同的研究开发人应当按照约定制定和实施研究开发计划;合理使用研究开发经费;按期完成研究开发工作,交付研究开发成果,提供有关的技术资料和必要的技术指导,帮助委托人掌握研究开发成果。

**第三百三十三条** 委托人违反约定造成研究开发工作停滞、延误或者失败的,应当承担违约责任。

**第三百三十四条** 研究开发人违反约定造成研究开发工作停滞、延误或者失败的,应当承担违约责任。

**第三百三十五条** 合作开发合同的当事人应当按照约定进行投资,包括以技术进行投资;分工参与研究开发工作;协作配合研究开发工作。

**第三百三十六条** 合作开发合同的当事人违反约定造成研究开发工作停滞、延误或者失败的,应当承担违约责任。

**第三百三十七条** 因作为技术开发合同标的的技术已经由他人公开,致使技术开发合同的履行没有意义的,当事人可以解除合同。

**第三百三十八条** 在技术开发合同履行过程中,因出现无法克服的技术困难,致使研究开发失败或者部分失败的,该风险责任由当事人约定。没有约定或者约定不明确,依照本法第六十一条的规定仍不能确定的,风险责任由当事人合理分担。

当事人一方发现前款规定的可能致使研究开发失败或者部分失败的情形时,应当及时通知另一方并采取适当措施减少损失。没有及时通知并采取适当措施,致使损失扩大的,应当就扩大的损失承担责任。

**第三百三十九条** 委托开发完成的发明创造,除当事人另有约定的以外,申请专利的权利属于研究开发人。研究开发人取得专利权的,委托人可以免费实施该专利。

研究开发人转让专利申请权的,委托人享有以同等条件优先受让的权利。

**第三百四十条** 合作开发完成的发明创造,除当事人另有约定的以外,申请专利的权利属于合作开发的当事人共有。当事人一方转让其共有的专利申请权的,其他各方享有以同等条件优先受让的权利。

合作开发的当事人一方声明放弃其共有的专利申请权的,可以由另一方单独申请或者由其他各方共同申请。申请人取得专利权的,放弃专利申请权的一方可以免费实施该专利。

合作开发的当事人一方不同意申请专利的,另一方或者其他各方不得申请专利。

**第三百四十一条** 委托开发或者合作开发完成的技术秘密成果的使用权、

转让权以及利益的分配办法，由当事人约定。没有约定或者约定不明确，依照本法第六十一条的规定仍不能确定的，当事人均有使用和转让的权利，但委托开发的研究开发人不得在向委托人交付研究开发成果之前，将研究开发成果转让给第三人。

### 第三节　技术转让合同

**第三百四十二条**　技术转让合同包括专利权转让、专利申请权转让、技术秘密转让、专利实施许可合同。

技术转让合同应当采用书面形式。

**第三百四十三条**　技术转让合同可以约定让与人和受让人实施专利或者使用技术秘密的范围，但不得限制技术竞争和技术发展。

**第三百四十四条**　专利实施许可合同只在该专利权的存续期间内有效。专利权有效期限届满或者专利权被宣布无效的，专利权人不得就该专利与他人订立专利实施许可合同。

**第三百四十五条**　专利实施许可合同的让与人应当按照约定许可受让人实施专利，交付实施专利有关的技术资料，提供必要的技术指导。

**第三百四十六条**　专利实施许可合同的受让人应当按照约定实施专利，不得许可约定以外的第三人实施该专利；并按照约定支付使用费。

**第三百四十七条**　技术秘密转让合同的让与人应当按照约定提供技术资料，进行技术指导，保证技术的实用性、可靠性，承担保密义务。

**第三百四十八条**　技术秘密转让合同的受让人应当按照约定使用技术，支付使用费，承担保密义务。

**第三百四十九条**　技术转让合同的让与人应当保证自己是所提供的技术的合法拥有者，并保证所提供的技术完整、无误、有效，能够达到约定的目标。

**第三百五十条**　技术转让合同的受让人应当按照约定的范围和期限，对让与人提供的技术中尚未公开的秘密部分，承担保密义务。

**第三百五十一条**　让与人未按照约定转让技术的，应当返还部分或者全部使用费，并应当承担违约责任；实施专利或者使用技术秘密超越约定的范围的，违反约定擅自许可第三人实施该项专利或者使用该项技术秘密的，应当停止违约行为，承担违约责任；违反约定的保密义务的，应当承担违约责任。

**第三百五十二条**　受让人未按照约定支付使用费的，应当补交使用费并按照约定支付违约金；不补交使用费或者支付违约金的，应当停止实施专利或者使用技术秘密，交还技术资料，承担违约责任；实施专利或者使用技术秘密超越约定的范围的，未经让与人同意擅自许可第三人实施该专利或者使用该技术秘密的，应当停止违约行为，承担违约责任；违反约定的保密义务的，应当承担违约责任。

**第三百五十三条** 受让人按照约定实施专利、使用技术秘密侵害他人合法权益的，由让与人承担责任，但当事人另有约定的除外。

**第三百五十四条** 当事人可以按照互利的原则，在技术转让合同中约定实施专利、使用技术秘密后续改进的技术成果的分享办法。没有约定或者约定不明确，依照本法第六十一条的规定仍不能确定的，一方后续改进的技术成果，其他各方无权分享。

**第三百五十五条** 法律、行政法规对技术进出口合同或者专利、专利申请合同另有规定的，依照其规定。

### 第四节 技术咨询合同和技术服务合同

**第三百五十六条** 技术咨询合同包括就特定技术项目提供可行性论证、技术预测、专题技术调查、分析评价报告等合同。

技术服务合同是指当事人一方以技术知识为另一方解决特定技术问题所订立的合同，不包括建设工程合同和承揽合同。

**第三百五十七条** 技术咨询合同的委托人应当按照约定阐明咨询的问题，提供技术背景材料及有关技术资料、数据；接受受托人的工作成果，支付报酬。

**第三百五十八条** 技术咨询合同的受托人应当按照约定的期限完成咨询报告或者解答问题；提出的咨询报告应当达到约定的要求。

**第三百五十九条** 技术咨询合同的委托人未按照约定提供必要的资料和数据，影响工作进度和质量，不接受或者逾期接受工作成果的，支付的报酬不得追回，未支付的报酬应当支付。

技术咨询合同的受托人未按期提出咨询报告或者提出的咨询报告不符合约定的，应当承担减收或者免收报酬等违约责任。

技术咨询合同的委托人按照受托人符合约定要求的咨询报告和意见作出决策所造成的损失，由委托人承担，但当事人另有约定的除外。

**第三百六十条** 技术服务合同的委托人应当按照约定提供工作条件，完成配合事项；接受工作成果并支付报酬。

**第三百六十一条** 技术服务合同的受托人应当按照约定完成服务项目，解决技术问题，保证工作质量，并传授解决技术问题的知识。

**第三百六十二条** 技术服务合同的委托人不履行合同义务或者履行合同义务不符合约定，影响工作进度和质量，不接受或者逾期接受工作成果的，支付的报酬不得追回，未支付的报酬应当支付。

技术服务合同的受托人未按照合同约定完成服务工作的，应当承担免收报酬等违约责任。

**第三百六十三条** 在技术咨询合同、技术服务合同履行过程中,受托人利用委托人提供的技术资料和工作条件完成的新的技术成果,属于受托人。委托人利用受托人的工作成果完成的新的技术成果,属于委托人。当事人另有约定的,按照其约定。

**第三百六十四条** 法律、行政法规对技术中介合同、技术培训合同另有规定的,依照其规定。

## 第十九章 保管合同

**第三百六十五条** 保管合同是保管人保管寄存人交付的保管物,并返还该物的合同。

**第三百六十六条** 寄存人应当按照约定向保管人支付保管费。

当事人对保管费没有约定或者约定不明确,依照本法第六十一条的规定仍不能确定的,保管是无偿的。

**第三百六十七条** 保管合同自保管物交付时成立,但当事人另有约定的除外。

**第三百六十八条** 寄存人向保管人交付保管物的,保管人应当给付保管凭证,但另有交易习惯的除外。

**第三百六十九条** 保管人应当妥善保管保管物。

当事人可以约定保管场所或者方法。除紧急情况或者为了维护寄存人利益的以外,不得擅自改变保管场所或者方法。

**第三百七十条** 寄存人交付的保管物有瑕疵或者按照保管物的性质需要采取特殊保管措施的,寄存人应当将有关情况告知保管人。寄存人未告知,致使保管物受损失的,保管人不承担损害赔偿责任;保管人因此受损失的,除保管人知道或者应当知道并且未采取补救措施的以外,寄存人应当承担损害赔偿责任。

**第三百七十一条** 保管人不得将保管物转交第三人保管,但当事人另有约定的除外。

保管人违反前款规定,将保管物转交第三人保管,对保管物造成损失的,应当承担损害赔偿责任。

**第三百七十二条** 保管人不得使用或者许可第三人使用保管物,但当事人另有约定的除外。

**第三百七十三条** 第三人对保管物主张权利的,除依法对保管物采取保全或者执行的以外,保管人应当履行向寄存人返还保管物的义务。

第三人对保管人提起诉讼或者对保管物申请扣押的,保管人应当及时通知寄存人。

**第三百七十四条** 保管期间,因保管人保管不善造成保管物毁损、灭失的,保管人应当承担损害赔偿责任,但保管是无偿的,保管人证明自己没有重大过失的,不承担损害赔偿责任。

**第三百七十五条** 寄存人寄存货币、有价证券或者其他贵重物品的,应当向保管人声明,由保管人验收或者封存。寄存人未声明的,该物品毁损、灭失后,保管人可以按照一般物品予以赔偿。

**第三百七十六条** 寄存人可以随时领取保管物。

当事人对保管期间没有约定或者约定不明确的,保管人可以随时要求寄存人领取保管物;约定保管期间的,保管人无特别事由,不得要求寄存人提前领取保管物。

**第三百七十七条** 保管期间届满或者寄存人提前领取保管物的,保管人应当将原物及其孳息归还寄存人。

**第三百七十八条** 保管人保管货币的,可以返还相同种类、数量的货币。保管其他可替代物的,可以按照约定返还相同种类、品质、数量的物品。

**第三百七十九条** 有偿的保管合同,寄存人应当按照约定的期限向保管人支付保管费。

当事人对支付期限没有约定或者约定不明确,依照本法第六十一条的规定仍不能确定的,应当在领取保管物的同时支付。

**第三百八十条** 寄存人未按照约定支付保管费以及其他费用的,保管人对保管物享有留置权,但当事人另有约定的除外。

## 第二十章 仓储合同

**第三百八十一条** 仓储合同是保管人储存存货人交付的仓储物,存货人支付仓储费的合同。

**第三百八十二条** 仓储合同自成立时生效。

**第三百八十三条** 储存易燃、易爆、有毒、有腐蚀性、有放射性等危险物品或者易变质物品,存货人应当说明该物品的性质,提供有关资料。

存货人违反前款规定的,保管人可以拒收仓储物,也可以采取相应措施以避免损失的发生,因此产生的费用由存货人承担。

保管人储存易燃、易爆、有毒、有腐蚀性、有放射性等危险物品的,应当具备相应的保管条件。

**第三百八十四条** 保管人应当按照约定对入库仓储物进行验收。保管人验收时发现入库仓储物与约定不符合的,应当及时通知存货人。保管人验收后,发生仓储物的品种、数量、质量不符合约定的,保管人应当承担损害赔偿责任。

**第三百八十五条** 存货人交付仓储物的,保管人应当给付仓单。

**第三百八十六条** 保管人应当在仓单上签字或者盖章。仓单包括下列事项：

（一）存货人的名称或者姓名和住所；

（二）仓储物的品种、数量、质量、包装、件数和标记；

（三）仓储物的损耗标准；

（四）储存场所；

（五）储存期间；

（六）仓储费；

（七）仓储物已经办理保险的，其保险金额、期间以及保险人的名称；

（八）填发人、填发地和填发日期。

**第三百八十七条**　仓单是提取仓储物的凭证。存货人或者仓单持有人在仓单上背书并经保管人签字或者盖章的，可以转让提取仓储物的权利。

**第三百八十八条**　保管人根据存货人或者仓单持有人的要求，应当同意其检查仓储物或者提取样品。

**第三百八十九条**　保管人对入库仓储物发现有变质或者其他损坏的，应当及时通知存货人或者仓单持有人。

**第三百九十条**　保管人对入库仓储物发现有变质或者其他损坏，危及其他仓储物的安全和正常保管的，应当催告存货人或者仓单持有人作出必要的处置。因情况紧急，保管人可以作出必要的处置，但事后应当将该情况及时通知存货人或者仓单持有人。

**第三百九十一条**　当事人对储存期间没有约定或者约定不明确的，存货人或者仓单持有人可以随时提取仓储物，保管人也可以随时要求存货人或者仓单持有人提取仓储物，但应当给予必要的准备时间。

**第三百九十二条**　储存期间届满，存货人或者仓单持有人应当凭仓单提取仓储物。存货人或者仓单持有人逾期提取的，应当加收仓储费；提前提取的，不减收仓储费。

**第三百九十三条**　储存期间届满，存货人或者仓单持有人不提取仓储物的，保管人可以催告其在合理期限内提取，逾期不提取的，保管人可以提存仓储物。

**第三百九十四条**　储存期间，因保管人保管不善造成仓储物毁损、灭失的，保管人应当承担损害赔偿责任。因仓储物的性质、包装不符合约定或者超过有效储存期造成仓储物变质、损坏的，保管人不承担损害赔偿责任。

**第三百九十五条**　本章没有规定的，适用保管合同的有关规定。

## 第二十一章　委托合同

**第三百九十六条**　委托合同是委托人和受托人约定，由受托人处理委托人事务的合同。

**第三百九十七条** 委托人可以特别委托受托人处理一项或者数项事务，也可以概括委托受托人处理一切事务。

**第三百九十八条** 委托人应当预付处理委托事务的费用。受托人为处理委托事务垫付的必要费用，委托人应当偿还该费用及其利息。

**第三百九十九条** 受托人应当按照委托人的指示处理委托事务。需要变更委托人指示的，应当经委托人同意；因情况紧急，难以和委托人取得联系的，受托人应当妥善处理委托事务，但事后应当将该情况及时报告委托人。

**第四百条** 受托人应当亲自处理委托事务。经委托人同意，受托人可以转委托。转委托经同意的，委托人可以就委托事务直接指示转委托的第三人，受托人仅就第三人的选任及其对第三人的指示承担责任。转委托未经同意的，受托人应当对转委托的第三人的行为承担责任，但在紧急情况下受托人为维护委托人的利益需要转委托的除外。

**第四百零一条** 受托人应当按照委托人的要求，报告委托事务的处理情况。委托合同终止时，受托人应当报告委托事务的结果。

**第四百零二条** 受托人以自己的名义，在委托人的授权范围内与第三人订立的合同，第三人在订立合同时知道受托人与委托人之间的代理关系的，该合同直接约束委托人和第三人，但有确切证据证明该合同只约束受托人和第三人的除外。

**第四百零三条** 受托人以自己的名义与第三人订立合同时，第三人不知道受托人与委托人之间的代理关系的，受托人因第三人的原因对委托人不履行义务，受托人应当向委托人披露第三人，委托人因此可以行使受托人对第三人的权利，但第三人与受托人订立合同时如果知道该委托人就不会订立合同的除外。

受托人因委托人的原因对第三人不履行义务，受托人应当向第三人披露委托人，第三人因此可以选择受托人或者委托人作为相对人主张其权利，但第三人不得变更选定的相对人。

委托人行使受托人对第三人的权利的，第三人可以向委托人主张其对受托人的抗辩。第三人选定委托人作为其相对人的，委托人可以向第三人主张其对受托人的抗辩以及受托人对第三人的抗辩。

**第四百零四条** 受托人处理委托事务取得的财产，应当转交给委托人。

**第四百零五条** 受托人完成委托事务的，委托人应当向其支付报酬。因不可归责于受托人的事由，委托合同解除或者委托事务不能完成的，委托人应当向受托人支付相应的报酬。当事人另有约定的，按照其约定。

**第四百零六条** 有偿的委托合同，因受托人的过错给委托人造成损失的，委托人可以要求赔偿损失。无偿的委托合同，因受托人的故意或者重大过失给委托人造成损失的，委托人可以要求赔偿损失。

受托人超越权限给委托人造成损失的，应当赔偿损失。

**第四百零七条**　受托人处理委托事务时，因不可归责于自己的事由受到损失的，可以向委托人要求赔偿损失。

**第四百零八条**　委托人经受托人同意，可以在受托人之外委托第三人处理委托事务。因此给受托人造成损失的，受托人可以向委托人要求赔偿损失。

**第四百零九条**　两个以上的受托人共同处理委托事务的，对委托人承担连带责任。

**第四百一十条**　委托人或者受托人可以随时解除委托合同。因解除合同给对方造成损失的，除不可归责于该当事人的事由以外，应当赔偿损失。

**第四百一十一条**　委托人或者受托人死亡、丧失民事行为能力或者破产的，委托合同终止，但当事人另有约定或者根据委托事务的性质不宜终止的除外。

**第四百一十二条**　因委托人死亡、丧失民事行为能力或者破产，致使委托合同终止将损害委托人利益的，在委托人的继承人、法定代理人或者清算组织承受委托事务之前，受托人应当继续处理委托事务。

**第四百一十三条**　因受托人死亡、丧失民事行为能力或者破产，致使委托合同终止的，受托人的继承人、法定代理人或者清算组织应当及时通知委托人。因委托合同终止将损害委托人利益的，在委托人作出善后处理之前，受托人的继承人、法定代理人或者清算组织应当采取必要措施。

## 第二十二章　行纪合同

**第四百一十四条**　行纪合同是行纪人以自己的名义为委托人从事贸易活动，委托人支付报酬的合同。

**第四百一十五条**　行纪人处理委托事务支出的费用，由行纪人负担，但当事人另有约定的除外。

**第四百一十六条**　行纪人占有委托物的，应当妥善保管委托物。

**第四百一十七条**　委托物交付给行纪人时有瑕疵或者容易腐烂、变质的，经委托人同意，行纪人可以处分该物；和委托人不能及时取得联系的，行纪人可以合理处分。

**第四百一十八条**　行纪人低于委托人指定的价格卖出或者高于委托人指定的价格买入的，应当经委托人同意。未经委托人同意，行纪人补偿其差额的，该买卖对委托人发生效力。

行纪人高于委托人指定的价格卖出或者低于委托人指定的价格买入的，可以按照约定增加报酬。没有约定或者约定不明确，依照本法第六十一条的规定仍不能确定的，该利益属于委托人。

委托人对价格有特别指示的，行纪人不得违背该指示卖出或者买入。

**第四百一十九条** 行纪人卖出或者买入具有市场定价的商品，除委托人有相反的意思表示的以外，行纪人自己可以作为买受人或者出卖人。

行纪人有前款规定情形的，仍然可以要求委托人支付报酬。

**第四百二十条** 行纪人按照约定买入委托物，委托人应当及时受领。经行纪人催告，委托人无正当理由拒绝受领的，行纪人依照本法第一百零一条的规定可以提存委托物。

委托物不能卖出或者委托人撤回出卖，经行纪人催告，委托人不取回或者不处分该物的，行纪人依照本法第一百零一条的规定可以提存委托物。

**第四百二十一条** 行纪人与第三人订立合同的，行纪人对该合同直接享有权利、承担义务。

第三人不履行义务致使委托人受到损害的，行纪人应当承担损害赔偿责任，但行纪人与委托人另有约定的除外。

**第四百二十二条** 行纪人完成或者部分完成委托事务的，委托人应当向其支付相应的报酬。委托人逾期不支付报酬的，行纪人对委托物享有留置权，但当事人另有约定的除外。

**第四百二十三条** 本章没有规定的，适用委托合同的有关规定。

## 第二十三章 居间合同

**第四百二十四条** 居间合同是居间人向委托人报告订立合同的机会或者提供订立合同的媒介服务，委托人支付报酬的合同。

**第四百二十五条** 居间人应当就有关订立合同的事项向委托人如实报告。

居间人故意隐瞒与订立合同有关的重要事实或者提供虚假情况，损害委托人利益的，不得要求支付报酬并应当承担损害赔偿责任。

**第四百二十六条** 居间人促成合同成立的，委托人应当按照约定支付报酬。对居间人的报酬没有约定或者约定不明确，依照本法第六十一条的规定仍不能确定的，根据居间人的劳务合理确定。因居间人提供订立合同的媒介服务而促成合同成立的，由该合同的当事人平均负担居间人的报酬。

居间人促成合同成立的，居间活动的费用，由居间人负担。

**第四百二十七条** 居间人未促成合同成立的，不得要求支付报酬，但可以要求委托人支付从事居间活动支出的必要费用。

## 附　　则

**第四百二十八条** 本法自 1999 年 10 月 1 日起施行，《中华人民共和国经济合同法》、《中华人民共和国涉外经济合同法》、《中华人民共和国技术合同法》同时废止。

# 最高人民法院关于适用《中华人民共和国合同法》若干问题的解释（一）

法释〔1999〕19号

1999年12月1日最高人民法院审判委员会第1090次会议通过

为了正确审理合同纠纷案件，根据《中华人民共和国合同法》（以下简称合同法）的规定，对人民法院适用合同法的有关问题作出如下解释：

**一、法律适用范围**

**第一条** 合同法实施以后成立的合同发生纠纷起诉到人民法院的，适用合同法的规定；合同法实施以前成立的合同发生纠纷起诉到人民法院的，除本解释另有规定的以外，适用当时的法律规定，当时没有法律规定的，可以适用合同法的有关规定。

**第二条** 合同成立于合同法实施之前，但合同约定的履行期限跨越合同法实施之日或者履行期限在合同法实施之后，因履行合同发生的纠纷，适用合同法第四章的有关规定。

**第三条** 人民法院确认合同效力时，对合同法实施以前成立的合同，适用当时的法律合同无效而适用合同法合同有效的，则适用合同法。

**第四条** 合同法实施以后，人民法院确认合同无效，应当以全国人大及其常委会制定的法律和国务院制定的行政法规为依据，不得以地方性法规、行政规章为依据。

**第五条** 人民法院对合同法实施以前已经作出终审裁决的案件进行再审，不适用合同法。

**二、诉讼时效**

**第六条** 技术合同争议当事人的权利受到侵害的事实发生在合同法实施之前，自当事人知道或者应当知道其权利受到侵害之日起至合同法实施之日超过一年的，人民法院不予保护；尚未超过一年的，其提起诉讼的时效期间为两年。

**第七条** 技术进出口合同争议当事人的权利受到侵害的事实发生在合同法实施之前，自当事人知道或者应当知道其权利受到侵害之日起至合同法施行之日超过两年的，人民法院不予保护；尚未超过两年的，其提起诉讼的时效期间为四年。

**第八条** 合同法第五十五条规定的“一年”、第七十五条和第一百零四条第二款规定的“五年”为不变期间，不适用诉讼时效中止、中断或者延长的规定。

**三、合同效力**

**第九条** 依照合同法第四十四条第二款的规定，法律、行政法规规定合同应当办理批准手续，或者办理批准、登记等手续才生效，在一审法庭辩论终结前当事人仍未办理批准手续的，或者仍未办理批准、登记等手续的，人民法院应当认定该合同未生效；法律、行政法规规定合同应当办理登记手续，但未规定登记后生效的，当事人未办理登记手续不影响合同的效力，合同标的物所有权及其他物权不能转移。

合同法第七十七条第二款、第八十七条、第九十六条第二款所列合同变更、转让、解除等情形，依照前款规定处理。

**第十条** 当事人超越经营范围订立合同，人民法院不因此认定合同无效。但违反国家限制经营、特许经营以及法律、行政法规禁止经营规定的除外。

**四、代位权**

**第十一条** 债权人依照合同法第七十三条的规定提起代位权诉讼，应当符合下列条件：

（一）债权人对债务人的债权合法；

（二）债务人怠于行使其到期债权，对债权人造成损害；

（三）债务人的债权已到期；

（四）债务人的债权不是专属于债务人自身的债权。

**第十二条** 合同法第七十三条第一款规定的专属于债务人自身的债权，是指基于扶养关系、抚养关系、赡养关系、继承关系产生的给付请求权和劳动报酬、退休金、养老金、抚恤金、安置费、人寿保险、人身伤害赔偿请求权等权利。

**第十三条** 合同法第七十三条规定的“债务人怠于行使其到期债权，对债权人造成损害的”，是指债务人不履行其对债权人的到期债务，又不以诉讼方式或者仲裁方式向其债务人主张其享有的具有金钱给付内容的到期债权，致使债权人的到期债权未能实现。

次债务人（即债务人的债务人）不认为债务人有怠于行使其到期债权情况的，应当承担举证责任。

**第十四条** 债权人依照合同法第七十三条的规定提起代位权诉讼的，由被告住所地人民法院管辖。

**第十五条**　债权人向人民法院起诉债务人以后，又向同一人民法院对次债务人提起代位权诉讼，符合本解释第十三条的规定和《中华人民共和国民事诉讼法》第一百零八条规定的起诉条件的，应当立案受理；不符合本解释第十三条规定的，告知债权人向次债务人住所地人民法院另行起诉。

受理代位权诉讼的人民法院在债权人起诉债务人的诉讼裁决发生法律效力以前，应当依照《中华人民共和国民事诉讼法》第一百三十六条第（五）项的规定中止代位权诉讼。

**第十六条**　债权人以次债务人为被告向人民法院提起代位权诉讼，未将债务人列为第三人的，人民法院可以追加债务人为第三人。

两个或者两个以上债权人以同一次债务人为被告提起代位权诉讼的，人民法院可以合并审理。

**第十七条**　在代位权诉讼中，债权人请求人民法院对次债务人的财产采取保全措施的，应当提供相应的财产担保。

**第十八条**　在代位权诉讼中，次债务人对债务人的抗辩，可以向债权人主张。

债务人在代位权诉讼中对债权人的债权提出异议，经审查异议成立的，人民法院应当裁定驳回债权人的起诉。

**第十九条**　在代位权诉讼中，债权人胜诉的，诉讼费由次债务人负担，从实现的债权中优先支付。

**第二十条**　债权人向次债务人提起的代位权诉讼经人民法院审理后认定代位权成立的，由次债务人向债权人履行清偿义务，债权人与债务人、债务人与次债务人之间相应的债权债务关系即予消灭。

**第二十一条**　在代位权诉讼中，债权人行使代位权的请求数额超过债务人所负债务额或者超过次债务人对债务人所负债务额的，对超出部分人民法院不予支持。

**第二十二条**　债务人在代位权诉讼中，对超过债权人代位请求数额的债权部分起诉次债务人的，人民法院应当告知其向有管辖权的人民法院另行起诉。

债务人的起诉符合法定条件的，人民法院应当受理；受理债务人起诉的人民法院在代位权诉讼裁决发生法律效力以前，应当依法中止。

## 五、撤销权

**第二十三条**　债权人依照合同法第七十四条的规定提起撤销权诉讼的，由被告住所地人民法院管辖。

**第二十四条**　债权人依照合同法第七十四条的规定提起撤销权诉讼时只以债务人为被告，未将受益人或者受让人列为第三人的，人民法院可以追加该受益人或者受让人为第三人。

**第二十五条** 债权人依照合同法第七十四条的规定提起撤销权诉讼,请求人民法院撤销债务人放弃债权或转让财产的行为,人民法院应当就债权人主张的部分进行审理,依法撤销的,该行为自始无效。

两个或者两个以上债权人以同一债务人为被告,就同一标的提起撤销权诉讼的,人民法院可以合并审理。

**第二十六条** 债权人行使撤销权所支付的律师代理费、差旅费等必要费用,由债务人负担;第三人有过错的,应当适当分担。

### 六、合同转让中的第三人

**第二十七条** 债权人转让合同权利后,债务人与受让人之间因履行合同发生纠纷诉至人民法院,债务人对债权人的权利提出抗辩的,可以将债权人列为第三人。

**第二十八条** 经债权人同意,债务人转移合同义务后,受让人与债权人之间因履行合同发生纠纷诉至人民法院,受让人就债务人对债权人的权利提出抗辩的,可以将债务人列为第三人。

**第二十九条** 合同当事人一方经对方同意将其在合同中的权利义务一并转让给受让人,对方与受让人因履行合同发生纠纷诉至人民法院,对方就合同权利义务提出抗辩的,可以将出让方列为第三人。

### 七、请求权竞合

**第三十条** 债权人依照合同法第一百二十二条的规定向人民法院起诉时作出选择后,在一审开庭以前又变更诉讼请求的,人民法院应当准许。对方当事人提出管辖权异议,经审查异议成立的,人民法院应当驳回起诉。

# 最高人民法院关于适用《中华人民共和国合同法》若干问题的解释(二)

法释〔2009〕5号

2009年2月9日最高人民法院审判委员会第1462次会议通过

为了正确审理合同纠纷案件,根据《中华人民共和国合同法》的规定,对人民法院适用合同法的有关问题作出如下解释:

## 一、合同的订立

**第一条** 当事人对合同是否成立存在争议,人民法院能够确定当事人名称或者姓名、标的和数量的,一般应当认定合同成立。但法律另有规定或者当事人另有约定的除外。

对合同欠缺的前款规定以外的其他内容,当事人达不成协议的,人民法院依照合同法第六十一条、第六十二条、第一百二十五条等有关规定予以确定。

**第二条** 当事人未以书面形式或者口头形式订立合同,但从双方从事的民事行为能够推定双方有订立合同意愿的,人民法院可以认定是以合同法第十条第一款中的"其他形式"订立的合同。但法律另有规定的除外。

**第三条** 悬赏人以公开方式声明对完成一定行为的人支付报酬,完成特定行为的人请求悬赏人支付报酬的,人民法院依法予以支持。但悬赏有合同法第五十二条规定情形的除外。

**第四条** 采用书面形式订立合同,合同约定的签订地与实际签字或者盖章地点不符的,人民法院应当认定约定的签订地为合同签订地;合同没有约定签订地,双方当事人签字或者盖章不在同一地点的,人民法院应当认定最后签字或者盖章的地点为合同签订地。

**第五条** 当事人采用合同书形式订立合同的,应当签字或者盖章。当事人在合同书上摁手印的,人民法院应当认定其具有与签字或者盖章同等的法律效力。

**第六条** 提供格式条款的一方对格式条款中免除或者限制其责任的内容,在合同订立时采用足以引起对方注意的文字、符号、字体等特别标识,并按照对方的要求对该格式条款予以说明的,人民法院应当认定符合合同法第三十九条所称“采取合理的方式”。

提供格式条款一方对已尽合理提示及说明义务承担举证责任。

**第七条** 下列情形,不违反法律、行政法规强制性规定的,人民法院可以认定为合同法所称“交易习惯”:

(一)在交易行为当地或者某一领域、某一行业通常采用并为交易对方订立合同时所知道或者应当知道的做法;

(二)当事人双方经常使用的习惯做法。

对于交易习惯,由提出主张的一方当事人承担举证责任。

**第八条** 依照法律、行政法规的规定经批准或者登记才能生效的合同成立后,有义务办理申请批准或者申请登记等手续的一方当事人未按照法律规定或者合同约定办理申请批准或者未申请登记的,属于合同法第四十二条第(三)项规定的“其他违背诚实信用原则的行为”,人民法院可以根据案件的具体情况和相对人的请求,判决相对人自己办理有关手续;对方当事人对由此产生的费用和给相对人造成的实际损失,应当承担损害赔偿责任。

## 二、合同的效力

**第九条** 提供格式条款的一方当事人违反合同法第三十九条第一款关于提示和说明义务的规定,导致对方没有注意免除或者限制其责任的条款,对方当事人申请撤销该格式条款的,人民法院应当支持。

**第十条** 提供格式条款的一方当事人违反合同法第三十九条第一款的规定,并具有合同法第四十条规定的情形之一的,人民法院应当认定该格式条款无效。

**第十一条** 根据合同法第四十七条、第四十八条的规定,追认的意思表示自到达相对人时生效,合同自订立时起生效。

**第十二条** 无权代理人以被代理人的名义订立合同,被代理人已经开始履行合同义务的,视为对合同的追认。

**第十三条** 被代理人依照合同法第四十九条的规定承担有效代理行为所产生的责任后,可以向无权代理人追偿因代理行为而遭受的损失。

**第十四条** 合同法第五十二条第(五)项规定的“强制性规定”,是指效力性强制性规定。

**第十五条** 出卖人就同一标的物订立多重买卖合同,合同均不具有合同法第五十二条规定的无效情形,买受人因不能按照合同约定取得标的物所有权,请求追究出卖人违约责任的,人民法院应予支持。

## 三、合同的履行

**第十六条**　人民法院根据具体案情可以将合同法第六十四条、第六十五条规定的第三人列为无独立请求权的第三人，但不得依职权将其列为该合同诉讼案件的被告或者有独立请求权的第三人。

**第十七条**　债权人以境外当事人为被告提起的代位权诉讼，人民法院根据《中华人民共和国民事诉讼法》第二百四十一条的规定确定管辖。

**第十八条**　债务人放弃其未到期的债权或者放弃债权担保，或者恶意延长到期债权的履行期，对债权人造成损害，债权人依照合同法第七十四条的规定提起撤销权诉讼的，人民法院应当支持。

**第十九条**　对于合同法第七十四条规定的“明显不合理的低价”，人民法院应当以交易当地一般经营者的判断，并参考交易当时交易地的物价部门指导价或者市场交易价，结合其他相关因素综合考虑予以确认。

转让价格达不到交易时交易地的指导价或者市场交易价百分之七十的，一般可以视为明显不合理的低价；对转让价格高于当地指导价或者市场交易价百分之三十的，一般可以视为明显不合理的高价。

债务人以明显不合理的高价收购他人财产，人民法院可以根据债权人的申请，参照合同法第七十四条的规定予以撤销。

**第二十条**　债务人的给付不足以清偿其对同一债权人所负的数笔相同种类的全部债务，应当优先抵充已到期的债务；几项债务均到期的，优先抵充对债权人缺乏担保或者担保数额最少的债务；担保数额相同的，优先抵充债务负担较重的债务；负担相同的，按照债务到期的先后顺序抵充；到期时间相同的，按比例抵充。但是，债权人与债务人对清偿的债务或者清偿抵充顺序有约定的除外。

**第二十一条**　债务人除主债务之外还应当支付利息和费用，当其给付不足以清偿全部债务时，并且当事人没有约定的，人民法院应当按照下列顺序抵充：

（一）实现债权的有关费用；

（二）利息；

（三）主债务。

## 四、合同的权利义务终止

**第二十二条**　当事人一方违反合同法第九十二条规定的义务，给对方当事人造成损失，对方当事人请求赔偿实际损失的，人民法院应当支持。

**第二十三条**　对于依照合同法第九十九条的规定可以抵销的到期债权，当事人约定不得抵销的，人民法院可以认定该约定有效。

**第二十四条**　当事人对合同法第九十六条、第九十九条规定的合同解除或者债务抵销虽有异议，但在约定的异议期限届满后才提出异议并向人民法院起诉的，人民法院不予支持；当事人没有约定异议期间，在解除合同或者债务抵销通知到达之日起三个月以后才向人民法院起诉的，人民法院不予支持。

**第二十五条** 依照合同法第一百零一条的规定，债务人将合同标的物或者标的物拍卖、变卖所得价款交付提存部门时，人民法院应当认定提存成立。

提存成立的，视为债务人在其提存范围内已经履行债务。

**第二十六条** 合同成立以后客观情况发生了当事人在订立合同时无法预见的、非不可抗力造成的不属于商业风险的重大变化，继续履行合同对于一方当事人明显不公平或者不能实现合同目的，当事人请求人民法院变更或者解除合同的，人民法院应当根据公平原则，并结合案件的实际情况确定是否变更或者解除。

**五、违约责任**

**第二十七条** 当事人通过反诉或者抗辩的方式，请求人民法院依照合同法第一百一十四条第二款的规定调整违约金的，人民法院应予支持。

**第二十八条** 当事人依照合同法第一百一十四条第二款的规定，请求人民法院增加违约金的，增加后的违约金数额以不超过实际损失额为限。增加违约金以后，当事人又请求对方赔偿损失的，人民法院不予支持。

**第二十九条** 当事人主张约定的违约金过高请求予以适当减少的，人民法院应当以实际损失为基础，兼顾合同的履行情况、当事人的过错程度以及预期利益等综合因素，根据公平原则和诚实信用原则予以衡量，并作出裁决。

当事人约定的违约金超过造成损失的百分之三十的，一般可以认定为合同法第一百一十四条第二款规定的“过分高于造成的损失”。

**六、附则**

**第三十条** 合同法施行后成立的合同发生纠纷的案件，本解释施行后尚未终审的，适用本解释；本解释施行前已经终审，当事人申请再审或者按照审判监督程序决定再审的，不适用本解释。

# 最高人民法院关于审理商品房买卖合同纠纷案件适用法律若干问题的解释

法释〔2003〕7号

2003年3月24日最高人民法院审判委员会第1267次会议通过

为正确、及时审理商品房买卖合同纠纷案件，根据《中华人民共和国民法通则》、《中华人民共和国合同法》、《中华人民共和国城市房地产管理法》、《中华人民共和国担保法》等相关法律，结合民事审判实践，制定本解释。

**第一条** 本解释所称的商品房买卖合同，是指房地产开发企业（以下统称为出卖人）将尚未建成或者已竣工的房屋向社会销售并转移房屋所有权于买受人，买受人支付价款的合同。

**第二条** 出卖人未取得商品房预售许可证明，与买受人订立的商品房预售合同，应当认定无效，但是在起诉前取得商品房预售许可证明的，可以认定有效。

**第三条** 商品房的销售广告和宣传资料为要约邀请，但是出卖人就商品房开发规划范围内的房屋及相关设施所作的说明和允诺具体确定，并对商品房买卖合同的订立以及房屋价格的确定有重大影响的，应当视为要约。该说明和允诺即使未载入商品房买卖合同，亦应当视为合同内容，当事人违反的，应当承担违约责任。

**第四条** 出卖人通过认购、订购、预订等方式向买受人收受定金作为订立商品房买卖合同担保的，如果因当事人一方原因未能订立商品房买卖合同，应当按照法律关于定金的规定处理；因不可归责于当事人双方的事由，导致商品房买卖合同未能订立的，出卖人应当将定金返还买受人。

**第五条** 商品房的认购、订购、预订等协议具备《商品房销售管理办法》第十六条规定的商品房买卖合同的主要内容，并且出卖人已经按照约定收受购房款的，该协议应当认定为商品房买卖合同。

**第六条** 当事人以商品房预售合同未按照法律、行政法规规定办理登记备案手续为由，请求确认合同无效的，不予支持。

当事人约定以办理登记备案手续为商品房预售合同生效条件的，从其约定，但当事人一方已经履行主要义务，对方接受的除外。

**第七条** 拆迁人与被拆迁人按照所有权调换形式订立拆迁补偿安置协议，明确约定拆迁人以位置、用途特定的房屋对被拆迁人予以补偿安置，如果拆迁人将该补偿安置房屋另行出卖给第三人，被拆迁人请求优先取得补偿安置房屋的，应予支持。

被拆迁人请求解除拆迁补偿安置协议的，按照本解释第八条的规定处理。

**第八条** 具有下列情形之一，导致商品房买卖合同目的不能实现的，无法取得房屋的买受人可以请求解除合同、返还已付购房款及利息、赔偿损失，并可以请求出卖人承担不超过已付购房款一倍的赔偿责任：

（一）商品房买卖合同订立后，出卖人未告知买受人又将该房屋抵押给第三人；

（二）商品房买卖合同订立后，出卖人又将该房屋出卖给第三人。

**第九条** 出卖人订立商品房买卖合同时，具有下列情形之一，导致合同无效或者被撤销、解除的，买受人可以请求返还已付购房款及利息、赔偿损失，并可以请求出卖人承担不超过已付购房款一倍的赔偿责任：

（一）故意隐瞒没有取得商品房预售许可证明的事实或者提供虚假商品房预售许可证明；

（二）故意隐瞒所售房屋已经抵押的事实；

（三）故意隐瞒所售房屋已经出卖给第三人或者为拆迁补偿安置房屋的事实。

**第十条** 买受人以出卖人与第三人恶意串通，另行订立商品房买卖合同并将房屋交付使用，导致其无法取得房屋为由，请求确认出卖人与第三人订立的商品房买卖合同无效的，应予支持。

**第十一条** 对房屋的转移占有，视为房屋的交付使用，但当事人另有约定的除外。

房屋毁损、灭失的风险，在交付使用前由出卖人承担，交付使用后由买受人承担；买受人接到出卖人的书面交房通知，无正当理由拒绝接收的，房屋毁损、灭失的风险自书面交房通知确定的交付使用之日起由买受人承担，但法律另有规定或者当事人另有约定的除外。

**第十二条** 因房屋主体结构质量不合格不能交付使用，或者房屋交付使用后，房屋主体结构质量经核验确属不合格，买受人请求解除合同和赔偿损失的，应予支持。

**第十三条** 因房屋质量问题严重影响正常居住使用，买受人请求解除合同和赔偿损失的，应予支持。

交付使用的房屋存在质量问题，在保修期内，出卖人应当承担修复责任；出卖人拒绝修复或者在合理期限内拖延修复的，买受人可以自行或者委托他人修复。修复费用及修复期间造成的其他损失由出卖人承担。

**第十四条** 出卖人交付使用的房屋套内建筑面积或者建筑面积与商品房买卖合同约定面积不符,合同有约定的,按照约定处理;合同没有约定或者约定不明确的,按照以下原则处理:

(一)面积误差比绝对值在3%以内(含3%),按照合同约定的价格据实结算,买受人请求解除合同的,不予支持;

(二)面积误差比绝对值超出3%,买受人请求解除合同、返还已付购房款及利息的,应予支持。买受人同意继续履行合同,房屋实际面积大于合同约定面积的,面积误差比在3%以内(含3%)部分的房价款由买受人按照约定的价格补足,面积误差比超出3%部分的房价款由出卖人承担,所有权归买受人;房屋实际面积小于合同约定面积的,面积误差比在3%以内(含3%)部分的房价款及利息由出卖人返还买受人,面积误差比超过3%部分的房价款由出卖人双倍返还买受人。

**第十五条** 根据《合同法》第九十四条的规定,出卖人迟延交付房屋或者买受人迟延支付购房款,经催告后在三个月的合理期限内仍未履行,当事人一方请求解除合同的,应予支持,但当事人另有约定的除外。

法律没有规定或者当事人没有约定,经对方当事人催告后,解除权行使的合理期限为三个月。对方当事人没有催告的,解除权应当在解除权发生之日起一年内行使;逾期不行使的,解除权消灭。

**第十六条** 当事人以约定的违约金过高为由请求减少的,应当以违约金超过造成的损失30%为标准适当减少;当事人以约定的违约金低于造成的损失为由请求增加的,应当以违约造成的损失确定违约金数额。

**第十七条** 商品房买卖合同没有约定违约金数额或者损失赔偿额计算方法,违约金数额或者损失赔偿额可以参照以下标准确定:

逾期付款的,按照未付购房款总额,参照中国人民银行规定的金融机构计收逾期贷款利息的标准计算。

逾期交付使用房屋的,按照逾期交付使用房屋期间有关主管部门公布或者有资格的房地产评估机构评定的同地段同类房屋租金标准确定。

**第十八条** 由于出卖人的原因,买受人在下列期限届满未能取得房屋权属证书的,除当事人有特殊约定外,出卖人应当承担违约责任:

(一)商品房买卖合同约定的办理房屋所有权登记的期限;

(二)商品房买卖合同的标的物为尚未建成房屋的,自房屋交付使用之日起90日;

(三)商品房买卖合同的标的物为已竣工房屋的,自合同订立之日起90日。

合同没有约定违约金或者损失数额难以确定的,可以按照已付购房款总额,参照中国人民银行规定的金融机构计收逾期贷款利息的标准计算。

**第十九条** 商品房买卖合同约定或者《城市房地产开发经营管理条例》第三十三条规定的办理房屋所有权登记的期限届满后超过一年，由于出卖人的原因，导致买受人无法办理房屋所有权登记，买受人请求解除合同和赔偿损失的，应予支持。

**第二十条** 出卖人与包销人订立商品房包销合同，约定出卖人将其开发建设的房屋交由包销人以出卖人的名义销售的，包销期满未销售的房屋，由包销人按照合同约定的包销价格购买，但当事人另有约定的除外。

**第二十一条** 出卖人自行销售已经约定由包销人包销的房屋，包销人请求出卖人赔偿损失的，应予支持，但当事人另有约定的除外。

**第二十二条** 对于买受人因商品房买卖合同与出卖人发生的纠纷，人民法院应当通知包销人参加诉讼；出卖人、包销人和买受人对各自的权利义务有明确约定的，按照约定的内容确定各方的诉讼地位。

**第二十三条** 商品房买卖合同约定，买受人以担保贷款方式付款、因当事人一方原因未能订立商品房担保贷款合同并导致商品房买卖合同不能继续履行的，对方当事人可以请求解除合同和赔偿损失。因不可归责于当事人双方的事由未能订立商品房担保贷款合同并导致商品房买卖合同不能继续履行的，当事人可以请求解除合同，出卖人应当将收受的购房款本金及其利息或者定金返还买受人。

**第二十四条** 因商品房买卖合同被确认无效或者被撤销、解除，致使商品房担保贷款合同的目的无法实现，当事人请求解除商品房担保贷款合同的，应予支持。

**第二十五条** 以担保贷款为付款方式的商品房买卖合同的当事人一方请求确认商品房买卖合同无效或者撤销、解除合同的，如果担保权人作为有独立请求权第三人提出诉讼请求，应当与商品房担保贷款合同纠纷合并审理；未提出诉讼请求的，仅处理商品房买卖合同纠纷。担保权人就商品房担保贷款合同纠纷另行起诉的，可以与商品房买卖合同纠纷合并审理。

商品房买卖合同被确认无效或者被撤销、解除后，商品房担保贷款合同也被解除的、出卖人应当将收受的购房贷款和购房款的本金及利息分别返还担保权人和买受人。

**第二十六条** 买受人未按照商品房担保贷款合同的约定偿还贷款，亦未与担保权人办理商品房抵押登记手续，担保权人起诉买受人，请求处分商品房买卖合同项下买受人合同权利的，应当通知出卖人参加诉讼；担保权人同时起诉出卖人时，如果出卖人为商品房担保贷款合同提供保证的，应当列为共同被告。

**第二十七条** 买受人未按照商品房担保贷款合同的约定偿还贷款，但是已经取得房屋权属证书并与担保权人办理了商品房抵押登记手续，抵押权人请求买受人偿还贷款或者就抵押的房屋优先受偿的，不应当追加出卖人为当事人，但出卖人提供保证的除外。

**第二十八条**　本解释自2003年6月1日起施行。

《中华人民共和国城市房地产管理法》施行后订立的商品房买卖合同发生的纠纷案件，本解释公布施行后尚在一审、二审阶段的，适用本解释。

《中华人民共和国城市房地产管理法》施行后订立的商品房买卖合同发生的纠纷案件，在本解释公布施行前已经终审，当事人申请再审或者按照审判监督程序决定再审的，不适用本解释。

《中华人民共和国城市房地产管理法》施行前发生的商品房买卖行为，适用当时的法律、法规和《最高人民法院〈关于审理房地产管理法施行前房地产开发经营案件若干问题的解答〉》。

# 最高人民法院关于审理城镇房屋租赁合同纠纷案件具体应用法律若干问题的解释

法释〔2009〕11号

2009年6月22日最高人民法院审判委员会第1469次会议通过

为正确审理城镇房屋租赁合同纠纷案件，依法保护当事人的合法权益，根据《中华人民共和国民法通则》、《中华人民共和国物权法》、《中华人民共和国合同法》等法律规定，结合民事审判实践，制定本解释。

**第一条** 本解释所称城镇房屋，是指城市、镇规划区内的房屋。

乡、村庄规划区内的房屋租赁合同纠纷案件，可以参照本解释处理。但法律另有规定的，适用其规定。

当事人依照国家福利政策租赁公有住房、廉租住房、经济适用住房产生的纠纷案件，不适用本解释。

**第二条** 出租人就未取得建设工程规划许可证或者未按照建设工程规划许可证的规定建设的房屋，与承租人订立的租赁合同无效。但在一审法庭辩论终结前取得建设工程规划许可证或者经主管部门批准建设的，人民法院应当认定有效。

**第三条** 出租人就未经批准或者未按照批准内容建设的临时建筑，与承租人订立的租赁合同无效。但在一审法庭辩论终结前经主管部门批准建设的，人民法院应当认定有效。

租赁期限超过临时建筑的使用期限，超过部分无效。但在一审法庭辩论终结前经主管部门批准延长使用期限的，人民法院应当认定延长使用期限内的租赁期间有效。

**第四条** 当事人以房屋租赁合同未按照法律、行政法规规定办理登记备案手续为由，请求确认合同无效的，人民法院不予支持。

当事人约定以办理登记备案手续为房屋租赁合同生效条件的，从其约定。但当事人一方已经履行主要义务，对方接受的除外。

**第五条** 房屋租赁合同无效，当事人请求参照合同约定的租金标准支付房屋占有使用费的，人民法院一般应予支持。

当事人请求赔偿因合同无效受到的损失，人民法院依照合同法的有关规定和本司法解释第九条、第十三条、第十四条的规定处理。

**第六条**　出租人就同一房屋订立数份租赁合同，在合同均有效的情况下，承租人均主张履行合同的，人民法院按照下列顺序确定履行合同的承租人：

（一）已经合法占有租赁房屋的；

（二）已经办理登记备案手续的；

（三）合同成立在先的。

不能取得租赁房屋的承租人请求解除合同、赔偿损失的，依照合同法的有关规定处理。

**第七条**　承租人擅自变动房屋建筑主体和承重结构或者扩建，在出租人要求的合理期限内仍不予恢复原状，出租人请求解除合同并要求赔偿损失的，人民法院依照合同法第二百一十九条的规定处理。

**第八条**　因下列情形之一，导致租赁房屋无法使用，承租人请求解除合同的，人民法院应予支持：

（一）租赁房屋被司法机关或者行政机关依法查封的；

（二）租赁房屋权属有争议的；

（三）租赁房屋具有违反法律、行政法规关于房屋使用条件强制性规定情况的。

**第九条**　承租人经出租人同意装饰装修，租赁合同无效时，未形成附合的装饰装修物，出租人同意利用的，可折价归出租人所有；不同意利用的，可由承租人拆除。因拆除造成房屋毁损的，承租人应当恢复原状。

已形成附合的装饰装修物，出租人同意利用的，可折价归出租人所有；不同意利用的，由双方各自按照导致合同无效的过错分担现值损失。

**第十条**　承租人经出租人同意装饰装修，租赁期间届满或者合同解除时，除当事人另有约定外，未形成附合的装饰装修物，可由承租人拆除。因拆除造成房屋毁损的，承租人应当恢复原状。

**第十一条**　承租人经出租人同意装饰装修，合同解除时，双方对已形成附合的装饰装修物的处理没有约定的，人民法院按照下列情形分别处理：

（一）因出租人违约导致合同解除，承租人请求出租人赔偿剩余租赁期内装饰装修残值损失的，应予支持；

（二）因承租人违约导致合同解除，承租人请求出租人赔偿剩余租赁期内装饰装修残值损失的，不予支持。但出租人同意利用的，应在利用价值范围内予以适当补偿；

（三）因双方违约导致合同解除，剩余租赁期内的装饰装修残值损失，由双方根据各自的过错承担相应的责任；

（四）因不可归责于双方的事由导致合同解除的，剩余租赁期内的装饰装修残值损失，由双方按照公平原则分担。法律另有规定的，适用其规定。

**第十二条** 承租人经出租人同意装饰装修，租赁期间届满时，承租人请求出租人补偿附合装饰装修费用的，不予支持。但当事人另有约定的除外。

**第十三条** 承租人未经出租人同意装饰装修或者扩建发生的费用，由承租人负担。出租人请求承租人恢复原状或者赔偿损失的，人民法院应予支持。

**第十四条** 承租人经出租人同意扩建，但双方对扩建费用的处理没有约定的，人民法院按照下列情形分别处理：

（一）办理合法建设手续的，扩建造价费用由出租人负担；

（二）未办理合法建设手续的，扩建造价费用由双方按照过错分担。

**第十五条** 承租人经出租人同意将租赁房屋转租给第三人时，转租期限超过承租人剩余租赁期限的，人民法院应当认定超过部分的约定无效。但出租人与承租人另有约定的除外。

**第十六条** 出租人知道或者应当知道承租人转租，但在六个月内未提出异议，其以承租人未经同意为由请求解除合同或者认定转租合同无效的，人民法院不予支持。

因租赁合同产生的纠纷案件，人民法院可以通知次承租人作为第三人参加诉讼。

**第十七条** 因承租人拖欠租金，出租人请求解除合同时，次承租人请求代承租人支付欠付的租金和违约金以抗辩出租人合同解除权的，人民法院应予支持。但转租合同无效的除外。

次承租人代为支付的租金和违约金超出其应付的租金数额，可以折抵租金或者向承租人追偿。

**第十八条** 房屋租赁合同无效、履行期限届满或者解除，出租人请求负有腾房义务的次承租人支付逾期腾房占有使用费的，人民法院应予支持。

**第十九条** 承租人租赁房屋用于以个体工商户或者个人合伙方式从事经营活动，承租人在租赁期间死亡、宣告失踪或者宣告死亡，其共同经营人或者其他合伙人请求按照原租赁合同租赁该房屋的，人民法院应予支持。

**第二十条** 租赁房屋在租赁期间发生所有权变动，承租人请求房屋受让人继续履行原租赁合同的，人民法院应予支持。但租赁房屋具有下列情形或者当事人另有约定的除外：

（一）房屋在出租前已设立抵押权，因抵押权人实现抵押权发生所有权变动的；

（二）房屋在出租前已被人民法院依法查封的。

**第二十一条** 出租人出卖租赁房屋未在合理期限内通知承租人或者存在其

他侵害承租人优先购买权情形，承租人请求出租人承担赔偿责任的，人民法院应予支持。但请求确认出租人与第三人签订的房屋买卖合同无效的，人民法院不予支持。

**第二十二条**　出租人与抵押权人协议折价、变卖租赁房屋偿还债务，应当在合理期限内通知承租人。承租人请求以同等条件优先购买房屋的，人民法院应予支持。

**第二十三条**　出租人委托拍卖人拍卖租赁房屋，应当在拍卖5日前通知承租人。承租人未参加拍卖的，人民法院应当认定承租人放弃优先购买权。

**第二十四条**　具有下列情形之一，承租人主张优先购买房屋的，人民法院不予支持：

（一）房屋共有人行使优先购买权的；

（二）出租人将房屋出卖给近亲属，包括配偶、父母、子女、兄弟姐妹、祖父母、外祖父母、孙子女、外孙子女的；

（三）出租人履行通知义务后，承租人在十五日内未明确表示购买的；

（四）第三人善意购买租赁房屋并已经办理登记手续的。

**第二十五条**　本解释施行前已经终审，本解释施行后当事人申请再审或者按照审判监督程序决定再审的案件，不适用本解释。

# 最高人民法院关于审理建设工程施工合同纠纷案件适用法律问题的解释

法释〔2004〕14 号

2004 年 9 月 29 日最高人民法院审判委员会第 1327 次会议通过

根据《中华人民共和国民法通则》、《中华人民共和国合同法》、《中华人民共和国招标投标法》、《中华人民共和国民事诉讼法》等法律规定，结合民事审判实际，就审理建设工程施工合同纠纷案件适用法律的问题，制定本解释。

**第一条**　建设工程施工合同具有下列情形之一的，应当根据合同法第五十二条第（五）项的规定，认定无效：

（一）承包人未取得建筑施工企业资质或者超越资质等级的；

（二）没有资质的实际施工人借用有资质的建筑施工企业名义的；

（三）建设工程必须进行招标而未招标或者中标无效的。

**第二条**　建设工程施工合同无效，但建设工程经竣工验收合格，承包人请求参照合同约定支付工程价款的，应予支持。

**第三条**　建设工程施工合同无效，且建设工程经竣工验收不合格的，按照以下情形分别处理：

（一）修复后的建设工程经竣工验收合格，发包人请求承包人承担修复费用的，应予支持；

（二）修复后的建设工程经竣工验收不合格，承包人请求支付工程价款的，不予支持。

因建设工程不合格造成的损失，发包人有过错的，也应承担相应的民事责任。

**第四条**　承包人非法转包、违法分包建设工程或者没有资质的实际施工人借用有资质的建筑施工企业名义与他人签订建设工程施工合同的行为无效。人民法院可以根据民法通则第一百三十四条规定，收缴当事人已经取得的非法所得。

**第五条**　承包人超越资质等级许可的业务范围签订建设工程施工合同，在建设工程竣工前取得相应资质等级，当事人请求按照无效合同处理的，不予支持。

**第六条**　当事人对垫资和垫资利息有约定,承包人请求按照约定返还垫资及其利息的,应予支持,但是约定的利息计算标准高于中国人民银行发布的同期同类贷款利率的部分除外。

当事人对垫资没有约定的,按照工程欠款处理。

当事人对垫资利息没有约定,承包人请求支付利息的,不予支持。

**第七条**　具有劳务作业法定资质的承包人与总承包人、分包人签订的劳务分包合同,当事人以转包建设工程违反法律规定为由请求确认无效的,不予支持。

**第八条**　承包人具有下列情形之一,发包人请求解除建设工程施工合同的,应予支持:

(一)明确表示或者以行为表明不履行合同主要义务的;

(二)合同约定的期限内没有完工,且在发包人催告的合理期限内仍未完工的;

(三)已经完成的建设工程质量不合格,并拒绝修复的;

(四)将承包的建设工程非法转包、违法分包的。

**第九条**　发包人具有下列情形之一,致使承包人无法施工,且在催告的合理期限内仍未履行相应义务,承包人请求解除建设工程施工合同的,应予支持:

(一)未按约定支付工程价款的;

(二)提供的主要建筑材料、建筑构配件和设备不符合强制性标准的;

(三)不履行合同约定的协助义务的。

**第十条**　建设工程施工合同解除后,已经完成的建设工程质量合格的,发包人应当按照约定支付相应的工程价款;已经完成的建设工程质量不合格的,参照本解释第三条规定处理。

因一方违约导致合同解除的,违约方应当赔偿因此而给对方造成的损失。

**第十一条**　因承包人的过错造成建设工程质量不符合约定,承包人拒绝修理、返工或者改建,发包人请求减少支付工程价款的,应予支持。

**第十二条**　发包人具有下列情形之一,造成建设工程质量缺陷,应当承担过错责任:

(一)提供的设计有缺陷;

(二)提供或者指定购买的建筑材料、建筑构配件、设备不符合强制性标准;

(三)直接指定分包人分包专业工程。

承包人有过错的,也应当承担相应的过错责任。

**第十三条**　建设工程未经竣工验收,发包人擅自使用后,又以使用部分质量不符合约定为由主张权利的,不予支持;但是承包人应当在建设工程的合理使用寿命内对地基基础工程和主体结构质量承担民事责任。

**第十四条** 当事人对建设工程实际竣工日期有争议的，按照以下情形分别处理：

（一）建设工程经竣工验收合格的，以竣工验收合格之日为竣工日期；

（二）承包人已经提交竣工验收报告，发包人拖延验收的，以承包人提交验收报告之日为竣工日期；

（三）建设工程未经竣工验收，发包人擅自使用的，以转移占有建设工程之日为竣工日期。

**第十五条** 建设工程竣工前，当事人对工程质量发生争议，工程质量经鉴定合格的，鉴定期间为顺延工期期间。

**第十六条** 当事人对建设工程的计价标准或者计价方法有约定的，按照约定结算工程价款。

因设计变更导致建设工程的工程量或者质量标准发生变化，当事人对该部分工程价款不能协商一致的，可以参照签订建设工程施工合同时当地建设行政主管部门发布的计价方法或者计价标准结算工程价款。

建设工程施工合同有效，但建设工程经竣工验收不合格的，工程价款结算参照本解释第三条规定处理。

**第十七条** 当事人对欠付工程价款利息计付标准有约定的，按照约定处理；没有约定的，按照中国人民银行发布的同期同类贷款利率计息。

**第十八条** 利息从应付工程价款之日计付。当事人对付款时间没有约定或者约定不明的，下列时间视为应付款时间：

（一）建设工程已实际交付的，为交付之日；

（二）建设工程没有交付的，为提交竣工结算文件之日；

（三）建设工程未交付，工程价款也未结算的，为当事人起诉之日。

**第十九条** 当事人对工程量有争议的，按照施工过程中形成的签证等书面文件确认。承包人能够证明发包人同意其施工，但未能提供签证文件证明工程量发生的，可以按照当事人提供的其他证据确认实际发生的工程量。

**第二十条** 当事人约定，发包人收到竣工结算文件后，在约定期限内不予答复，视为认可竣工结算文件的，按照约定处理。承包人请求按照竣工结算文件结算工程价款的，应予支持。

**第二十一条** 当事人就同一建设工程另行订立的建设工程施工合同与经过备案的中标合同实质性内容不一致的，应当以备案的中标合同作为结算工程价款的根据。

**第二十二条** 当事人约定按照固定价结算工程价款，一方当事人请求对建设工程造价进行鉴定的，不予支持。

**第二十三条**　当事人对部分案件事实有争议的，仅对有争议的事实进行鉴定，但争议事实范围不能确定，或者双方当事人请求对全部事实鉴定的除外。

**第二十四条**　建设工程施工合同纠纷以施工行为地为合同履行地。

**第二十五条**　因建设工程质量发生争议的，发包人可以以总承包人、分包人和实际施工人为共同被告提起诉讼。

**第二十六条**　实际施工人以转包人、违法分包人为被告起诉的，人民法院应当依法受理。

实际施工人以发包人为被告主张权利的，人民法院可以追加转包人或者违法分包人为本案当事人。发包人只在欠付工程价款范围内对实际施工人承担责任。

**第二十七条**　因保修人未及时履行保修义务，导致建筑物毁损或者造成人身、财产损害的，保修人应当承担赔偿责任。

保修人与建筑物所有人或者发包人对建筑物毁损均有过错的，各自承担相应的责任。

**第二十八条**　本解释自二〇〇五年一月一日起施行。

施行后受理的第一审案件适用本解释。

施行前最高人民法院发布的司法解释与本解释相抵触的，以本解释为准。

# 最高人民法院关于审理海上货运代理纠纷案件若干问题的规定

法释〔2012〕3号

2012年1月9日最高人民法院审判委员会第1538次会议通过

为正确审理海上货运代理纠纷案件，依法保护当事人合法权益，根据《中华人民共和国民法通则》、《中华人民共和国合同法》、《中华人民共和国海商法》、《中华人民共和国民事诉讼法》和《中华人民共和国海事诉讼特别程序法》等有关法律规定，结合审判实践，制定本规定。

**第一条** 本规定适用于货运代理企业接受委托人委托处理与海上货物运输有关的货运代理事务时发生的下列纠纷：

（一）因提供订舱、报关、报检、报验、保险服务所发生的纠纷；

（二）因提供货物的包装、监装、监卸、集装箱装拆箱、分拨、中转服务所发生的纠纷；

（三）因缮制、交付有关单证、费用结算所发生的纠纷；

（四）因提供仓储、陆路运输服务所发生的纠纷；

（五）因处理其他海上货运代理事务所发生的纠纷。

**第二条** 人民法院审理海上货运代理纠纷案件，认定货运代理企业因处理海上货运代理事务与委托人之间形成代理、运输、仓储等不同法律关系的，应分别适用相关的法律规定。

**第三条** 人民法院应根据书面合同约定的权利义务的性质，并综合考虑货运代理企业取得报酬的名义和方式、开具发票的种类和收费项目、当事人之间的交易习惯以及合同实际履行的其他情况，认定海上货运代理合同关系是否成立。

**第四条** 货运代理企业在处理海上货运代理事务过程中以自己的名义签发提单、海运单或者其他运输单证，委托人据此主张货运代理企业承担承运人责任的，人民法院应予支持。

货运代理企业以承运人代理人名义签发提单、海运单或者其他运输单证，但不能证明取得承运人授权，委托人据此主张货运代理企业承担承运人责任的，人民法院应予支持。

**第五条**　委托人与货运代理企业约定了转委托权限，当事人就权限范围内的海上货运代理事务主张委托人同意转委托的，人民法院应予支持。

没有约定转委托权限，货运代理企业或第三人以委托人知道货运代理企业将海上货运代理事务转委托或部分转委托第三人处理而未表示反对为由，主张委托人同意转委托的，人民法院不予支持，但委托人的行为明确表明其接受转委托的除外。

**第六条**　一方当事人根据双方的交易习惯，有理由相信行为人有权代表对方当事人订立海上货运代理合同，该方当事人依据合同法第四十九条的规定主张合同成立的，人民法院应予支持。

**第七条**　海上货运代理合同约定货运代理企业交付处理海上货运代理事务取得的单证以委托人支付相关费用为条件，货运代理企业以委托人未支付相关费用为由拒绝交付单证的，人民法院应予支持。

合同未约定或约定不明确，货运代理企业以委托人未支付相关费用为由拒绝交付单证的，人民法院应予支持，但提单、海运单或者其他运输单证除外。

**第八条**　货运代理企业接受契约托运人的委托办理订舱事务，同时接受实际托运人的委托向承运人交付货物，实际托运人请求货运代理企业交付其取得的提单、海运单或者其他运输单证的，人民法院应予支持。

契约托运人是指本人或者委托他人以本人名义或者委托他人为本人与承运人订立海上货物运输合同的人。

实际托运人是指本人或者委托他人以本人名义或者委托他人为本人将货物交给与海上货物运输合同有关的承运人的人。

**第九条**　货运代理企业按照概括委托权限完成海上货运代理事务，请求委托人支付相关合理费用的，人民法院应予支持。

**第十条**　委托人以货运代理企业处理海上货运代理事务给委托人造成损失为由，主张由货运代理企业承担相应赔偿责任的，人民法院应予支持，但货运代理企业证明其没有过错的除外。

**第十一条**　货运代理企业未尽谨慎义务，与未在我国交通主管部门办理提单登记的无船承运业务经营者订立海上货物运输合同，造成委托人损失的，应承担相应的赔偿责任。

**第十二条**　货运代理企业接受未在我国交通主管部门办理提单登记的无船承运业务经营者的委托签发提单，当事人主张由货运代理企业和无船承运业务经营者对提单项下的损失承担连带责任的，人民法院应予支持。

货运代理企业承担赔偿责任后，有权向无船承运业务经营者追偿。

**第十三条**　因本规定第一条所列纠纷提起的诉讼，由海事法院管辖。

**第十四条**　人民法院在案件审理过程中，发现不具有无船承运业务经营资格的货运代理企业违反《中华人民共和国国际海运条例》的规定，以自己的名义签发提单、海运单或者其他运输单证的，应当向有关交通主管部门发出司法建议，建议交通主管部门予以处罚。

**第十五条** 本规定不适用于与沿海、内河货物运输有关的货运代理纠纷案件。

**第十六条** 本规定施行前本院作出的有关司法解释与本规定相抵触的，以本规定为准。

本规定施行后，案件尚在一审或者二审阶段的，适用本规定；本规定施行前已经终审的案件，本规定施行后当事人申请再审或者按照审判监督程序决定再审的案件，不适用本规定。

# 最高人民法院关于审理技术合同纠纷案件适用法律若干问题的解释

法释〔2004〕20号

2004年11月30日最高人民法院审判委员会第1335次会议通过

为了正确审理技术合同纠纷案件，根据《中华人民共和国合同法》、《中华人民共和国专利法》和《中华人民共和国民事诉讼法》等法律的有关规定，结合审判实践，现就有关问题作出以下解释。

**一、一般规定**

**第一条** 技术成果，是指利用科学技术知识、信息和经验作出的涉及产品、工艺、材料及其改进等的技术方案，包括专利、专利申请、技术秘密、计算机软件、集成电路布图设计、植物新品种等。

技术秘密，是指不为公众所知悉、具有商业价值并经权利人采取保密措施的技术信息。

**第二条** 合同法第三百二十六条第二款所称"执行法人或者其他组织的工作任务"，包括：

（一）履行法人或者其他组织的岗位职责或者承担其交付的其他技术开发任务；

（二）离职后一年内继续从事与其原所在法人或者其他组织的岗位职责或者交付的任务有关的技术开发工作，但法律、行政法规另有规定的除外。

法人或者其他组织与其职工就职工在职期间或者离职以后所完成的技术成果的权益有约定的，人民法院应当依约定确认。

**第三条** 合同法第三百二十六条第二款所称"物质技术条件"，包括资金、设备、器材、原材料、未公开的技术信息和资料等。

**第四条** 合同法第三百二十六条第二款所称"主要利用法人或者其他组织的物质技术条件"，包括职工在技术成果的研究开发过程中，全部或者大部分利用了法人或者其他组织的资金、设备、器材或者原材料等物质条件，并且这些物质条件对形成该技术成果具有实质性的影响；还包括该技术成果实质性内容是在法人或者其他组织尚未公开的技术成果、阶段性技术成果基础上完成的情形。

但下列情况除外：

（一）对利用法人或者其他组织提供的物质技术条件，约定返还资金或者交纳使用费的；

（二）在技术成果完成后利用法人或者其他组织的物质技术条件对技术方案进行验证、测试的。

**第五条** 个人完成的技术成果，属于执行原所在法人或者其他组织的工作任务，又主要利用了现所在法人或者其他组织的物质技术条件的，应当按照该自然人原所在和现所在法人或者其他组织达成的协议确认权益。不能达成协议的，根据对完成该项技术成果的贡献大小由双方合理分享。

**第六条** 合同法第三百二十六条、第三百二十七条所称完成技术成果的"个人"，包括对技术成果单独或者共同作出创造性贡献的人，也即技术成果的发明人或者设计人。人民法院在对创造性贡献进行认定时，应当分解所涉及技术成果的实质性技术构成。提出实质性技术构成并由此实现技术方案的人，是作出创造性贡献的人。

提供资金、设备、材料、试验条件，进行组织管理，协助绘制图纸、整理资料、翻译文献等人员，不属于完成技术成果的个人。

**第七条** 不具有民事主体资格的科研组织订立的技术合同，经法人或者其他组织授权或者认可的，视为法人或者其他组织订立的合同，由法人或者其他组织承担责任；未经法人或者其他组织授权或者认可的，由该科研组织成员共同承担责任，但法人或者其他组织因该合同受益的，应当在其受益范围内承担相应责任。

前款所称不具有民事主体资格的科研组织，包括法人或者其他组织设立的从事技术研究开发、转让等活动的课题组、工作室等。

**第八条** 生产产品或者提供服务依法须经有关部门审批或者取得行政许可，而未经审批或者许可的，不影响当事人订立的相关技术合同的效力。

当事人对办理前款所称审批或者许可的义务没有约定或者约定不明确的，人民法院应当判令由实施技术的一方负责办理，但法律、行政法规另有规定的除外。

**第九条** 当事人一方采取欺诈手段，就其现有技术成果作为研究开发标的与他人订立委托开发合同收取研究开发费用，或者就同一研究开发课题先后与两个或者两个以上的委托人分别订立委托开发合同重复收取研究开发费用的，受损害方依照合同法第五十四条第二款规定请求变更或者撤销合同的，人民法院应当予以支持。

**第十条** 下列情形，属于合同法第三百二十九条所称的"非法垄断技术、妨碍技术进步"：

（一）限制当事人一方在合同标的技术基础上进行新的研究开发或者限制其使用所改进的技术，或者双方交换改进技术的条件不对等，包括要求一方将其自行改进的技术无偿提供给对方、非互惠性转让给对方、无偿独占或者共享该改进技术的知识产权；

（二）限制当事人一方从其他来源获得与技术提供方类似技术或者与其竞争的技术；

（三）阻碍当事人一方根据市场需求，按照合理方式充分实施合同标的技术，包括明显不合理地限制技术接受方实施合同标的技术生产产品或者提供服务的数量、品种、价格、销售渠道和出口市场；

（四）要求技术接受方接受并非实施技术必不可少的附带条件，包括购买非必需的技术、原材料、产品、设备、服务以及接收非必需的人员等；

（五）不合理地限制技术接受方购买原材料、零部件、产品或者设备等的渠道或者来源；

（六）禁止技术接受方对合同标的技术知识产权的有效性提出异议或者对提出异议附加条件。

**第十一条**　技术合同无效或者被撤销后，技术开发合同研究开发人、技术转让合同让与人、技术咨询合同和技术服务合同的受托人已经履行或者部分履行了约定的义务，并且造成合同无效或者被撤销的过错在对方的，对其已履行部分应当收取的研究开发经费、技术使用费、提供咨询服务的报酬，人民法院可以认定为因对方原因导致合同无效或者被撤销给其造成的损失。

技术合同无效或者被撤销后，因履行合同所完成新的技术成果或者在他人技术成果基础上完成后续改进技术成果的权利归属和利益分享，当事人不能重新协议确定的，人民法院可以判决由完成技术成果的一方享有。

**第十二条**　根据合同法第三百二十九条的规定，侵害他人技术秘密的技术合同被确认无效后，除法律、行政法规另有规定的以外，善意取得该技术秘密的一方当事人可以在其取得时的范围内继续使用该技术秘密，但应当向权利人支付合理的使用费并承担保密义务。

当事人双方恶意串通或者一方知道或者应当知道另一方侵权仍与其订立或者履行合同的，属于共同侵权，人民法院应当判令侵权人承担连带赔偿责任和保密义务，因此取得技术秘密的当事人不得继续使用该技术秘密。

**第十三条**　依照前条第一款规定可以继续使用技术秘密的人与权利人就使用费支付发生纠纷的，当事人任何一方都可以请求人民法院予以处理。继续使用技术秘密但又拒不支付使用费的，人民法院可以根据权利人的请求判令使用人停止使用。

人民法院在确定使用费时，可以根据权利人通常对外许可该技术秘密的使用费或者使用人取得该技术秘密所支付的使用费,并考虑该技术秘密的研究开发成本、成果转化和应用程度以及使用人的使用规模、经济效益等因素合理确定。

不论使用人是否继续使用技术秘密,人民法院均应当判令其向权利人支付已使用期间的使用费。使用人已向无效合同的让与人支付的使用费应当由让与人负责返还。

**第十四条** 对技术合同的价款、报酬和使用费,当事人没有约定或者约定不明确的,人民法院可以按照以下原则处理:

(一)对于技术开发合同和技术转让合同,根据有关技术成果的研究开发成本、先进性、实施转化和应用的程度,当事人享有的权益和承担的责任,以及技术成果的经济效益等合理确定;

(二)对于技术咨询合同和技术服务合同,根据有关咨询服务工作的技术含量、质量和数量,以及已经产生和预期产生的经济效益等合理确定。

技术合同价款、报酬、使用费中包含非技术性款项的,应当分项计算。

**第十五条** 技术合同当事人一方迟延履行主要债务,经催告后在30日内仍未履行,另一方依据合同法第九十四条第(三)项的规定主张解除合同的,人民法院应当予以支持。

当事人在催告通知中附有履行期限且该期限超过30日的,人民法院应当认定该履行期限为合同法第九十四条第(三)项规定的合理期限。

**第十六条** 当事人以技术成果向企业出资但未明确约定权属,接受出资的企业主张该技术成果归其享有的,人民法院一般应当予以支持,但是该技术成果价值与该技术成果所占出资额比例明显不合理损害出资人利益的除外。

当事人对技术成果的权属约定有比例的,视为共同所有,其权利使用和利益分配,按共有技术成果的有关规定处理,但当事人另有约定的,从其约定。

当事人对技术成果的使用权约定有比例的,人民法院可以视为当事人对实施该项技术成果所获收益的分配比例,但当事人另有约定的,从其约定。

## 二、技术开发合同

**第十七条** 合同法第三百三十条所称"新技术、新产品、新工艺、新材料及其系统",包括当事人在订立技术合同时尚未掌握的产品、工艺、材料及其系统等技术方案,但对技术上没有创新的现有产品的改型、工艺变更、材料配方调整以及对技术成果的验证、测试和使用除外。

**第十八条** 合同法第三百三十条第四款规定的"当事人之间就具有产业应用价值的科技成果实施转化订立的"技术转化合同,是指当事人之间就具有实用价值但尚未实现工业化应用的科技成果包括阶段性技术成果,以实现该科技成果工业化应用为目标,约定后续试验、开发和应用等内容的合同。

**第十九条**　合同法第三百三十五条所称“分工参与研究开发工作”,包括当事人按照约定的计划和分工,共同或者分别承担设计、工艺、试验、试制等工作。

技术开发合同当事人一方仅提供资金、设备、材料等物质条件或者承担辅助协作事项,另一方进行研究开发工作的,属于委托开发合同。

**第二十条**　合同法第三百四十一条所称“当事人均有使用和转让的权利”,包括当事人均有不经对方同意而自己使用或者以普通使用许可的方式许可他人使用技术秘密,并独占由此所获利益的权利。当事人一方将技术秘密成果的转让权让与他人,或者以独占或者排他使用许可的方式许可他人使用技术秘密,未经对方当事人同意或者追认的,应当认定该让与或者许可行为无效。

**第二十一条**　技术开发合同当事人依照合同法的规定或者约定自行实施专利或使用技术秘密,但因其不具备独立实施专利或者使用技术秘密的条件,以一个普通许可方式许可他人实施或者使用的,可以准许。

**三、技术转让合同**

**第二十二条**　合同法第三百四十二条规定的“技术转让合同”,是指合法拥有技术的权利人,包括其他有权对外转让技术的人,将现有特定的专利、专利申请、技术秘密的相关权利让与他人,或者许可他人实施、使用所订立的合同。但就尚待研究开发的技术成果或者不涉及专利、专利申请或者技术秘密的知识、技术、经验和信息所订立的合同除外。

技术转让合同中关于让与人向受让人提供实施技术的专用设备、原材料或者提供有关的技术咨询、技术服务的约定,属于技术转让合同的组成部分。因此发生的纠纷,按照技术转让合同处理。

当事人以技术入股方式订立联营合同,但技术入股人不参与联营体的经营管理,并且以保底条款形式约定联营体或者联营对方支付其技术价款或者使用费的,视为技术转让合同。

**第二十三条**　专利申请权转让合同当事人以专利申请被驳回或者被视为撤回为由请求解除合同,该事实发生在依照专利法第十条第三款的规定办理专利申请权转让登记之前的,人民法院应当予以支持;发生在转让登记之后的,不予支持,但当事人另有约定的除外。

专利申请因专利申请权转让合同成立时即存在尚未公开的同样发明创造的在先专利申请被驳回,当事人依据合同法第五十四条第一款第(二)项的规定请求予以变更或者撤销合同的,人民法院应当予以支持。

**第二十四条**　订立专利权转让合同或者专利申请权转让合同前,让与人自己已经实施发明创造,在合同生效后,受让人要求让与人停止实施的,人民法院应当予以支持,但当事人另有约定的除外。

让与人与受让人订立的专利权、专利申请权转让合同,不影响在合同成立前让与人与他人订立的相关专利实施许可合同或者技术秘密转让合同的效力。

**第二十五条** 专利实施许可包括以下方式:

(一)独占实施许可,是指让与人在约定许可实施专利的范围内,将该专利仅许可一个受让人实施,让与人依约定不得实施该专利;

(二)排他实施许可,是指让与人在约定许可实施专利的范围内,将该专利仅许可一个受让人实施,但让与人依约定可以自行实施该专利;

(三)普通实施许可,是指让与人在约定许可实施专利的范围内许可他人实施该专利,并且可以自行实施该专利。

当事人对专利实施许可方式没有约定或者约定不明确的,认定为普通实施许可。专利实施许可合同约定受让人可以再许可他人实施专利的,认定该再许可为普通实施许可,但当事人另有约定的除外。

技术秘密的许可使用方式,参照本条第一、二款的规定确定。

**第二十六条** 专利实施许可合同让与人负有在合同有效期内维持专利权有效的义务,包括依法缴纳专利年费和积极应对他人提出宣告专利权无效的请求,但当事人另有约定的除外。

**第二十七条** 排他实施许可合同让与人不具备独立实施其专利的条件,以一个普通许可的方式许可他人实施专利的,人民法院可以认定为让与人自己实施专利,但当事人另有约定的除外。

**第二十八条** 合同法第三百四十三条所称"实施专利或者使用技术秘密的范围",包括实施专利或者使用技术秘密的期限、地域、方式以及接触技术秘密的人员等。

当事人对实施专利或者使用技术秘密的期限没有约定或者约定不明确的,受让人实施专利或者使用技术秘密不受期限限制。

**第二十九条** 合同法第三百四十七条规定技术秘密转让合同让与人承担的"保密义务",不限制其申请专利,但当事人约定让与人不得申请专利的除外。

当事人之间就申请专利的技术成果所订立的许可使用合同,专利申请公开以前,适用技术秘密转让合同的有关规定;发明专利申请公开以后、授权以前,参照适用专利实施许可合同的有关规定;授权以后,原合同即为专利实施许可合同,适用专利实施许可合同的有关规定。

人民法院不以当事人就已经申请专利但尚未授权的技术订立专利实施许可合同为由,认定合同无效。

## 四、技术咨询合同和技术服务合同

**第三十条**　合同法第三百五十六条第一款所称“特定技术项目”，包括有关科学技术与经济社会协调发展的软科学研究项目，促进科技进步和管理现代化、提高经济效益和社会效益等运用科学知识和技术手段进行调查、分析、论证、评价、预测的专业性技术项目。

**第三十一条**　当事人对技术咨询合同受托人进行调查研究、分析论证、试验测定等所需费用的负担没有约定或者约定不明确的，由受托人承担。

当事人对技术咨询合同委托人提供的技术资料和数据或者受托人提出的咨询报告和意见未约定保密义务，当事人一方引用、发表或者向第三人提供的，不认定为违约行为，但侵害对方当事人对此享有的合法权益的，应当依法承担民事责任。

**第三十二条**　技术咨询合同受托人发现委托人提供的资料、数据等有明显错误或者缺陷，未在合理期限内通知委托人的，视为其对委托人提供的技术资料、数据等予以认可。委托人在接到受托人的补正通知后未在合理期限内答复并予补正的，发生的损失由委托人承担。

**第三十三条**　合同法第三百五十六条第二款所称“特定技术问题”，包括需要运用专业技术知识、经验和信息解决的有关改进产品结构、改良工艺流程、提高产品质量、降低产品成本、节约资源能耗、保护资源环境、实现安全操作、提高经济效益和社会效益等专业技术问题。

**第三十四条**　当事人一方以技术转让的名义提供已进入公有领域的技术，或者在技术转让合同履行过程中合同标的技术进入公有领域，但是技术提供方进行技术指导、传授技术知识，为对方解决特定技术问题符合约定条件的，按照技术服务合同处理，约定的技术转让费可以视为提供技术服务的报酬和费用，但是法律、行政法规另有规定的除外。

依照前款规定，技术转让费视为提供技术服务的报酬和费用明显不合理的，人民法院可以根据当事人的请求合理确定。

**第三十五条**　当事人对技术服务合同受托人提供服务所需费用的负担没有约定或者约定不明确的，由受托人承担。

技术服务合同受托人发现委托人提供的资料、数据、样品、材料、场地等工作条件不符合约定，未在合理期限内通知委托人的，视为其对委托人提供的工作条件予以认可。委托人在接到受托人的补正通知后未在合理期限内答复并予补正的，发生的损失由委托人承担。

**第三十六条**　合同法第三百六十四条规定的“技术培训合同”，是指当事人一方委托另一方对指定的学员进行特定项目的专业技术训练和技术指导所订立的合同,不包括职业培训、文化学习和按照行业、法人或者其他组织的计划进行的职工业余教育。

**第三十七条** 当事人对技术培训必需的场地、设施和试验条件等工作条件的提供和管理责任没有约定或者约定不明确的,由委托人负责提供和管理。

技术培训合同委托人派出的学员不符合约定条件,影响培训质量的,由委托人按照约定支付报酬。

受托人配备的教员不符合约定条件,影响培训质量,或者受托人未按照计划和项目进行培训,导致不能实现约定培训目标的,应当减收或者免收报酬。

受托人发现学员不符合约定条件或者委托人发现教员不符合约定条件,未在合理期限内通知对方,或者接到通知的一方未在合理期限内按约定改派的,应当由负有履行义务的当事人承担相应的民事责任。

**第三十八条** 合同法第三百六十四条规定的"技术中介合同",是指当事人一方以知识、技术、经验和信息为另一方与第三人订立技术合同进行联系、介绍以及对履行合同提供专门服务所订立的合同。

**第三十九条** 中介人从事中介活动的费用,是指中介人在委托人和第三人订立技术合同前,进行联系、介绍活动所支出的通信、交通和必要的调查研究等费用。中介人的报酬,是指中介人为委托人与第三人订立技术合同以及对履行该合同提供服务应当得到的收益。

当事人对中介人从事中介活动的费用负担没有约定或者约定不明确的,由中介人承担。当事人约定该费用由委托人承担但未约定具体数额或者计算方法的,由委托人支付中介人从事中介活动支出的必要费用。

当事人对中介人的报酬数额没有约定或者约定不明确的,应当根据中介人所进行的劳务合理确定,并由委托人承担。仅在委托人与第三人订立的技术合同中约定中介条款,但未约定给付中介人报酬或者约定不明确的,应当支付的报酬由委托人和第三人平均承担。

**第四十条** 中介人未促成委托人与第三人之间的技术合同成立的,其要求支付报酬的请求,人民法院不予支持;其要求委托人支付其从事中介活动必要费用的请求,应当予以支持,但当事人另有约定的除外。

中介人隐瞒与订立技术合同有关的重要事实或者提供虚假情况,侵害委托人利益的,应当根据情况免收报酬并承担赔偿责任。

**第四十一条** 中介人对造成委托人与第三人之间的技术合同的无效或者被撤销没有过错,并且该技术合同的无效或者被撤销不影响有关中介条款或者技术中介合同继续有效,中介人要求按照约定或者本解释的有关规定给付从事中介活动的费用和报酬的,人民法院应当予以支持。

中介人收取从事中介活动的费用和报酬不应当被视为委托人与第三人之间

的技术合同纠纷中一方当事人的损失。

**五、与审理技术合同纠纷有关的程序问题**

**第四十二条**　当事人将技术合同和其他合同内容或者将不同类型的技术合同内容订立在一个合同中的，应当根据当事人争议的权利义务内容，确定案件的性质和案由。

技术合同名称与约定的权利义务关系不一致的，应当按照约定的权利义务内容，确定合同的类型和案由。

技术转让合同中约定让与人负责包销或者回购受让人实施合同标的技术制造的产品，仅因让与人不履行或者不能全部履行包销或者回购义务引起纠纷，不涉及技术问题的，应当按照包销或者回购条款约定的权利义务内容确定案由。

**第四十三条**　技术合同纠纷案件一般由中级以上人民法院管辖。

各高级人民法院根据本辖区的实际情况并报经最高人民法院批准，可以指定若干基层人民法院管辖第一审技术合同纠纷案件。

其他司法解释对技术合同纠纷案件管辖另有规定的，从其规定。

合同中既有技术合同内容，又有其他合同内容，当事人就技术合同内容和其他合同内容均发生争议的，由具有技术合同纠纷案件管辖权的人民法院受理。

**第四十四条**　一方当事人以诉讼争议的技术合同侵害他人技术成果为由请求确认合同无效，或者人民法院在审理技术合同纠纷中发现可能存在该无效事由的，人民法院应当依法通知有关利害关系人，其可以作为有独立请求权的第三人参加诉讼或者依法向有管辖权的人民法院另行起诉。

利害关系人在接到通知后 15 日内不提起诉讼的，不影响人民法院对案件的审理。

**第四十五条**　第三人向受理技术合同纠纷案件的人民法院就合同标的技术提出权属或者侵权请求时，受诉人民法院对此也有管辖权的，可以将权属或者侵权纠纷与合同纠纷合并审理；受诉人民法院对此没有管辖权的，应当告知其向有管辖权的人民法院另行起诉或者将已经受理的权属或者侵权纠纷案件移送有管辖权的人民法院。权属或者侵权纠纷另案受理后，合同纠纷应当中止诉讼。

专利实施许可合同诉讼中，受让人或者第三人向专利复审委员会请求宣告专利权无效的，人民法院可以不中止诉讼。在案件审理过程中专利权被宣告无效的，按照专利法第四十七条第二款和第三款的规定处理。

**六、其他**

**第四十六条**　集成电路布图设计、植物新品种许可使用和转让等合同争议，相关行政法规另有规定的，适用其规定；没有规定的，适用合同法总则的规定，并可以参照合同法第十八章和本解释的有关规定处理。

计算机软件开发、许可使用和转让等合同争议，著作权法以及其他法律、行政法规另有规定的，依照其规定；没有规定的，适用合同法总则的规定，并可以参照合同法第十八章和本解释的有关规定处理。

**第四十七条** 本解释自2005年1月1日起施行。

# 最高人民法院关于审理涉及国有土地使用权合同纠纷案件适用法律问题的解释

法释〔2005〕5号

2004年11月23日最高人民法院审判委员会第1334次会议通过

根据《中华人民共和国民法通则》、《中华人民共和国合同法》、《中华人民共和国土地管理法》、《中华人民共和国城市房地产管理法》等法律规定，结合民事审判实践，就审理涉及国有土地使用权合同纠纷案件适用法律的问题，制定本解释。

**一、土地使用权出让合同纠纷**

**第一条** 本解释所称的土地使用权出让合同，是指市、县人民政府土地管理部门作为出让方将国有土地使用权在一定年限内让与受让方，受让方支付土地使用权出让金的协议。

**第二条** 开发区管理委员会作为出让方与受让方订立的土地使用权出让合同，应当认定无效。

本解释实施前，开发区管理委员会作为出让方与受让方订立的土地使用权出让合同，起诉前经市、县人民政府土地管理部门追认的，可以认定合同有效。

**第三条** 经市、县人民政府批准同意以协议方式出让的土地使用权，土地使用权出让金低于订立合同时当地政府按照国家规定确定的最低价的，应当认定土地使用权出让合同约定的价格条款无效。

当事人请求按照订立合同时的市场评估价格交纳土地使用权出让金的，应予支持；受让方不同意按照市场评估价格补足，请求解除合同的，应予支持。因此造成的损失，由当事人按照过错承担责任。

**第四条** 土地使用权出让合同的出让方因未办理土地使用权出让批准手续而不能交付土地，受让方请求解除合同的，应予支持。

**第五条** 受让方经出让方和市、县人民政府城市规划行政主管部门同意，改变土地使用权出让合同约定的土地用途，当事人请求按照起诉时同种用途的土地出让金标准调整土地出让金的，应予支持。

**第六条** 受让方擅自改变土地使用权出让合同约定的土地用途，出让方请求解除合同的,应予支持。

**二、土地使用权转让合同纠纷**

**第七条** 本解释所称的土地使用权转让合同,是指土地使用权人作为转让方将出让土地使用权转让于受让方,受让方支付价款的协议。

**第八条** 土地使用权人作为转让方与受让方订立土地使用权转让合同后,当事人一方以双方之间未办理土地使用权变更登记手续为由,请求确认合同无效的,不予支持。

**第九条** 转让方未取得出让土地使用权证书与受让方订立合同转让土地使用权,起诉前转让方已经取得出让土地使用权证书或者有批准权的人民政府同意转让的,应当认定合同有效。

**第十条** 土地使用权人作为转让方就同一出让土地使用权订立数个转让合同,在转让合同有效的情况下,受让方均要求履行合同的,按照以下情形分别处理:

(一)已经办理土地使用权变更登记手续的受让方,请求转让方履行交付土地等合同义务的,应予支持;

(二)均未办理土地使用权变更登记手续,已先行合法占有投资开发土地的受让方请求转让方履行土地使用权变更登记等合同义务的,应予支持;

(三)均未办理土地使用权变更登记手续,又未合法占有投资开发土地,先行支付土地转让款的受让方请求转让方履行交付土地和办理土地使用权变更登记等合同义务的,应予支持;

(四)合同均未履行,依法成立在先的合同受让方请求履行合同的,应予支持。

未能取得土地使用权的受让方请求解除合同、赔偿损失的,按照《中华人民共和国合同法》的有关规定处理。

**第十一条** 土地使用权人未经有批准权的人民政府批准,与受让方订立合同转让划拨土地使用权的,应当认定合同无效。但起诉前经有批准权的人民政府批准办理土地使用权出让手续的,应当认定合同有效。

**第十二条** 土地使用权人与受让方订立合同转让划拨土地使用权,起诉前经有批准权的人民政府同意转让,并由受让方办理土地使用权出让手续的,土地使用权人与受让方订立的合同可以按照补偿性质的合同处理。

**第十三条** 土地使用权人与受让方订立合同转让划拨土地使用权,起诉前经有批准权的人民政府决定不办理土地使用权出让手续,并将该划拨土地使用权直接划拨给受让方使用的,土地使用权人与受让方订立的合同可以按照补偿性质的合同处理。

三、合作开发房地产合同纠纷

**第十四条** 本解释所称的合作开发房地产合同,是指当事人订立的以提供出让土地使用权、资金等作为共同投资,共享利润、共担风险合作开发房地产为基本内容的协议。

**第十五条** 合作开发房地产合同的当事人一方具备房地产开发经营资质的,应当认定合同有效。

当事人双方均不具备房地产开发经营资质的,应当认定合同无效。但起诉前当事人一方已经取得房地产开发经营资质或者已依法合作成立具有房地产开发经营资质的房地产开发企业的,应当认定合同有效。

**第十六条** 土地使用权人未经有批准权的人民政府批准,以划拨土地使用权作为投资与他人订立合同合作开发房地产的,应当认定合同无效。但起诉前已经办理批准手续的,应当认定合同有效。

**第十七条** 投资数额超出合作开发房地产合同的约定,对增加的投资数额的承担比例,当事人协商不成的,按照当事人的过错确定;因不可归责于当事人的事由或者当事人的过错无法确定的,按照约定的投资比例确定;没有约定投资比例的,按照约定的利润分配比例确定。

**第十八条** 房屋实际建筑面积少于合作开发房地产合同的约定,对房屋实际建筑面积的分配比例,当事人协商不成的,按照当事人的过错确定;因不可归责于当事人的事由或者当事人过错无法确定的,按照约定的利润分配比例确定。

**第十九条** 在下列情形下,合作开发房地产合同的当事人请求分配房地产项目利益的,不予受理;已经受理的,驳回起诉:

(一)依法需经批准的房地产建设项目未经有批准权的人民政府主管部门批准;

(二)房地产建设项目未取得建设工程规划许可证;

(三)擅自变更建设工程规划。

因当事人隐瞒建设工程规划变更的事实所造成的损失,由当事人按照过错承担。

**第二十条** 房屋实际建筑面积超出规划建筑面积,经有批准权的人民政府主管部门批准后,当事人对超出部分的房屋分配比例协商不成的,按照约定的利润分配比例确定。对增加的投资数额的承担比例,当事人协商不成的,按照约定的投资比例确定;没有约定投资比例的,按照约定的利润分配比例确定。

**第二十一条** 当事人违反规划开发建设的房屋,被有批准权的人民政府主管部门认定为违法建筑责令拆除,当事人对损失承担协商不成的,按照当事人过错确定责任;过错无法确定的,按照约定的投资比例确定责任;没有约定投资比例的,按照约定的利润分配比例确定责任。

**第二十二条** 合作开发房地产合同约定仅以投资数额确定利润分配比例,当事人未足额交纳出资的,按照当事人的实际投资比例分配利润。

**第二十三条** 合作开发房地产合同的当事人要求将房屋预售款充抵投资参与利润分配的,不予支持。

**第二十四条** 合作开发房地产合同约定提供土地使用权的当事人不承担经营风险,只收取固定利益的,应当认定为土地使用权转让合同。

**第二十五条** 合作开发房地产合同约定提供资金的当事人不承担经营风险,只分配固定数量房屋的,应当认定为房屋买卖合同。

**第二十六条** 合作开发房地产合同约定提供资金的当事人不承担经营风险,只收取固定数额货币的,应当认定为借款合同。

**第二十七条** 合作开发房地产合同约定提供资金的当事人不承担经营风险,只以租赁或者其他形式使用房屋的,应当认定为房屋租赁合同。

**四、其它**

**第二十八条** 本解释自2005年8月1日起施行;施行后受理的第一审案件适用本解释。

本解释施行前最高人民法院发布的司法解释与本解释不一致的,以本解释为准。